# Deutschbuch

# 5

**Sprach- und Lesebuch**
Berlin, Brandenburg, Mecklenburg-Vorpommern,
Sachsen, Sachsen-Anhalt, Thüringen


Herausgegeben von
Andrea Wagener

Erarbeitet von
Petra Bowien, Susanne Holthuis-Huff, Irene Hoppe,
Birgit Ihlo, Matthias Jackisch, Birgit Patzelt,
Angela Potowski, Gerhild Schenk, Luzia Scheuringer-Hillus,
Swetlana Staat, Christiane Stein, Kerstin Ulbrich

Unter Beratung von
Eike Benzin, Hannelore Flämig, Karin Klett,
Silvia Teutloff, Viola Tomaszek, Heidrun Totzauer,
Petra Schubert, Angela Schwarz, Renate Zeuner


Cornelsen

Die Grundlage für dieses Werk wurde erarbeitet von Gerd Brenner, Ulrich Campe, Dietrich Erlach, Ute Fenske, Heinz Gierlich, Cordula Grunow, Alexander Joist, Rolf Kauffeldt, Markus Langner, Angela Mielke, Deborah Mohr, Norbert Pabelick, Stefanie Schäfers, Christoph Schappert, Bernd Schurf, Klaus Tetling, Angelika Thönneßen, Andrea Wagener und Heike Wehren-Zessin.

**Weitere Lehrwerksbestandteile**
- E-Book (ISBN 978-3-06-062834-6)
- Arbeitsheft (ISBN 978-3-06-061994-8)
- Übungs-CD-ROM (ISBN 978-3-06-062011-1)

**Redaktion** Susanne Schulze
**Gesamtgestaltung und technische Umsetzung** Studio SYBERG, Berlin
**Umschlagillustration** Peter Hils, Berlin

**www.cornelsen.de**



Dieses Werk berücksichtigt die Regeln der reformierten Rechtschreibung und Zeichensetzung. Bei den mit [R] gekennzeichneten Texten haben die Rechteinhaber einer Anpassung widersprochen.

1. Auflage, 4. Druck 2017

Alle Drucke dieser Auflage sind inhaltlich unverändert und können im Unterricht nebeneinander verwendet werden.



Druck und Bindung: Livonia Print, Riga

ISBN 978-3-06-061988-7

PEFC
PEFC/12-31-006

**PEFC zertifiziert**
Dieses Produkt stammt aus nachhaltig bewirtschafteten Wäldern und kontrollierten Quellen.

www.pefc.de

Inhaltsverzeichnis

# 3 Das glaubst du nicht!



Erlebtes, Erfahrenes, Erdachtes erzählen / nach Vorlagen erzählen, Texte planen, formulieren und überarbeiten, Erlebnisse (auch nach Vorlagen, z. B. Bildergeschichten) anschaulich, geordnet und lebendig erzählen, Erzähltechniken anwenden, Lesestrategien anwenden



# 4 Tiere als Freunde



auf der Basis von Materialien und Beobachtungen sachlich beschreiben, Informationen sammeln, einen Steckbrief anlegen, Tiere und Vorgänge anschaulich und genau beschreiben, Texte planen, formulieren und überarbeiten

## 5 Von Narren, Zauberern und Koboldan



einen literarischen Text fragengeleitet untersuchen, einen literarischen Text umschreiben, gestaltend vortragen, Texte inhaltlich erfassen, Handlungen, Konflikte und Figuren untersuchen, Texte umformen, Texte gestaltend vortragen und nacherzählen



## 6 Es war einmal …



literarische Texte fragengeleitet untersuchen, literarische Texte um- und weiterschreiben, literarische Texte gestaltend vortragen, einfache literarische Formen (Märchen) untersuchen, elementare Strukturen von Märchen (Inhalt, Sprache und Wirkungsweise) erfassen, durch Motivvergleich den historischen und lokalen Bezug kennen lernen, Märchen gestaltend vortragen

**Lesen – Umgang mit Texten und Medien**

Kompetenzschwerpunkte



literarische Texte fragengeleitet untersuchen,
Jugendbücher (Ausschnitte aus Ganzschriften) verstehen,
Inhalte erfassen,
Handlungen, Konflikte und Figuren untersuchen,
eine Bibliothek erkunden,
Online-Kataloge nutzen,
recherchieren,
Arbeitsergebnisse präsentieren,
einen Autor/eine Autorin vorstellen

Gedichte gestaltend vortragen, Texte nach einfachen Mustern verfassen und weiterschreiben, Gedichte formal und sprachlich untersuchen, motivgleiche Gedichte miteinander vergleichen, Gedichte auswendig lernen und gestaltend vortragen, Gedichte mithilfe vorgegebener Textteile produzieren und medial präsentieren (Sprachspiele, konkrete Poesie)





dialogische Texte gestaltend vortragen, Texte fortsetzen, einfache dramatische Szenen durch szenisches Spiel erfassen und wirkungsvoll gestalten, Szenen weiterschreiben, einfache appellative Texte verfassen (Plakat für Theateraufführung)

Kompetenzschwerpunkte

Sachtexte fragengeleitet untersuchen,
aus diskontinuierlichen Texten Informationen ermitteln, vergleichen und bewerten,
Arbeitsergebnisse präsentieren,
Lesestrategien (Fünf-Schritt-Lesemethode) zur Texterschließung nutzen,
Sachtexte (auch diskontinuierliche Texte) zur Klärung von Sachverhalten nutzen,
Informationsquellen (Internet) verwenden

Inhalte und Wirkungsweisen medial vermittelter Texte erfassen,
Fernsehserien untersuchen (Handlungsaufbau, Figuren, Kameraeinstellungen),
Informations- und Unterhaltungsfunktionen unterscheiden,
Medienangebote reflektieren,
Umgangsweisen mit Medien diskutieren





Wortarten unterscheiden und ihre Funktion erkennen,
Flexionsformen und ihre Funktion kennen und anwenden,
Tempusformen und ihre Funktionen beherrschen,
einen Text nach vorgegebenen Kriterien überarbeiten,
Möglichkeiten der Wortbildung erkennen und nutzen,
Wortfelder und Wortfamilien zur Erweiterung des Wortschatzes nutzen

## 13 Grammatiktraining



Proben zur Einsicht in sprachliche Strukturen nutzen, grundlegende Strukturen des Satzes (Satzglieder, Satzarten, Satzverbindungen) beschreiben, Satzschlusszeichen und Kommasetzung beherrschen, einen Text nach vorgegebenen Kriterien überarbeiten, Methoden der Textüberarbeitung anwenden



## 14 Rechtschreibtraining



einen Text nach vorgegebenen Kriterien überarbeiten, über Strategiewissen der Laut-Buchstaben-Zuordnung verfügen, wortbezogene (Kürze und Länge des Stammvokals) und satzbezogene (Groß- und Kleinschreibung) Regelungen kennen und anwenden, Strategien zur Fehlerkorrektur und Fehlervermeidung nutzen (richtig abschreiben, laut und deutlich sprechen, verwandte Wörter suchen, Wörter verlängern, individuelle Fehleranalyse, Nachschlagen im Wörterbuch)

# Wie du mit dem **Deutschbuch** arbeiten kannst

| | |
|---|---|
| **Lernbereiche** | **Sprechen, zuhören und schreiben**<br>**Lesen – Umgang mit Texten und Medien**<br>**Nachdenken über Sprache**<br>**Arbeitstechniken und Methoden** |
| **Lernen in drei Schritten**<br><br>Beispiel:<br>**3 Was ist passiert?**<br>Berichten | **1. Basisteil**<br>Erarbeiten des Hauptkompetenzbereichs mit Überprüfung des Lernerfolgs<br>**3.1 Abenteuer im Alltag** Erlebnisse erzählen |
| | **2. Integration und Differenzierung**<br>Integration eines weiteren Kompetenzbereichs, Differenzieren mit Aufgaben auf zwei Niveaustufen<br>**3.2 Um Mitternacht** Gespenstergeschichten lesen und schreiben |
| | **3. Vorbereiten auf eine mögliche Klassenarbeit oder ein Projekt**<br>**3.3 Fit in …** Erzählen |
| **Orientierungswissen** | **Merkwissen**<br>Wichtige Inhalte und Begriffe sind in den Kapiteln deutlich hervorgehoben. |
| | **Methode**<br>Hier findest du Arbeitstechniken und Methoden, die für Lernschritte im Kapitel gebraucht werden. |
| | **Checkliste**<br>Mithilfe der Checkliste kannst du überprüfen, ob du beim Schreiben eines Textes an alles gedacht hast, und deinen Text ggf. überarbeiten. |
| | **Tipp** Die Tipps geben dir Hilfestellung, wie du an bestimmte Aufgaben herangehen kannst. |
| **Piktogramme** | Partnerarbeit<br>Gruppenarbeit<br>Arbeiten mit dem Computer<br>1 Aufgabe<br>1 Zusatzaufgabe<br>●○○ Niedriger Schwierigkeitsgrad<br>●●○ Mittlerer Schwierigkeitsgrad<br>●●● Höherer Schwierigkeitsgrad |

# 1 Unsere Schule
## Sich und andere informieren

**In diesem Kapitel …**

- lernst du, wie du für eine Schülerzeitung schreibst,
- berichtest du über deine Schule,
- schreibst du in einem persönlichen Brief von Erlebnissen an deiner Schule,
- liest du Geschichten rund um das Thema „Schule“ und beschreibst deine Traumschule.

**1** In den Sommerferien haben Wildschweine den Schulgarten durchwühlt. Die Redakteure der Schülerzeitung wollen darüber berichten.

a Sammle Ideen, wie man zu einem solchen Vorfall Informationen zusammentragen kann.
- Interview,
- …

b Überlege, welche Schritte notwendig sind, damit der Bericht in einer Schülerzeitung erscheinen kann.

**2** Schreibe über deinen ersten Schultag nach den Sommerferien.
- Welche Neuigkeiten gab es?
- Hast du neue Lehrer oder Mitschüler kennen gelernt?
- Was hat sich an der Schule verändert?

# 1.1 Wir entdecken unsere Schule

## Über Schule schreiben

### Eine Schülerzeitung untersuchen

**1** a Die Fotos wurden während der Redaktionskonferenz einer Schülerzeitung aufgenommen. Überlege, was auf so einer Konferenz diskutiert und beschlossen wird.
b Welche Arbeitsmittel erkennst du? Überlege, wozu man sie braucht.

**2** Gibt es an eurer Schule eine Schülerzeitung? Wer kennt sie schon und kann davon berichten?

**3** Erstellt eine Liste von Themen, über die eine Schülerzeitung berichten sollte.

**In dieser Ausgabe der F. U. X.** **Seite**

**Wir sind die Neuen:** Die 5. Klassen stellen sich vor ........ 2
**Für eine starke Schule:** Unsere Schülersprecher ........ 4
**Themenseite:** Tiere in unserer Schule ........ 5
**Interview:** Herr Schubert über das Fach Bio und den Schulgarten ........ 7
**Was steht an?:** Neugestaltung des Schulhofs ........ 9
**Communities:** Welche findet ihr am besten? ........ 10
**Schülerumfrage:** Kioskvergleich ........ 12
**Rätselspaß:** Auf die Plätze, fertig, los! ........ 14
**Bist du ein beliebter Typ?** ........ 15
**Dr. Heartbreak** ........ 16
**Leserbriefe** ........ 17

**4** Sieh dir das Inhaltsverzeichnis der Schülerzeitung „F.U.X." an.
a Zu welchen Themenbereichen (Rubriken) gehören die einzelnen Artikel?
b Welche Art von Texten erwartest du unter den einzelnen Überschriften?

## Themenseite: Tiere in unserer Schule

### Wildschweine zerstören Schulgarten
Interview mit unserem Hausmeister

**F.U.X.:** Der Schulgarten ist zerwühlt. Was ist passiert?
**Herr Moll:** Eine Rotte Wildschweine aus dem nahe gelegenen Wald fand unser Gemüse wohl besonders lecker. In den Ferien hatten sie alle Ruhe, den Schulgarten so richtig schön umzugraben.
**F.U.X.:** Das ist doch sicher eine Gelegenheit, den Garten ganz neu zu gestalten. Wer übernimmt das?
**Herr Moll:** …

### Spinnen – Ollis Kommentar
Ihr findet Spinnen eklig?
Lasst die achtbeinigen Tierchen bloß in Ruhe! So bleiben unsere Klassenzimmer fliegenfrei. Auch wer gegen Milben allergisch ist, kann sich freuen. …

### ++ Meldung +++ Meldung +++ Meldung ++
Nachwuchs im Mäusehaus
Die Mäuse-AG gibt bekannt, dass in den Ferien fünf Mäusebabys geboren wurden. Sie heißen Ala, Bix, Cintisar …

### Fledermäuse dürfen bleiben

Im Dachgebälk des alten Hauptgebäudes nisten seit zwei Jahren ungewöhnliche Bewohner der Gattung Zwergfledermaus *(Pipistrellus pipistrellus)*.
Tagsüber bemerkt man sie nicht. Aber in der Dämmerung kann man beobachten, wie sie in einem kleinen Schwarm unter den Dachziegeln hervorkommen und zur Jagd aufbrechen.
Die Schülervertretung hatte sich im letzten Jahr erfolgreich dafür eingesetzt, dass die Fledermäuse …

### Unsere Stabheuschreckenzucht – die Heuschrecken-AG sucht Mitarbeiter
☞ Wir suchen für unsere AG Leute, die gut im Werken sind, denn wir wollen neue Terrarien bauen.

☞ Außerdem brauchen wir zuverlässige Schülerinnen und Schüler, die sich um die Pflege der Insekten kümmern.
☞ …

**1** Untersuche die Themenseite der Schülerzeitung.
a Wie ist sie aufgebaut und gestaltet?
b Lies die Auszüge aus den Artikeln. Um welche Art von Texten handelt es sich jeweils?

**2** a Ergänzt die unvollständigen Texte um einige Sätze. Sammelt vorher in Stichpunkten Ideen für die Fortsetzung der Artikel.
b Sicher gibt es an eurer Schule auch Tiere. Erweitert die Themenseite um einen Artikel.

## Neugestaltung des Schulhofs

*Nach dem „Überfall der Wildschweine" plant die Schulleitung mit der Schülervertretung die Neugestaltung des Schulhofs. Der Schulgarten wird neu bepflanzt und es soll eine besonders interessante Sportmöglichkeit für alle geben.*

In der zweiten Schulwoche, am Dienstag, dem 10. September, fand die erste Sitzung des Planungsteams „Neuer Schulhof" im Konferenzraum unserer Schule statt. Je ein Klassensprecher aus jeder Stufe, Sportlehrer Herr Siebert, Biologielehrerin Frau Struve sowie der Schulleiter Herr Melcher nahmen teil.

Die Gruppe beschloss, den Schulgarten neu anzulegen. Die Biologie-AG schaffte dafür inzwischen schon neue Pflanzen an und besorgte Material zur Anlage eines kleinen Teiches.

Die Schülervertreter überraschten auf der Sitzung mit einer besonderen Idee. Sie schlugen vor, auf dem Schulhof Sportmöglichkeiten zu schaffen, um sich in Pausen sinnvoll bewegen zu können. Sie regten an, die Außenwand der großen Sporthalle an der Nordseite in eine Kletterwand umzubauen.

Die Schulleitung verwies darauf, dass für so ein großes Projekt leider kein Geld vorhanden sei.

Herr Siebert und die Klassensprecher der 8 und 9 kündigten an, sich um Sponsoren für den Bau der Kletterwand zu kümmern.

Lena (Klasse 5) und Robert (Klasse 7)

**1** Lies den Bericht von Lena und Robert in der Schülerzeitung.

**2** Ein Bericht gibt Antworten auf die wichtigsten Fragen zu einem Ereignis.
- a Auf welche Fragen antwortet der Text? Schreibe sie auf.
- b Ergänze die Antworten mithilfe des Textes, z.B.:
  *Was fand statt? ⟶ die erste Sitzung des Planungsteams „Neuer Schulhof"*
  *Wer…?*
  …

**3** Auf die richtige Zeitform kommt es an.
- a Schreibe alle Verben aus dem Bericht heraus. Nenne die Zeitform, die vorwiegend verwendet wird.
- b Äußere Vermutungen, warum diese Zeitform in den meisten Berichten verwendet wird.

**!** **Merkwissen** Einen Bericht verfassen

Ein Bericht informiert über ein vergangenes Ereignis. Er beantwortet die wichtigsten **W-Fragen** (Wer? Was? Wann? Wo? Warum? Welche Folgen?). Ein Bericht ist **sachlich** geschrieben und enthält keine persönlichen Wertungen. Die Überschrift eines Berichts ist knapp und informativ. Berichte stehen fast immer im **Präteritum**.

## Über ein Ereignis an der Schule berichten

Am Bertolt-Brecht-Gymnasium wurde eine Kletterwand gebaut, die die Schülerinnen und Schüler unter Aufsicht in den Pausen nutzen dürfen. Tania berichtet für die Schülerzeitung von der Eröffnung. Hier siehst du die Notizen, die sie sich gemacht hat.

- Eröffnung Kletterwand, 15.10.2012, 10:00 Uhr, Pausenhof des Bertolt-Brecht-Gymnasiums
- Anwesende: Schulleiter Herr Melcher, Herr Krüger von der Ortskrankenkasse (Sponsor), Schülerrat, Frau Weber und Herr Siebert (Sportlehrer), ca. 70 Schüler/innen als Zuschauer, Gäste

**Ablauf:**

- Hr. Melcher: Kletterwand nach 3-monatiger Bauzeit eröffnet, bedankt sich bei Herrn Krüger für Unterstützung
- Hr. Krüger: freut sich, die Schule bei so einem tollen Projekt zu unterstützen
- Fr. Weber: Bewegung ist wichtig, die Wand sollte von allen Schülern genutzt werden
- Sportlehrer und Oberstufenschüler übernehmen abwechselnd die Aufsicht
- Michael Pfau (7. Klasse) darf die Wand als erster benutzen
- Kletterwand für alle freigegeben
- Schülerratsvorsitzende Diana Kleber: Einrichten einer Kletter-AG

**1** Lies die Stichpunkte durch und prüfe, ob alle wichtigen W-Fragen darin beantwortet werden.

**2** Tania möchte ihren Bericht übersichtlich gestalten.

a Notiere dir, welche Informationen in die Einleitung, welche in den Hauptteil und welche in den Schluss gehören.

b Schreibe nun anhand deiner Notizen einen Bericht über die Eröffnung der Kletterwand.

**Merkwissen** Der Aufbau eines Berichts

Ein Bericht ist in Einleitung, Hauptteil und Schluss gegliedert.
In diesen drei Teilen werden die W-Fragen in folgender Reihenfolge beantwortet:
**Einleitung:** Wer? Was? Wann? Wo?
**Hauptteil:** Wie? Warum?
**Schluss:** Welche Folgen?

**3** a Vergleicht eure Texte unter Partnern und notiert Verbesserungstipps.

b Überarbeitet eure Berichte.

## Ein Interview führen

In der Schülerzeitung liest du den folgenden Aufruf:

**Reporter gesucht!**

Lehrer/innen und Schulangestellte halten den Schulbetrieb am Laufen.
Für die Themenseite „Beruf: Schule" in der Schülerzeitung suchen wir Reporterinnen und Reporter, die Lust haben, diese Personen über ihren Blick auf das Schulleben zu befragen.
Interessenten melden sich bitte in der Redaktion.

**1** a Finde heraus, welche Personen an eurer Schule arbeiten. Notiert ihre Namen und ihre Tätigkeiten / ihren Beruf übersichtlich an der Tafel.
b Entscheide, wen du gern für die Schülerzeitung interviewen möchtest.

**2** Bildet Gruppen, die unterschiedliche Personen an eurer Schule befragen, und bereitet euer Interview vor:
a Was wollt ihr über die ausgewählte Person wissen? Überlegt Themen, z. B.:
- *Ausbildung, Interessen, Arbeitsbereiche, …*
- *Privates: Familie, Hobbys, …*

b Entwerft gemeinsam einen Fragebogen für euer Interview, z. B.:
***Fragen für das Interview mit unserem Klassenlehrer:***
1. *Warum wollten Sie Lehrer werden?*
2. *Wie schaffen Sie es, so viele neue Namen zu lernen?*
3. *Können Sie uns von einem besonders lustigen Schulereignis erzählen?*
4. *Was war Ihr Lieblingsfach in Ihrer Schulzeit? Warum?*

**Tipp** Wenn ihr jemanden siezt, schreibt ihr die Anredepronomen groß, z. B.: *Warum wollten Sie Lehrer werden? Was gefällt Ihnen an Ihrem Beruf?*

c Einigt euch, wer die Fragen stellt und wer die Antworten mitschreibt oder aufnimmt.
**Tipp:** Überlegt, welche Hilfsmittel ihr für das Interview benötigt: Rekorder mit Mikrofon, Digitalkamera, Notizblock.

**3** a Wenn ihr Erwachsene befragt, müsst ihr sie höflich begrüßen und verabschieden. Sammelt Formulierungen, z. B.: *„Guten Tag, Frau … Danke, dass wir Sie interviewen dürfen." „Vielen Dank für das Interview! Wir haben einiges über … erfahren."*
b Probt die Begrüßung und Verabschiedung als Rollenspiel. Gebt euch Verbesserungstipps.

**4** Führt eure Interviews durch. Tauscht euch anschließend darüber aus, wie eure Gespräche verlaufen sind und was ihr erfahren habt.

## Eine Themenseite für die Schülerzeitung gestalten

### Keine Langeweile! – Aktivitäten an unserer Schule

**Finale der Schachmeisterschaft**

Auf dem letzten Sommerfest am Albert-Schweitzer-Gymnasium gewann Tilo Mann (Klasse 9b) das Finale gegen …

**Interview mit Frau Petzlow, der Leiterin der Basketball-AG**

**5a:** Wer kann Mitglied der AG werden?
**Petzlow:** Ab der 5. Klasse ist jeder willkommen, der ein gutes Ballgefühl hat.
**5a:** Muss man nicht auch eine bestimmte Körpergröße haben?
**Petzlow:** Groß zu sein ist für Basketball praktisch, bei uns ist aber jeder willkommen.

**1** Gestaltet zu den Aktivitäten an eurer Schule eine Themenseite für die Schülerzeitung.
a Überlegt gemeinsam, welche Aktivitäten ihr auf eurer Themenseite behandeln wollt und was eure Leser interessieren könnte: AGs, Theater, Streitschlichtung, Sanitätsdienst …
b Bildet Teams, die Informationen zu den einzelnen Angeboten an eurer Schule recherchieren, Interviews durchführen oder Fotos machen.

**2** a Plant, zu welchen Bereichen des Themas ihr welche Textsorten veröffentlichen wollt. Wählt aus:

Bericht, Meldung, Interview, Kommentar, Brief(auszug), Erzählung, Fotostory

b Verfasst eure Artikel. Denkt euch passende Überschriften aus.
c Überarbeitet eure Texte in Schreibkonferenzen (→ S. 60).
**Tipp:** Auf einer Zeitungsseite ist in der Regel nicht viel Platz. Überlegt, wo ihr eure Texte kürzen könnt. Streicht Unnötiges.

**Tipp** Meldung
Eine Meldung (oder Nachricht) ist ein Bericht in Kurzform.

**Tipp** Kommentar
Ein Kommentar ist eine Stellungnahme zu einem aktuellen Ereignis oder Thema.

**3** a Überlegt euch, wie ihr die Seite mit Bildern anschaulich gestalten könnt. Wählt Fotos aus oder zeichnet Bilder.
b Gestaltet eure Themenseite am Computer. Ordnet Texte und Bilder übersichtlich an.

**Methode** Eine Themenseite in der Schülerzeitung gestalten

Auf einer Themenseite wird ein **interessantes Thema** in vielfältiger Weise dargestellt. Damit die Seite viele Leser findet, informiert man über unterschiedliche Gesichtspunkte des Themas oder über seine Unterthemen. Dafür eignen sich verschiedene Textsorten, wie z. B. **Bericht, Interview, Kommentar, Meldung**. Eine Themenseite lässt sich durch **Fotos und Illustrationen** anregend gestalten.

## „Wo finde ich die Basketball-AG"? Wege beschreiben

**1** Die Basketball-AG trifft sich zum Training auf einem Sportplatz außerhalb des Schulgeländes.

a Sieh dir die Wegskizze genau an.

b Es gibt verschiedene Möglichkeiten, von der Schule zum Sportplatz zu gelangen.
Beschreibe die Wege möglichst genau.

> **Tipp** Wegbeschreibung
> Wenn du einen Weg beschreibst, ist es hilfreich, die **Straßennamen**, die **Richtung** (links, rechts, geradeaus) und **auffällige Orte** (z. B. Bahnhof, Supermarkt, Brücke) zu benennen.

Wörter, die du für deine Wegbeschreibung verwenden kannst:

zuerst | dann | danach | schließlich | zuletzt

gehen | hinuntergehen | hinaufgehen | überqueren | sich wenden | abbiegen

c Vergleicht eure Ergebnisse: Welches ist der kürzeste, der interessanteste, der sicherste Weg?

**2** Bestimmt kennst du dich schon gut in eurer Schule aus.

a Kannst du deinen Mitschülerinnen/Mitschülern beschreiben, wie man:
- vom Eingang der Schule in euren Klassenraum kommt?
- von eurem Klassenraum in die Sporthalle, zum Musikraum, zum Sekretariat … gelangt?

b Formuliere Wegbeschreibungen als Rätsel: Nenne nur den Ausgangspunkt (den Start) und beschreibe dann den Weg. Lass die anderen das Ziel erraten.

**3** a Zeichne auf einem großen Plakat den ungefähren Grundriss eurer Schule und beschrifte ihn. Trage z. B. ein, wo sich euer Klassenraum befindet oder wo das Sekretariat liegt.

b Trage in deinen Grundriss die Wege von eurem Klassenraum zu den wichtigsten Orten ein. Hänge das Plakat in eurem Klassenraum auf.

## Schulerlebnisse Einen persönlichen Brief verfassen

Dohna, den 16.9.2012

Liebe Luise,

nun ist es schon sieben Wochen her, seit du weggezogen bist. Wie gefällt es dir denn in Potsdam? Magst du deine neue Schule und deine Klassenkameraden? Hier hat sich nach den Sommerferien auch einiges verändert. Unsere Klassenleiterin ist jetzt Frau Dorn. Auf deinem Platz sitzt jetzt Lena.
In der ersten Schulwoche haben wir in Deutsch Interviews mit allen Erwachsenen geführt, die an unserer Schule arbeiten. Wir haben viele interessante Dinge erfahren. Ich weiß jetzt zum Beispiel, dass unser Hausmeister, Herr Moll, schon seit 23 Jahren an der Schule arbeitet. Es stört ihn überhaupt nicht, dass er seine Wohnung in der Schule hat und eigentlich immer auf Arbeit ist. Unser Schulleiter, Herr Melcher, würde gern einmal mit dem Wohnmobil durch die USA reisen.

Stell dir vor: Unsere Klasse darf die Themenseite „Aktivitäten an unserer Schule" in der Schülerzeitung gestalten! Ich bin für die Auswahl der Fotos verantwortlich. Wenn die Zeitung gedruckt ist, schicke ich dir eine Ausgabe. Versprochen!

Es ist sehr schade, dass du nicht mehr hier wohnst. Hast du eigentlich schon einen neuen Handballverein gefunden? Schreib mir doch mal, was ihr so in der Schule macht.

Bis bald!
Deine Kathrin

**1** Lies den Brief von Kathrin an Luise.
- a Woher kennen Kathrin und Luise sich? Was erfährst du über Luise? Belege deine Aussagen mit Beispielen aus dem Text.
- b Liste auf, worüber Kathrin in ihrem Brief schreibt.

**2** Ein Brief besteht aus verschiedenen Bausteinen. Untersuche den Aufbau des Briefs und verwende dabei die folgenden Begriffe:

Briefkopf (Ort, Datum) | Anrede | Grußformel | Unterschrift

Einleitung | Hauptteil (Kern des Briefes) | Schluss

**3** Sammle weitere Möglichkeiten, um deine Briefpartnerin oder deinen Briefpartner anzureden und dich zu verabschieden. Überlege dabei, für welchen Empfänger (z. B. Freund/-in, Lehrer/-in, Eltern …) welche Anrede und welche Grußformel geeignet ist.

**4**
- a Nenne Textstellen in dem Brief, in denen Kathrin ihre Briefpartnerin direkt anspricht.
- b Überlege, warum man auf die Empfängerin oder den Empfänger eingeht und Fragen stellt.

**5** Sicher ist auch dir in den letzten Wochen etwas Spannendes, Aufregendes oder Lustiges passiert.
a Wähle ein Ereignis aus und entscheide dich für eine Person, der du darüber einen Brief schreibst.
b Überlege, was du deiner Briefpartnerin oder deinem Briefpartner schreiben willst. Was könnte sie oder ihn interessieren? Sammle deine Ideen in Stichwörtern.

**Tipp** W-Fragen
Thema des Briefs können auch eure Interviews sein.

**6** Schreibe einen ersten Entwurf des Briefs. Die folgenden Informationen helfen dir dabei.

## Merkwissen Einen persönlichen Brief schreiben

Briefe werden an einen oder mehrere Empfänger geschickt. Danach richten sich Inhalt und Wortwahl des Schreibens. Einen Brief an deinen Opa kannst du anders formulieren als den an deine Lehrerin oder deinen Lehrer. Briefe sind nach dem folgenden Muster aufgebaut:

**Briefkopf**
Ort und Datum

*Delitzsch, den 1. Oktober 2012*

**Anrede**
Nach der Anrede setzt du entweder ein Ausrufezeichen und beginnst danach groß oder du setzt ein Komma und schreibst klein weiter.
Wenn du jemanden siezt, schreibst du die Anredepronomen groß, z. B.: *Sie, Ihnen, Ihr*. Sonst kannst du sie kleinschreiben, z. B.: *dir, dein, euch, euer.*

*Liebe Frau Pütz,*

*sicher wollen **Sie** wissen, wie es mir geht.*

*Hallo Rudi!*

*Sicher bist **du** neugierig, wie es bei mir so läuft.*

**Brieftext**
- Gehe auf die Empfängerin/den Empfänger ein: Überlege, was sie/ihn interessiert.
- Gliedere deinen Brief in Einleitung, Hauptteil und Schluss. Trenne die einzelnen Teile durch Absätze.
- Sprich zu Beginn den Empfänger direkt an. Beantworte Fragen und stelle selbst welche.
- Schreibe über ein Erlebnis und teile Neuigkeiten mit.
- Sage auch etwas über deine Gedanken und Gefühle.
- Baue im Schlussteil Anreize ein, die die Empfängerin / den Empfänger dazu anregen, einen Antwortbrief zu schreiben. Stelle z. B. Fragen. Sende gute Wünsche.

*Vielen Dank für …*
*Wie geht es Ihnen/dir?*
*Ich habe mich so über … gefreut.*

*Die letzten Wochen waren …*
*Mir gefällt …*

*Wie war die erste Woche bei Ihnen/dir?*
*Haben Sie/Hast du schon …?*
*Ich hoffe, Sie melden sich bald./*
*Ich hoffe, du meldest dich bald.*

**Grußformel und Unterschrift**
Die Grußformel und die Unterschrift stehen jeweils in einer eigenen Zeile. Am Ende setzt man weder Punkt noch Ausrufezeichen.

*Herzliche Grüße*
*Viele Grüße*
*Ihre Jana*

*Liebe Grüße*
*Bis bald*
*dein Manuel*

**7** a Tauscht die Briefe mit eurer Nachbarin oder eurem Nachbarn aus. Verbessert dann gemeinsam die Rechtschreibung und den sprachlichen Ausdruck.
b Schreibe den Brief fehlerfrei und ordentlich auf ein Blatt Papier.
c Beschrifte einen Umschlag – und ab geht die Post!

## Eine E-Mail schreiben

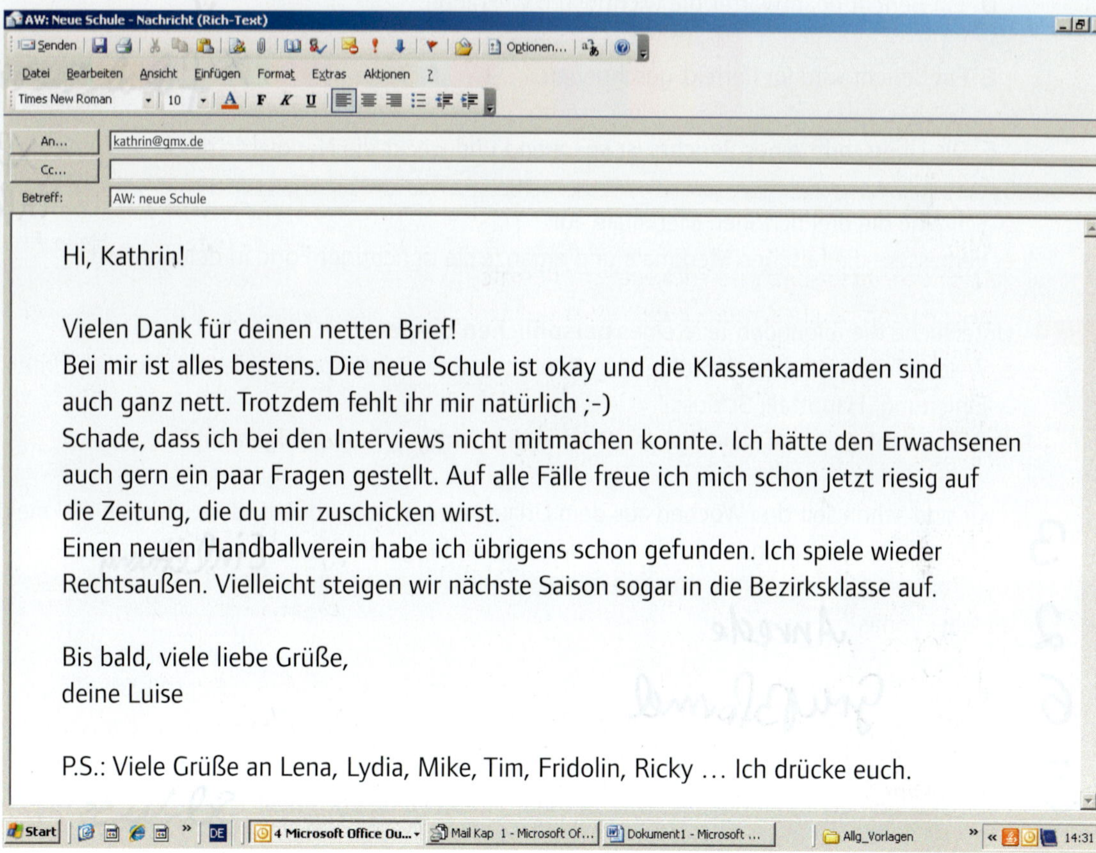


Hi, Kathrin!

Vielen Dank für deinen netten Brief!
Bei mir ist alles bestens. Die neue Schule ist okay und die Klassenkameraden sind auch ganz nett. Trotzdem fehlt ihr mir natürlich ;-)
Schade, dass ich bei den Interviews nicht mitmachen konnte. Ich hätte den Erwachsenen auch gern ein paar Fragen gestellt. Auf alle Fälle freue ich mich schon jetzt riesig auf die Zeitung, die du mir zuschicken wirst.
Einen neuen Handballverein habe ich übrigens schon gefunden. Ich spiele wieder Rechtsaußen. Vielleicht steigen wir nächste Saison sogar in die Bezirksklasse auf.

Bis bald, viele liebe Grüße,
deine Luise

P.S.: Viele Grüße an Lena, Lydia, Mike, Tim, Fridolin, Ricky … Ich drücke euch.

**1** a Berichte von deinen E-Mail-Erfahrungen: Wie oft und an wen schreibst du E-Mails?
b Nenne Vor- und Nachteile, die das Schreiben einer E-Mail bietet.

**2** Lies die E-Mail. Woran erkennst du, dass es sich um eine E-Mail an eine Freundin handelt?

**3** Vergleiche die E-Mail von Luise mit dem Brief von Kathrin (→ S. 21). Welche Unterschiede kannst du in der äußeren Form, der Wortwahl und dem Inhalt feststellen? Wie erklärst du dir diese Unterschiede?

# Teste dein Wissen!

**1** Woran erkennst du einen **Bericht**?

a Lies die folgenden Merkmale durch. Drei davon sind richtig, drei falsch.

**A** Ein Bericht ist sachlich geschrieben.

**B** Ein Bericht kann eine persönliche Meinung enthalten.

**C** Ein Bericht besteht aus den Teilen Einleitung, Hauptteil und Schluss.

**D** Ein Bericht beantwortet die wichtigsten W-Fragen.

**E** Ein Bericht wird im Perfekt geschrieben.

**F** Die Überschrift eines Berichts ist spannend und weckt die Neugierde der Leser/innen.

b Schreibe die drei richtigen Merkmale auf.

c Verbessere die falschen Merkmale und ergänze sie in richtiger Form in deinem Heft.

**2** Untersuche die folgenden Teile eines **persönlichen Briefs**.

a Welche Teile enthalten die folgenden Briefbausteine: Briefkopf, Anrede, Grußformel, Unterschrift, Einleitung, Hauptteil, Schluss?

b Ordne richtig zu und schreibe den Brief in der richtigen Reihenfolge auf.

wir sind schon seit drei Wochen aus dem Urlaub zurück, es wird Zeit, dass ich mich mal melde. Ich hoffe, es geht dir gut und du hast den Schulanfang verkraftet.

Lieber Jonas,

Tschüss,

Was machst du so? Hast du nicht erzählt, du hättest im September ein Gitarrenkonzert? Ich drück dir die Daumen, dass alles gut läuft! Melde dich doch mal!

Sömmerda, den 1.9.2012

Für mich ist das frühe Aufstehen das Schlimmste, ansonsten finde ich die Schule eigentlich ganz cool … . Ich mache jetzt übrigens bei der AG Schülerzeitung mit und das macht echt Spaß. Ich bin für die Rubrik „Interview des Monats“ und noch dazu für die Gestaltung der Zeitung zuständig, weil ich am besten mit dem Computer umgehen kann. Ich ordne die Texte an, sodass es gut aussieht, wähle die Bilder aus etc. Du glaubst nicht, wie viel Arbeit so eine Schülerzeitung ist, obwohl die Redaktion aus 6 Leuten besteht.

David

# 1.2 Geschichten aus der Schule

Edward van de Vendel

**Was ich vergessen habe**

*Elmer bekommt eines Tages eine neue Mitschülerin: Soscha.*

Da steht sie, in der Türöffnung – wie frisch aus einem Überraschungspaket entstiegen. Früher Montagmorgen: Der Flur draußen ist dunkel, nur in unserer Klasse ist es hell. Wir sitzen über unseren Rechenaufgaben, Stillarbeit, eine summende Lautlosigkeit. Die Lehrerin kommt hinter ihrem Schreibtisch hervorgestolpert und geht mit ausgestreckten Armen auf das Mädchen zu. „Komm rein, komm nur, komm. Wo möchtest du sitzten? Kinder, das hier ist Soscha Londerseel. Sie ist gerade umgezogen und kommt hier zu uns in die Klasse. Wo möchtest du sitzen?“
Soscha blickt durch die Klasse, tritt ins Licht und sagt: „Neben ihm da. Ich will neben ihn. Ich glaube, er ist nett.“
Keiner sagt etwas, nur Köpfe drehen sich und ich zucke zusammen: Sie zeigt auf mich.
Manchmal denke ich, das Rotwerden beginnt in meinen Füßen und dann laufe ich langsam heiß, bis ich in Stereo nach links und rechts strahle, und nirgendwo ist was zum Abstellen, nirgendwo an mir ist eine Powertaste. Ich versuche es aufzuhalten. Keine Chance, sie steuert schon auf meinen Tisch zu, setzt sich neben mich und fragt, wie ich heiße.
„Äh, Elmer“, sage ich und sie sagt: „Schön, Elmer. Ich heiße Soscha.“
„Gut“, sagt die Lehrerin, „Stillarbeit war angesagt. Elmer, zeigst du Soscha, worum es geht? Die Sachen für sie habe ich schon bereitgelegt.“
Das tue ich und das Rotwerden lässt etwas nach. Es sackt irgendwo in Magenhöhe, wo es bleibt wie eine Zündflamme, die sofort wieder auflodern kann, wenn einer das Gas aufdreht.
Die Klasse schaut ab und an zu mir, zu uns. Ich höre „Pfff!“ und „Tsss!“ und in der Pause sagt Mark: „Elmer ist verrückt nach Mädchen …“

So fängt es an und ich weiß nicht, wie mir geschieht. Aber den ganzen Tag habe ich die Aufgabe, Soscha alles zu erklären: unsere Gruppenarbeit, unseren Wochenplan und unsere Freitagnachmittagwerkstatt. Ich erkläre und sie nickt und lacht. Und das Tuscheln über uns hat auch aufgehört.

Trotzdem zischelt es die ganze Zeit – es ist, als ob jeder sie etwas fragen wollte. „Soscha-Soscha-Soscha", klingt es und Soscha sitzt schon ganz unruhig auf ihrem Stuhl. Die Lehrerin wird böse, aber das hilft höchstens eine Viertelstunde lang. Wirklich schlimm wird es allerdings nie, weil ich meistens gerade zur rechten Zeit rot werde, ich sitze schließlich neben Soscha.

„Thanks", sagt Soscha mit einem Blick zur Seite, „ich gehe, glaube ich, manchmal zu weit. Schön, dass du meine rote Ampel bist."

Dann lache ich und versuche mir vorzustellen, wie still es war, bevor Soscha zu uns in die Klasse kam. Ich kann mich unmöglich erinnern.

*Als Soscha eines Tages im Unterricht dabei erwischt wird, wie sie Elmer einen Zettel zuschiebt, werden beide erwischt.*

Zum ersten Mal seit Jahren muss ich nachsitzen. Soscha auch. Aber nachdem wir dreimal „Tut uns leid, kommt nicht wieder vor!" gesagt haben und Soscha alles erklärt hat, dürfen wir nach Hause.

Das tun wir nicht, denn Soscha sagt: „Komm, wir machen eine Prüfung. Eine Prüfung in Du und Ich. Du schreibst auf, was du von mir weißt, und umgekehrt. Essen können wir später. Zehn Minuten. Ab jetzt." Und zur Lehrerin sagt sie: „Dürfen wir Ihren roten Korrekturstift haben?"

*Sie heißt Soscha Londerseel. So viel weiß ich schon: Sie ist halb polnisch, weil ihre Mutter Polin ist. Sie hat drei große Schwestern, die schon aus dem Haus sind, aber noch fast jeden Tag zum Plaudern vorbeikommen. Die Schwestern haben Kinder und bringen sie mit. Ihr neunzehnjähriger Bruder heißt Ivar und ihr kleiner Bruder heißt Tomek. Tomek schaut immer Kinderkanal. Es gibt jede Menge Tanten, Onkel und Vettern und nicht einmal sie kann sie alle zählen. Ein Teil lebt in Polen. Und ein Teil hier. Ihr Vater heißt Wim und sie mag alte Popstars, jedenfalls sammelt sie die. Auf Briefmarken. Manchmal geht sie mit ihrem Vater auf eine Börse und kauft neue hinzu. Bestraft für irgendwas wird Soscha fast nie. Das sagt sie jedenfalls. Dafür hat man bei ihr daheim keine Zeit. Ich glaube ihr zwar, aber dass ich mich mal mit jemandem anfreunden würde, der so frech sein kann, hätte ich nie gedacht.*

„Frech?", fragt Soscha. „Ich? Wieso?"

„Na ja, das ist nicht genau das richtige Wort", sage ich.

„Hier. Das habe ich geschrieben."

*Elmer Jonas de Jong. Elf. Mittelfeldspieler und eine Schuldirektorin als Mutter. Das ist bisher alles, was ich von ihm weiß. Ich kenne sein Haar, seine Sommersprossen und seine blauen Augen, aber sagen tut er noch nicht viel. Im Augenblick beobachte ich ihn, wie er dasitzt und schreibt. Er sagt, er mag Apparate. Dinge. Solange nur irgendwo ein Knopf oder eine Taste dran ist. Er hat wenig Freunde, finde ich, und auch nur ganz wenige Verwandte. Tante Anja. Sein Vater ist fort. Wir fahren jedes Jahr nach Krakau und besuchen die Familie meiner Mutter. Was für ein Unterschied. Verrückt, aber jeder ist anders. Hü, die Zeit ist um.*

„Hmmm …", sage ich. „Durchgefallen. Du schreibst über dich selbst."

„Eine Vier könntest du mir schon geben", sagt Soscha, „ich weiß eben noch viel zu wenig über dich."

**1** Tauscht euch über euren ersten Leseeindruck aus, z. B.:
- *Besonders gut gefallen hat mir …*
- *Mich hat erstaunt, dass …*
- *Ich habe nicht verstanden, warum …*

**2** a Lies noch einmal den Textabschnitt (→ S. 25/26, Z. 1–44). Beschreibe, wie die erste Begegnung zwischen Soscha und Elmer verläuft.

b Erkläre, was Elmer deiner Meinung nach an Soscha mag.

*Vielleicht findet er es gut, dass …*
*Ich denke, er mag an Soscha, dass …*

*Meiner Meinung nach mag Soscha an Elmer, dass …*
*Sie findet es gut, dass …*

**3** „Schön, dass du meine rote Ampel bist", sagt Soscha zu Elmer (→ S. 26, Z. 54/55). Erkläre, was sie damit meint.

**4** a Soscha schlägt Elmer vor, eine „Prüfung in Du und Ich" zu machen. Was meint sie damit?

b Durch diese Prüfung erfährst du ein bisschen mehr über Elmer und Soscha. Erstelle für jeden der beiden einen Steckbrief.

**Steckbrief Elmer**
*Name: Elmer Jonas de Jong*
*Alter: 11*
*Familie: …*
*…*

**Steckbrief Soscha**
*Name: Soscha Londerseel*
*Alter: …*
*Familie: …*
*…*

c Macht nun eine „Prüfung in Du und Ich" mit einer Freundin oder einem Freund. Lest euch anschließend gegenseitig vor, was ihr über einander geschrieben habt.

**5** a *Freunde haben vieles gemeinsam!*
Trifft das deiner Meinung nach auch auf Soscha und Elmer zu? Begründe deine Meinung.

b Beschreibe, welche Bedeutung Freundschaft für dich hat.

# Vertiefen und üben
## Einen Brief schreiben

●●● 1 Versetze dich in Elmers Lage: Du hast an der neuen Schule Soscha kennen gelernt. Schreibe nun einer Freundin oder einem Freund einen Brief, in dem du von Soscha erzählst. Schreibe in der Ich-Form. Lies dazu noch einmal den Textauszug (→ S. 25, Z. 1–34) und mache dir dabei Notizen.

●●○ 1 **mit Hilfen**

Wenn du aus Elmers Sicht einen Brief schreibst, in dem du von der neuen Mitschülerin Soscha erzählst, kannst du so vorgehen:

a Lies noch einmal den Textauszug (→ S. 25, Z. 1–34). Notiere dabei Stichwörter zu den folgenden Fragen:
- Wie hat Elmer Soscha kennen gelernt?
- Was denkt er über Soscha und diese neue Freundschaft?

*- Soscha steht an einem Montagmorgen plötzlich im Klassenraum.*
*- Sie möchte sich neben mich setzen.*
*- Ich werde sofort rot, weil ...*
*- Zuerst tuschelt die Klasse über uns, aber dann ...*
*- Soschas Mutter ist Polin und sie hat drei große Schwestern und einen großen Bruder.*
*- ...*
*- Ich finde Soscha ..., weil ...*
*- Als ich Soscha das erste Mal gesehen habe, dachte ich ...*

b Schreibe den Brief in der Ich-Form. Die folgende Vorlage hilft dir, deinen Brief richtig aufzubauen und gut zu formulieren.

| | |
|---|---|
| Ort und Datum | *Ort, den ...* |
| Anrede | *Liebe/r ...!* |
| **Einleitung:** Sprich den Empfänger direkt an. | *Wie gefällt .../Wie geht es dir? Du glaubst nicht, was mir in der letzten Woche passiert ist.* |
| **Hauptteil:** Schreibe über das Erlebnis mit Soscha. Teile deine Gedanken mit. | *Letzten Montag ging plötzlich die Tür auf und ...*<br>*Sie wollte sich neben mich setzen und ich bin natürlich sofort rot geworden. ...* |
| **Schluss:** Gehe noch einmal auf den Empfänger ein. Stelle Fragen, sende gute Wünsche. | *Wie waren die ersten Schulwochen bei dir?*<br>*Hast du ...*<br>*Ich hoffe, du ...* |
| Grußformel | *Herzliche Grüße .../Bis bald .../Viele Grüße ...* |
| Unterschrift | *dein/deine ...* |

Joanne K. Rowling

## Harry Potter und der Stein der Weisen

*Der Waisenjunge Harry Potter erfährt an seinem elften Geburtstag, dass er der Sohn zweier mächtiger Zauberer ist und selbst magische Fähigkeiten besitzt. Kurze Zeit später wird er in die Hogwarts-Schule für Hexerei und Zauberei aufgenommen.*

Es gab einhundertundzweiundvierzig Treppen in Hogwarts: breite, weit ausschwingende, enge, kurze, wacklige; manche führten freitags woandershin; manche hatten auf halber Höhe eine Stufe, die ganz plötzlich verschwand, und man durfte nicht vergessen sie zu überspringen. Dann wiederum gab es Türen, die nicht aufgingen, außer wenn man sie höflich bat oder sie an genau der richtigen Stelle kitzelte, und Türen, die gar keine waren, sondern Wände, die nur so taten, als ob. Schwierig war es auch, sich daran zu erinnern, wo etwas Bestimmtes war, denn alles schien ziemlich oft den Platz zu wechseln. Die Leute in den Porträts gingen sich ständig besuchen und Harry war sich sicher, dass die Rüstungen laufen konnten. Auch die Geister waren nicht besonders hilfreich. Man bekam einen fürchterlichen Schreck, wenn einer von ihnen durch eine Tür schwebte, die man gerade zu öffnen versuchte. Der Fast kopflose Nick freute sich immer, wenn er den neuen Gryffindors den Weg zeigen konnte, doch Peeves, der Poltergeist, bot mindestens zwei verschlossene Türen und eine Geistertreppe auf, wenn man zu spät dran war und ihn auf dem Weg zum Klassenzimmer traf. Er leerte den Schülern Papierkörbe über dem Kopf aus, zog ihnen die Teppiche unter den Füßen weg, bewarf sie mit Kreidestückchen oder schlich sich unsichtbar von hinten an, griff sie an die Nase und schrie: „Hab deinen Zinken!"

Noch schlimmer als Peeves, wenn davon überhaupt die Rede sein konnte, war Argus Filch, der Hausmeister. Harry und Ron schafften es schon am ersten Morgen, ihm in die Quere zu kommen. Filch erwischte sie dabei, wie sie sich durch eine Tür zwängen wollten, die sich unglücklicherweise als der Eingang zum verbotenen Korridor im dritten Stock herausstellte. Filch wollte nicht glauben, dass sie sich verlaufen hatten, und war fest davon überzeugt, dass sie versucht hatten, die Tür aufzubrechen. Er werde sie beide in den Kerker sperren, drohte er, gerade als Professor Quirrell vorbeikam und sie rettete.

Filch hatte eine Katze namens Mrs. Norris, eine dürre, staubfarbene Kreatur mit hervorquellenden, lampenartigen Augen. Sie patrouillierte allein durch die Korridore. Brach man vor ihren Augen eine Regel oder setzte auch nur einen Fuß falsch auf, dann flitzte sie zu Filch, der zwei Sekunden später keuchend vor einem stand. Filch kannte die Geheimgänge der Schule besser als alle andern (mit Ausnahme vielleicht der Weasley-Zwillinge) und konnte so plötzlich auftauchen wie sonst nur ein Geist. Die Schüler mochten ihn alle nicht leiden und hätten Mrs. Norris am liebsten einen gepfefferten Fußtritt versetzt.

Und dann, wenn man es einmal geschafft hatte, das Klassenzimmer zu finden, war da der eigentliche Unterricht. Wie Harry rasch feststellte, gehörte zum Zaubern viel mehr, als nur mit dem Zauberstab herumzufuchteln und ein paar merkwürdige Worte von sich zu geben.

Jeden Mittwoch um Mitternacht mussten sie mit ihren Teleskopen den Nachthimmel studieren und die Namen verschiedener Sterne und die Bewegungen der Planeten lernen. Dreimal die Woche gingen sie hinaus zu den Gewächshäusern hinter dem Schloss, wo sie bei einer plumpen kleinen Professorin namens Sprout Kräuterkunde hatten. Hier lernten sie, wie man all die seltsamen Pflanzen und Pilze züchtete und herausfand, wozu sie nütze waren.

Der bei Weitem langweiligste Stoff war Geschichte der Zauberei, der einzige Unterricht, den ein Geist gab. Professor Binns war wirklich schon sehr alt gewesen, als er vor dem Kaminfeuer im Lehrerzimmer eingeschlafen und am nächsten Morgen zum Unterricht aufgestanden war, wobei er freilich seinen Körper zurückgelassen hatte. Binns leierte Namen und Jahreszahlen herunter und sie kritzelten alles in ihre Hefte und verwechselten Emmerich, den Bösen, mit Ulrich, dem Komischen Kauz.

Professor Flitwick, der Lehrer für Zauberkunst, war ein winzig kleiner Magier, der sich, um über das Pult sehen zu können, auf einen Stapel Bücher stellen musste. Zu Beginn der ersten Stunde verlas er die Namensliste und als er zu Harry gelangte, gab er ein aufgeregtes Quieken von sich und stürzte vom Bücherstapel.

Professor McGonagall wiederum war ganz anders. Harry hatte durchaus zu Recht vermutet, mit dieser Lehrerin sei nicht gut Kirschen essen. Streng und klug hielt sie ihnen eine Rede, kaum hatten sie sich zur ersten Stunde hingesetzt.

„Verwandlungen gehören zu den schwierigsten und gefährlichsten Zaubereien, die ihr in Hogwarts lernen werdet", sagte sie. „Jeder, der in meinem Unterricht Unsinn anstellt, hat zu gehen und wird nicht mehr zurückkommen. Ihr seid gewarnt."

Dann verwandelte sie ihr Pult in ein Schwein und wieder zurück. Sie waren alle sehr beeindruckt und konnten es kaum erwarten, loslegen zu dürfen, doch sie erkannten bald, dass es noch lange dauern würde, bis sie die Möbel in Tiere verwandeln konnten. Erst einmal schrieben sie eine Menge komplizierter Dinge auf, dann erhielt jeder ein Streichholz, das sie in eine Nadel zu verwandeln suchten. Am Ende der Stunde hatte nur Hermine Granger ihr Streichholz ein klein wenig verändert. Professor McGonagall zeigte der Klasse, dass es ganz silbrig und spitz geworden war, und schenkte Hermine ein bei ihr seltenes Lächeln.

Wirklich gespannt waren sie auf Verteidigung gegen die dunklen Künste, doch Quirrells Unterricht stellte sich als Witz heraus. Sein Klassenzimmer roch stark nach Knoblauch und alle sagten, das diene dazu, einen Vampir fernzuhalten, den er in Rumänien getroffen habe und der, wie Quirrell befürchtete, eines Tages kommen und ihn holen würde. Seinen Turban, erklärte er, habe ihm ein afrikanischer Prinz geschenkt, weil er dem Prinzen einen lästigen Zombie vom Hals geschafft habe, aber sie waren sich nicht sicher, was sie von dieser Geschichte halten sollten. Als nämlich Seamus Finnigan neugierig fragte, wie Quirrell den Zombie denn verjagt habe, lief der rosarot an und begann, über das Wetter zu reden; außerdem hatten sie bemerkt, dass von dem Turban ein komischer Geruch ausging, und die Weasley-Zwillinge behaupteten steif und fest, auch er sei vollgestopft mit Knoblauch, damit Professor Quirrell geschützt sei, wo immer er gehe und stehe.

**1** a Sammle deine ersten Eindrücke zu diesem Textauszug, z. B.:
- *Mir hat besonders gut gefallen, ...*
- *Mich hat gewundert, dass ...*
- *Nicht verstanden habe ich, warum ...*

b Gibt es Ereignisse, Figuren oder Textstellen, die du besonders unheimlich, lustig ... findest? Begründe deine Antwort.

**2** a Die Hogwarts-Schule befindet sich in einem riesigen alten Schloss voller Magie und Geheimnisse. Trage zusammen, was du im ersten Textabschnitt (→ S. 29, Z. 1–37) über diesen Ort erfährst.

**3** a Listet in Partnerarbeit auf, welche Schulfächer Harry Potter in Hogwarts hat und was er in diesen Fächern lernt.

b Erfindet gemeinsam mit einer Partnerin/einem Partner ein Schulfach, das euch besonders interessieren würde. Eurer Fantasie sind dabei keine Grenzen gesetzt.
- Was würdet ihr in diesem Fach lernen? Wo würde es stattfinden?
- Was wäre an diesem Fach schwierig, was einfach und wozu wäre das Wissen nützlich?

Haltet eure Ideen in Stichwörtern fest und stellt anschließend euer Schulfach vor.

**4** a Schließe für einige Zeit die Augen und stelle dir deine Traumschule vor.
- Wo befindet sich deine Traumschule? Im Dschungel, unter Wasser ...?
- Wie sieht sie aus, wie ist sie eingerichtet? Ist es ein Schloss mit Rutschen, Geheimgängen ...?
- Welche Fächer gibt es? Wie läuft der Unterricht dort ab?

b Notiert eure Ideen und vergleicht sie anschließend miteinander.

**5** Male ein Bild von deiner Traumschule: Du kannst die gesamte Schule malen, nur ein besonderes Klassenzimmer, den Ort der Schule, eine einzelne Lehrerin oder einen einzelnen Lehrer ...

**6** a Schreibe eine Geschichte zu deiner Traumschule. Überlege genau, wie alles aussieht und was man in der Schule machen kann.
**Tipp:** Du kannst deine Notizen aus den Aufgaben 3 und 4 oder das Bild von deiner Traumschule als Anregung für deine Geschichte verwenden.

b Lest euch eure Geschichten vor. Vergleicht eure Wünsche, Vorstellungen und Meinungen.

c Überlegt, ob sich an eurer Schule davon etwas verwirklichen lässt.

# 1.3 Fit in …
## Briefe schreiben

Stelle dir vor, du bekommst folgende Aufgabe:

Deine Freundin / Dein Freund aus der Grundschule ist vor einem Monat in eine andere Stadt gezogen. Seit dem Umzug habt ihr nichts mehr voneinander gehört. Schreibe ihr/ihm einen Brief.

**1** a Überlege, von welchem Erlebnis du deiner Freundin / deinem Freund schreiben willst. Was könnte sie/ihn interessieren? Lege eine Ideensammlung an und schreibe deine Einfälle in Stichwörtern auf.

b Wähle drei bis vier Ideen aus, über die du schreiben willst. Die übrigen streichst du durch.

c In welcher Reihenfolge willst du von deinen Erlebnissen und Neuigkeiten schreiben? Nummeriere deine Ideen.

**Beispiel für eine Ideensammlung:**

1 – Fußballspiel (Wir haben gewonnen!)
– ~~Geburtstagsfeier bei Oma~~
– ~~heute war schlechtes Wetter~~
3 – nette Klasse und meine neue Sitznachbarin ist lustig
2 – neues Fahrrad für den Weg zur Schule bekommen

**2** Schreibe deinen Brief.
- Achte auf die äußere Form des Briefs und gliedere ihn in Einleitung, Hauptteil und Schluss. Trenne die einzelnen Teile durch Absätze (→ Merkkasten, S. 22).
- Sprich die Empfängerin / den Empfänger direkt an und gehe wie in einem Gespräch auf sie/ihn ein.

**Beispiele, um den Empfänger anzusprechen:**
- Wie gefällt es dir an deinem neuen Wohnort?
- Hast du schon neue Freunde gefunden?
- Ich vermisse dich sehr.
- Du kannst dir nicht vorstellen, wie …
- Was unternimmst du den ganzen Tag?
- Ich würde mich sehr über deinen Besuch freuen.
- Ich hoffe, du meldest dich bald.

**3** Überarbeitet eure Briefe in Partnerarbeit. Nehmt hierzu die folgende Checkliste zu Hilfe.

**Checkliste** Einen persönlichen Brief schreiben

- Sind in deinem Brief die folgenden Bausteine zu finden: Briefkopf (Ort, Datum), Anrede, Brieftext, Grußformel und Unterschrift?
- Ist der Brieftext in Einleitung, Hauptteil und Schluss gegliedert? Sind die einzelnen Teile durch Absätze (freie Zeilen) getrennt?
- Bist du wie in einem Gespräch auf die Empfängerin oder den Empfänger eingegangen? Hast du sie/ihn immer wieder direkt angesprochen und Fragen gestellt und beantwortet?
- Sind die Anredepronomen korrekt geschrieben? Wenn du jemanden siezt, schreibst du die Anredepronomen groß (*Sie, Ihnen, Ihr* etc.), sonst kannst du sie kleinschreiben (*dir, dein* etc.).
- Sind die Rechtschreibung und die Zeichensetzung in Ordnung? Prüfe zum Beispiel, ob du alle Nomen großgeschrieben hast und das Komma im Briefkopf zwischen Ort und Datum gesetzt hast.

# 2 Meinungen vertreten
## Gespräche untersuchen

**1** Sieh dir das Foto und die Gesprächsbeiträge an. Sind gemeinsame Unternehmungen auch in eurer Klasse ein Thema? Was würdet ihr gerne zusammen machen?

**2** Lies noch einmal die Aussagen. Welche ermutigen andere beim Sprechen, welche blockieren das Gespräch? Begründe deine Entscheidung.

**In diesem Kapitel …**

- entwickelt ihr Gesprächsregeln, die euch helfen, mit unterschiedlichen Meinungen und Streitsituationen umzugehen,
- lernst du, deine Meinung zu einem Thema mündlich und schriftlich überzeugend zu begründen,
- liest du Geschichten, die vom Streiten, vom Einmischen und vom Mutigsein handeln.

**3** a Kennst du ähnliche Situationen? Erzähle, wie das Gespräch verlaufen ist.
b Formuliere Tipps, wie ein Gespräch oder eine Diskussion gelingen kann.

# 2.1 Klassengespräche
## Auf die Argumente kommt es an!

### **Den Klassenraum verschönern** Gesprächsregeln einhalten

*Die Schülerinnen und Schüler der Klasse 5c wollen ihren Klassenraum verschönern. Doch was einen Klassenraum freundlicher macht, darüber gibt es unterschiedliche Meinungen.*

**Lena:** Ich mag am liebsten Pflanzen! Die würden unseren Klassenraum viel freundlicher machen.
**Sven:** Blöder Vorschlag! Wir sollten lieber einen Schrank anschaffen.
**Merve:** Ich finde, wir sollten den Klassenraum neu streichen, denn die alte Farbe ist fleckig und löst sich schon von den Wänden.
**Julia:** Das ist eine gute Idee. Eine frische, helle Farbe sähe bestimmt gut aus. Und vielleicht könnten wir ja sogar eine Wand mit Mustern oder Comicfiguren bemalen.
**Marcel:** Ich bin anderer Meinung. Ich fände es gut, wenn wir Poster aufhängen würden …
*(Simone fällt Marcel ins Wort)*
**Simone:** Ja, Pferdeposter wären toll!
**Marcel:** Simone, ich war noch nicht fertig. Ich meine z. B. Poster von Fußballspielern. Was haltet ihr davon?
**Miriam:** Quatsch, ich habe eine viel bessere Idee! Jeder macht einfach das, wozu er Lust hat.

**1** a Lest das Streitgespräch laut mit verteilten Rollen.
b Welche Schüler halten sich an Gesprächsregeln? Erkläre auch, was die Personen richtig gemacht haben.

**Tipp** Gesprächsregeln
Andere ausreden lassen!
Aufmerksam …

**2** Suche die Gesprächsbeiträge heraus, die dich nicht überzeugt haben, und begründe, was dich an diesen Aussagen stört. Übertrage hierzu die nebenstehende Tabelle in dein Heft und vervollständige sie.

| Beiträge, die nicht überzeugen | Begründung |
|---|---|
| *Blöder Vorschlag!* … | *ist beleidigend* … |

**3** a Überarbeitet in Gruppen das Streitgespräch von S. 34. Der nebenstehende Tipp hilft euch dabei.
- Formuliert die Gesprächsbeiträge neu, die euch nicht überzeugt haben.
- Schreibt auf, wie dieses Streitgespräch beendet werden könnte, sodass alle zufrieden sind.

b Tragt eure überarbeiteten Dialoge in der Klasse vor.

**4** a Tauscht euch darüber aus, warum Gesprächsregeln in der Klasse wichtig sind.

b Vereinbart Gesprächsregeln und haltet sie auf einem großen Plakat fest. Geht so vor:

**Tipp**

**Einleitung für eine Meinungsäußerung**
- Ich bin der Meinung, dass …
- Ich finde, dass …

**Einleitung für einen Gegenvorschlag**
- Ich möchte einen anderen Vorschlag machen, weil …
- Ich sehe das anders.

**Einleitung für einen Kompromiss (Einigung)**
- Ich bin einverstanden, wenn …
- Ich möchte einen Kompromiss vorschlagen.

### **Methode** Ein Plakat mit Gesprächsregeln gestalten

- Bildet Gruppen mit vier bis fünf Schülerinnen und Schülern.
- Jedes Gruppenmitglied schreibt drei Regeln auf ein Blatt Papier, die sie/er für besonders wichtig hält.
- Stellt eure Regeln in der Gruppe vor und begründet, warum ihr sie wichtig findet.
- Einigt euch in der Gruppe auf die drei wichtigsten Gesprächsregeln. Schreibt jede der drei Regeln in großer Schrift auf ein Blatt Papier.
- Jede Gruppe befestigt ihr Blatt mit den Regeln an der Tafel oder der Wand.
- Ordnet dann gemeinsam die Blätter und legt fest, welche Regeln für euch am wichtigsten sind:
  - Auf welchen Blättern stehen gleiche oder ähnliche Regeln? Diese Regeln halten die meisten von euch für sehr wichtig.
  - Über die übrigen Regeln müsst ihr diskutieren. Welche sollen zu euren Gesprächsregeln gehören, welche nicht?
- Schreibt eure Regeln auf ein großes Plakat und hängt es in der Klasse auf. Wie wollt ihr die Regeln formulieren?

*Gesprächregeln der Klasse 5…*
*1. Andere ausreden lassen!*
*2. …*

*Gesprächregeln der Klasse 5…*
*1. Wir lassen jede/jeden ausreden.*
*2. …*

## Vorschläge äußern Sprechen und Zuhören üben

**1** a Mit welchen Formulierungen kannst du ausdrücken, dass dir ein Vorschlag oder eine Meinung gut gefällt oder nicht zusagt? Übertrage die Tabelle in dein Heft und ergänze sie. Im Kasten rechts findest du Hilfen.

| Gefällt mir gut | Gefällt mir nicht gut |
|---|---|
| *Ich halte deine Meinung für richtig.* | *Ich halte deine …* |

für richtig / für falsch halten
genauso sehen / anders sehen
nachvollziehen können / nicht (ganz) nachvollziehen können
für überzeugend halten / nicht für überzeugend halten
zustimmen / ablehnen

b Übt die Formulierungen in Partnerarbeit. Einigt euch auf ein Thema, über das ihr euch austauschen wollt. Versucht, in eurem Gespräch die Formulierungen aus eurer Tabelle zu verwenden, z. B.: *Ich halte deine Meinung für falsch, weil …*

**2** In einem Gespräch ist es auch wichtig, sich gegenseitig gut zuzuhören, denn nur dann könnt ihr an die Beiträge eurer Gesprächspartner anknüpfen. Übt das richtige Zuhören.

a Bildet Gruppen mit jeweils vier bis fünf Schülern. Jeder von euch schreibt auf, welche Veränderung er sich an der Schule wünscht, z. B.: *Ich wünsche mir …* *Ich hätte gerne …* *Mir fehlt …*

b Zwei Gruppenmitglieder sprechen nun über mögliche Veränderungen an der Schule und probieren hierbei die Methode des Echo-Spiels (→ Methodenkasten unten) aus. Die restlichen Gruppenmitglieder übernehmen die Rolle der Beobachter und notieren, ob die Regeln des Echo-Spiels befolgt wurden.

Ich wünsche mir im Pausenhof eine Tischtennisplatte oder einen Basketballkorb. Dann könnten wir uns etwas bewegen und zusammen spielen.

Michel ist der Ansicht, dass auf dem Pausenhof eine Tischtennisplatte oder ein Basketballkorb stehen sollte. Er meint, dann …
Ich finde diesen Vorschlag gut, weil …

c Tauscht die Rollen und führt eine zweite Übungsrunde durch.

**Methode** Das Echo-Spiel

Beim Echo-Spiel diskutiert ihr über ein Thema. Bevor jemand etwas sagt, muss er in eigenen Worten wiederholen, was seine Vorrednerin oder sein Vorredner gesagt hat. Erst dann darf er seine eigene Meinung äußern. Das Echo-Spiel ist eine Methode, um das Zuhören zu trainieren.
**Tipp:** Du bist dir nicht sicher, ob du alles richtig verstanden hast? Dann frage noch einmal nach. Rückfragen erleichtern dir das Verständnis und zeigen, dass du interessiert zugehört hast.

## Wohin geht der Klassenausflug? Meinungen begründen

**Julia:** Ich schlage vor, dass wir mit unserer Klasse ins Erich-Kästner-Museum fahren. Das ist interessant und spannend. Meine Freundin ist auch schon dort gewesen. Man kann da auch Filme ansehen, zum Beispiel „Emil und die Detektive".

**Leo:** Museum? Wen interessiert das denn? Hast du keine bessere Idee?

**Julia:** Außerdem könnten wir nach dem Museumsbesuch noch kurz in die Stadt gehen. Das Museum liegt mitten in der Neustadt, da sind sicher viele Geschäfte.

**Merve:** Museum? Total langweilig!

**Florian:** Dann mach doch einen Gegenvorschlag!

**Merve:** Klettern oder schwimmen oder in einen Freizeitpark gehen, das wäre cool.

**Jens:** Mir gefällt die Idee, klettern zu gehen. Ich habe gehört, dass es Kletterhallen gibt, die sogar Kurse für Klassen anbieten. Wir machen dann etwas Gemeinsames und lernen uns besser kennen.

**Miriam:** Klettern? Nee, keine Lust. Ich spiele lieber mit meinen Freundinnen nachmittags am PC.

**Jens:** Wie sehen das die anderen? Ich finde das wirklich blöd von dir, dass du nicht mitmachen willst. Wir sind schließlich eine Klasse.

**Sven:** Lasst uns doch eine Einigung finden! Wir könnten z. B. eine Tagestour ans Meer machen. Mein Bruder ist im letzten Jahr mit einem Busunternehmen an die Ostsee gefahren. Die waren schwimmen und haben eine Stadt besucht.

**1** a Lest das Gespräch in der 5c mit verteilten Rollen. Um welches Thema geht es in diesem Klassengespräch? Was ist hier strittig?

b Untersuche, welche Schüler ihre Meinung gut begründet haben. Schreibe die Namen dieser Schüler auf und notiere, warum dich diese Äußerungen überzeugt haben.

**2** a Welches Ausflugsziel würde euch gefallen? Einigt euch zu zweit auf einen Vorschlag und schreibt ihn auf, z. B.: *Wir sind der Meinung, dass wir mit der Klasse …*

b Sucht gemeinsam nach ein oder zwei Begründungen für euren Vorschlag und notiert sie, z. B.: *…, weil wir dort … kennen lernen können. Außerdem können wir …*

c Stellt eure Vorschläge in der Klasse vor. Welche Beiträge findet ihr besonders überzeugend?

**!** **Merkwissen** Die eigene Meinung begründen

In einem Gespräch oder einer Diskussion gibt es oft unterschiedliche Meinungen zu einem Thema. Um andere von der eigenen **Meinung** zu überzeugen, braucht man gute **Begründungen (Argumente)**, z. B.: *Ich bin der Meinung, dass wir in den Zoo fahren sollten, weil man dort viele Tierarten kennen lernen kann.*
*Wir sollten unseren Klassenraum streichen, denn die alte Farbe hat Flecken.*
Eine Begründung (ein Argument) kannst du z. B. mit folgenden Konjunktionen **einleiten:** *weil, da, denn, deshalb, nämlich.*

**3** Entscheide, welcher Satz nur die Meinung des Sprechers wiedergibt und in welchem Satz die Meinung begründet wird. Notiere die entsprechenden Buchstaben:
*M (= nur Meinung);*
*M + B (= Meinung mit Begründung).*

1. Wir sollten mit der Klasse in den Leipziger Zoo fahren, weil das gut zum Biologieunterricht passt.
2. Ich bin dafür, dass wir mit der Klasse auf den Weihnachtsmarkt gehen.
3. Meiner Ansicht nach sind Blumen im Klassenraum überflüssig.
4. Lasst uns für die Klasse Bälle anschaffen, denn dann können wir in den Pausen Ball spielen.
5. Eine Lesenacht in der Aula unserer Schule ist klasse und hilft dabei, dass wir uns besser verstehen.

**4** Über welches Thema wollt ihr in eurer Klasse diskutieren?

a Sammelt Themen, über die ihr gerne in der Klasse diskutieren möchtet, z. B.:

Sitzordnung in der Klasse | Anschaffung einer Klassenkasse | Planung einer Lesenacht | Planung einer Klassenparty | Aufgabenverteilung in der Klasse, z. B. Ordnungsdienst

b Stimmt in der Klasse ab, über welches Thema ihr diskutieren möchtet.

**5** Bereitet euch auf die Diskussion vor:

a Jeder von euch schreibt seine Meinung zum Thema auf einen Notizzettel und sammelt Begründungen (Argumente) für seinen Standpunkt.

b Bestimmt eine Schülerin oder einen Schüler, die oder der eure Diskussion leitet.

c Wählt vier bis fünf Beobachter, die eure Diskussion genau verfolgen. Sie erstellen dazu einen Beobachtungsbogen und notieren während der Diskussion, was ihnen auffällt.

***Meine Meinung:***
*Ich bin für die Anschaffung einer Klassenkasse.*

***Meine Begründungen (Argumente):***
*– …, denn wir können mit dem Geld etwas gemeinsam unternehmen.*
*– …, weil …*

| **Beobachtungsbogen zum Thema …** | ☺ | 😐 | ☹ | **Beispiel aus der Diskussion** |
|---|---|---|---|---|
| *Sind Gesprächsregeln eingehalten worden?* | x | ? | ? | *Alle konnten ausreden.* |
| *Sind die Meinungen deutlich geworden?* | ? | ? | ? | … |
| *Wurden die Meinungen durch Argumente begründet?* | ? | ? | ? | … |

d Führt nun eure Diskussion durch. Achtet auf die Einhaltung eurer Gesprächsregeln.

**6** Tauscht euch darüber aus, wie eure Diskussion verlaufen ist. Hört euch zunächst an, was den Beobachtern aufgefallen ist.

## Museum oder Kletterpark? Einen Vorschlag schriftlich begründen

Stellt euch vor: Ihr plant mit eurer Klasse einen Klassenausflug. Zwei Ausflugsziele sind in die Endauswahl gekommen:

1. Eine Fahrt in das Erich-Kästner-Museum in Dresden
2. Ein Besuch in einem Kletterpark

Ihr benötigt jetzt gute Begründungen für euer Lieblingsausflugsziel, denn bei der Endabstimmung in eurer Klasse sollt ihr in einem Antrag an eure Klassenlehrerin oder euren Klassenlehrer begründen, warum ihr lieber in das Erich-Kästner-Museum oder lieber in den Kletterpark fahren wollt.
Informationen zu den beiden Ausflugszielen liefern euch Jens und Julia.

**Ein Besuch im Erich-Kästner-Museum**

*Ein Besuch im Erich-Kästner-Museum ist nicht langweilig. Hier erfährt man alles über das Leben von Erich Kästner und auch ganz viel über seine Kinderbücher. Das Museum ist nicht sehr groß, aber es gibt viel zu entdecken, wenn man die vielen Schränke und Schubladen öffnet. Man kann fast alles anfassen, lesen und ausprobieren. In einem Raum können Kleine und Große Verfilmungen von Kästners Büchern ansehen oder CDs hören. Und nach dem Museumsbesuch ist auch noch ein kurzer Bummel durch die Geschäfte in der Nähe möglich.*

*Jens, Klasse 5c*

**Ein Besuch im Kletterpark**

*Der Kletterpark, den wir uns ausgesucht haben, ist schnell erreicht. Wir bekommen hier ein spezielles Angebot für unsere Klasse. Das Klettern macht sehr viel Spaß und ist auch ein richtiges Abenteuer. Wenn man sich in schwindelnder Höhe von Baum zu Baum bewegt oder eine steile Wand emporsteigen muss, ist das eine tolle Erfahrung, die Bauchkribbeln garantiert. Aber keine Angst: Wir werden den ganzen Tag betreut und trainiert. Es kann nichts passieren, auch wenn man noch nie geklettert ist. Klettern macht nicht nur sehr viel Spaß, sondern stärkt auch die Klassengemeinschaft, denn um die Kletterziele zu erreichen, muss man sich gegenseitig helfen.*

*Julia, Klasse 5c*

**1** a Lies die Informationen zum Erich-Kästner-Museum und zum Kletterpark sorgfältig durch und entscheide dich für ein Ausflugsziel.
b Übernimm die Tabelle in dein Heft und fülle sie aus. Mithilfe der Texte von Jens oder Julia findest du sicherlich vier Begründungen für deine Meinung.

| Meinung | Begründung: Warum? |
|---|---|
| *Ich bin für einen Ausflug in …* | *1. …, weil wir dort …*<br>*2. …*<br>*3. …*<br>*4. …* |

**2** Schreibt gemeinsam einen Antrag an eure Klassenlehrerin oder euren Klassenlehrer, in dem ihr drei Begründungen für euer Lieblingsausflugsziel anführt. Geht so vor:

a Bildet Gruppen mit vier bis fünf Schülern, die sich für das gleiche Ausflugsziel entschieden haben.
b Einigt euch auf die drei wichtigsten Begründungen, die für euer Ausflugsziel sprechen.
c Schreibt euren Antrag. Die Vorlage und die Formulierungshilfen unten helfen euch.

| | |
|---|---|
| Ort und Datum | *Radebeul, den 4. Oktober 2012* |
| Anrede | *Sehr geehrte Frau ..., / Sehr geehrter Herr ...,* |
| Meinung und<br>Begründung 1<br>Begründung 2<br>Begründung 3 | *wir finden, dass wir mit der Klasse in ...*<br>*Wir schlagen das vor, weil ...*<br>*Außerdem ...*<br>*Ein weiterer Grund für dieses Ausflugsziel ist ...* |
| Bitte oder Wunsch zusammenfassen | *Wir würden uns sehr freuen, wenn Sie unseren Vorschlag unterstützen würden und wir ...* |
| Grußformel | *Mit freundlichen Grüßen* |
| Unterschrift(en) | *Katharina Theml, Florian Krämer, Tim Larsen, Isabel Rodríguez* |

**Merkwissen** Einen Vorschlag schriftlich begründen: Formulierungshilfen

**1 So könnt ihr eure Meinung einleiten:**
- *Wir sind der Meinung, dass ...*
- *Unser Standpunkt ist ...*
- *Wir finden, ...*
- *Wir sind der Ansicht, ...*

**2 So könnt ihr eure Begründungen (Argumente) einleiten:**
- *Eine Begründung für ... ist ...*
- *Außerdem spielt noch ... eine Rolle.*
- *Ein weiterer Grund für ... ist ...*
- *Einleitungswörter für Begründungen: weil, da, denn, deshalb, nämlich*

**3 So könnt ihr eure Meinung, euren Wunsch oder eure Bitte zusammenfassen:**
- *Wir würden uns freuen, wenn Sie unseren Vorschlag unterstützen würden.*
- *Wir wären Ihnen sehr dankbar, wenn ...*
- *Wie Sie sehen, spricht vieles für ...*

**3** a Tragt eure Briefe in der Klasse vor. Die anderen Gruppen hören gut zu und notieren mithilfe der Checkliste, was gelungen ist und was noch überarbeitet werden muss.
b Überarbeitet eure Briefe.

**Checkliste** Einen Vorschlag begründen

| ☺ | 😐 | ☹ | |
|---|---|---|---|
| ? | ? | ? | – Die Meinung (der Vorschlag) ist deutlich formuliert worden. |
| ? | ? | ? | – Es wurden drei Begründungen genannt. |
| ? | ? | ? | – Die Begründungen sind überzeugend. |
| ? | ? | ? | – Am Schluss wurde die Meinung oder die Bitte noch einmal zusammengefasst. |

# Teste dein Wissen!

**1** Regeln sind für das Klassengespräch, aber auch für andere Gespräche und Diskussionen wichtig.
a Schreibe drei Gesprächsregeln auf, die du für besonders wichtig hältst.
b Begründe kurz schriftlich, warum Gesprächsregeln wichtig sind.

**2** Untersuche die folgenden kurzen Dialoge und notiere für jeden Dialog,
- wer die Dialogpartner sein könnten (z. B. zwei Schüler/-innen, Schüler/-in und Lehrer/-in, ...),
- über welches Thema die Dialogpartner diskutieren. Vervollständige hierzu den folgenden Satz:
*Die Dialogpartner sind sich darüber uneinig, ...*

**Dialog 1** „Ich denke, dass für unsere Klasse eine Anordnung der Tische in U-Form die beste ist." – „Aber ich arbeite gerne in Gruppen. Und dabei sind Gruppentische viel praktischer."

**Dialog 2** „Wenn alle eine ähnliche Kleidung tragen würden, dann gäbe es weniger Hänseleien in unserer Klasse." – „Aber jeder sollte doch das anziehen, was ihm persönlich gefällt."

**Dialog 3** „Tja, wenn ihr heute konzentrierter gearbeitet hättet, dann müsstet ihr weniger Hausaufgaben erledigen!" – „Das ist ungerecht. Wir haben schon so viel für Englisch auf und morgen außerdem sieben Stunden Unterricht."

**3** a Welche der folgenden Aussagen findest du überzeugend, welche nicht? Schreibe die Buchstaben auf und begründe kurz deine Entscheidung, z. B.:
*A: Diese Aussage finde ich überzeugend, weil ...*

**A** Ich möchte keine Gruppentische für unsere Klasse. Diese Sitzordnung gefällt mir persönlich nicht.

**B** Eine gemeinsame Übernachtungsaktion der Klasse am Wochenende? Nein danke!

**C** Mir würde es gefallen, wenn wir eine gemeinsame Lesenacht veranstalten würden. Denn dann könnten wir uns besser kennen lernen und etwas Gemeinsames planen und durchführen.

**D** Die einzig sinnvolle Anschaffung für die Klasse wäre ein neuer Computer. Das wäre echt cool.

b Formuliere die weniger überzeugenden Aussagen neu, sodass die Meinungen begründet werden.

**4** Alles richtig? Überprüft und korrigiert gemeinsam mit einer Partnerin oder einem Partner euren Test. Wenn ihr zu unterschiedlichen Ergebnissen gekommen seid, geht noch einmal gemeinsam die Aufgabenstellung und eure Lösungen durch.
Fragt in Zweifelsfällen bei eurer Lehrerin oder eurem Lehrer nach.

# 2.2 Sich streiten und sich verständigen
## Auf die Sprache kommt es an!

Paul Maar
**In der neuen Klasse**

Nun ist Robert schon drei Wochen in der neuen Klasse. Aber Freunde hat er immer noch nicht. Manche aus seiner Klasse kann er gut leiden. Aber die haben alle schon einen Freund.
Am besten gefällt ihm die Simone aus der zweiten Bank. Simone hat kurze, dunkle Haare. Wenn Simone lacht, werden ihre Augen ganz schmal. Wie bei einer Eskimofrau. Simone lacht oft. Das gefällt Robert so gut an ihr. Ihm hat sie auch schon einmal zugelacht. Aber Simone ist ausgerechnet mit Frank befreundet. Und den kann Robert überhaupt nicht leiden. Frank ist der Stärkste aus der Klasse. Das will er jeden Tag beweisen. Außerdem ist er ein Angeber.
Robert kann gar nicht verstehen, was Simone an Frank findet.
In der großen Pause, als Frank gerade mit Jürgen rauft, geht Robert zu Simone. Sie steht am Zaun und isst ihr Pausenbrot.
„Was meinst du, wer gewinnt?", fragt Robert. „Frank oder Jürgen?"
„Das ist mir doch egal", sagt Simone.
„Das ist dir egal?", fragt Robert erstaunt. „Frank ist doch dein Freund. Willst du nicht, dass er gewinnt?"
„Wer sagt denn, dass Frank mein Freund ist? Außerdem kann ich Schlägereien sowieso nicht leiden."
„Ach so", sagt Robert. Er kramt in seiner Jackentasche und holt eine Dose heraus. Er öffnet sie. Sie ist bis an den Rand gefüllt mit lauter weißen Kügelchen. „Magst du ein Bonbon?", fragt Robert und hält Simone die Dose hin.
„Das sind Bonbons? Die sehen aus wie Kopf-

schmerztabletten", sagt Simone.

„Das sind Pfefferminzbonbons. Probier doch mal! Sie schmecken gut", sagt Robert.

Als Simone gerade in die Dose greifen will, kommt Frank zurück.

Er schlägt von unten gegen die Dose. Alle Bonbons fliegen heraus und liegen auf dem Schulhof.

„Schaut mal: Ein Wunder! Es hat geschneit!", ruft Frank. „In diesem Jahr kommt der Winter schon im September. Eine Sensation! Das müssen wir gleich dem Fernsehen melden!"

Alle, die herumstehen, lachen. Sogar Simone muss unwillkürlich lachen. Dabei will sie es eigentlich gar nicht. Aber die weißen Bonbons auf dem Boden sehen wirklich wie Schnee aus.

Robert könnte heulen vor Wut. Er steckt die leere Dose in die Tasche und geht.

Die Bonbons lässt er liegen. Er geht ganz schnell. Die anderen sollen nicht sehen, dass ihm die Tränen in die Augen steigen. Sogar Simone hat gelacht über ihn! So eine Gemeinheit. „Die sind alle gemein", murmelt Robert vor sich hin. „Ich will keinen von denen als Freund. Ich spiele nur noch mit Trebor!"

Simone schaut hinter Robert her. „Jetzt ist er beleidigt", sagt sie zu Frank. „Du bist schuld daran!"

„Na und", sagt Frank und lacht. „Was kann ich dafür, wenn er so schnell beleidigt ist und keinen Spaß versteht?"

„Ich finde es trotzdem doof von dir, dass du die Bonbons ausgeschüttet hast", sagt Simone.

„Du findest mich doof? Sag das noch einmal!", sagt Frank drohend.

„Ja, ich finde dich doof!", sagt Simone mutig und dreht Frank den Rücken zu. Aber all das hat Robert nicht gehört, weil er ja schon so schnell weggegangen ist.

**1** Lies den Text aufmerksam durch. Worum geht es deiner Meinung nach in dieser Geschichte?

**2** Untersucht in Partnerarbeit, wie sich der Streit schrittweise entwickelt. Legt dazu eine Übersicht in eurem Heft an. Ihr könnt so beginnen:

*1. Frank und Jürgen raufen.*
*2. Robert fragt Simone nach ihrer Meinung.*
*3. Simone ist die Rauferei egal.*
...

**3**
a Lies noch einmal das Streitgespräch zwischen Robert, Simone und Frank (→ Z. 43–71). Achte dabei nicht nur darauf, was die drei sagen, sondern auch darauf, wie sie miteinander sprechen.
b „‚Ja, ich finde dich doof!', sagt Simone mutig und dreht Frank den Rücken zu." (→ Z. 70–71) Erkläre Simones Verhalten. Was könnte es bedeuten, dass sie Frank den Rücken zuwendet?
c Mancher Streit kann durch das Einhalten von Gesprächsregeln vermieden oder gelöst werden. Halten sich Frank und Simone an die von euch formulierten Gesprächsregeln? Begründe.

**4** „‚Die sind alle gemein', murmelt Robert vor sich hin. ‚Ich will keinen von denen als Freund. Ich spiele nur noch mit Trebor!'" (→ Z. 56–59)
a Überlege, wen Robert mit „Trebor" meinen könnte.
b Tauscht euch darüber aus, was ihr von Roberts Entscheidung haltet.

**5** Seht ihr eine Möglichkeit, wie der Streit zwischen Simone, Frank und Robert hätte vermieden werden können? Diskutiert darüber.

**6** Spielt den Streit zwischen Robert, Frank und Simone in einem Rollenspiel nach. Versucht dabei aber, die Auseinandersetzung zu einem anderen Ende kommen zu lassen. Geht so vor:

a Bildet Gruppen mit vier Schülern und beschreibt die Situation und die Figuren des Rollenspiels ganz genau. Fertigt dazu eine Situationskarte an und erstellt dann zu jeder Figur eine Rollenkarte.

*Situationskarte*
- *Robert geht in der großen Pause zu Simone, während …*
- *Robert fragt Simone …*
- *Robert erfährt, dass Simone …*
- *Als Robert Simone ein Pfefferminzbonbon anbietet …*
- *…*

*Rollenkarte für Frank*
- *gibt in der Klasse den Ton an*
- *will immer beweisen, dass …*
- *will verhindern, dass …*
- *…*

*Rollenkarte für Robert*
- *fühlt sich fremd in der Klasse*
- *versucht, mit Simone …*
- *…*

*Rollenkarte für Simone*
- *steht zwischen Frank und Robert*
- *freut sich, als Robert …*
- *…*

b Spielt die Szene mehrmals in eurer Gruppe durch und besetzt in jeder Runde die Rollen neu.

c Die verschiedenen Gruppen präsentieren nun in der Klasse ihr Rollenspiel. Alle Schülerinnen und Schüler, die nicht spielen, beobachten die Spieler ganz genau und machen sich Notizen zum Rollenspiel. Übertragt dazu den folgenden Beobachtungsbogen in euer Heft.

| Beobachtungspunkte für das Rollenspiel | Meine Notizen |
|---|---|
| *1. Besonders auffällige Äußerungen und Tonfall?* | … |
| *2. Auffällige Mimik (Gesichtsaudruck) und Gestik (Körperhaltung)?* | … |
| *3. Gestaltung des Schlussteils?* | … |
| *4. Ist das Rollenspiel glaubhaft gewesen? Warum?* | … |

**7** Vergleicht eure Rollenspiele und diskutiert über die unterschiedlichen Schlussmöglichkeiten. Bleibt beim Kritisieren fair und haltet euch an die Gesprächsregeln.

Erich Kästner

**Gustav hat abgeschrieben!**

Gustav hatte von Leo abgeschrieben. Während der Rechenarbeit. Das wäre vielleicht nicht weiter aufgefallen, wenn Leos Lösungen richtig gewesen wären. Sie waren aber falsch! 3498 : 179 war bei Leo seltsamerweise 199,99! Und Gustav, der beim Rechnen nur das Abschreiben beherrschte, hatte, selbstverständlich, auch 199,99 herausbekommen. Genau wie Leo.

Lehrer H. merkte den Schwindel beim Hefte-Korrigieren. Und die Sache wäre glimpflich[1] abgelaufen, wenn Gustav sein Vergehen zugegeben hätte. Er log aber und behauptete steif und fest, er habe nicht abgeschrieben. Er war sogar so ungezogen und unanständig zu erklären: Vielleicht habe Leo von ihm gespickt[2]!

Lehrer H. fragte nun Leo, wie sich die Sache verhalte. Leo sagte, er habe nicht abgeschrieben. Weiter war aus ihm nichts herauszubringen. Natürlich wusste er, dass Gustav gelogen und dass er während der Arbeit sein Heft zu sich herübergezogen hatte. Das wollte er aber nicht gestehen. Der Lehrer versuchte es auf jede Weise, doch Leo schwieg. Da sagte Herr H.: „Ich gebe dir bis morgen Bedenkzeit. Wenn du dann noch immer nichts gesagt hast, werden wir weitersehen!" Und als er das Klassenzimmer verließ, war er recht ärgerlich.

Gustav versammelte die ganze Klasse um sich, packte Leo drohend an der Jacke und sagte: „Wenn du mich verrätst, kannst du was erleben."

Und Arthur rief: „Wenn er es verrät, ist er ein Feigling!" Und die meisten gaben ihm Recht.

Könnt ihr begreifen, wie es Leo zu Mute war? Wenn er zu Gustav hielt, war er ein Lügner; und er wusste, dass es nichts Hässlicheres und Ehrloseres gibt als die Lüge. Wenn er aber Gustav beim Lehrer angab, hielten ihn die Andern für einen feigen Kerl und Verräter; und nie würden sie glauben, er täte es aus Wahrheitsliebe, sondern um sich bei Herrn H. einzukratzen[3]. Und aus Angst vor Strafe. Ganz Unrecht hätten sie dabei nicht einmal gehabt: Leo hatte wirklich Angst! Er fürchtete, wenn er schwiege, würde er einen Brief nach Hause mitbekommen, in dem dann stünde, dass er ein Lügner sei.

---

1 glimpflich: harmlos, ohne großen Schaden

2 von ihm gespickt: von ihm abgeschrieben

3 einkratzen: sich einschmeicheln

Und das durfte niemals geschehen! Denn Leos Mutter war krank und hatte außer ihrem Jungen nichts auf der Welt. Also, könnt ihr begreifen, wie es Leo zu Mute war?
Er briet zu Hause Kartoffeln und Spiegeleier, trug die Mahlzeit ans Bett der Mutter und aß mit ihr. Er konnte nämlich alles Mögliche kochen und braten: Beefsteak[4], Makkaroni, Milchreis, Kaffee, sogar Schnitzel, die man erst in geriebener Semmel[5] wälzen muss. Er kochte gern, weil er's für die Mutter tat. Und das Essen verstand er auch nicht schlecht! Aber heute schmeckte es ihm nicht. Die Mutter merkte, dass etwas nicht in Ordnung war, und fragte ihn. Aber er tat lustig, um sie nicht aufzuregen, und bat gar, ein bisschen auf den Spielplatz gehen zu dürfen. Dabei wäre er viel, viel lieber bei der Mutter geblieben!
Da stand er dann auf dem Spielplatz und machte sich schwere Gedanken. Gab es wirklich keinen Ausweg? Musste er wählen, ob er ein Lügner oder ein Verräter werden wollte? Blieb nichts Drittes übrig?
Gustav, Arthur und andere aus der Klasse kamen an ihm vorüber. Sie gingen Fußball spielen und beachteten ihn gar nicht. Er blickte ihnen nach. War es wirklich Verrat, wenn er die Wahrheit sagte, weil er das Lügen verabscheute und fürchtete, der Lehrer könne ihm einen Brief mitgeben? War es denn Verrat, einen solchen Lügenkerl wie den Gustav der verdienten Strafe auszuliefern? Wurde der nicht noch böser und fauler, wenn man seinetwegen zu lügen anfing?
Leo schlief an diesem Abend nicht ein. Er warf sich im Bett herum, genau wie die Gedanken im Kopf. Dann lag er wieder lange, lange still, dass die Mutter nichts weiter merke. Schließlich nahm er sich vor, dem Lehrer nichts zu sagen – komme, was wolle! Er konnte die bloße Vorstellung einfach nicht ertragen, für feig gehalten zu werden. Am Morgen drauf hatte Leo das erste Mal richtig Furcht vor der Schule. Am liebsten wäre er auf der Stelle krank geworden! Aber dann nahm er sich zusammen und ging doch.
Gustav sah ihn böse an. Die Andern taten fast alle, als wäre er Luft. Und Lehrer H. hatte, obwohl er nicht über die Sache sprach, etwas im Blick, was ihn traurig machte. Leo fror. Und blass sah er aus. Zum Erbarmen.
Am Schluss der letzten Stunde behielt der Lehrer die Klasse zurück, rief Leo auf und sagte: „Nun schieß mal los!" Leo stand auf und schwieg.

**4** das Beefsteak: Bulette
**5** die Semmel: Brötchen

Herr H. ging zwischen den Bänken hin und her, blieb schließlich bei Arthur, wie zufällig, stehen und meinte: „Wenn du nun, statt mit Leo, mit Gustav zusammensäßest, ließest du Gustav von dir abschreiben?“ Arthur sagte: „Ich bin doch im Rechnen noch schlechter als Gustav!“

Erst mussten alle lachen, dann fragte der Lehrer weiter: „Hältst du das Mutigsein für etwas Schönes? Ja? Würdest du, an Gustavs Stelle, mutiger sein? Denn Gustav ist doch feig, nicht wahr?“ Da sprang aber Gustav auf: „Ich bin nicht feig!“

„Doch, doch, Gustav“, sagte Lehrer H., „du bist sogar sehr feig. Und Leo ist tapfer. Ich werde von heute ab –“

„Ich habe abgeschrieben, Herr H.“, sagte Gustav eilig, „abgeschrieben habe ich. Aber feig bin ich nicht.“

„Na, das ist wenigstens etwas“, meinte der Lehrer, „doch du musst auch noch fleißig werden und zu stolz, den Nachbar zu bestehlen.“ Dann klopfte Herr H. Leo auf die Schulter und setzte Gustav auf eine Bank ganz allein für sich.

**1** Überlege, wie der Lehrer mit dem Konflikt in der Klasse umgeht.

a Beschreibe das Verhalten des Lehrers.

b Wie ist dein erster Eindruck vom Verhalten des Lehrers? Verhält er sich deiner Meinung nach fair, lässig, klug oder gemein?

**2** a Untersuche den Aufbau der Geschichte. Gliedere dazu den Text in Abschnitte und fasse jeden Abschnitt in einem Satz zusammen.

*1. Abschnitt (Z. 1–x): Während einer Rechenarbeit schreibt Gustav von Leo ab.*
*2. Abschnitt (Z. x–y): Der Lehrer bemerkt …*

b Vergleicht eure Ergebnisse in Partnerarbeit. Überlegt dann gemeinsam, an welcher Stelle die Geschichte einen unerwarteten Verlauf nimmt. Haltet euer Ergebnis schriftlich fest und begründet eure Entscheidung.

**3** a Bewertet nun in Partnerarbeit das Verhalten des Lehrers. Begründet eure Meinung schriftlich in eurem Heft. Schreibt so:

*Wir vertreten die Meinung, dass sich der Lehrer … verhält, weil …*
*Wir finden den Lehrer …, weil …*
*Wir sind uns nicht einig. … findet, dass … , und ich bin der Ansicht, dass …*

b Könnt ihr euch vorstellen, warum er sich so verhalten hat? Äußert Vermutungen.

c Diskutiert nun in der Klasse, wie der Lehrer mit dem Abschreiben von Gustav umgeht.

**4** In Kästners Geschichte taucht das Wort „feige“ (auch: „Feigling“) häufig auf: Sieh dir die Zeilen 32–46, 83–87 und 105–120 noch einmal genau an und erkläre, was jeweils mit „feige“ oder „Feigling“ gemeint ist.

**feig/feige (Adjektiv):**
ängstlich, furchtsam, hinterhältig, verräterisch, mutlos, ehrlos

# Vertiefen und üben
## Die eigene Meinung begründen

### Dein Ratschlag ist gefragt

Du bist eine Mitschülerin oder ein Mitschüler von Leo und weißt von dem Problem um das Abschreiben während der Mathearbeit. Du hast mitbekommen, was der Lehrer zu Leo gesagt hat: „Ich gebe dir bis morgen Bedenkzeit. Wenn du dann noch immer nichts gesagt hast, werden wir weitersehen!" (→ S. 45, Z. 23–26)

●●● 1 Schreibe Leo eine E-Mail, in der du ihm einen Tipp gibst, wie er sich am nächsten Tag verhalten sollte. Begründe deinen Standpunkt, damit du Leo von deiner Meinung überzeugen kannst. Gehe so vor:

a Lies die Geschichte (→ S. 45–47) noch einmal durch und mache dir klar, was für Leos Verhalten spricht und was dagegen.

→ Wenn du zu dieser Aufgabe eine Hilfe benötigst, sieh auf S. 49 nach.

b Entwickle deine eigene Meinung und schreibe sie auf.

→ Hilfe zu dieser Aufgabe findest du auf S. 49.

c Finde mindestens zwei Begründungen (Argumente) für deine Meinung und notiere diese.

→ Brauchst du eine Hilfe, um zwei Begründungen für deinen Standpunkt zu finden? Dann lies noch einmal auf S. 49 nach.

d Schreibe nun die E-Mail an Leo, in der du deine Meinung klar formulierst und mit zwei Argumenten begründest. Schreibe auf ein Blatt Papier.
**Tipp:** Du kannst deine E-Mail auch auf dem Computer schreiben und dann ausdrucken.

→ Weißt du nicht, wie du deine E-Mail aufbauen sollst? Dann lies noch einmal die Hinweise auf S. 49.

2 a Hängt eure E-Mails im Klassenraum auf.
b Jeder von euch liest mindestens drei E-Mails von seinen Mitschülern und notiert zu jeder E-Mail, was ihm besonders gut gefallen hat und was man noch verbessern könnte.
c Feedback-Runde: Diskutiert gemeinsam in der Klasse, was euch an den E-Mails überzeugt hat und was man noch überarbeiten könnte. Nehmt hierzu eure Notizen zu Hilfe.
d Überarbeite deine E-Mail mithilfe der Ergebnisse aus eurer Feedback-Runde.

●● 1 **mit Hilfen**

Schreibe Leo eine E-Mail, in der du ihm einen Tipp gibst, wie er sich am nächsten Tag verhalten soll. Begründe deinen Standpunkt, damit du Leo von deiner Meinung überzeugen kannst.

a Lies die Geschichte (→ S. 45–47) nochmals und mache dir klar, was für Leos Verhalten spricht und was dagegen. Halte dies in einer Plus-Minus-Tabelle in deinem Heft fest.

| (+) Für Leos Verhalten spricht | (–) Gegen Leos Verhalten spricht |
|---|---|
| *– Er will kein Feigling und kein Verräter sein.*<br>*– …* | *– Er will kein Lügner sein.*<br>*– …* |

b Schreibe auf, welchen Ratschlag du Leo geben willst. Hierbei helfen dir die folgenden Formulierungen:
*Ich bin der Meinung, dass du …*
*Ich meine, dass dein Verhalten … ist.*
*Daher möchte ich dir raten …*
*Mein Ratschlag an dich ist folgender: …*

c Leo hat Angst, in der Klasse als Feigling und als Verräter zu gelten. Er will aber auch nicht, dass seine kranke Mutter einen Brief von seinem Klassenlehrer bekommt. Überlege:
– Wie kann dein Vorschlag dazu beitragen, Leo aus dieser schwierigen Situation herauszubringen?
– Was genau wird sich für Leo aufgrund deines Ratschlags verbessern?
*Meinen Ratschlag halte ich für sinnvoll, weil …*
*Mein Ratschlag könnte deine Situation lösen, weil …*
*Außerdem spielt noch eine Rolle, dass …*
*Wichtig ist auch, dass …*

d Die folgende Vorlage hilft dir, deine E-Mail richtig aufzubauen und gut zu formulieren.

| | |
|---|---|
| Anrede | Lieber Leo! |
| **Einleitung** | Ich habe gehört, dass du in einer schwierigen Situation bist. |
| **Hauptteil**<br>Meinung und<br>Begründung 1<br>Begründung 2 | Deshalb möchte ich dir folgenden Ratschlag geben:<br>Ich möchte dir daher raten, dass …<br>Meinen Ratschlag halte ich für sinnvoll, weil …<br>Wichtig ist auch … |
| **Schluss**<br>Wunsch/Vorschlag | Ich hoffe, dass … |
| Grußformel | Herzliche Grüße |
| Unterschrift | dein/deine … |

# 2.3 Fit in …
## Stellung nehmen

### Die Aufgabenstellung richtig verstehen

Der Förderverein eurer Schule stellt allen Klassen 80 Euro für eine sinnvolle Anschaffung zur Verfügung. Um das Geld zu bekommen, müsst ihr einen Brief an die Vorsitzende des Fördervereins, Frau Dr. Schumann, schreiben, in dem ihr formuliert, was ihr mit dem Geld erwerben wollt. Euer Anschaffungsvorschlag muss zu den Vorgaben des Fördervereins passen.
Schreibe im Namen deiner Klasse einen Brief an Frau Dr. Schumann, in dem du einen Anschaffungsvorschlag für euren Klassenraum machst, der den Vorgaben des Fördervereins entspricht. Begründe deinen Vorschlag mit drei überzeugenden Argumenten.

**Vorgaben des Fördervereins für die Anschaffung:**

1. Die geplante Anschaffung für die Klasse darf nicht mehr als 80 Euro kosten.
2. Die Anschaffung sollte für alle Schülerinnen und Schüler der Klasse interessant und nützlich sein.
3. Tiere sind als Anschaffungen nicht erlaubt.
4. Die anzuschaffenden Gegenstände dürfen nicht breiter und höher als 2 Meter sein.

**1** Mache dir klar, was in der Aufgabenstellung von dir verlangt wird. Gehe so vor:

a Lies dir noch einmal die Aufgabenstellung in aller Ruhe durch.

b Hast du verstanden, was du machen sollst?
Begründe, welche der folgenden Antworten richtig sind.

**A** Ich muss den Aufbau eines Briefes berücksichtigen.

**B** Ich soll drei verschiedene Anschaffungen vorschlagen und mich dann für die beste entscheiden.

**C** Ich soll meinen Vorschlag mit drei Argumenten begründen.

**D** Bei meinem Vorschlag ist es egal, wie teuer die Anschaffung ist.

**E** Weil der Brief an die Vorsitzende des Fördervereins geht, soll ich sie persönlich ansprechen.

## Ideen sammeln

**2** In der folgenden Tabelle findest du vier Anschaffungsvorschläge für die Klasse. Aber Achtung: Nicht alle sind geeignet.
Übernimm die Tabelle in dein Heft und begründe dann bei jedem Anschaffungsvorschlag, ob dieser zu den Vorgaben des Fördervereins passt oder nicht. (→ Die Vorgaben des Fördervereins findest du auf S. 50.)

| Anschaffungsvorschläge für die Klasse | Passt der Vorschlag zu den Vorgaben? Begründe! |
|---|---|
| – *Zwei neue Regale für die Bücher der Klassenbibliothek (1,80 m hoch, 1,80 m breit; Preis: 80 Euro).* | … |
| – *Eine Spielkonsole mit Monitor, z. B. Playstation (etwa 350 Euro).* | … |
| – *Zwei große Bilderrahmen (Preis: 75 Euro), um Poster zu rahmen und in der Klasse aufzuhängen.* | … |
| – *Wandfarbe, um den Klassenraum zu streichen (Preis: 80 Euro). Die zum Streichen notwendigen Werkzeuge und Materialien müssten zusätzlich gekauft werden.* | … |

**3** a Entscheide dich für einen Vorschlag, der zu den Vorgaben des Fördervereins passt, und sammle Begründungen für deinen Anschaffungsvorschlag. Übertrage dazu den folgenden Cluster in dein Heft und ergänze ihn:

*Ist für die ganze Klasse geeignet, weil …*

…

**Mein Vorschlag:**
*Ich schlage vor, dass wir … anschaffen.*

…

b Für deinen Anschaffungsvorschlag sollst du drei überzeugende Begründungen nennen. Sieh dir noch einmal die Begründungen in deinem Cluster an und überlege, welche drei Begründungen besonders wichtig und überzeugend sind. Markiere diese in deinem Cluster.

## Den Brief ausformulieren

**4** a Notiere, aus welchen Teilen ein Brief besteht (→ S. 40).

b Mit der Einleitung deines Briefes sollst du in dein Anliegen einführen. Formuliere in deinem Heft einen Einleitungssatz, z. B.:

*Ort und Datum*
*Sehr geehrte Frau Dr. Schumann,*
*ich habe erfahren, dass der Förderverein unserer Schule allen Klassen 80 Euro für …*

*Ort und Datum*
*Sehr geehrte Frau Dr. Schumann,*
*für unseren Klassenraum stellt der Förderverein unserer Schule …*

c Der Hauptteil des Briefs enthält deinen Vorschlag mit den drei Begründungen. Schreibe nun den Hauptteil des Briefs in dein Heft. Die Formulierungshilfen auf S. 40 helfen dir dabei, deine Meinung und deine Begründungen gut zu formulieren.

d Am Schluss des Briefs fasst du deinen Wunsch noch einmal zusammen. Schreibe einen Schluss für den Brief an Frau Dr. Schumann in dein Heft.

*Insgesamt denke ich, dass …*

*Ich würde mich freuen, wenn …*

*Ich möchte Sie bitten, …*

## Den Brief überarbeiten

**5** Bevor ihr den Brief abgebt, solltet ihr überprüfen, ob ihr auch wirklich an alles gedacht habt.

a Setzt euch zu zweit zusammen und überprüft eure Briefe mithilfe der folgenden Checkliste.

b Gebt euch gegenseitig eine Rückmeldung, was besonders gut gelungen ist, und was ihr noch überarbeiten solltet.

c Überarbeitet dann eure Briefe.

### ✓ Checkliste In einem Brief seine Meinung begründen

- Hast du den **Aufbau eines Briefs** berücksichtigt?
  - Ort, Datum
  - persönliche Anrede
  - Einleitung (Darstellung der Situation)
  - Hauptteil (Meinung und Begründungen)
  - Schluss (Bitte, dem Wunsch zuzustimmen)
  - Grußformel und Unterschrift
- Ist die eigene **Meinung deutlich formuliert**?
- Hast du **überzeugende Begründungen** (Argumente) für deine Meinung genannt?
- Wenn du jemanden mit *Sie* ansprichst, musst du die Anredepronomen großschreiben, z. B.: *Sie, Ihnen, Ihr etc.* Hast du dies berücksichtigt?
- Sind die **Rechtschreibung** und die **Zeichensetzung korrekt**?

# 3 Das glaubst du nicht!
## Spannend erzählen

**In diesem Kapitel …**

- erzählst du ein Erlebnis anschaulich und lebendig,
- baust du eine Geschichte so auf, dass sie spannend ist und den Leser neugierig macht,
- liest du unheimliche Gespenstergeschichten,
- wirst du selbst zu einem echten Spuk-Profi und schreibst Geschichten, die dem Leser einen Schauer über den Rücken jagen.

**1** Sieh dir das Bild genau an und beschreibe, was du siehst.

**2** a Erzähle zu dem Bild eine kleine spannende Geschichte.
b Sprecht anschließend darüber, was euch an euren Erzählungen besonders gut gefallen hat.

**3** Sammelt Tipps, die ihr schon kennt, um eine Erzählung spannend zu gestalten.

# 3.1 Abenteuer im Alltag
## Erlebnisse erzählen

### Der rote Faden Den Aufbau einer Erzählung planen

Tom hatte in den Sommerferien ein aufregendes Erlebnis, das er aufgeschrieben hat.

*Seepferdchen*

*Als wir im Urlaub waren, mussten wir die Feuerwehr rufen, denn in den Swimmingpool im Garten unseres Ferienhauses war ein Hengst gefallen. Zum Glück ging alles gut aus und das Pferd konnte gerettet werden. Aber die Geschichte muss ich euch unbedingt erzählen. So gegen elf Uhr in der Nacht wachte ich auf. War da nicht ein seltsames Geräusch gewesen? Alles war still. Ich lauschte. Nichts. Ich hatte wohl nur geträumt. Gerade wollte ich mich umdrehen und weiterschlafen, da hörte ich ein lautes Wasserplatschen. Der Lärm kam aus der hintersten Ecke des Gartens. „Was kann das sein?", fragte ich mich halblaut und überlegte, ob ich nachsehen sollte. Das Geräusch wiederholte sich in unregelmäßigen Abständen. Mir wurde zunehmend mulmiger. Plötzlich hörte ich das Wiehern eines Pferdes. Aber das konnte doch gar nicht sein. Völliger Unsinn. Hier hatte ich doch weit und breit keine Pferde gesehen. Träumte ich noch immer? Ich musste mich kneifen. Autsch! Jetzt war ich hellwach. Schnell sprang ich aus dem Bett und rannte zum Fenster. Ich traute meinen Augen nicht. Da stand doch tatsächlich ein Pferd im Swimmingpool. Das Wasser stand ihm bis zum Hals und es versuchte vergeblich herauszukommen. Blitzschnell überlegte ich, was zu tun sei. Es gab nur eins: meine Eltern wecken und die 112 anrufen. Wenige Minuten später stand ein großer Feuerwehrwagen vor unserem Ferienhaus. Die Feuerwehrleute leerten das Becken und bauten aus Heuballen eine Treppe. Nach drei Stunden war das Pferd endlich in Sicherheit. Ich war sehr erleichtert und musste gleichzeitig ein bisschen schmunzeln. Da war der Hengst doch tatsächlich zu einem „Seepferdchen" geworden.*

**1** a Lies die Geschichte von Tom erst leise und dann laut vor.
b Gefällt dir die Geschichte? Begründe deine Meinung.

**2** a Beim Lesen der Erzählung steigt das Lesefieber. Nenne Stellen im Text (→ S. 54) und erkläre, warum du sie spannend findest.

b Tom ist beunruhigt und auch ängstlich. Suche Textstellen in der Geschichte, die dir das zeigen.

**3** Eine gute Erzählung wird Schritt für Schritt erzählt.

a Gliedere die Geschichte von Tom in Einleitung, Hauptteil und Schluss. Schreibe die Zeilenangaben in dein Heft, z. B.:
- *Einleitung: Zeile 1–…*
- *Hauptteil: Zeile …*

b Zeichne den Spannungsverlauf der Geschichte in Form einer Lesefieber-Kurve. Trage die Erzählschritte in Stichwörtern in die Kurve ein.

c Was hat Tom bei dem Aufbau seiner Erzählung gut gemacht? Was könnte er noch verbessern?

**Die Lesefieber-Kurve einer Erzählung**

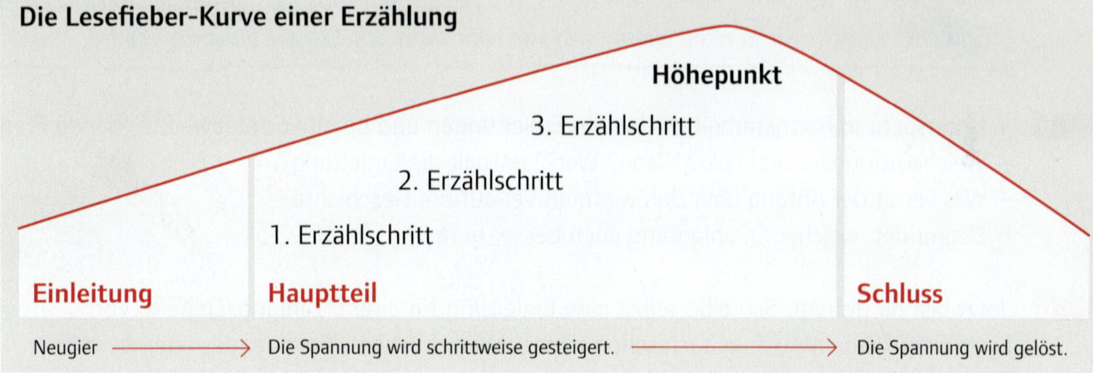


**4** a Lies dir noch einmal die Einleitung von Toms Geschichte durch. Macht sie dich neugierig auf die Geschichte? Begründe deine Antwort.

b Schreibe eine eigene Einleitung zu dieser Geschichte, die die Leser fesselt und in die Handlung einführt.

c Lest euch eure Einleitungen vor. Was ist gelungen, was könnte noch verbessert werden?

**Merkwissen** Der Aufbau einer Erzählung

Eine gelungene Erzählung braucht einen roten Faden, der die Leser durch die Geschichte leitet.

**Einleitung:** Mit der Einleitung führt man in die Handlung ein. Hier informiert man die Leser in der Regel über Ort (Wo?) und Zeit (Wann?) des Geschehens und stellt mindestens eine Hauptfigur (Wer?) vor.

**Hauptteil:** Im Hauptteil wird die Spannung schrittweise bis zum Höhepunkt der Geschichte gesteigert. Die Leser sollen „mitfiebern", was nun passieren wird.

**Schluss:** Am Schluss löst man die Spannung auf. Man kann erzählen, wie die Handlung ausgeht oder absichtlich den Ausgang offenlassen.

Eine **Geschichte** wird in der Regel im **Präteritum** (1. Vergangenheit) erzählt, z. B.:
*ich schlief, ich hörte.*
Die Ich-Form eignet sich besonders gut zum Erzählen von Erlebnissen.

## Der erste Satz Eine Einleitung gestalten

*Letzte Woche wanderten wir mit unserer Klasse auf den Kleinen Bärenstein. Es war ein wunderschöner Märztag und alle waren gut gelaunt. Vor lauter Freude und Ausgelassenheit übersahen wir ein Schild: „Betreten verboten". Zunächst bemerkten wir dies gar nicht, denn der Weg war frei, die Sonne schien und weit und breit war keine Baustelle zu sehen. Außerdem kannte sich unsere Klassenlehrerin, Frau Mieth, doch in dieser Gegend aus wie in ihrem eigenen Garten. Eigentlich!* Anna

*„Habt ihr Lust, nächste Woche einen Ausflug zu machen?", fragte unsere Klassenlehrerin, Frau Mieth. „Jaaaaaaaaaaaaaa!!!!!!!!", schrie die ganze Klasse im Chor. Es sollte auf den Kleinen Bärenstein gehen und wir hofften, dass das Wetter einigermaßen gut werden würde, denn der März war noch sehr kalt. Am Morgen des Wandertages strahlte die Sonne und der Himmel war knallblau. „Wenn Engel reisen oder zumindest wandern", meinte Frau Mieth, als wir uns am Fuße des Tafelberges trafen. Zu dem Zeitpunkt konnten wir ja nicht ahnen, dass wir noch einen Schutzengel brauchen würden.* Robin

**5** a Untersucht in Partnerarbeit die beiden Einleitungen und beantwortet jeweils folgende Fragen:
- Welche Informationen (Wo? Wann? Wer?) enthält die Einleitung?
- Was verrät der Anfang über den weiteren Verlauf der Geschichte?

b Begründet, welcher Erzählanfang euch besser gefällt.

**6** Jetzt bist du gefragt: Schreibe selbst eine Einleitung für eine Erzählung. Gehe so vor:

a Ist dir auf einem Ausflug auch schon einmal etwas Lustiges, Spannendes oder etwas Ungewöhnliches passiert? Wähle selbst ein Erlebnis aus, über das du erzählen willst.

b Schreibe eine Einleitung für deine Geschichte, die den Leser neugierig macht. Die Tipps im Merkkasten unten helfen dir dabei.

**7** Durchforsche Bücher mit Geschichten und untersuche nur die Einleitungen. Stelle die verschiedenen Möglichkeiten, die Leser neugierig auf die Geschichte zu machen, in einer Übersicht zusammen.

### Merkwissen Die Einleitung gestalten

Gute Erzähler fesseln ihre Leser gleich mit der Einleitung. Sie verraten nicht schon am Anfang, wie die Geschichte ausgeht, sondern machen die Leser neugierig. Dazu gibt es einige Erzähltricks:

| Erzähltricks für die Einleitung | Beispiele |
|---|---|
| Erzähle von einer harmlosen Situation, die auf einmal ungewöhnlich oder gar gefährlich erscheint. | Wir saßen wie gewöhnlich am Frühstückstisch. Plötzlich hörten wir ein donnerndes Geräusch. Es klang wie … |
| Kündige ein unerwartetes Ereignis an, das alles verändert. | Wer hätte gedacht, dass diese Reise drei Tage dauern würde? |
| Lege eine falsche Fährte: Bereite den Leser auf ein Geschehen vor, das dann aber gar nicht so stattfindet. | Wir hatten alles für ein gemütliches Wochenende eingepackt. Mit unseren Fahrrädern wollten wir … Doch dann kam alles ganz anders. |

## Der Hauptteil Spannend und anschaulich erzählen

*… Es roch nach Frühling. Entlang der Bahnstrecke ging es erst einmal steil den Berg hinauf. Plötzlich rief Max: „Guckt mal, die Leute da hinten. Die winken uns freundlich zu." Erst begannen zwei oder drei von uns zurückzuwinken, schließlich winkte die gesamte Klasse und schmetterte: „GUTEN MOOOORGEN!" Als Anna und ich etwas näher kamen, merkten wir, dass die Leute gar keine Spaziergänger waren, denn sie trugen alle leuchtende Schutzkleidung und Helme. Und dann sahen wir, dass die Männer gar nicht winkten, sondern wild mit ihren Armen fuchtelten. Sie wollten uns deutlich machen, dass wir sofort stehen bleiben sollten. Noch bevor Anna und ich die anderen warnen konnten, hörten wir plötzlich ein ohrenbetäubendes Knirschen und Knacken. „Was war das?", flüsterte Anna. Ich zuckte nur mit den Schultern. Sagen konnte ich nichts, denn die Angst schnürte mir die Kehle zu. „Verflixt! Irgendetwas stimmt hier nicht", murmelte ich halblaut. In diesem Moment bemerkte ich über mir einen riesigen Schatten. Was ich dann sah, konnte ich kaum glauben. Ein gewaltiger Baum stürzte auf uns zu. Ich schrie auf und wollte panisch weglaufen, aber vor Schreck blieb ich wie angewurzelt stehen. Sekunden später starrte ich auf den Baum, der jetzt direkt vor uns auf dem Waldweg lag. Im gleichen Augenblick rasten mehrere aufgeregte Männer auf uns zu und schrien durcheinander: „Habt ihr denn unsere Motorsägen nicht gehört?" „Da stand doch ein riesiges Schild: Betreten verboten!" Mittlerweile war die gesamte Klasse mit unserer Lehrerin herbeigeeilt. Eine regelrechte Schimpfkanonade donnerte jetzt auch auf sie nieder. „Es ist ja noch mal gut gegangen", sagte dann einer der Waldarbeiter beruhigend. Er merkte wohl, dass uns allen noch der Schreck in den Gliedern saß. …*

*Robin*

**8** Der Höhepunkt ist die spannendste Stelle einer Geschichte. Nenne den Textabschnitt, der den Höhepunkt darstellt. Begründe deine Entscheidung.

**9** Die Spannung darf im Hauptteil natürlich nicht nachlassen.
*„Was war das?", flüsterte Anna. Ich zuckte nur mit den Schultern. Sagen konnte ich nichts, denn die Angst schnürte mir die Kehle zu. „Verflixt! Irgendetwas stimmt hier nicht", murmelte ich halblaut.*

a Beschreibe, mit welchen Wörtern und Wendungen in diesen Sätzen Spannung aufgebaut wird.

b Stellt in einer Übersicht zusammen, wie es Robin gelingt, spannend und anschaulich zu erzählen. Arbeitet zu zweit und nutzt den unten stehenden Merkkasten.

**10** Verfasse den Hauptteil deiner Erzählung.

**! Merkwissen** Den Hauptteil spannend und anschaulich erzählen

- **Gedanken und Gefühle mitteilen**, z. B.: *Mir stockte der Atem. „Euch werde ich es zeigen!", dachte ich mir.*
- **wörtliche Rede benutzen**, z. B.: *„Vorsicht!", schrie ich.*
- **Spannungsmelder (Überraschung) einbauen**, z. B.: *Plötzlich …, Kaum zu glauben!*
- **treffende Verben verwenden**, z. B.: *wimmern, rufen, schreien*
- **anschauliche Adjektive finden**, z. B.: *kreidebleich, panisch, riesengroß*

## Den Schluss schreiben

*„Ja“, bemerkte einer der Waldarbeiter, „wer lesen kann, ist im Vorteil. Gehen Sie jetzt diesen Weg zügig zurück ins Tal. Wir warten so lange mit unserer Arbeit, bis Sie das Sperrgebiet verlassen haben“. Eilig machten wir uns auf den Rückweg. Als wir das Sperrgebiet verlassen hatten, atmeten wir alle auf.* Anna

*Auf der nächsten Wanderung heißt es: Augen auf! Denn nicht immer hat man einen Schutzengel dabei, der aufpasst. Und dann noch auf eine ganze Klasse.* Robin

*Schweigend machten wir uns auf den Rückweg. Allmählich verließen wir den Wald und der Umriss des Kleinen Bärensteins, den wir eben noch gesehen hatten, verschwand immer mehr. Noch aufgewühlt von dem Erlebnis dachte jeder über seine eigenen Eindrücke nach.* Max

**11** Lest die Schlüsse und tauscht euch darüber aus, welchen Schluss ihr besonders gelungen findet. Begründet eure Meinung.

**12** Der Schluss einer Erzählung kann unterschiedlich gestaltet sein.
a Lies die Informationen in dem unten stehenden Merkkasten.
b Um welches Ende handelt es sich bei den drei Schlüssen? Beschreibe, wie die Schlussteile jeweils wirken.

**13** Schreibe einen Schluss für deine eigene Erzählung.

**Merkwissen** Den Schluss schreiben

Der Schluss einer Erzählung kann unterschiedlich gestaltet sein. Man kann
- den Ausgang der Geschichte erzählen und das **Erlebnis abschließen**,
- am Schluss der Geschichte **Fragen offenlassen**, um den Ausgang des Erlebnisses im Ungewissen zu lassen,
- **auf die Einleitung zurückgreifen**, sodass Einleitung und Schluss einen Rahmen um den Hauptteil bilden,
- einen **abschließenden Gedanken** äußern.

## Eine treffende Überschrift finden

**14** Wenn die Erzählung fertig geschrieben ist, fehlt noch etwas: die Überschrift.
a Warum ist es sinnvoll, die Überschrift erst nach dem Schreiben der Geschichte zu formulieren?
b Beurteile die folgenden Überschriften zur Bärenstein-Geschichte.

*Betreten verboten!*
*Ein ungewöhnlicher Klassenausflug*
*Als wir mit unserer Klasse in ein Sperrgebiet gerieten*
*Wer lesen kann, ist im Vorteil.*

**15** a Überlege dir zwei mögliche Überschriften für deine eigene Erzählung.
b Tauscht euch zu zweit über eure Ideen aus und entscheidet euch für eine Überschrift.

## Nach Bildern erzählen Wörtliche Rede verwenden

**1** a Sieh dir jedes einzelne Bild genau an. Beachte dabei auch die Mimik (Gesichtsausdruck) und die Gestik (Körpersprache) der Figuren.
b Erzähle, was auf den Bildern passiert. In welchem Bild liegt der Höhepunkt der Geschichte?

**2** Schreibt gemeinsam mit einer Partnerin oder einem Partner zu jedem Bild Stichwörter auf.
**Tipp:** Überlegt auch, was vor, zwischen und nach den einzelnen Bildern passiert sein könnte.

**3** Übertrage den Schreibplan in dein Heft und fülle ihn mit deinen eigenen Ideen aus.
Notiere nur die wichtigsten Informationen.
**Tipp:** Überlege dir Namen für die Figuren und den Papagei.

**Thema: Eine Bildergeschichte schreiben**

**1) Einleitung:**

| | |
|---|---|
| Wer? | der Papagei (Jakob) und ich |
| Wo? | in meinem Zimmer |
| Wann? | … |

**2) Hauptteil:**

| | |
|---|---|
| Was passiert? | Ich fütterte Jakob mit Obst. |
| | Mein Handy klingelte und ich … |
| … | … |
| Höhepunkt: | … |
| … | |

**3) Schluss:** …

**4** Wenn du wörtliche Rede verwendest und schilderst, was die Figuren denken und fühlen, wird deine Geschichte besonders lebendig.

a Sieh dir zum Beispiel das Bild 3 an:
- Was könnte das Mädchen in diesem Moment zu seiner Mutter sagen?
- Wie versucht die Mutter, ihre Tochter zu trösten? Sagt sie etwas Aufmunterndes?

b Entwirf einen kurzen Dialog.

**sagen**

| | |
|---|---|
| schreien | stottern |
| flüstern | brüllen |
| behaupten | fragen |
| jammern | antworten |
| beruhigen | stammeln |
| trösten | keuchen |
| rufen | ermutigen |

**5** Stelle dir vor, dass der Papagei sprechen kann. Was könnte er sagen? Wie könnte das helfen, den Papagei wiederzufinden?
Schreibt gemeinsam mit einer Partnerin oder einem Partner einige Sätze auf.

### Merkwissen Wörtliche Rede macht eine Geschichte lebendig

Deine Geschichte wird besonders lebendig, wenn du wörtliche Rede verwendest.
Die wörtliche Rede wird in Anführungszeichen eingeschlossen.

**Zeichensetzung** bei der wörtlichen Rede:
- „Oh weh!", rief Tina.
- Tina rief: „Oh weh!"
- „Oh weh", rief Tina, „der Papagei!"

**6** a Schreibe nun eine spannende und anschauliche Erzählung zu den Bildern. Erzähle das Erlebnis im Präteritum und beschreibe, was die Figuren sagen, denken und fühlen.
**Tipp:** Vergiss nicht, eine Überschrift zu finden, die neugierig auf deine Geschichte macht.

b Besprecht eure Texte in einer Schreibkonferenz und überarbeitet sie anschließend.

### Methode Texte überarbeiten: Eine Schreibkonferenz durchführen

Geschichten gelingen dir nicht gleich beim ersten Schreiben – auch den Profis nicht.
Man muss sie noch einmal überarbeiten.

Geht bei eurer Textüberarbeitung so vor:
1 Setzt euch in kleinen Gruppen zusammen.
2 Einer von euch liest seinen Text vor, die anderen hören aufmerksam zu.
3 Anschließend gebt ihr der Verfasserin oder dem Verfasser eine Rückmeldung, was euch besonders gut gefallen hat.
4 Dann wird der Text in der Gruppe Satz für Satz besprochen. Die Verbesserungsvorschläge werden abgestimmt und schriftlich (von der Verfasserin/vom Verfasser) festgehalten.
→ Die Checkliste auf S. 74 hilft euch, eure Geschichten zu überprüfen.
5 Korrigiert auch die Rechtschreibung und die Zeichensetzung. Nehmt ein Wörterbuch zu Hilfe.
6 Zum Schluss überarbeitet die Verfasserin oder der Verfasser den eigenen Text.

## Nach Reizwörtern erzählen Erzählschritte planen

**1** Für die folgende Aufgabe brauchst du einen Würfel.

a Du musst dreimal hintereinander würfeln. Die Augenzahl eines jeden Wurfs gibt dir ein Reizwort vor. Schreibe deine Reizwörter auf.
**Tipp:** Wenn du keinen Würfel hast, suche dir einfach drei Reizwörter aus.

| | | | | | | |
|---|---|---|---|---|---|---|
| **1. Wurf** | verschlafen | Schreck | Sonntag | Schulbus | Unordnung | Mutprobe |
| **2. Wurf** | warten | Fußballspiel | Eichhörnchen | Versteck | Freunde | Schwimmbad |
| **3. Wurf** | lachen | Klassenzimmer | Pech | Katze | Wette | Polizeistation |

b Erzählt eurer Banknachbarin oder eurem Banknachbarn, was euch zu euren Reizwörtern durch den Kopf geht. Macht mehrere Durchläufe und ändert dabei die Reihenfolge der Reizwörter (Erzählschritte). Wie verändert sich eure Geschichte?
Beispiel: Erzählanfänge zu den Reizwörtern *Fußballspiel – Polizeistation – Schreck*

A *Es war ein schöner Sommertag und ich fuhr mit meinem Fahrrad in den Park. Heute war das große Fußballspiel gegen die Mannschaft von Bell und ich freute mich schon, denn ich war ganz sicher, dass wir gewinnen würden. Hätte ich gewusst, was mich noch an diesem Tag erwarten würde …*

B *Ich wachte auf der Polizeistation auf. Neben mir lag meine Sporttasche mit meinen Fußballsachen und ich musste mich erst einmal orientieren. Was war passiert? …*

**2** Plane deine Geschichte. Alle drei Reizwörter sollen in deiner Geschichte vorkommen, die Reihenfolge der Wörter kannst du selbst festlegen.

a Lege einen Schreibplan nach dem Muster auf S. 59 in deinem Heft an.

b Schreibe dann eine spannende Erzählung.

**3** a Denkt euch selbst drei Reizwörter aus und schreibt sie jeweils auf einen Zettel. Sammelt die Zettel in einer Schachtel.

b Jeder von euch zieht nun drei Reizwortzettel und schreibt dazu eine spannende Geschichte.

c Lest eure Geschichten vor. Überlegt, welche Reizwörter auf den Zetteln standen.

**Methode** Reizwortgeschichten schreiben

Ähnlich wie bei den einzelnen Bildern einer Bildergeschichte stellen die **Reizwörter verschiedene Schritte einer Erzählung** dar. Dabei kannst du die einzelnen Schritte nach eigenen Ideen verknüpfen.
- Die Reizwörter sollen alle in der Geschichte vorkommen und eine besondere Rolle spielen.
- Die Reizwörter können in einer selbst gewählten Reihenfolge auftauchen.

## Erzählkerne ausgestalten Figuren werden lebendig

**Elefant auf Kinderspielplatz**
*Eisenach.* Kinder und Eltern trauten ihren Augen nicht, als sie im thüringischen Eisenach einen Elefanten auf dem Spielplatz sahen. Nach Polizeiangaben von gestern beschädigte das Tier bei seinem Ausflug einen Kinderwagen, ein Fahrrad, ein Schild und diverse Spielgeräte. Der Dompteur des nahe gelegenen Zirkus holte den Dickhäuter zurück. Wie der ausreißen konnte, ist unklar.

**Schulklasse gerät in einen Sturm**
*Rostock.* Auf dem Darß in der Nähe von Prerow ist eine Schulklasse am Freitagabend bei einer Strandwanderung in ein heftiges Unwetter geraten. Die Schüler einer fünften Klasse und ihre Lehrerin wurden am Weststrand von starkem Regen und Sturmböen überrascht, sagte ein Polizeisprecher am Samstag. Nach einem Hilferuf per Handy wurden sie von der örtlichen Feuerwehr in Sicherheit gebracht.

**1** Hinter diesen kurzen Zeitungsnotizen steckt für diejenigen, die bei einem dieser Ereignisse dabei waren, viel mehr: Sie waren aufgeregt, gerieten in Panik ... Versetze dich in die beiden Situationen, von denen in der Zeitung später berichtet wurde, und schreibe einige Sätze auf.

**2** Bildet Kleingruppen und wählt einen der beiden Zeitungsberichte (Erzählkern) aus, den ihr zu einer spannenden Geschichte ausgestalten wollt. Geht so vor:

a Arbeitet aus dem Zeitungsbericht alle Vorgaben für eure Geschichte heraus. Stellt W-Fragen: Wer war beteiligt? Wo genau spielte die Handlung? Was genau passierte?

b Überlegt zusammen, wie ihr aus der Zeitungsmeldung eine spannende und lebendige Geschichte machen könnt. Haltet eure Ideen in Stichwörtern fest:
- Aus welcher Sicht (beteiligtes Kind, Beobachter/-in, Polizist/-in ...) wollt ihr erzählen?
- Versetzt euch in diese Figur: Was erlebt sie? Was denkt und fühlt sie? Verwendet dazu die wörtliche Rede und die Wörter im nebenstehenden Kasten.

erleichtert – aufgeregt
verwirrt – entgeistert
bestürzt – entsetzt
erfreut – verängstigt
überrascht – besorgt
freudestrahlend – mutlos
erwartungsvoll – glücklich

**3** a Jeder von euch schreibt nun eine Geschichte.
b Lest euch in der Gruppe eure Geschichten vor und vergleicht sie miteinander.
Was ist gelungen?
Was kann man noch verbessern?

**Tipp** Überschriften in Zeitungsberichten sollen die Leser/-innen in aller Kürze informieren. Bei euren Geschichten soll die Überschrift neugierig machen und nicht schon alles verraten.

**4** Sammle kurze Zeitungsberichte, die du zu Geschichten ausgestalten kannst.
**Tipp:** Recherchiere, z. B. unter www.StiftungLesen.de, ob es in nächster Zeit Schreibwettbewerbe gibt. Vielleicht hast du Lust, daran teilzunehmen.

# Teste dein Wissen!

**1** Welche Aussagen stimmen, welche nicht?

a Schreibe den Text mit den richtigen Aussagen in dein Heft.

- Wenn ich ein Thema für eine Erzählung habe, schreibe ich einfach drauflos / mache mir einige Stichwörter zum Inhalt der Geschichte.
- Der Aufbau einer Erzählung gliedert sich immer/manchmal in Einleitung, Hauptteil und Schluss.
- Mit der Einleitung soll man dem Leser verraten / nicht verraten, wie die Geschichte ausgeht, damit er neugierig wird / damit er nicht so lange rätseln muss.
- Die Spannung wird im Hauptteil schrittweise gesteigert / verringert.
- Wörter wie „plötzlich", „auf einmal", „Sekunden später" zeigen an, dass etwas Überraschendes / etwas ganz Gewöhnliches passiert.
- Die Verwendung / Die Vermeidung von wörtlicher Rede macht die Geschichte/Erzählung lebendig.
- Der Schluss kann auf das Ende / auf den Anfang zurückgreifen, einen Traum auslösen / einen Denkanstoss geben, die Erzählung ausklingen / neu anfangen lassen oder den Leser im Ungewissen / in der Langeweile lassen.
- Die Überschrift darf nicht / kann ruhig fehlen. Sie sollte informativ sein / die Neugier wecken.

b Überprüft gemeinsam mit einer Partnerin oder einem Partner eure Ergebnisse.

**2** Die folgende Geschichte ist in Einleitung, Hauptteil und Schluss gegliedert, aber gut ist sie nicht.

a Überarbeite die Erzählung und schreibe eine verbesserte Fassung in dein Heft.

b Besprecht eure Geschichten in einer Schreibkonferenz (→ S. 60).

VORSICHT, FEHLER!

### Fehlalarm: Feuerwehr flutet Kino

Mein Freund und ich haben uns schon seit Tagen auf den Kinobesuch gefreut. Dass man im Kino auch pudelnass werden kann, ärgert mich noch heute.

Heute war es endlich so weit. Wir gingen zur Bushaltestelle, aber wir sahen nur noch die Rücklichter vom Bus. Wir mussten also auf den nächsten Bus warten. Das fing ja gut an, dachte ich. „Hoffentlich kommen wir nicht zu spät", sagte Max, „oder sollen wir lieber morgen ins Kino gehen und wir gehen jetzt zu mir?" Dann saßen wir zwar später als geplant, aber rechtzeitig im Kino, die Werbung lief noch. Doch wenn wir gewusst hätten, was uns dann erwarten sollte, hätten wir besser unseren Kinobesuch verschoben. Auf einmal hörten wir eine Sirene und dann kam Wasser aus der Decke. Und dann kamen Feuerwehrleute reingestürzt und guckten ziemlich dumm. Wie schon oben gesagt, wurden wir ganz nass. Komisch war, dass man nirgends Rauch sehen konnte, geschweige denn ein Feuer.

Das Kino stand aber unter Wasser.

Schließlich stellte sich alles als Fehlalarm heraus. So ein Ärger!

# 3.2 Um Mitternacht
## Gespenstergeschichten lesen und schreiben

Sibylle Durian
**Gespensterluft**

Es wurde schon langsam dunkel, als der Möbelwagen in den Erlenweg einbog. Fanni wischte mit dem Handschuh ein Guckloch in die beschlagene Scheibe und starrte hinaus.
„Gleich sind wir da", sagte Mama.
Der Möbelwagen verlangsamte seine Fahrt, Bremsen quietschten. Schnaufend und prustend kam der Wagen vor einem schmalen, zweistöckigen Haus zum Stehen. Fanni holte tief Luft. Von nun an würden sie hier wohnen, Papa, Mama und sie. Seltsam, bei Tag war ihr das Haus viel größer vorgekommen. Jetzt, in der Dämmerung, wirkte es klein und verwinkelt. Etwas Unheimliches, beinahe Gespenstisches ging von ihm aus. Ob es hier vielleicht Gespenster gab? Fanni lief eine Gänsehaut über den Rücken.
„Tu mir einen Gefallen", sagte Mama, „steh bitte nicht im Weg. Die Möbelträger brauchen Platz. Geh ins Haus und schau dich ein bisschen um!"
Fanni stieg die schmale, steile Treppe zum ersten Stock hinauf. Ihr Zimmer befand sich gleich neben der Treppe. Noch sah es hier nicht gerade einladend aus. Kahle weiße Wände, dunkelgrün gestrichene Dielenbretter. Fanni schaute aus dem Fenster hinunter in den Vorgarten. Sie sah, wie Papa und Mama Kisten ins Haus schleppten. Vielleicht sollte ich hinuntergehen und helfen, dachte sie.
Plötzlich hörte sie ein Geräusch hinter sich. Sie drehte sich um und sah eine grauschwarz getigerte Katze in der Tür.
„Komm mal her, Tigerchen!"

Die Katze sah sie aus gelb funkelnden Augen an, legte den Kopf schief und stellte ihren Schwanz steil in die Höhe. Fanni kramte in ihrer Hosentasche und brachte einen zerkrümelten Keks zum Vorschein.

„Schau mal, was ich hier habe!“

Die Katze kümmerte sich nicht um den Keks, drehte sich um und lief die Treppe hinauf zum Dachboden.

„Warte!“ Fanni folgte ihr.

Auf dem Dachboden war es stockdunkel. Spinnenweben streiften ihr Gesicht. Im flackernden Kerzenschein sah Fanni einen etwa gleichaltrigen Jungen vor sich.

„Was suchst du hier?“, fragte er und musterte sie von oben bis unten.

„Ich wohne hier. Seit heute!“ Fanni wischte sich die Spinnenweben von der Wange. „Und du?“

„Ich habe auch mal hier gewohnt. Früher.“

„Und wieso kommst du immer noch her?“, fragte Fanni.

„Nur so. Ich wollte meine Katze holen!“

Die Katze schmiegte sich an die Beine des Jungen und schnurrte. Er bückte sich und hob sie auf. Ein Lufthauch ließ die Kerze flackern. Fanni hatte Angst, sie könnte verlöschen, und schirmte sie mit der Hand ab.

„Ganz schön unheimlich hier oben“, sagte sie und fröstelte. „Man könnte glauben, hier gibt's Gespenster!“

„Na, und ob!“ Der Junge grinste sie an. „Riech mal! Du atmest echte Gespensterluft!“

„Gespensterluft! So'n Blödsinn!“

„Wenn ich's doch sage! Ich könnte dir da Geschichten erzählen…“

„Au ja, ich mag Gespenstergeschichten“, sagte Fanni.

„Na ja, du meinst erfundene. Aber ich kenne Geschichten von echten Gespenstern!“

Der hält mich wohl für blöd, dachte Fanni.

„Du meinst also, es gibt in diesem Haus tatsächlich Gespenster?“, fragte sie und bemühte sich, nicht zu kichern.

„Jetzt bloß noch eins“, sagte der Junge. „Aber früher wimmelte es hier nur so von ihnen! – Von gefährlichen Piraten und Räubern“, fügte er flüsternd hinzu.

Fanni lief eine Gänsehaut über den Rücken.

„Du spinnst ja“, rief sie mit unsicherer Stimme.

„Ehrlich, hier hat mal 'ne richtige Räuberbande gehaust, so vor hundert oder mehr Jahren. Die waren in der ganzen Stadt gefürchtet. Sogar ein Kind soll dabei gewesen sein, ungefähr so alt wie wir.“

„Und das war auch so gefährlich?“, fragte Fanni ungläubig.

„Jedenfalls hat es geklaut wie 'n Rabe, sagt man.“

„Eines Tages hat man sie gefasst und vor Gericht gestellt. Aber die haben den Richter nur ausgelacht. Das Kind soll ihm heimlich seinen Geldbeutel gestohlen haben, während er die anderen verhört hat. Da bekam der Richter so 'ne Wut, dass er die ganze Bande zum Tode verurteilte und dazu noch verflucht hat …“

„Verflucht?“

„‚Ihr sollt keinen Frieden finden, bis ihr eure bösen Taten gesühnt habt‘, hat er gebrüllt. Na ja, und von da an mussten die Räuber nachts herumgespenstern.“

„Alle? Auch das Kind?“

„Na klar! Aber mit der Zeit sind die meisten von ihnen müde geworden und dorthin gezogen, wo mehr los ist. Nur einer ist geblieben.“

„Und wer?“, fragte Fanni.

„Das wirst du schon sehen“, grinste der Junge. „Ich schätze, ihr bleibt eine Weile hier wohnen, oder?“

„Sogar für immer“, sagte Fanni. „Und dass du's nur weißt: Es gibt überhaupt keine Gespenster!“

„Bist du sicher?“, fragte der Junge – und verschwand mit der Katze im Arm durch die Wand …

**1** a Sammle deine ersten Eindrücke zu der Geschichte. Das können auch Fragen oder Vermutungen sein.

b Gibt es Ereignisse, Figuren, Wörter oder Textstellen in der Geschichte, die du besonders unheimlich findest? Begründe deine Antwort.

**2** In der Geschichte treffen ein Mädchen und ein Junge aufeinander. Was erfährst du über das Mädchen, was über den Jungen?

a Stellt gemeinsam mit einer Partnerin oder einem Partner den Jungen und das Mädchen vor. Lest dazu noch einmal genau im Text nach und tragt möglichst viele Informationen zusammen.

*Fanni*
*– mag Gespenstergeschichten*
*– …*

*Junge*
*– befindet sich auf dem stockdunklen Dachboden*
*– …*

b Vergleicht eure Ergebnisse in der Klasse. Klärt dabei auch folgende Fragen:
- Was bedeutet der Satz: „Du atmest echte Gespensterluft!“ (→ S. 65, Z. 64)
- Was meint der Junge vermutlich mit dem Hinweis: „Nur einer ist geblieben.“? (→ S. 66, Z. 106)

**3** Untersuche den Aufbau der Geschichte.

a Sieh dir den Anfang an. Findest du hier schon Hinweise darauf, dass die Geschichte gruselig wird?

b Nenne Erzählschritte, mit denen die Spannung im Hauptteil gesteigert wird.

c Suche die Textstellen heraus, an denen du erkennst, dass Fanni nicht an Gespenster glaubt. Überlege, wie das Verschwinden des Jungen auf Fanni wirken könnte.

**4** Zeichne den Spannungsverlauf der Geschichte in Form einer Lesefieber-Kurve (→ S. 55) nach. Trage die Erzählschritte in Stichwörtern in die Kurve ein.

*Fanni fährt mit ihren Eltern abends …*

*1. Abschnitt (Z. 1–…).*

**Tipp** Wenn ein Abschnitt spannender ist als der vorherige, steigt die Kurve. Lässt die Spannung nach, fällt sie.

# Vertiefen und üben
## Gespenster-Werkstatt

Um eine gute Gespenstergeschichte zu erzählen, die dem Leser einen Schauer über den Rücken jagt, brauchst du einige „Zutaten".

1 Lege dir eine Grusel-Kartei an. Du kannst große Karteikarten beschriften oder du legst dir in deinem Heft eine Wörterliste an.

●● a Ordne die Wörter aus dem Kasten in deine Grusel-Kartei ein.

*Orte*
- *kalter Keller*

*Geräusche*
- …

*gruselige Erscheinungen*
- …

*gespenstische Wörter und Wendungen*
- *finster*

kalter Keller
knarrende Tür
wehender Vorhang
ein Ächzen
flackernder Kerzenschein
verwittert
kalter Windhauch
am ganzen Körper zittern
verfallenes Schloss
entsetzliches Stöhnen
finster

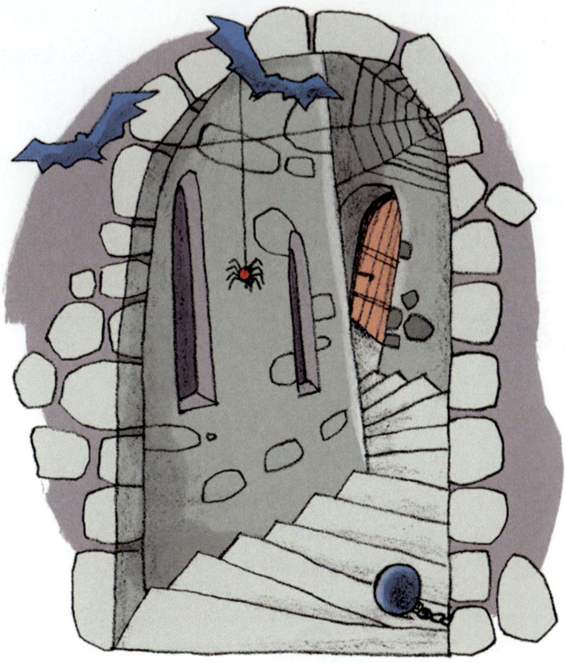

●●● b Finde weitere Beispiele und ergänze eure Grusel-Kartei. Bestimmt findest du auch in der Geschichte „Gespensterluft" Wörter und Wendungen, die das Gruselige und Unheimliche zum Ausdruck bringen.

●●● 2 Verfasse selbst eine Gespenstergeschichte, die den Leser schaudern lässt.

→ Wenn du weitere „Zutaten" für deine Gespenstergeschichte brauchst, sieh auf S. 68 nach.

**●● 2 mit Hilfen**

Verfasse selbst eine Gespenstergeschichte.
Mit den Hilfen auf dieser Seite kannst du den Aufbau deiner Gespenstergeschichte planen und das Unheimliche so anschaulich beschreiben, dass es den Leser gruselt.

**Gespenstergeschichten** spielen oft an **unheimlichen Orten** (z. B. in einem alten Schloss). Die Zeit bei **Einbruch der Dunkelheit** oder kurz vor Mitternacht ist natürlich besonders gruselig, denn jetzt ist es düster und man kann wenig erkennen. Man hört **unheimliche Geräusche** (klirren, keuchen, rasseln) und weiß nicht, woher sie stammen. **Geheimnisvolle Dinge geschehen** (eine Tür öffnet sich wie von Geisterhand) und schlimmstenfalls gibt es sogar **Gespenster oder Geister**, die jemanden erschrecken. Manchmal gibt es eine Erklärung für den Spuk (jemand will einen Streich spielen), aber manchmal bleiben die Dinge einfach rätselhaft.

**Tipp** Plane deine Geschichte
- Wo spielt deine Geschichte (Ort)?
- Wann spielt sie (Zeit)?
- Wer kommt in deiner Geschichte vor (Figuren)?
- Was passiert Unheimliches (Handlung)?
- Wieso? Gibt es eine Erklärung oder nicht?

**bildhafte Wendungen und Vergleiche**
Herz schlägt bis zum Hals
wie Espenlaub zittern  weiche Knie bekommen
mit gebrochener Stimme sprechen
Stimme versagt  feuchte Hände bekommen
wie angewurzelt stehen bleiben
den eigenen Augen kaum trauen
wie von Geisterhand

**anschauliche Adjektive**
entsetzlich  grässlich  furchtbar
scheußlich  finster  düster  muffig
modrig  staubig  uralt  eisig  kühl
eiskalt  undeutlich  schemenhaft
grell  blass  fahl  kreidebleich  neblig
dämmrig  schauerlich  leise  heimlich
lautlos  tonlos  geräuschlos  schrill

**treffende Verben**
gehen:  schlurfen  gleiten
sich schlängeln  rennen
flüchten  hasten  jagen  rasen
sagen:  stammeln  keuchen
ächzen  kreischen  schreien
stöhnen  jammern  flüstern

**wörtliche Rede**
„Oh je!“  „Was war das?“
„Was soll ich nur tun?“
„Jetzt oder nie!“
„Ich muss einfach …“
„Wie soll ich das bloß …?“
„Was für ein/eine …“

**Spannungsmelder (Überraschung)**
plötzlich  auf einmal  in diesem Moment
Sekunden später  völlig überraschend
auf unheimliche Weise  schlagartig

Dirk Ahner

## Hui Buh. Das Schlossgespenst

Eines Morgens im Herbst 1899 schob der Kastellan[1] einen Servierwagen mit frisch gewaschenen Bettlaken durch das Labyrinth der Korridore. Das Geräusch der quietschenden Räder war bis in die Eingangshalle zu hören. Doch das störte niemanden, denn der alte Kastellan lebte ja allein auf Schloss Burgeck. Sauber und ordentlich ordnete er die Laken in einen Schrank. Er bemerkte den kalten Windhauch nicht, der plötzlich durch den Korridor fegte und eines der Tücher mit sich riss. Er bemerkte auch nicht, dass dieses Tuch zum Leben erwachte, dass es sich vom Boden erhob und mit bedrohlich ausgestreckten Armen auf ihn zuging. Das Gespenst kam näher und näher und wollte dem Kastellan mit seinem grausigen Geheul gerade einen gewaltigen Schrecken einjagen, als es mit einem Fuß an seinem eigenen Laken hängen blieb. Ungeschickt stolperte es gegen die Wand und riss den großen Kerzenleuchter von der Decke. Er landete genau auf dem Kopf des Gespenstes und klemmte es ein. „Verflixt und zugespukt!“ Fluchend und schimpfend taumelte das Gespenst durch den Korridor, riss eine Rüstung um und brachte mehrere Vasen zu Fall, ehe sein stolpernder Spukversuch am Wandschrank zu einem abrupten Ende kam. Mehrere Regalbretter lösten sich und krachten herunter. Sämtliche Gläser und Pokale kullerten der Reihe nach in die Tiefe und polterten auf den Kopf des armen Gespenstes. „Au! Au! Auhuu!“, zeterte es. Jeder andere Mensch hätte bei dem gewaltigen Lärm längst nicht mehr arbeiten können. Doch erstens war der Kastellan schon ein wenig taub und zweitens verband ihn mit dem Gespenst eine lange Freundschaft. „Verehrter Hui Buh“, seufzte er. „Wenn ich dir einen Rat geben dürfte: Du solltest das Spuken endlich aufgeben. Du hast andere Talente!“ Er zog das Laken weg und zum Vorschein kam der Geist von Ritter Balduin. Seit jener verhängnisvollen Nacht im Jahre 1399 war er dazu verflucht, als das Gespenst Hui Buh durch Schloss Burgeck zu spuken. „Andere Talente?“, rief er empört und zog etwas aus seinem Gespensterwams hervor. Es war eine alte Schriftrolle, auf der in krakeligen Buchstaben und mit vielen Rechtschreibfehlern zu lesen stand:

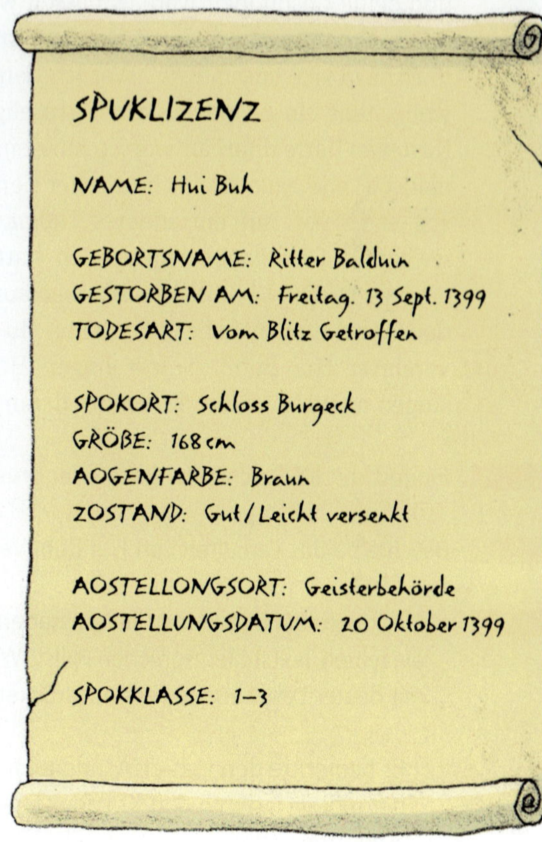


„Siehst du das? Das ist meine Spuklizenz. Ich bin das einzige behördlich zugelassene Gespenst auf Schloss Burgeck!“ „Ich weiß, ich weiß, verehrter Hui Buh“, gab der alte Kastellan begütigend[2] zurück. „Das bist du ja auch schon seit fünfhundert Jahren.“ „Exakt!“, rief das Gespenst und sprang wütend auf. Dummerweise

1 der Kastellan: Burgwart, Burgaufseher

2 begütigend: beruhigend, milde

übersah es dabei die offene Schublade über sich. Mit einem lauten Poltern durchschlug sein Geisterschädel das Holz und fügte den vielen Beulen eine neue hinzu. „Auu! Kastellan, lenk mich doch nicht immer ab! So etwas passiert nur, wenn ich meine Konzentration verliere!“ In einer Geste der Freundschaft legte der Kastellan dem Gespenst seine Hand auf die Schulter. „Nimm es nicht zu schwer, alter Schlossgeist. Aber bitte glaube mir: Für die Einrichtung hier und deine Gesundheit wäre es besser, wenn du das Spuken lassen würdest!“ Hui Buh sank enttäuscht in sich zusammen. „War ich denn nicht wenigstens ein kleines bisschen gruselig?“ Der Kastellan hätte drauf antworten müssen. Diplomatisch[3] wie ein echter schottischer Gentleman zog er es vor, auf ein anderes Thema auszuweichen. „Die Blaubeersuppe! Ich hatte ganz vergessen, dass ich köstliche Blaubeersuppe auf dem Herd stehen habe! Was hältst du davon, verehrter Hui Buh?“ Sofort fingen Hui Buhs Augen an zu leuchten. Er dachte daran, wie er einstmals mit König Julius dem 109. Freundschaft geschlossen hatte. Damals wollte er als „Mumm der Kopfschmeißer“ den neuen Herrscher von Burgeck mit einem Spuk gebührend begrüßen. Er hatte seinen Kopf abgeschraubt, um ihn mit schrecklichem Geheul auf den König zu werfen. Doch der Kopf landete genau in der königlichen Suppe. Blaubeersuppe, wohlgemerkt. Da Julius der 109. ein humorvoller Mensch gewesen war, hatte er Hui Buh den Streich verziehen und ihn zum Essen eingeladen. Seit jenem Tag gehörte Blaubeersuppe zu dessen absoluter Lieblings-Leib-und-Magen-Speise. Mit einem begeisterten „Huiiii Buh!“ flitzte er durch die Wand und flog zur Küche. Wie üblich riss er dabei alles mit, was nicht niet- und nagelfest war, und mehrere Zierschwerter polterten zu Boden. Seufzend sammelte der Kastellan sie auf und brachte das Durcheinander in Ordnung.

3 diplomatisch: geschickt

**1** Findest du die Geschichte lustig oder gruselig? Begründe deine Meinung mit zwei Textstellen.

**2** Beschreibe das Verhalten von Hui Buh. Verhält er sich wie ein typisches Gespenst?

**3** a Lies die folgenden beiden Textpassagen zunächst still für dich. Überlege dabei, wie du die einzelnen Textstellen sprechen willst. Welche Stimmungen (gruselig, lustig, ärgerlich …) willst du mit deiner Leseweise jeweils ausdrücken?

Er bemerkte den kalten Windhauch nicht, der plötzlich durch den Korridor fegte und eines der Tücher mit sich riss. Er bemerkte auch nicht, dass dieses Tuch zum Leben erwachte, dass es sich vom Boden erhob und mit bedrohlich ausgestreckten Armen auf ihn zuging.

(→ Z. 9–14)

Fluchend und schimpfend taumelte das Gespenst durch den Korridor, riss eine Rüstung um und brachte mehrere Vasen zu Fall, ehe sein stolpernder Spukversuch am Wandschrank zu einem abrupten Ende kam. Mehrere Regalbretter lösten sich und krachten herunter. Sämtliche Gläser und Pokale kullerten der Reihe nach in die Tiefe und polterten auf den Kopf des armen Gespenstes. „Au! Au! Auhuu!“, zeterte es.

(→ Z. 23–32)

b Lest die beiden Textpassagen laut vor. Besprecht, wie sie jeweils gewirkt haben.

**4** Lebendig wird eine Geschichte erst beim Vorlesen. In der Geschichte von Hui Buh findest du viele Verben, die genau ausdrücken, wie jemand spricht, z. B.: „‚Au! Au! Auhuu!', zeterte es." (Z. 31 f.)

a Übe, die Geschichte so vorzulesen, dass sich deine Zuhörer/-innen das Geschehen und die Figuren besonders gut vorstellen können. Auf einer Kopie des Textes kannst du die Stellen markieren, die du besonders betonen willst.

b Trage die Geschichte vor. An welchen Stellen war deine Leseweise passend und wo solltest du sie verändern?

**Tipps** zum Vorlesen
- Probiere unterschiedliche Sprechweisen aus, z. B.: ärgerlich, aufgeregt, beruhigend …
- Denke auch daran, an den richtigen Stellen kurz innezuhalten, d. h. eine Pause zu machen, und wichtige Wörter und Sätze besonders zu betonen.

**5** Spuklizenzen müssen immer wieder erneuert werden – spätestens nach 500 Jahren. Die Geisterbehörde will die Spukfähigkeiten von Hui Buh überprüfen. Dazu gibt es einen Test.

a Beantworte die Fragen auf dem Testbogen.

b Entwickelt in Partnerarbeit weitere Fragen und gestaltet einen Prüfungsbogen für Hui Buh.

**Test für einen Spuk-Profi**

**1** Was gehört zur Hauptaufgabe eines Gespenstes?
- Spinnennetze flicken
- Keller aufräumen
- Sterbliche erschrecken
- Wurstbrötchen werfen

**2** Welche Verkleidungen sind für ein Gespenst passend?
- die blonde hübsche Magd
- der schielende Kutscher
- der brave Diener
- der gnadenlose Kerkerwächter

**3** Welche Geräusche gehören zu einem talentierten Gespenst?
- …

**6** Schreibe eine Geschichte, wie Hui Buh mit dem Spuk-Profi-Test umgeht. Du kannst z. B. so beginnen:
*Hui Buh starrte auf den Prüfungsbogen. Die Buchstaben begannen vor seinen Augen zu tanzen. Er musste sich erst einmal beruhigen und dann las er die erste Aufgabe …*

**7** Stelle dir vor, Hui Buh hätte die Prüfung bestanden und wäre nun ein wirklich talentiertes Gespenst. Verfasse nächtliche Spukszenarien von Hui Buh auf Schloss Burgeck, die die Schlossbesucher und den Leser richtig gruseln lassen. Nutze deine Grusel-Kartei oder die Hilfen auf S. 68.
**Tipp:** Gespenster haben unterschiedliche Fähigkeiten. Sie können durch Schlüssellöcher schweben, ihr Aussehen verändern, durch Wände gehen … Und sie können sich verwandeln.

# 3.3 Fit in …
# Erzählen

## Die Aufgabenstellung richtig verstehen

Stelle dir vor, du bekommst folgende Aufgabenstellung:

Die beiden Kinder wollen einem Gespenst einen Streich spielen.
Betrachte die Bildfolge genau.
Schreibe eine spannende und zugleich lustige Gespenstergeschichte zu den Bildern.

**1** a Lies dir die Aufgabenstellung im Kasten oben sorgfältig durch.

b Schreibe die Aufgabenstellung in dein Heft und markiere anschließend die Wörter, die dir sagen, was genau du machen sollt.

c Vergleicht eure Ergebnisse. Ist euch klar, was von euch erwartet wird?

## Ideen sammeln und einen Schreibplan erstellen

**2** Sieh dir jedes Bild genau an und finde heraus, worum es in der Bildergeschichte geht. Achte dabei auch auf Kleinigkeiten und darauf, welchen Gesichtsausdruck (Mimik) und welche Körpersprache (Gestik) die Figuren haben.
**Tipp:** Stelle dir die Geschichte wie einen Film vor. In welchem Bild liegt der Höhepunkt?

**3** a Sammle Ideen für deine Geschichte. Notiere zu jedem Bild einige Stichwörter.
*Bild 1: Kurz vor Mitternacht; zwei Kinder; wollen Gespenst einen Streich spielen; haben eine Idee: ...*

b Gerade in einer Klassenarbeit sollte man nicht einfach „drauflosschreiben". Plane den Aufbau der Erzählung und lege einen Schreibplan an.

*Thema: Eine spannende und lustige Gespenstergeschichte*

*1) Einleitung:*
*Wer?* ...
*Wo?* *in einem alten Schloss*
*Wann?* ...
...

*2) Hauptteil:*
*1. Erzählschritt:* ...
... ...
*Höhepunkt:* ...
...

*3) Schluss:* ...

**Tipp**
- Einleitung: Neugier wecken!
- Hauptteil: Was passiert?
- Schluss: Wie geht die Geschichte aus?
- Welche Namen könnten die Kinder und das Gespenst haben?

## Spannend und anschaulich erzählen

*Jan und Anja verbrachten ihre Sommerferien auf einem alten Schloss. Am ersten Tag sagte der Besitzer: „Es spukt hier. Geht immer früh ins Bett und verschließt alle Türen." Jan und Anja nickten brav. Jan und Anja waren aber nicht brav. Sie fürchteten sich nicht vor Gespenstern. Sie wollten einen Streich aushecken. Sie wollten einen Eimer Wasser über der Tür befestigen. Sie sagten: „Wenn das Gespenst kommt, wird es nass."*

**4** Diese Einleitung klingt noch recht langweilig. Überarbeite die Einleitung und schreibe eine verbesserte Fassung in dein Heft.

**Tipp Einleitung**
Wecke das Interesse des Lesers, verrate nicht zu viel und vermeide langweilige Wortwiederholungen.

Auf dem zweiten Bild siehst du das Gespenst, wie es zur Geisterstunde durch das Schloss läuft. Gruselig sieht es aus, oder?

**5** Beschreibe das Gespenst so anschaulich, dass es sich die Leser genau vorstellen können. Übertrage dazu den folgenden Text in dein Heft und ergänze die Lücken entweder mit eigenen Ideen oder suche aus dem Wortschatzkasten passende Wörter und Wendungen heraus.
**Tipp:** Setze die Wörter in der richtigen Form ein, z. B.: *Seine blitzenden Schwerter …*

wunderbar furchtbar blitzen
wie ein Schneekönig gespenstisch
funkeln grauenhaft schwer klirren
gewaltig scheppern schwarz
laut dunkelrot außergewöhnlich
knochig dunkelgrün dünn grässlich
groß gespalten klapprig frisch riesig

Heute hatte sich das Gespenst Hektor als Ritter Spaltschädel verkleidet. Seine ? Schwerter schlugen bei jedem Schritt ? aneinander. Seine ? Beine steckten in ? Stiefeln. Der ? Umhang wehte um seinen ? Körper herum. Auf eine Kopfbedeckung hatte Hektor extra verzichtet, denn die Kinder sollten den ? Schädel sehen. Die Axt mit den ? Blutspuren steckte noch darin. Sicher würden sich die Kinder bei diesem ? Anblick ? erschrecken. Dieser Gedanke erfreute das Gespenst ? . Das würde eine ? Nacht werden.

**6** Überlege, welche Gedanken sich das Gespenst am Schluss (Bild 5) macht oder was es sagen könnte. Schreibe einige Sätze in dein Heft, z. B.:
*„Ich will die Kinder nie mehr sehen!"* *„Wenn ich wieder gesund bin, werdet ihr mich kennen lernen."*

**7** a Schreibe nun eine spannende und lustige Gespenstergeschichte zu den Bildern.
b Finde eine treffende Überschrift für deine Geschichte.

## Die Gespenstergeschichte überarbeiten

**8** Besprecht eure Geschichten in einer Schreibkonferenz (→ S. 60, 352) und überarbeitet sie anschließend. Die folgende Checkliste hilft euch dabei:

**Checkliste** Eine Erzählung schreiben

- Führt die **Einleitung** in das Geschehen ein und macht neugierig auf die Geschichte?
- Hat die Geschichte einen **roten Faden** und ist sie ohne Nachfragen verständlich?
- Hat die Geschichte einen **Höhepunkt**?
- Ist die **Überschrift** treffend und verrät nicht zu viel?
- Wird deutlich, was die Figuren denken und fühlen? Habt ihr **wörtliche Rede** verwendet?
- An welchen Stellen kann man **treffendere Verben** oder **anschaulichere Adjektive** einsetzen?
- Ist die Geschichte im **Präteritum** geschrieben?
- Sind die **Rechtschreibung** und die **Zeichensetzung** korrekt?

HA: zuhause



# 4 Tiere als Freunde
## Beschreiben

**In diesem Kapitel …**

- erstellst du einen Steckbrief zu einem Tier,
- beschreibst du Tiere so anschaulich, dass sich andere diese Tiere ganz genau vorstellen können,
- verfasst du gut verständliche Bastelanleitungen.

**1** a Hättest du eines der Tiere gerne in deiner Familie? Begründe deine Wahl.
b Erkläre, wie du mit diesem Tier umgehen müsstest, damit es sich wohl fühlt.

**2** Spielt ein Ratespiel: Stellt euch euer Lieblingstier vor und beschreibt es mit wenigen Sätzen, ohne die Tierart zu verraten, z. B.:
*Mein Tier hat vier Beine. Es hat kein Fell …*

**3** Stelle dir vor, eines der oben abgebildeten Tiere ist entlaufen. Überlege, was man in einer Suchmeldung auf jeden Fall erwähnen müsste, damit andere Menschen bei der Suche helfen können.

# 4.1 Hund entlaufen!
## Tiere beschreiben

### Informationen für einen Steckbrief zusammentragen

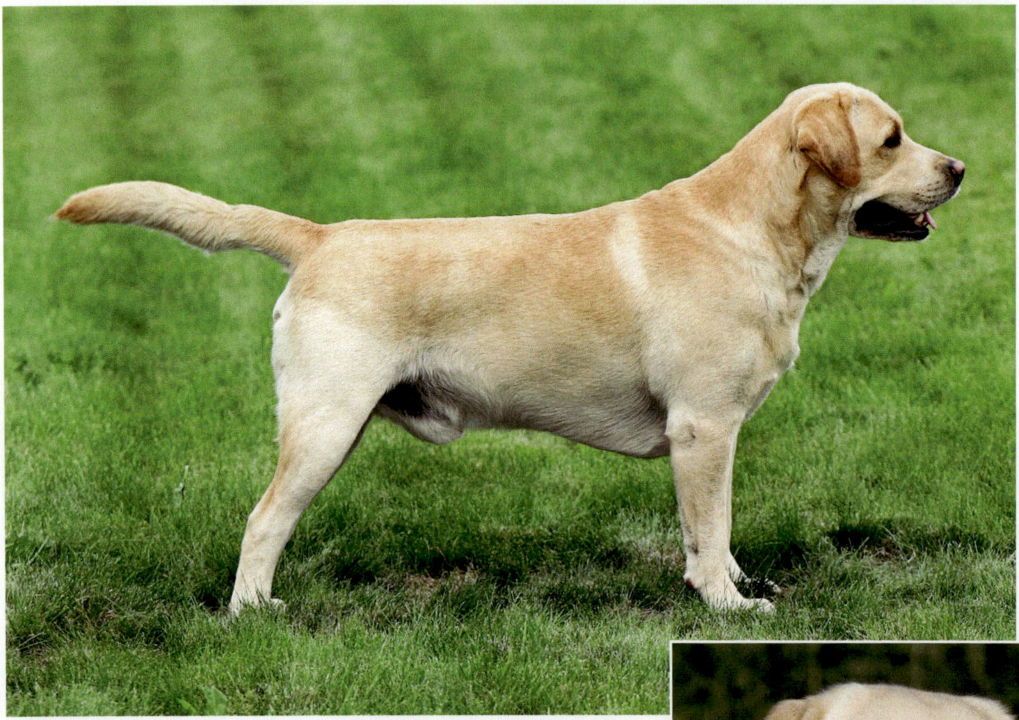

HILFE!

Mein Hund ist am 12. März verschwunden.
Er hört auf den Namen Hugo, ist sehr lieb und hat ein schönes Fell. Er spielt gerne und braucht viel Auslauf. Wer hat ihn gesehen?

Tel.: 0351/5515950

**1** Olafs Hund, ein Labrador, ist entlaufen. Olaf hat eine Suchmeldung geschrieben.

a) Lies die Suchmeldung. Glaubst du, dass Olaf mit dieser Suchmeldung seinen Hund wiederbekommt? Begründe deine Meinung.

b) Sieh dir die Fotos von Olafs Hund genau an. Sammle dann weitere Angaben, die in die Suchmeldung für den Hund aufgenommen werden sollten.

**Der Labrador**

Der Labrador ist ein mittelgroßer, muskulöser Hund mit breitem Schädel. Er besitzt dunkelbraune oder haselnussfarbene Augen und eine große Nase. Ein kräftiger Kiefer, ein starker Hals, ein breiter Brustkorb und ein gerader Rücken gehören zu den weiteren äußeren Kennzeichen dieser Rasse. Die Pfoten weisen eine rundliche Form auf (Katzenpfoten). Typisch für den Labrador ist außerdem seine „Otterrute", die sehr dick und rundherum mit kurzem Fell bedeckt ist. Die Fellfarben des Labradors können Schwarz, Schokoladenbraun oder Gelb (von Hellcreme bis Fuchsrot) sein. Sein kurzes, dichtes, Wasser abweisendes Fell ist immer einfarbig, nie gemustert. Ein Labrador kann bis zu 57 cm hoch und bis zu 40 kg schwer werden. Seine Lebenserwartung beträgt etwa zwölf bis 14 Jahre. Berühmt ist der Labrador für seine Vielseitigkeit. Ursprünglich wurde er als Jagdhund eingesetzt, der geschossene Wildvögel aus dem Wasser holte (apportierte). Dazu musste er gehorsam sein und sehr gut schwimmen können. Wegen seiner ausgezeichneten Nase und seines freundlichen Wesens eignet sich der Labrador aber auch für andere Aufgaben. So wird er heute auch als Blindenhund, Rettungshund oder als Drogenspürhund bei der Polizei und beim Zoll eingesetzt. Darüber hinaus ist er ein geduldiger, gutmütiger und kinderlieber Familienhund. Mit anderen Hunden und Kleintieren versteht sich der Labrador meistens gut. Weil er sehr anhänglich ist, sollte er niemals im Zwinger gehalten werden.

**1** Lies den Text aufmerksam durch. Nenne das Thema des Textes in einem Satz.

**2** Kläre unbekannte Wörter und schwierige Textstellen, z. B.:

Otterrute (Z. 9) | die Lebenserwartung (Z. 17) | apportieren (Z. 21) | der Zwinger (Z. 33)

**3** Der Text lässt sich in zwei Abschnitte gliedern.

a Gib die Zeilen an, die du den Abschnitten 1 und 2 zuordnen würdest.

*Abschnitt 1: Z. 1– …*
*Abschnitt 2: Z. …*

b Überlege, welche der folgenden Überschriften am besten zu Abschnitt 1 und welche am besten zu Abschnitt 2 passt. Begründe deine Wahl.

Aussehen | Lebensweise | Verwendung und Charakter | Pflege | Herkunft

**4** In dem Text findet ihr viele Angaben zum Labrador.

a Schreibt in Partnerarbeit auf, welche W-Fragen der Text beantwortet, z. B.:

*– Wie der Hund …*
*– Welche Fellfarben …*
*– …*
*– …*

b Entscheidet, welche Angaben Olaf in seiner Suchmeldung (→ S. 76) auf jeden Fall verwenden sollte und welche eher nicht.
Begründet eure Entscheidung.

**5** Damit andere Olafs Hund erkennen, muss er ihn sehr genau beschreiben.

a Entwerft gemeinsam mit einer Partnerin oder einem Partner einen Steckbrief zu Olafs Hund. Tragt dazu alle Angaben in einer Tabelle zusammen.
**Tipp:** Nehmt den Text (→S. 77) und die Fotos von Olafs Hund (→S. 76) zu Hilfe.

**Steckbrief zu Olafs Hund**

| Merkmale | Angaben, die auf Olafs Hund zutreffen |
|---|---|
| *Rasse* | ... |
| *Größe (ungefähr)* | ... |
| ... | ... |
| *besonderes Merkmal* | ... |

b Vergleicht eure Steckbriefe. Wenn sich eure Ergebnisse unterscheiden, seht euch noch einmal ganz genau die Fotos von Olafs Labrador auf S. 76 an.

**6** Gestalte nun auf einem DIN-A4-Blatt eine möglichst genaue Suchmeldung, die Olaf in seinem Wohnort aufhängen könnte. Nimm hierzu deinen Steckbrief aus Aufgabe 5 zu Hilfe. Die Suchmeldung soll enthalten:
- eine Überschrift,
- einen Einleitungssatz, der sagt, worum es in der Suchmeldung geht,
- genaue Angaben zu den Merkmalen des Hundes (Tier-Steckbrief),
- einen Aufruf, sich zu melden, wenn man den Hund gefunden hat, und eine Telefonnummer.

***Hund entlaufen!***
*Am 12. März ist mein Labrador ...*
*Er hört auf den Namen Hugo.*
*Man erkennt ihn an den folgenden Merkmalen:*
*Größe (ungefähr): ...*
*Fell: ...*
*...*
*Bitte melden Sie sich, wenn ...*
*Meine Telefonnummer:*

**Merkwissen** Einen Tier-Steckbrief erstellen

Ein Steckbrief enthält wichtige Informationen zu einem Menschen oder zu einem Tier. Mithilfe eines Steckbriefs kann man sich z. B. ein Tier vorstellen und es wiedererkennen, wenn es entlaufen ist. Bei einem Tier-Steckbrief solltest du folgende Angaben machen:
- Name/Rasse des Tieres, z. B.: *Labrador*
- Größe / evtl. auch Gewicht, z. B.: *57 cm groß und 40 kg schwer*
- Farbe, z. B.: *hellgelb*
- Körperbau, z. B.: *muskulöser Hund, breiter Schädel ...*
- besondere Merkmale / Auffälligkeiten im Verhalten, z. B.: *einen Fleck auf der Zunge*

Lege eine **sinnvolle Reihenfolge** für deine Angaben fest, z. B. von den wichtigen Merkmalen zu den weniger wichtigen.
**Vermeide persönliche Wertungen** wie *schön, lieb* oder *süß*. Sie helfen nicht, das Tier zu erkennen, weil nicht alle das Gleiche darunter verstehen.
Überlege, für welchen **Zweck** du deinen Steckbrief anlegst. Wenn er für eine Tiervorstellung bestimmt ist, kannst du noch weitere Merkmale beschreiben, z. B.: *Nahrung, Lebensraum ...*

## Anschaulich und genau beschreiben

Emmas Katze Nicki ist entlaufen. Das Mädchen hat die Möglichkeit, eine Suchmeldung über den lokalen Radiosender zu veröffentlichen. Der Sender gestattet ihr, ihre Katze ausführlich zu beschreiben. Dazu braucht sie einen Notizzettel mit ganzen Sätzen, den sie vor dem Mikrofon ablesen kann.

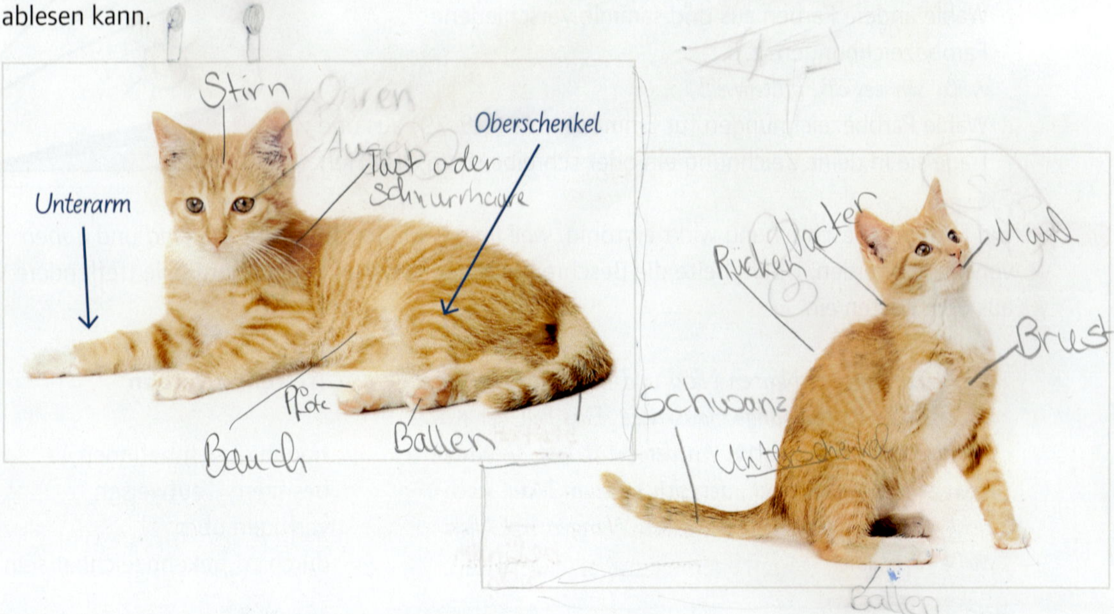


**1** Wenn man ein Tier beschreibt, muss man auch die Körperteile genau bezeichnen. Hierfür verwendet man eine Reihe von Fachbegriffen.

a Suche dir ein Foto von Emmas Katze aus und zeichne die Katze ab. Achte darauf, dass du um deine Zeichnung herum genügend Platz zum Beschriften lässt.

b Beschrifte die einzelnen Körperteile der Katze mit den folgenden Fachbegriffen:

Tast- oder Schnurrhaare · Maul · Stirn · Nacken · Wangen · Brust · Rücken · Bauch · Oberarm · Unterschenkel · Pfote · Schwanz · Ballen

**2** Adjektive helfen euch, ein Tier genau zu beschreiben.

a Übertragt die Tabelle in euer Heft und ergänzt in Partnerarbeit weitere Wörter (z. B. Adjektive), mit denen man Größe, Körperform und Farbe/Muster einer Katze beschreiben könnte.

| Merkmale | Adjektive |
|---|---|
| Größe | *riesengroß, winzig, …* |
| Körperform | *kugelrund, gedrungen, …* |
| Farbe/Muster | *kastanienbraun, grau …/gefleckt, …* |

b Wähle aus deiner Tabelle Adjektive aus, mit denen du die Größe, die Körperform und die Farbe von Emmas Katze beschreiben kannst, und trage diese Adjektive in deine Zeichnung ein.

**3** Wenn ihr ein Tier beschreibt, braucht ihr auch genaue Farbbezeichnungen.

a Welche unterschiedlichen gelben Farbtöne kennt ihr? Schreibt sie in Partnerarbeit auf, z. B.:
*ockergelb, maisgelb, ...*

b Wähle andere Farben aus und sammle verschiedene Farbbezeichnungen, z. B.:
*weiß: schneeweiß, blütenweiß, ...*

c Wähle Farbbezeichnungen für Emmas Katze (→ S. 79) aus und trage sie in deine Zeichnung ein oder schreibe sie in dein Heft.

**4** Die folgende Beschreibung wirkt eintönig, weil immer wieder die Wörter *ist, sind* und *haben* verwendet werden. Überarbeite die Beschreibung und setze an geeigneter Stelle treffendere Verben aus dem Kasten ein.

*Die Katze hat den Namen Nicki und ist klein und schlank. Sie ist eine junge Hauskatze. Das Fell der Katze ist rotbraun-weiß getigert. An der Brust hat die Katze einen schneeweißen Fleck, der sich bis zum Maul hochzieht. Über den Augen und an den Wangen hat Nicki weiße Farbtupfer. ...*

**Treffende Verben**

tragen sich befinden
besitzen aufweisen
verfügen über
durch ... gekennzeichnet sein

**5** Verfasse nun eine möglichst genaue Beschreibung, die Emma im Radiosender vorlesen kann. Der folgende Merkkasten hilft dir dabei.

**Merkwissen** Ein Tier anschaulich und genau beschreiben (z. B. Suchmeldung)

### Aufbau

1 Schreibe einen **Einleitungssatz**, in dem du sagst, worum es geht, z. B.: Wann ist welches Tier wo entlaufen?

2 Beschreibe dann das Tier möglichst genau. Achte hierbei auf eine Ordnung:
- Beginne mit dem **Gesamteindruck des Tieres** (z. B. Tierart, Name, ungefähre Größe und Gewicht sowie Alter).
- Beschreibe dann die **besonderen Merkmale** (z. B. Farbe und Länge des Fells, Kopfform, Form der Ohren, Augenfarbe ...) von oben nach unten, also vom Kopf bis zu den Beinen.

3 Formuliere zum **Schluss** eine **Bitte, sich zu melden**, wenn das Tier gesehen wird. Gib eine Adresse oder eine Telefonnummer an, unter der sich der Finder melden kann.

### Sprachliche Mittel

- Verwende **passende Adjektive**, mit denen du das Tier anschaulich und genau beschreiben kannst, z. B.: *schneeweiß, klein, winzig, kugelrund.*
- Verwende anstelle der Wörter *ist, sind* und *haben* **treffende Verben**, z. B.: *trägt, besitzt, befindet sich, weist auf.*
- Formuliere deine Beschreibung im **Präsens** (Gegenwartsform).

## Eine Tierbeschreibung überarbeiten

cute

**1** Auf dem Foto siehst du ein Totenkopfäffchen. Inwiefern passt der Name zum Tier?

**Das Totenkopfäffchen**

Der Name „Totenkopfäffchen“ oder „Totenkopfaffe“ hört sich ziemlich unheimlich an. Dabei sind die kleinen Affen in Wirklichkeit niedlich, wie zum Beispiel Herr Nilsson, der Hausaffe von Pippi Langstrumpf. Hier einige Informationen über das Totenkopfäffchen:
- Gesichtszeichnung sieht aus wie ein Totenkopf,
- sind in Mittel- und Südamerika beheimatet,
- können über 20 Jahre alt werden,
- sind sehr klein (Körperlänge: 26 bis 36 Zentimeter; Schwanzlänge: 35 bis 43 Zentimeter),
- ihr Gewicht beträgt 750 Gramm bis 1100 Gramm,
- die Männchen sind größer und schwerer als die Weibchen,
- leben in großen Gruppen zusammen.

**2** a Lies die Informationen über das Totenkopfäffchen aufmerksam durch.
b Mit welchem Vergleich wird die Gesichtszeichnung des Affen verdeutlicht? Hat der Affe noch andere Merkmale, die man mit einem Vergleich anschaulich beschreiben könnte?

**3** Jetzt bist du gefragt: Für ein Tierlexikon sollst du einen Beitrag über das Totenkopfäffchen anfertigen, in dem du das Tier vorstellst und sein Aussehen beschreibst.
a Schreibe aus dem Text über das Totenkopfäffchen alle Informationen heraus, die du in deiner Beschreibung verwenden kannst, und ordne sie nach folgenden Oberbegriffen:
*Name (Rasse) – Größe – Gewicht – Lebensraum – Lebenserwartung – Aussehen – Besonderheiten*
b Überlege, zu welchem Punkt du weitere Stichwörter sammeln musst.

**4** Dieser Text beschreibt das Aussehen des Totenkopfäffchens. Er ist aber noch nicht gelungen.

VORSICHT, FEHLER!

*Das Fell am Kopf ist schwarz, an anderen Stellen hat es andere Farben und das Äffchen hat weiße Ohren. Das Totenkopfäffchen ist auf dem Ast eines Baumes. Die Nase ist putzig und es hat Hände wie wir. Außerdem hat es runde Augen.*

a Erkläre, warum diese Beschreibung nicht gut gelungen ist. Notiere die Mängel in Stichwörtern.

b Wähle aus der folgenden Liste Wörter aus, die du in einer Beschreibung des Äffchens für Augen, Nase und Fell verwenden kannst, und schreibe sie in dein Heft.

| | |
|---|---|
| **Augen** | klein, groß, rund, mandelförmig, eng beieinanderstehend, weit auseinanderliegend, hervorstehend, tief liegend, aufmerksam, treuherzig, stechend |
| **Nase** | groß, klein, breit, lang, dick, spitz, rundlich, platt |
| **Fell** | gelockt, gewellt, gekräuselt, drahtig, fein, dicht, dünn, seidig, kurz, lang |

c Ergänze Wörter (z. B. Adjektive) zur Beschreibung der Ohren.

d Entscheide, welches der folgenden Verben die Körperhaltung des Affen am genauesten trifft.

| | | |
|---|---|---|
| *Der Affe* | *befindet sich, stützt sich auf, ruht, sitzt, hockt, geht, steht, kauert, liegt, thront, springt, klettert, läuft* | *auf einem Ast.*<br>*über einen Ast.* |

**5** Schreibe nun einen Beitrag für ein Tierlexikon, in dem du das Totenkopfäffchen vorstellt.

- Mache zuerst Angaben zu Name (Rasse), Lebensraum und Lebenserwartung.
- Beschreibe dann das Aussehen des Affen: Beginne mit dem Gesamteindruck (ungefähre Größe und Gewicht, Körperhaltung und vorherrschende Farbe und Beschaffenheit des Fells). Beschreibe dann von oben nach unten die einzelnen Teile des Körpers (Ohren, Augen …).

**6** Werde Tierexpertin oder -experte und stelle in der Klasse ein interessantes Tier vor.

### Methode Tiere vorstellen

1 **Suche** dir ein interessantes **Tier aus**.
2 **Schreibe** mit **W-Fragen auf**, was du über das Tier herausfinden willst, z. B.: *Wo lebt es?* …
3 **Besorge** dir **Informationen zu deinem Tier**, z. B. in der Bücherei oder im Internet (→ Informationen beschaffen, S. 350). Sammle das Material, z. B. in einer Mappe.
4 Lies dein Material und **schreibe wichtige Informationen** zu deinen W-Fragen auf.
5 Überlege dir eine **sinnvolle Gliederung**: *Rasse, Lebensraum, Aussehen* …
6 Schreibe zu jedem Gliederungspunkt **Stichpunkte auf Karteikarten**.
7 **Gestalte ein Plakat**, das du bei deinem Vortrag in der Klasse zeigen kannst. Schreibe das Wichtigste groß und gut lesbar auf das Plakat. Wähle Fotos und Abbildungen aus.
8 Sprich bei deinem Vortrag **laut, deutlich** und nicht zu schnell. **Sieh die Zuhörenden an** und rede möglichst frei. Nutze deine Karteikarten als Gedankenstütze. Zeige während des Vortrags auf dem **Plakat**, worüber du gerade sprichst.

## Teste dein Wissen!

**1** Wähle eine dieser Katzen aus und beschreibe sie möglichst genau und anschaulich. Orientiere dich dabei an dem Merkkasten auf S. 80.

**2** a Lest eure Beschreibungen eurem Nachbarn oder eurer Nachbarin vor. Gebt euch gegenseitig eine Rückmeldung darüber, was besonders gut gelungen ist und was ihr noch verbessern könnt.

b Setzt euch in Gruppen von vier oder fünf Schülerinnen und Schülern zusammen. Lest euch eure Beschreibungen vor. Sobald einer von euch weiß, um welche Katze es sich handelt, meldet er sich. Konntet ihr alle Katzen anhand eurer Beschreibungen erkennen?

**3** Lest einige Beschreibungen in der Klasse vor. Während des Vorlesens können die Zuhörerinnen und Zuhörer aufstehen, sobald sie sicher sind, welche der vier Katzen gemeint ist. Wenn bis zum Ende des Textvortrags alle aufgestanden sind und sagen können, welche der vier Katzen beschrieben wurde, war die Beschreibung genau.
**Tipp:** Die Gruppenmitglieder der/des Vorlesenden dürfen natürlich nicht mitraten. Sie können nachfragen, an welcher Stelle der Beschreibung die Ratenden die jeweilige Katze erkannt haben.

# 4.2 Für ein Tier sorgen
## Vorgänge beschreiben

### Eine Bastelanleitung untersuchen

**Ein Futterhäuschen für die Vögel bauen**

Im Handumdrehen ist aus einer Milchtüte ein Vogelfutterplatz geworden.

**Material und Werkzeug**
- leere Milchtüte
- ein Stück Schnur
- Acrylfarbe
- Vogelfutter
- Schere
- Locher
- Pinsel
- ggf. bunte Bilder und Klebstoff

**Arbeitsschritte**

1 Zuerst spülst du den Milchkarton sorgfältig aus, bevor du ihn bearbeitest.

2 Dann schneidest du in die Vorder- und in die Rückseite jeweils ein großes Fenster. Schneide nur die Seiten und die oberen Ränder ein, sodass du die Fenster nach unten aufklappen kannst.

3 Anschließend kürzt du die beiden Klappen mit der Schere so, dass jeweils nur noch eine schmale Lasche stehen bleibt. Darauf können die Vögel später landen und sitzen.

4 Schließlich kannst du das Futterhaus mit der Acrylfarbe grün, grau oder auch bunt anmalen. Du kannst dein Häuschen auch mit bunten Bildern, z. B. aus einer Zeitschrift, bekleben.

5 Mit dem Locher knipst du zum Schluss in den oberen Rand des Milchkartons ein Loch. So kannst du eine Schnur an dem Milchkarton befestigen und das Futterhäuschen an einem Ast aufhängen.

**Tipp:** Wenn du Futter in das Häuschen einfüllst, dauert es bestimmt nicht lange, bis die ersten Besucher kommen.

**1** Hast du auch schon einmal ein Futterhäuschen für Vögel gebaut? Zu welcher Jahreszeit stellt man die Futterhäuschen auf und warum streut man das Futter nicht einfach auf den Boden?

**2** Lies dir die Bastelanleitung (→ S. 84) aufmerksam durch. Erkläre mit eigenen Worten, wie dieses Futterhäuschen hergestellt wird.

**3** In der Bastelanleitung (→ S. 84) kommen einige schwierige Wörter vor. Lies noch einmal die Textstellen im Zusammenhang, in denen die folgenden Wörter stehen, und entscheide dann, welche Worterklärungen die richtigen sind.

**im Handumdrehen** (Z. 1)

- schnell
- als Zaubertrick
- von innen nach außen

**ggf.** (Z. 10)

- Abkürzung für „gegebenenfalls" (= eventuell)
- Abkürzung für „gegen Fehler"
- Abkürzung für „Gegeifer" (= wütendes Schimpfen)

**Lasche** (Z. 22)

- Nachlässigkeit
- Verbindungsstück
- Teil eines Gürtels

**Acryl** (Z. 25)

- englisches Flächenmaß
- ein flüssiger Klebstoff
- Bestandteil von wasserfesten Farben

**4** a Überlege, warum Bastelanleitungen neben einem Text meist auch Abbildungen oder Zeichnungen enthalten.

b Erläutere, inwiefern die Zeichnungen in der Bastelanleitung für das Futterhäuschen (→ S. 84) beide gleichermaßen hilfreich sind.

**5** Schreibe die Wörter aus der Bastelanleitung heraus, die die Reihenfolge der einzelnen Arbeitsschritte deutlich machen, z. B.:

*zuerst, …*

**6** An wen richtet sich diese Bauanleitung? Nenne Formulierungen aus der Anleitung, die deine Aussage stützen.

**7** a Eine Bastelanleitung kann auch in der unpersönlichen *man*-Form verfasst werden. Formuliere die Arbeitsschritte (→ Z. 13–31) um, indem du jedes *Du* durch ein *Man* ersetzt, z. B.:

*Zuerst spült man den Milchkarton sorgfältig …*

b Vergleiche deine Beschreibung in der *man*-Form mit der Beschreibung auf S. 84. Wie wirken die Beschreibungen jeweils?

c Gib an, wo eine Bauanleitung in der *man*-Form veröffentlicht werden könnte.

# Vertiefen und üben
## Eine Bastelanleitung schreiben

### Ein Vogel-Imbiss im Blumentopf

Arbeitsschritte

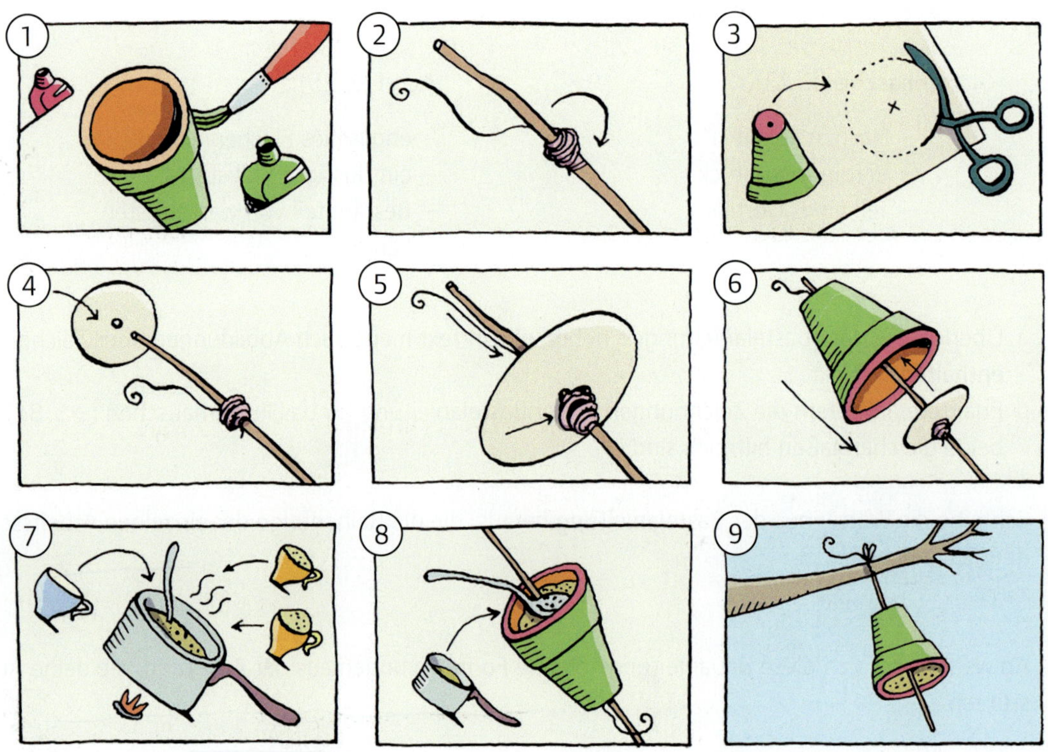


●●● 1 Verfasse eine Bastelanleitung, die genau beschreibt, wie dieses Futterhäuschen hergestellt wird.
- Entscheide dich für eine Form der Ansprache und bleibe dabei: *Man benötigt …* oder *Du benötigst …*
- Beschreibe die einzelnen Arbeitsschritte genau und verständlich, z. B.: *Schneide in die Mitte des Pappkreises ein kleines Loch.*
- Mache deutlich, in welcher Reihenfolge die einzelnen Arbeitsschritte ausgeführt werden, z. B.: *zuerst, dann, danach …*
- Schreibe im Präsens (Gegenwartsform).

→ Hilfe zu dieser Aufgabe findest du auf S. 87.

●●○ **1 mit Hilfen**

Schreibe eine Bastelanleitung für das Futterhäuschen. Gehe so vor:

a Die erste Abbildung auf S. 86 zeigt dir, was du für die Herstellung des Futterhäuschens benötigst. Schreibe die Materialien auf. Notiere die genauen Maß- und Mengenangaben.

b Lies die folgenden Arbeitsschritte und notiere sie in der richtigen Reihenfolge.

VORSICHT, FEHLER!

*Arbeitsschritte*
- *Wenn die Futtermasse kalt und hart ist, den Blumentopf umdrehen und mit der Kordel an einem Baum befestigen*
- *Blumentopf auf den Ast schieben, bis Pappkreis den Boden des Topfes berührt (auch Kordel durch das Loch im Blumentopf ziehen)*
- *In die Mitte des Pappkreises ein kleines Loch schneiden; den Ast durch das Loch schieben, bis der Pappkreis auf dem Kordelknubbel sitzt*
- *Blumentopf bemalen*
- *Ast in der Mitte einige Male mit dem unteren Ende der Kordel umwickeln, dann verknoten*
- *Mit Schere einen Kreis aus der Pappe herausschneiden*
- *Fett und Vogelfutter in einen Topf geben und erwärmen, bis Fett geschmolzen ist*
- *Körnermasse um den Ast herum in den Blumentopf füllen*
- *Ast mit der Kordel durch das Loch des Blumentopfes führen*
- *Fett-Körner-Mischung etwas abkühlen lassen*

c Schreibe die Bastelanleitung mithilfe deiner Notizen in dein Heft.

zuerst, dann, danach, jetzt, nun, später, während, bevor, nachdem, anschließend, zuletzt, zum Schluss

**Merkwissen** Einen Vorgang beschreiben

In einer Vorgangsbeschreibung beschreibst du einen Vorgang – etwas basteln, etwas kochen, ein Spiel oder einen Versuch durchführen – so genau und verständlich, dass andere ihn leicht verstehen und selbst ausführen können.

1 Formuliere eine **Überschrift**, die sagt, was gemacht oder hergestellt wird, z. B.: *Ein Futterhaus für Vögel*

2 Nenne in der **Einleitung** die **notwendigen Materialien und Vorbereitungen** (mit genauer Anzahl und Mengenangabe), z. B.: *ein Meter Kordel.*

3 Beschreibe im **Hauptteil Schritt für Schritt den Ablauf des Vorgangs**, z. B.: *Zuerst bemalst du den Blumentopf mit der Farbe. Danach nimmst du …*

4 Zum Schluss kannst du einen **Tipp** zur Benutzung geben.

**Sprachliche Mittel**
- Beschreibe die einzelnen Arbeitsschritte **genau und verständlich**, z. B.: *Schneide in die Mitte des Pappkreises ein kleines Loch.*
- Verwende nur eine **Form der Ansprache**: *Man benötigt …* oder *Du benötigst …*
- Wähle passende Wörter, die die **Reihenfolge** der einzelnen Arbeitsschritte **deutlich machen**, z. B.: *zuerst, dann, danach, zum Schluss …*
- Schreibe im **Präsens** (Gegenwartsform).

# 4.3 Fit in …
## Beschreiben

### Die Aufgabenstellung richtig verstehen

Dir ist ein Papagei (Gelbbrust-Ara) zugeflogen. Verfasse nun eine genaue Beschreibung des Tieres, die du in deinem Wohnort aushängen kannst. Die Besitzer sollen den Papagei wiedererkennen und sich bei dir melden können. Nutze hierzu die Fotos und wähle geeignete Informationen aus dem Lexikonartikel aus.

**1** Stelle dir vor, du bekommst in der nächsten Klassenarbeit diese Aufgabe gestellt.

a Lies dir die Aufgabenstellung aufmerksam durch.

b Hast du verstanden, was du machen sollst? Entscheide, welche der folgenden Antworten richtig sind, und schreibe die zutreffenden Sätze in dein Heft.

**A** Ich soll das Tierheim anrufen und fragen, ob der Papagei bei mir bleiben kann.

**B** Ich soll den Papagei so anschaulich beschreiben, dass die Besitzer ihn mithilfe meiner Beschreibung erkennen können.

**C** Die Beschreibung des Aras soll sachlich sein.

**D** In der Beschreibung soll ich möglichst spannend erzählen, wie aufregend es war, als mir der Papagei zugeflogen ist.

### Informationen sammeln und ordnen

**Gelbbrust-Ara**
Aras leben als wilde Papageien in Südamerika. Dort halten sie sich vor allem in den Baumkronen der Urwaldbäume auf, wo sie ihren Schnabel geschickt als Kletterhilfe benutzen. Wegen ihres bunten Federkleids zählen sie zu den farbenprächtigsten Vögeln der Welt. Rund um das Auge ist der Papagei ungefiedert. Die Tiere sind sehr groß und messen vom Kopf bis zur Schwanzspitze 85 Zentimeter (allein der Schwanz ist 50 Zentimeter lang). Aras können 60 bis 100 Jahre alt werden.

**2** Suche aus dem Lexikonartikel (→ S. 88) alle Informationen heraus, die du in einer Beschreibung des Papageis verwenden kannst, und schreibe sie auf.

> **Tipp** Denke daran
> Deine Beschreibung soll helfen, das Tier wiederzuerkennen.

**3** a Zeichne den Papagei ab. Lass um deine Zeichnung herum genügend Platz zum Beschriften der einzelnen Körperteile.
b Entscheide, mit welchen Fachbegriffen man die Körperteile eines Papageis beschreibt. Trage sie dann in deine Zeichnung ein.

- Fell/Haut/Federkleid/Gefieder
- Schnabel/Schnauze/Mund
- Arme/Flügel
- Brust/Bauch
- Füße/Krallen/Pfoten
- Flosse/Schwanz/Rute

**4** Mit welchen Farbadjektiven kannst du das Gefieder des Gelbbrust-Aras anschaulich beschreiben?
a Wähle aus der folgenden Liste die Adjektive aus, die zum Gefieder des Papageis passen. Trage sie in deine Zeichnung ein.

**blau:** himmelblau, nachtblau, blaugrau, hellblau, dunkelblau, türkis, grünblau
**weiß:** grauweiß, signalweiß, cremeweiß

b Finde treffende Farbadjektive, mit denen du die Farbe von Brust und Bauch sowie die Oberseite des Kopfes beschreiben kannst. Trage auch diese Adjektive in deine Zeichnung ein.

> **Tipp** Farben genau beschreiben
> Oft kannst du einen Farbton genauer beschreiben, wenn du zu der Farbe ein Nomen ergänzt, das einen Vergleich ermöglicht, z. B.: *Nacht* + *blau* = *nachtblau* *(blau wie die Nacht)*.

**5** Wie kannst du die weiteren Merkmale des Papageis beschreiben? Sammle weitere Angaben in einer Tabelle oder in deiner Zeichnung.

| Merkmale | Angaben |
|---|---|
| *Kopf* | … |
| *Schnabel* | *schwarz, groß, gebogen* |
| *Augen* | … |
| *Krallen* | … |
| *Federn (Länge)* | … |
| … | … |

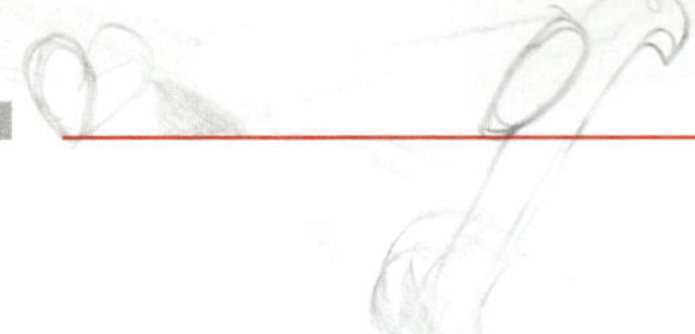

**6** Lies die folgenden Sätze und entscheide, welche du in deiner Beschreibung verwenden kannst. Schreibe diese Sätze in dein Heft.

- *Bei dem Papagei handelt [es] sich um einen Gelbbrust-Ara.* [✓]
- *Der Bereich rund um die Augen wirkt komisch.* [✗]
- *Der Ara hat einen schwarzen, großen, gebogenen Schnabel.* [✓]
- *Ich finde den Papagei schön.* [✗]
- *Der Ara hat richtig knallige Farben.* [✗]
- *Sein Schwanz ist supergroß.* [✗]
- *Besonders auffällig ist das bunte Federkleid des Vogels.* [✓]

## Die Beschreibung verfassen und überarbeiten

**7** Verfasse nun eine Beschreibung des Papageis, die du in deinem Wohnort aushängen kannst. Die Hinweise in der Tabelle helfen dir dabei.

| | |
|---|---|
| **Überschrift** | Informiere knapp, worum es geht. |
| **Einleitung** | Wann ist dir welches Tier wo zugelaufen?<br>Hier kannst du die Angaben selbst erfinden, z. B.: *Am Samstagmorgen …* |
| **Hauptteil** | Beschreibe den Papagei möglichst genau: Beschreibe erst den Gesamteindruck, dann die besonderen Merkmale in einer sinnvollen Reihenfolge, z. B. von oben nach unten. |
| **Schluss** | Gib eine Adresse oder eine Telefonnummer an, damit sich der Besitzer oder die Besitzerin des Vogels bei dir melden kann.<br>Denke dir auch hier selbst Angaben aus. |

**8** Bildet Gruppen für eine Schreibkonferenz und besprecht eure Beschreibungen (→ Schreibkonferenz, S. 60). Überarbeitet sie anschließend. Die folgende Checkliste hilft euch dabei.

**Checkliste** Ein Tier anschaulich und genau beschreiben

- An welchen Stellen kann man das Tier noch genauer beschreiben? Sind die Angaben ausreichend oder kann man einzelne Merkmale z. B. mit passenden Adjektiven noch treffender beschreiben? Beispiel: *Die langen Schwanzfedern sind an der Oberseite …*
- Wo lassen sich anstelle der Wörter *ist, sind* und *haben* treffendere Verben einsetzen, z. B.: *tragen, besitzen, sich befinden, aufweisen?*
- Sind die Satzanfänge abwechslungsreich oder häufig gleich, z. B. *Der Vogel besitzt … Der Papagei hat …?* Versuche, den Text mithilfe der Umstellprobe (→ S. 342) abwechslungsreicher zu formulieren, z. B.: *Der Vogel besitzt … Rund um die Augen hat der Papagei …*
- Ist die Beschreibung sachlich formuliert und enthält sie keine persönlichen Wertungen? Z. B.: *Der Vogel ist schön.* Besser: *Der Vogel ist sehr farbenfroh.*

# 5 Von Narren, Zauberern und Kobolden

## Lustige und spannende Geschichten lesen und verstehen

**In diesem Kapitel …**

- findest du heraus, warum Schelmengeschichten lustig sind,
- erfährst du, was man aus Sagen Interessantes lernen kann,
- liest und spielst du lustige Geschichten so ausdrucksvoll vor, dass du andere zum Lachen bringst,
- erzählst du Geschichten mit deinen eigenen Worten spannend und anschaulich nach.

**1** a Sieh dir das Bild an. Kennst du diese Figuren und einen ihrer lustigen Streiche oder Zaubereien? Erzähle davon.
b Sprecht darüber, warum diese spannend oder lustig sind.

**2** Nenne Merkmale von lustigen Geschichten, die du kennst.

**3** Erkläre, was Narren, Zauberer und Kobolde sind. Welche kennst du?

# 5.1 „Das gibt es doch nicht!"
## Lustige und spannende Geschichten lesen

### Unerhörte Frechheiten Schelmengeschichten untersuchen

Erich Kästner
**Wie Eulenspiegel einem Esel das Lesen beibrachte**

*Die Geschichten von Till Eulenspiegel erzählen davon, wie er sich mit Handwerksmeistern, Gelehrten und Reichen anlegte und ihnen Streiche spielte. Von seinen Streichen und Späßen erzählte man sich schon im Mittelalter. Ob Till Eulenspiegel wirklich gelebt hat, ist ungewiss. Der Sage nach wurde er um 1300 im niedersächsischen Kneitlingen am Elm geboren und 1350 in Mölln beerdigt.*

Eine Zeit lang beschäftigte sich Eulenspiegel damit, dass er von Universität[1] zu Universität zog, sich überall als Gelehrter ausgab und die Professoren und Studenten neckte. Er behauptete, alles zu wissen und zu können. Und er beantwortete tatsächlich sämtliche Fragen, die sie ihm vorlegten.
Bei dieser Gelegenheit kam er schließlich nach Erfurt. Die Erfurter Studenten und ihr Rektor[2] hörten von seiner Ankunft und zerbrachen sich den Kopf, was für eine Aufgabe sie ihm stellen könnten. „Denn so wie denen in Prag", sagten sie, „soll es uns nicht ergehen. Er soll nicht uns, sondern wir wollen ihn hereinlegen."
Endlich fiel ihnen etwas Passendes ein. Sie kauften einen Esel, bugsierten das störrische Tier in den Gasthof „Zum Turm", wo Eulenspiegel wohnte, und fragten ihn, ob er sich zutraue, dem Esel das Lesen beizubringen.
„Selbstverständlich", antwortete Till. „Doch da so ein Esel ein dummes Tier ist, wird der Unterricht ziemlich lange dauern."
„Wie lange denn?", fragte der Rektor der Universität.
„Schätzungsweise zwanzig Jahre", meinte Till. Und hierbei dachte er sich: Zwanzig Jahre sind eine lange Zeit. Bis dahin stirbt vielleicht der Rektor. Dann geht die Sache gut aus. Oder ich sterbe selber. Oder der Esel stirbt und das wäre das Beste. Der Rektor war mit den zwanzig Jahren einverstanden. Eulenspiegel verlangte fünfhundert alte Groschen für seinen Unterricht. Man gab ihm einen Vorschuss und ließ ihn mit seinem vierbeinigen Schüler allein. Till brachte das Tier in den Stall. In die Futterkrippe legte er ein großes altes Buch und zwischen die ersten Seiten des Buches legte er Hafer. Das merkte sich der Esel. Und um den Hafer zu fressen, blätterte er mit dem Maul die Blätter des

1 die Universität: Hochschule, die man nach dem Abitur besuchen kann. Studentinnen und Studenten werden hier von Professorinnen und Professoren unterrichtet und erlernen ihren späteren Beruf.
2 der Rektor: Leiter einer Universität (Hochschule)

Buches um. War kein Hafer mehr zu finden, rief der Esel laut: „I-A, I-A!" Das fand Eulenspiegel großartig und er übte es mit dem Esel wieder und wieder. Nach einer Woche ging Till zu dem Rektor und sagte: „Wollen Sie bei Gelegenheit einmal mich und meinen Schüler besuchen?"
„Gern", meinte der Rektor. „Hat er denn schon einiges gelernt?"
„Ein paar Buchstaben kann er bereits", erklärte Eulenspiegel stolz. „Und das ist für einen Esel und für eine Woche Unterricht allerhand."
Schon am Nachmittag kam der Rektor mit den Professoren und Studenten in den Gasthof und Till führte sie in den Stall. Dann legte er ein Buch in die Krippe. Der Esel, der seit einem Tag kein Futter gekriegt hatte, blätterte hungrig die Seiten des Buches um. Und da Eulenspiegel diesmal überhaupt keinen Hafer ins Buch gelegt hatte, schrie das Tier unaufhörlich und so laut es konnte: „I-A, I-A, I-A!"
„I und A kann er schon, wie Sie hören", sagte Eulenspiegel. „Morgen beginne ich damit, ihm O und U beizubringen."
Da gingen die Herren wütend fort. Der Rektor ärgerte sich so sehr, dass ihn bald darauf der Schlag traf. Und Till jagte den Esel aus dem Stall. „Scher dich zu den anderen Erfurter Eseln!", rief er ihm nach.
Dann schnürte er sein Bündel und verließ die Stadt noch am selben Tag.

**1** a Lies die Geschichte über Till Eulenspiegel aufmerksam durch.
b Kläre unbekannte Wörter und Textstellen, die du nicht verstehst, aus dem Textzusammenhang oder mithilfe eines Wörterbuchs.

**2** Till Eulenspiegel erhält in Erfurt eine schwierige Aufgabe: Erkläre, welchen Auftrag Eulenspiegel bekommt und wie er diesen ausführt. Warum gehen „die Herren wütend fort" (→ Z. 63)?

**3** a In der Geschichte erfährst du einiges über die Hauptfigur Till Eulenspiegel. Versetze dich in die Figur Eulenspiegels und beantworte in der Ich-Form die folgenden Fragen:
- Wie heißt du und was machst du?
- Warum bist du nach Erfurt gekommen?
- Warum lässt du dich darauf ein, einem Esel das Lesen beizubringen?
- Mit welcher List führst du die Gelehrten an der Nase herum?
- Warum verlässt du die Stadt so überstürzt?

b Stelle die Figur des Till Eulenspiegel anschließend in der Ich-Form vor, z. B.:
*Ich heiße Till Eulenspiegel und …*

c Informiere dich, an welchen Orten Eulenspiegel außerdem sein Unwesen trieb.

**4** Untersuche die Figuren der Geschichte.

a In welchem Verhältnis stehen Till Eulenspiegel und die Gelehrten (der Rektor, die Professoren und die Studenten) zueinander? Drücke es in einem Standbild mit passendem Gesichtsausdruck (Mimik) und entsprechender Körperhaltung (Gestik) aus.

b Übertragt die folgende Figurenskizze in euer Heft und ergänzt sie in Partnerarbeit.

| Till Eulenspiegel | | Rektor, Professoren, Studenten |
|---|---|---|
| – Till gibt sich als Gelehrter aus.<br>– … | Till will die eingebildeten Gelehrten …<br>→<br>←<br>… | – Sie wollen Till Eulenspiegel …<br>– Sie denken, dass …<br>– Am Ende sind sie …, weil … |

c Stellt eure Ergebnisse in der Klasse vor, indem ihr eure Figurenskizze mit eigenen Worten erläutert. Erklärt dabei auch, welche Lehre Till Eulenspiegel den Professoren und Studenten erteilt.

**5** a Sieh dir noch einmal das Bild auf S. 93 an. Was geht wohl in den Gelehrten vor, als sie den „lesenden" Esel sehen und merken, dass Till sie hereingelegt hat?

b Schreibe aus der Sicht des Rektors oder einer Studentin / eines Studenten einen kurzen Text, in dem du seine bzw. ihre Gedanken und Gefühle darstellst.

**Methode** Eine Figurenskizze erstellen

In einer Figurenskizze kannst du darstellen, welche Eigenschaften die Figuren haben und in welcher Beziehung sie zueinander stehen.

- Trage alle wichtigen Informationen über die Figuren aus dem Text zusammen. Achte darauf, was die Figur redet, denkt, fühlt und wie sie handelt.
- Zeichne für jede Figur/Figurengruppe einen Kasten. Schreibe in jeden Figurenkasten den Namen und die Eigenschaften der jeweiligen Figur.
- Verbinde die Kästen durch Pfeile und notiere daneben, in welcher Beziehung die Figuren zueinander stehen (z. B. was sie übereinander denken).

## Der gelehrige Esel

*Nasreddin Hoca (sprich: Hodscha) wird auch der „türkische Eulenspiegel" genannt. Das türkische Wort „Hoca" bedeutet „Gelehrter". Nasreddin soll im 13. Jahrhundert in der heutigen Türkei gelebt haben und wird in den Geschichten als ein gewitzter Mann vorgestellt, der zu jeder Situation eine treffende Antwort oder Lebensweisheit hat. Aus der Türkei und den benachbarten Ländern sind viele Geschichten von diesem orientalischen Lehrer und Schelm überliefert.*

Auf dem Basar war es um diese Zeit viel stiller und leerer als am Morgen. In der Frühe liefen alle umher, lärmten und eilten, um nichts zu versäumen. Jetzt, um diese Mittagsstunde, flohen die Menschen vor der Hitze und gingen in die Teehäuser, um dort in Ruhe ihren Gewinn oder Verlust zu berechnen. Die Sonne übergoss den Platz mit glühender Helle. Nasreddin wählte die größte und vollste Teestube, in der es keine seidenen Kissen und keine kostbaren Teppiche gab, und zog den Esel mit hinein, statt ihn draußen zu lassen. Erstauntes Schweigen empfing ihn. Ohne dadurch in Verlegenheit zu geraten, holte er den Koran[1] aus der Tasche, den ihm gestern der Alte geschenkt hatte, öffnete ihn und legte ihn vor den Esel hin. Er tat das alles langsam und bedächtig, mit ernster Miene, als sei es die selbstverständlichste Sache der Welt. Die Leute in der Teestube warfen sich verwunderte Blicke zu. Der Esel klopfte mit den Hufen auf den hallenden Holzufußboden. „Schon?", fragte Nasreddin und blätterte die Seite um. „Du machst Fortschritte." Der dicke, gutmütige Besitzer der Teestube erhob sich und trat zu Nasreddin. „Höre, guter Mann, das ist doch nicht der richtige Platz für deinen Esel. Und weshalb liegt das heilige Buch vor ihm?" „Ich unterrichte diesen Esel in der Religion", antwortete Nasreddin ruhig. Mit dem Koran sind wir bald zu Ende und werden dann zur Scharia[2] übergehen." Ein Murmeln ging durch die Menge. Manche standen auf, um besser zu sehen. Die Augen des Teehausbesitzers wurden ganz groß und rund. Mit offenem Munde blieb er stehen. Ein solches Wunder hatte er noch nie erlebt. Der Esel klopfte wieder mit dem Fuß. „Gut", lobte ihn Nasreddin und blätterte wieder eine Seite um. „Wenn du dir Mühe gibst, kannst du bald den obersten Theologen vertreten." Er wandte sich wieder dem Wirt zu. „Nur die Seiten kann er nicht umwenden, da muss man ihm helfen. Allah hat ihm einen scharfen Verstand und ein großartiges Gedächtnis verliehen, aber die Finger hat er vergessen." Die Leute ließen ihren Tee stehen und drängten sich um Nasreddin. Bald stand er inmitten einer großen Menschenmenge. „Dieser Esel ist kein gewöhnlicher Esel", erklärte Nasreddin. „Er gehört dem Emir[3] selbst. Eines Tages rief mich der Emir zu sich und sprach: ‚Kannst du meinen Lieblingsesel in der Theologie unterrichten, damit er ebenso viel weiß wie ich?' Der Esel wurde vorgeführt. Ich prüfte seine Fähigkeiten und antwortete: ‚Erlauchter Emir! Dieser außergewöhnliche Esel steht an Scharfsinn weder dir noch einem deiner Minister nach. Ich bin bereit, ihn zu unterrichten. Er wird ebenso viel wissen wie du, mehr sogar, doch ich brauche dazu zwanzig Jahre.' Der Emir ließ mir aus der Staatskasse fünftausend Goldtanga auszahlen und sagte: ‚Nimm diesen Esel und unterrichte ihn, doch ich schwöre bei Allah, wenn er in zwanzig Jahren nicht den Koran auswendig kann, lass ich dich köpfen!' „Dann kannst du dich schon jetzt von deinem Kopf verabschieden", sagte der Teehausbesitzer. „Wo hat man je gesehen, dass ein Esel den Koran lesen kann?" „Es gibt eine Menge solcher Esel in Buchara", antwortete Nasreddin. „Übrigens – fünftausend Goldtanga und einen guten Esel für die Wirtschaft zu bekommen – das gelingt nicht jedem. Und meinen Kopf brauchst du nicht zu beweinen, denn in zwanzig Jahren stirbt sicherlich einer von uns, ich, der Emir oder der Esel. Dann kann man nicht mehr feststellen, wer gelehrter ist." Dröhnendes Gelächter erschütterte die Teestube. Der Wirt selber fiel auf eine Bastmatte, wälzte sich und lachte dermaßen, dass sein Gesicht ganz nass war von Tränen.

1 der Koran: die heilige Schrift des Islams
2 die Scharia: das religiöse Gesetz des Islams
3 der Emir: Titel eines arabischen Befehlshabers

**1** a Lies die Geschichte von Nasreddin aufmerksam durch.
b Erkläre, warum der Wirt und alle anderen Leute in der Teestube am Ende der Geschichte in ein dröhnendes Gelächter ausbrechen (→ Z. 75 f.).

**2** a Erzähle mit eigenen Worten nach, was sich in der Geschichte ereignet.
b Überlege, an welcher Stelle die Geschichte eine entscheidende Wendung nimmt. Kommt sie für dich überraschend? Begründe.

**3** Untersuche nun den Aufbau der Schelmengeschichte.

a Gliedere die Geschichte in einzelne Erzählschritte und halte den Inhalt in Stichwörtern fest.

b Zeichne den Spannungsverlauf der Geschichte in einer Lesefieber-Kurve nach.
Trage die Erzählschritte in die Kurve ein. Markiere den Wendepunkt der Geschichte.

*1. Erzählschritt (Z. 1–…)*
*Ort: Basar*
*Zeit: Mittagszeit*

**4** Führt diese Schelmengeschichte in einem Sketch auf. Überlegt zuvor:
- Welche Rollen müsst ihr besetzen?
- Wie sollen die einzelnen Figuren sprechen?
- Welche Form der Gestik (Körpersprache) und Mimik (Gesichtsausdruck) könnt ihr einsetzen?
- Welche Gegenstände könnt ihr als Requisiten verwenden?

**5** Eulenspiegel und Nasreddin legen beide die Gelehrten herein. Handelt es sich zweimal um die gleiche Geschichte?

a Untersuche beide Texte und halte Gemeinsamkeiten und Unterschiede fest.

b Stelle deine Ergebnisse in der Klasse vor und ergänze deine eigenen Notizen.

**6** a Beide Geschichten sind komisch. Überlegt in Partnerarbeit, an welchen Stellen die Texte zum Schmunzeln oder Lachen reizen, und haltet eure Ergebnisse fest.

b In der folgenden Tabelle werden verschiedene Dinge genannt, über die wir in Texten lachen können. Übertragt die Tabelle in euer Heft und sortiert eure Arbeitsergebnisse in die Tabelle ein.

c Stellt eure Ergebnisse in der Klasse vor und verbessert oder ergänzt eure Tabelle.

| eine lustige Figur | das, was jemand sagt | ein Missverständnis | eine komische Situation |
|---|---|---|---|
| *Till Eulenspiegel* | … | … | … |
| … | … | … | … |

**Merkwissen** Schelmengeschichte

Eine Schelmengeschichte (auch *Schwank* genannt) ist eine **kurze, lustige Erzählung**. Sie handelt von einem witzigen Ereignis oder von einem Streich, der jemandem gespielt wird.
Die Helden sind **Schelme und Narren**, die ihre Mitmenschen **mit einer List** hereinlegen und ihnen damit **eine Lehre erteilen**.
Wie ein Witz hat auch die Schelmengeschichte **einen lustigen Höhepunkt (Pointe)**, der meist darin besteht, dass der Schwächere (z. B. der Schelm, der Knecht) den Stärkeren (z. B. den Gelehrten, den Reichen, den Herrn oder den König) an der Nase herumführt.
Besonders bekannt sind die Streiche von **Till Eulenspiegel**, der seine Aufträge (z. B. die Kerze löschen) oft wörtlich nimmt und damit nicht im gemeinten Sinne ausführt.
In der orientalischen Literatur sind die Schelmengeschichten von **Nasreddin Hoca** (sprich: Hodscha) besonders bekannt und beliebt. In den Geschichten wird er uns als ein gewitzter Mann vorgestellt, der zu jeder Situation eine treffende Antwort oder Lebensweisheit hat.

## Von Volkshelden und besonderen Orten Sagen kennenlernen

### Krabat

Es wird erzählt: Als Junge musste Krabat frühzeitig seinen Unterhalt als Gänsehüter verdienen. Wenn das Brot zu knapp war, hieß ihn sein Stiefvater vor fremden Türen um Essen bitten.
Auf einer solchen Wanderung kam der kleine Krabat in die Teufelsmühle bei Hoyerswerda. Dem Müller, der als Hexenmeister verschrien war, gefiel der Junge, und er nahm ihn in die Lehre. Krabat lernte bei ihm die schwarze Kunst und musste auch wie die anderen elf Müllersburschen einen Pakt mit dem Teufel schließen.
Doch Krabat wollte sich aus der Macht des Müllers befreien, und er bat seine Mutter um Hilfe. Sie sollte ihn herausfinden, wenn er und die anderen Müllersburschen in Raben verwandelt in einer Kammer sitzen. „Ich werde mich unter dem rechten Flügel zupfen", sagte Krabat. „Und wenn du mich erkennst, darfst du mich mitnehmen." So geschah es, und Krabat kehrte wieder nach Hause in die Armut zurück.
Das gefiel ihm aber nicht, und er sann darauf, mit seinen Zauberkünsten Geld zu verdienen. „Ich werde mich in einen Ochsen verwandeln", sagte er zu seinem Vater, „und ihr bringt mich zum Viehmarkt. Verlangt einen hohen Preis. Ihr werdet ihn erhalten, überlasst aber dem Käufer nicht den Kopfstrick, sonst bin ich verloren. Macht euch mit dem Geld sofort auf nach Hause. Ich folge dann bald nach."
So taten sie es, und der Vater nahm auch den Kopfstrick an sich. Als der Käufer mit dem Ochsen in einer Schänke Halt machte, gab er der Stallmagd dort den Auftrag, dem Ochsen etwas Futter zu geben. Als dies geschah, sagte das Tier mit menschlicher Stimme: „Heu und Stroh mag ich nicht, ein fetter Braten wäre mir lieber." Die Stallmagd erschrak, lief in die Gaststube und erzählte, was geschehen war.
Der Händler lachte und ging in den Stall. Kaum öffnete er die Tür, so schwirrte eine Schwalbe heraus. Der Ochse aber war verschwunden. Krabat kam noch früher als sein Vater zu Hause an.
Kurze Zeit später wiederholten sie den Streich. Diesmal sollte der Vater Krabat als Pferd zum Markte führen und Halfter und Zaum behalten. Doch als der Handel abgeschlossen war, gab der Käufer Halfter und Zaum nicht heraus. Er schwang sich auf das Ross und sprengte davon. Es war der Müller, der Lehrmeister Krabats, der seinen untreuen Schüler bestrafen wollte.
In einer Schmiede bat er, das Pferd zu beschlagen und ihm vier glühende Eisen aufzulegen. Während der Müller mit dem Schmied die Hufeisen

aussuchte, hörte der Geselle das Pferd flüstern: „Ziehe mir einmal den Zaum über das linke Ohr herunter." Der Junge tat es, und Krabat flog in Gestalt einer Lerche davon. Der Müller verwandelte sich sofort in einen Raubvogel und wollte die Lerche ergreifen.

Da stürzte sich die Lerche in einen Brunnen und wurde zu einem Fisch. Als ein Mädchen, das Wasser schöpfen wollte, den Fisch erblickte, wurde dieser zu einem Ring an ihrer Hand. Kurz darauf bot ein weißbärtiger Alter ihr dafür einen hohen Preis. Doch sie lehnte ab. Der Alte blieb in ihrer Nähe. Als dem Mädchen beim Futterstreuen der Ring vom Finger glitt und sich sofort in ein Gerstenkorn verwandelte, stolzierte ein fremder Hahn herbei und wollte mit von den Körnern fressen. Im Nu verwandelte sich Krabat aus dem Gerstenkorn in einen Fuchs, der den Hahn blitzgeschwind erfasste und zerriss. Das war das Ende des Müllers, der in seinem Schüler auch seinen Meister gefunden hatte.

**1** a Lies die Sage von Krabat aufmerksam durch.
b Kläre die Bedeutung unbekannter Wörter und Ausdrücke aus dem Zusammenhang oder mithilfe eines Wörterbuchs.
c Mit „schwarze Kunst" (Z. 9) ist die Hexerei gemeint. Äußere Vermutungen, wie dieser Ausdruck wohl entstanden ist.
d Trage mithilfe des Wörterbuchs weitere feste Wendungen und Wortverbindungen mit dem Adjektiv *schwarz* zusammen. Schreibe sie zusammen mit ihrer Bedeutung auf.

**2** Untersucht in Partnerarbeit den Aufbau der Sage.
a In wie viele Erzählschritte lässt sich die Sage unterteilen?
Übertragt die nebenstehende Tabelle auf eine Karteikarte und vervollständigt sie.
b Nehmt die Karteikarte zu Hilfe und erzählt die Sage mit eigenen Worten nach.

| Erzählschritt | Stichwörter |
|---|---|
| - Einleitung | - Armut, Lehre in Teufelsmühle bei … |
| - Befreiung vom Müller | - Verwandlung in … |
| - erster Streich | |

**3** a Erkläre den letzten Satz der Sage:
„Das war das Ende des Müllers, der in seinem Schüler auch seinen Meister gefunden hatte."
b Belege, inwiefern Krabat in der Sage Ähnlichkeit mit dem Schelm einer Schelmengeschichte hat.

## Der Kobold auf der Mühle

In einer einsamen Wassermühle wohnte einmal ein Müller ganz allein. Bei dem klopfte es an einem stürmischen und regnerischen Abende an das Fenster, und als der Müller fragte, wer das wäre, antwortete eine Stimme: „Um Gottes Willen lasst mich ein, ich habe mich verirrt und komme sonst um in dem furchtbaren Wetter!"

Der Müller nahm die Lampe und öffnete die Haustür, fuhr aber erschrocken zurück, denn vor ihm stand neben einem Manne ein schwarzes Ungetüm.

„Ach, erbarmt Euch", sagte der Mann. „Ich bin ein Bärenführer und weiß mit meinem Tiere nicht mehr, wo aus und ein. Gönnt mir ein Plätzchen zum Nachtquartier!"

Der Müller kraulte sich hinter den Ohren und

sagte: „Ja, für Euch hätte ich wohl einen Platz auf der Ofenbank in meinem Stübchen, wenn Ihr damit zufrieden sein wollt. Aber wo soll ich mit Eurer wilden Bestie hin? Einen Stall habe ich nicht, und in die Stube können wir das Tier doch nicht nehmen!“ –

„I“, antwortete der Mann, „können wir ihn nicht in die Mühle bringen? Schaden an Korn und Mehl könnte er Euch ja nicht tun, und übrigens lege ich ihn ja auch an die Kette!“ –

„Das ginge wohl“, meinte der Müller, „aber ich muss Euch sagen: Dort ist es nicht richtig. Es spukt in der Mühle ein Kobold umher, der mir seit Jahren gebranntes Herzeleid angetan hat. Er rumort dort die ganze Nacht herum, schüttet die Kornsäcke aus, streut das Mehl umher und treibt noch sonst allerlei Unfug und Mutwillen!“ –

„Ei“, rief der Bärenführer, „was schadet das? Meinem Bären wird der Kobold nichts anhaben, der wird sich schon seiner Haut wehren. Nehmt uns nur auf, ich bitte Euch!“

Gesagt, getan. Der Bär wurde in die Mühle gebracht, und dem Führer bereitete der Müller ein Lager auf der Ofenbank.

Mitten in der Nacht erwachten die beiden Männer von einem furchtbaren Rumoren in der Mühle. Es ging dort kopfüber und kopfunter, und dazwischen hörte man das tiefe Brummen des Bären und hier und da ein Quieken und jämmerlich Grunzen.

„Horch,“ sagte der Müller, „da hat der Kobold sich an den Bären gemacht.“ –

„Das wird allein sein eigener Schaden sein“, lachte der Bärenführer.

„Ja, wollte Gott“, seufzte der Müller, „dass der Bär meinem Plagegeist recht ordentlich den dicken Kopf zurechtsetzte.“

Noch ein heller Schrei, dann war alles still, und die Männer schliefen wieder ein.

Am Morgen fand man den Bären wohlbehalten in der Mühle, und nachdem der Müller seine Gäste noch mit Speis' und Trank erquickt hatte, zog der Fremde mit seinem Bären unter herzlichem Danke von dannen.

Und sieh, von Stund' an ließ sich kein Kobold mehr in der Mühle sehen! Der Bär musste es ihm verleidet haben.

So ging wohl ein ganzes Jahr hin. Da, an einem dunklen Abende, als der Müller still in seiner Stube saß, öffnete sich leise die Tür, und zum Schrecken des Müllers steckte der Kobold seinen unförmigen Kopf in die Stube und sagte: „Möller, Möller, lewet juwe grote schwarte Katt noch?“

Rasch fasste sich der Müller und rief: „Jo, de lewet noch un hett sewen Junge kreegen!“ Da schlug der Kobold entsetzt die Tür zu und ist seitdem nie wiedergekommen.

**1** a Lies die Sage „Der Kobold auf der Mühle“ aufmerksam durch.
b Kläre die Bedeutung ungewöhnlicher Redensarten und Wendungen.

**2** a Übertragt in Partnerarbeit den niederdeutschen Wortwechsel zwischen dem Kobold und dem Müller in Z. 70–73 ins Hochdeutsche.
b Vergleicht eure Ergebnisse mit anderen Gruppen.

**3** Erkläre mit eigenen Worten, wie der Müller den Kobold in seiner Mühle los wird.

### Die Riesen und der Dubringer Berg

Auf dem Hügel bei Oßling wohnte in alten Zeiten ein Riese. Der hatte eine einzige Tochter. Als sie noch klein war, spielte sie, wie Kinder es tun, mit Sand und Steinen. Doch solchem Spiel entwuchs sie bald, denn sie wurde groß und stark wie der Vater. Einst kam ihr in den Sinn, gegenüber dem väterlichen Hügel einen neuen aufzutürmen. Sie ging sogleich an die Arbeit. Frühmorgens, bevor der Vater erwachte, band sie sich eine Schürze um und raffte diese voll Sand. Dann lief sie etwa eine Viertelstunde nach Osten und schüttete den Sand aus. So ging sie noch einige Male hin und her, bis ihr der Haufen groß genug erschien. Da war der Dubringer Berg entstanden.

Beim letzten Male geriet ein seltsames Zappelding, das ein anderes größeres vor sich her trieb, mit in die Schürze. Das war ein pflügender Bauer mit seinem Pferd. Weil die Riesentochter noch nie solch ein merkwürdiges Wesen erblickt hatte, spielte sie ein wenig damit. Aber es stach die Riesin so empfindlich mit einem Stock, dass sie es ärgerlich zerdrückte und ihrem Vater zeigte. Der wandte sich traurig zur Seite und sagte: „Nie hätte ich bei deiner Geburt gedacht, dass du mir so großes Unglück bringen wirst. Wegen solcher kleinen Würmchen – Menschen heißen sie – hat schon mancher von uns sein Leben eingebüßt oder das Land verlassen müssen. Wir wollen uns nicht mit ihnen messen; es wäre vergebens. Komm, Tochter, lass uns ein anderes Land suchen, wo wir in Frieden leben können!“

Seitdem wurde in unserer Heimat nichts mehr von den Riesen gehört.

### Die versunkene Mühle vom Arendsee

Vor langer, langer Zeit stand dort, wo heute Wellen schlagen, eine Mühle.

Viele Menschen trafen sich hier, wickelten ihre Geschäfte mit dem Müller ab oder hielten einfach nur einen Plausch unter den Windmühlenflügeln.

Eines Tages brach ein Sturm los und die sintflutartigen Regengüsse verschlangen die Mühle, das umliegende Grün, alle Menschen und all das Getier ringsum. Es schien, als wolle die ganze Welt untergehen.

Allein zwei Menschen, ein Mann und sein Weib, entkamen dem Unheil und konnten später darüber berichten. Sie waren gerade auf dem Weg in die nahe Stadt, als das gewaltige Rauschen des Wassers und das Getöse der Mühle, die in dem entstehenden See versank, die Frau jäh herumfahren ließen. Sie traute ihren Augen nicht und schrie nach ihrem Manne: „Arend see!“ („Arend sieh!“)

So entstand der Name des Sees – und so nannte man auch das bald darauf an dessen wunderbaren Strand erbaute Städtchen: Arendsee.

Einige Neugierige wollten später das Geheimnis des Sees erkunden. Sie ließen ein langes Seil in die Tiefe, doch als sie es herauszogen, fanden sie an seinem Ende nur einen Brief mit dem eindeutigen Gebot: „Lasset ab von eurem Unterfangen, sonst wird euch das widerfahren, was mit der Mühle und mit den vielen Menschen geschehen ist.“

Seither umspült der Arendsee ungestört sein schreckliches Geheimnis.

Die Reste der Mühle wurden von Tauchern in ca. 12 Metern Tiefe gefunden. Auch die Malsteine konnten geborgen werden und sind jetzt im Hof der Klosterkirche in Arendsee ausgestellt.

**1** a Lies die beiden Ortssagen „Die Riesen und der Dubringer Berg" und „Die versunkene Mühle vom Arendsee" aufmerksam durch.
b Erzähle mit eigenen Worten nach, wie der Sage nach der Dubringer Berg und das Städtchen Arendsee entstanden sind.

**2** Bildet Gruppen und informiert euch im Internet über je einen dieser beiden Orte.
a Findet heraus, wo sich der Dubringer Berg bzw. der Arendsee befinden.
b Informiert euch, wie diese beiden Orte vermutlich in Wirklichkeit entstanden sind.
c Tragt eure Ergebnisse vor und überlegt, wie die beiden Sagen wohl entstanden sind.

**3** a Lies das Merkwissen über die Sagen durch.
b Erstellt nach dem folgenden Beispiel eine Tabelle mit Sagenmerkmalen in eurem Heft. Sucht passende Beispiele aus den Sagen auf den S. 97–100 heraus und tragt sie in die Tabelle ein.

| Sagenmerkmale | Text | Merkmal |
|---|---|---|
| Verbindung zu bestimmten Orten | | |
| Geschichtliche Ereignisse | | |
| Naturerscheinungen | | |
| … | | |

c Vergleicht im Anschluss eure Ergebnisse.

**4** Erstellt in der Klasse ein Sagenbuch mit Sagen über eure Stadt, euren Ort oder eure Region.
a Informiert euch in der Bibliothek oder im Internet und wählt geeignete Sagen aus.
b Schreibt zu jeder Sage einen kurzen Einleitungstext, in dem ihr den Zusammenhang zwischen der Sage und der Ortschaft erläutert.
c Illustriert eure Sagen mit eigenen Zeichnungen oder mit Fotos.

**!** **Merkwissen** Sagen

Die Sage ist ursprünglich eine mündlich überlieferte Erzählung, die häufig auf einen wahren Kern zurückgeht. Das bedeutet, dass sie mit bestimmten Orten, geschichtlichen Ereignissen, Naturerscheinungen oder landschaftlichen Besonderheiten verbunden ist. In der Sage können Zwerge, Elfen, Riesen, vermenschlichte Tiere oder Menschen mit übernatürlichen Fähigkeiten auftreten. Sie berichtet von wunderbaren, oft gruseligen Begebenheiten und außergewöhnlichen Ereignissen. Sehr bekannt sind die Geschichten der Volkshelden (z. B. Krabat), die in vergangenen Jahrhunderten lebten. Sie sind meist mit einer bestimmten Region (z. B. Lausitz) eng verbunden.

# Teste dein Wissen!

## Krabat in der Hofküche

Der alte Hirte hatte den Erlös aus einem Viehhandel dazu verwendet, sich selbst eine Schweineherde zu kaufen. So hütete Krabat nun die Schweine seines Stiefvaters.

Als er eines Tages mit der Herde entlang der Landstraße zog, kam die Kutsche Augusts des Starken, von sechs Pferden gezogen, herangerollt.

Da fiel Krabat ein lustiger Streich ein. Er stellte die Schweine in einer Reihe auf und ließ sie hoch aufgerichtet auf den Hinterfüßen zu Ehren der Majestät marschieren. Der König stieg aus und lachte über die wunderliche Truppe. Krabat musste mit ihm nach Dresden fahren und kam dort in die Hofküche.

Der Hofkoch aber war dem neugierigen Burschen vom Lande nicht sehr gewogen. Als Krabat einmal beim Schneiden von Nudeln war, ohrfeigte ihn der Koch. Krabat klagte nicht, aber als der Koch die Nudeln auftrug, hatten sich die Nudeln in Regenwürmer verwandelt, und aus den Schüsseln mit den Backhähnchen hüpften den hohen Herrschaften Frösche entgegen. So fiel der Koch in Ungnade. Aber der König erriet den Anstifter des Schabernacks, und Krabat musste die Hofküche und Dresden verlassen.

**1** a Lies die Sage über Krabat aufmerksam durch.

b Richtig oder falsch? Welche der folgenden Aussagen fasst den Inhalt der Sage korrekt zusammen? Schreibe die richtige Antwort in einem vollständigen Satz auf.
- Wie Krabat dem König August dem Starken einen Streich spielt und deshalb in Ungnade fällt.
- Wie Krabat vom Schweinehirten zum Hofkoch in Dresden wird und schließlich wegen seiner Streiche wieder von dort verjagt wird.
- Wie Krabat den Hofkoch um den Finger wickelt und erreicht, dass dieser in Ungnade fällt.

**2** a Woran erkennst du eine Sage?
Vier der folgenden Merkmale gehören zur Textsorte *Sage*. Wie heißt das Lösungswort?

**S** Naturerscheinungen oder landschaftliche Besonderheiten
**A** wirkliche Ortschaften
**G** wirkliche geschichtliche Ereignisse
**L** bestimmte Formeln, wie z. B. *Es war einmal* … oder … *Und wenn sie nicht gestorben sind, dann leben sie noch heute.*
**M** magische Zahlen, wie z. B. die Drei, die Sieben oder die Zwölf
**E** Menschen mit übernatürlichen Fähigkeiten

b Drei dieser vier Merkmale treffen auf „Krabat in der Hofküche“ zu. Notiere den Buchstaben und die dazugehörige Textstelle als Begründung.

**3** Vergleiche deine Lösungen mit dem Lösungsschlüssel auf S. 353.

# 5.2 Große Herren reinlegen
## Geschichten vorlesen, nacherzählen und spielen

### Texte ausdrucksvoll vorlesen

Johann Peter Hebel
**Der verwegene Hofnarr**

Der König hatte ein Pferd, das war ihm so lieb, dass er sagte: „Ich weiß nicht, was ich tue, wenn das Pferd mir stirbt. Aber den, der mir von seinem Tod die erste Nachricht bringt, den lass ich auch gewiss aufhenken[1]." Aber das Rösslein starb dennoch und niemand wollte dem König die erste Nachricht davon bringen. Endlich kam der Hofnarr. „Ach, gnädigster Herr", rief er aus, „Ihr Pferd! Ach, das arme, arme Pferd! Gestern war es noch so –" Da stotterte er und der erschrockene König fiel ihm ins Wort und sagte: „Ist es gestorben? Ganz gewiss ist es gestorben, ich merk's schon." „Ach, gnädigster Herr", fuhr der Hofnarr mit noch größerem Lamento[2] fort, „das ist noch lange nicht das Schlimmste." „Nun, was denn?" fragte der König. „Ach, dass Sie jetzt noch sich selber müssen henken lassen. Denn Sie haben's zuerst gesagt, dass Ihr Leibpferd tot sei. Ich hab's nicht gesagt."

Der König aber, betrübt über den Verlust seines Pferdes, aufgebracht über die Frechheit des Hofnarren und doch belustigt durch seinen guten Einfall, gab ihm augenblicklich den Abschied mit einem guten Reisegeld. „Da, Hofnarr", sagte der König, „da hast du 100 Dukaten. Lass dich statt meiner dafür henken, wo du willst. Aber lass mich nichts mehr von dir sehen und hören. Sonst, wenn ich erfahre, dass du dich nicht hast henken lassen, so tu ich's."

1 aufhenken: (altes Deutsch) erhängen

2 das Lamento: Wehklage

**1** Erläutere, inwiefern der Hofnarr „verwegen" ist. Mit welchem Trick überlistet er den König?

**2** In welchem Moment muss sich der Hofnarr stark verstellen und sehr vorsichtig sein? Lies diese Sätze laut vor und versuche, die Stimmung in dieser Situation durch deine Leseweise auszudrücken.

**3** Richtig lebendig wird die Geschichte vom verwegenen Hofnarren erst, wenn du sie laut und ausdrucksvoll vorliest. Übe das Vorlesen der Geschichte. Gehe so vor:

a Lies die Informationen zum sinngestaltenden Vorlesen im unten stehenden Kasten.

b Übe das Vorlesen mithilfe der Betonungszeichen am Beispiel der folgenden Textstelle. Lies sie mehrmals halblaut vor und probiere dabei unterschiedliche Möglichkeiten der Betonung aus.

Endlich kam der Hofnarr. | „Ach, gnädigster Herr“, rief er aus, „Ihr Pferd! | Ach, das arme, arme Pferd! ↘ Gestern war es noch so –“ | Da stotterte er und der erschrockene König fiel ihm ins Wort und sagte: „Ist es gestorben?“ ↗

**Methode** Sinngestaltendes Vorlesen

Sinngestaltendes Vorlesen bedeutet, dass du einen Text ausdrucksvoll vorträgst und deine Stimme dem erzählten Geschehen anpasst. Zum Beispiel kannst du lauter sprechen, wenn eine Person mit ihren Taten angibt, oder leiser sprechen, wenn eine Person Angst hat.

**Betonungszeichen**

Bereite das Vorlesen vor, indem du den Text mit Betonungszeichen kennzeichnest:
- Betonungen bei Wörtern, die lauter gelesen werden sollen: ______
- Pausen: |
- Hebung der Stimme, z. B. bei einer Frage: ↗
- Senkung der Stimme, z. B. am Satzende: ↘

**4** Bereite nun die ganze Geschichte (→ S. 103) zum Vorlesen vor. Arbeite am besten mit einer Kopie des Textes, auf der du die Markierungen eintragen kannst, oder schreibe den Text ab.

a Lies die Geschichte mehrmals und probiere unterschiedliche Möglichkeiten der Betonung aus.

b Markiere den Text mit den entsprechenden Betonungszeichen.

**Tipp**: Verwende die Markierungen sparsam: Nicht jedes Wort muss besonders betont werden und nicht jedes Komma bedeutet eine Sprechpause.

**5** a Übt den Vortrag in Partnerarbeit und gebt euch gegenseitig Tipps, was ihr noch verbessern könnt.

b Tragt die Geschichte „Der verwegene Hofnarr“ laut in der Klasse vor.

**6** Erzähle nun die Geschichte mit deinen eigenen Worten anschaulich und lebendig nach.

a Schreibe in Stichwörtern die wichtigsten Erzählschritte auf, damit du nichts vergisst.

b Übe das Nacherzählen. Gib die Gedanken und die Gefühle der Figuren wieder und verwende wörtliche Rede. Der nebenstehende Tipp hilft dir dabei.

c Erzähle die Geschichte mündlich nach. Deine Zuhörerinnen und Zuhörer sagen dir, ob du die Tipps zum Nacherzählen berücksichtigt hast.

**Tipp** Mündliches Nacherzählen

Versetze dich beim Nacherzählen in die Ereignisse und die Figuren der Geschichte hinein, sodass vor deinem „inneren Auge“ ein genaues Bild entsteht:
- Halte dich genau an den Handlungsverlauf, erfinde nichts Neues hinzu.
- Erzähle mit deinen eigenen Worten.
- Teile die Gedanken und die Gefühle der Hauptfiguren mit und verwende die wörtliche Rede.
- Verwende die Zeitform der Textvorlage (meist Vergangenheit).

## Geschichten schriftlich nacherzählen und umerzählen

Achim Bröger

**Bruno als Ausreden-Erfinder**

Fünfzehn Männer saßen auf ihren Stühlen hinter Bleistiftanspitzmaschinen. Einer davon war Bruno. Er arbeitete noch nicht sehr lange in dieser Abteilung.
Vor den Tischen, auf denen die Bleistiftanspitzmaschinen standen, ging der Abteilungsleiter Pracke hin und her. Voller Stolz erzählte er, dass er nie eine Mine abgebrochen hätte. Herr Pracke nannte sich ein Naturtalent im Bleistiftanspitzen. Und was er genauso wichtig fand, er war sehr gut im Pünktlichkommen.
Leider kam Bruno morgens meistens etwas zu spät. Herr Pracke stand dann vor der Tür und fragte: „Na, schon wieder verschlafen?"
Bruno sah auf den Fußboden und gab keine Antwort. Was sollte er auch sagen? Die anderen vierzehn Bleistiftanspitzer saßen auf ihren Stühlen vor den Maschinen und spitzten. So schnell er konnte, rannte Bruno zu seinem Platz und begann mit dem Arbeiten. Und weil er manchmal sogar noch schneller arbeitete, als er eigentlich konnte, brachen dazwischen Minen ab.
Eines Morgens kam Bruno wieder zu spät. Herr Pracke stand an der Tür und sah streng aus. Seine Stimme klang so, dass sie weh tat. „Herr Bruno, Sie sind bisher 23-mal zu spät gekommen. Ich notierte das genauestens. Insgesamt waren das 38 Minuten. Auch das notierte ich genauestens. Außerdem halten Sie den absoluten Rekord im Minenabbrechen. 24 Stück bisher. Da, in diesem Buch steht alles", sagte Herr Pracke und schlug mit seiner großen Hand auf ein rotes Notizbuch. „Ja, Pracke ist wachsam. Und falls Sie noch einmal zu spät kommen sollten, möchte ich eine Entschuldigung hören. Ohne Entschuldigung werde ich Sie das nächste Mal beim Oberabteilungsleiter melden. Sie wissen ja, was das bedeutet."
Bruno bemühte sich. Er stellte seinen Wecker zehn Minuten vor und rannte fast zur Straßenbahn. Ich darf mich nicht verspäten, dachte er ständig. Auf keinen Fall. Zwei Wochen klappte das prima. Herr Pracke sagte schon: „Na, sehen Sie, man muss nur wollen."
Aber dann verspätete sich Bruno wieder. Herr Pracke stand an der Tür und hielt seine Stoppuhr in der Hand. „Sie sind zwei Minuten zu spät gekommen, Herr Bruno", sagte er. „Was denken Sie sich eigentlich?"
Bruno ließ die Schultern hängen. Aber plötzlich hatte er einen Einfall. „Herr Pracke, es tut mir ja leid, dass ich mich verspäte. Aber der Wind hat mir meinen Hut vom Kopf gerissen und ich musste ihm nachlaufen. Deswegen konnte ich die Straßenbahn nicht erwischen."
„Ihr Hut soll davongeflogen sein, Herr Bruno? Ach was, das ist nur eine Ausrede. Sie denken, der Pracke, der glaubt das schon? Der Pracke glaubt aber nur Ausreden, die glaubwürdig klingen. Sehen Sie sich doch Ihren Hut an. Nicht die geringste Dreckspur. Und der soll auf der Straße gelegen haben? Überlegen Sie sich das nächste Mal eine bessere Ausrede!"

„Es stimmt", sagte Bruno, „die Ausrede war wirklich schlecht. Ab morgen werde ich mir bestimmt bessere Ausreden einfallen lassen."

Am nächsten Morgen kam Bruno eineinviertel Stunden zu spät. Jetzt lohnt es sich wenigstens, wenn Herr Pracke sich aufregt, dachte er. Die anderen Bleistiftanspitzer saßen mit eingezogenen Köpfen hinter ihren Maschinen. Herr Pracke tobte fürchterlich.

„75 Minuten sind Sie zu spät gekommen!", schrie er und zerbrach fast seine Brille vor Wut. „Ist Ihnen klar, dass Sie damit einen einzigartigen Rekord aufgestellt haben?"

„Wirklich?", fragte Bruno. „Das freut mich aber. Sie müssen wissen, das ist der erste Rekord in meinem Leben."

„Was tragen Sie zu Ihrer Entschuldigung vor, Herr Bruno?" Herrn Prackes Stimme klang jetzt sehr laut.

„Sie sind doch Kassierer im Tierschutzverein", sagte Bruno. „Als Tierfreund wissen Sie, dass bei Regen die Regenwürmer aus der Erde kommen. Und viele dieser kleinen Tierchen kriechen auf die Straße. Und alle wären heute Morgen elend zu Grunde gegangen, wenn nicht ich, Bruno, sie vor den grausamen Reifen der Autos gerettet hätte. Sie sollten sich schämen, Herr Pracke, als Kassierer des Tierschutzvereins pünktlich zu kommen, während draußen die Regenwürmer totgefahren werden. So, jetzt wissen Sie, warum ich zu spät gekommen bin. Als Beweis schenke ich Ihnen vier von mir eigenhändig gerettete Regenwürmer."

Bruno machte das Zuspätkommen jetzt sehr viel Spaß. Abends setzte er sich gemütlich in seinen Sessel und überlegte schöne Ausreden. Er stellte einen Zuspätkommrekord nach dem anderen auf und die Ausreden wurden immer besser.

„Ich habe heute Morgen eine fliegende Untertasse gesehen", war seine letzte Ausrede. „Wie sah sie denn aus?", fragte Herr Pracke. „Na, wie eine Untertasse eben, nur größer." „Mir reicht's!", schrie Herr Pracke. „Ich habe schon mit dem Herrn Oberabteilungsleiter über Ihre unverschämten Ausreden gesprochen. Kommen Sie mit, Sie werden entlassen!"

„Sie können verschwinden!", brüllte der Oberabteilungsleiter, „ein für alle Mal. Sich jeden Tag neue Ausreden einfallen zu lassen, ist eine Unverschämtheit!"

„Sie schreien mir aus dem Herzen", stellte Herr Pracke fest und ging aus dem Zimmer.

Bruno zuckte mit den Schultern und wollte auch gehen. Aber der Oberabteilungsleiter zupfte ihn am Ärmel. „Moment", sagte er und grinste. „Ich hätte da etwas für Sie. Eine neue Stelle. Wir würden zusammenarbeiten und Sie bekämen 50 Euro mehr Gehalt."

„Was soll ich denn tun?", fragte Bruno.

„Psst", machte der Oberabteilungsleiter. „Sie dürfen mit niemandem darüber sprechen. Ab morgen sollen Sie sich Ausreden einfallen lassen, und zwar für mich. Mir fallen nämlich nie welche ein. Und ich brauche massenweise Ausreden. Für alle möglichen Dinge. Sie sind genau der richtige Mann für mich, Herr Bruno."

Seit diesem Tag hat Bruno eine Arbeit, die ihm Spaß macht. Er ist Ausreden-Erfinder.

**1** Welche Textstellen gefallen dir besonders? Begründe deine Wahl.

**2** Erkläre, warum es sich bei „Bruno als Ausreden-Erfinder" um eine moderne Schelmengeschichte handelt. Nimm den Merkkasten auf S. 96 zu Hilfe.

**3** Auf die Ausrede Brunos, ihm sei der Hut weggeflogen, antwortet Herr Pracke: „Ach was, das ist nur eine Ausrede. [...] Überlegen Sie sich das nächste Mal eine bessere Ausrede!" (→ S. 105, Z. 58–64)

a Überlege, was deiner Meinung nach gute und was schlechte Ausreden sind.

b Kannst du Bruno bei seiner neuen Arbeit helfen? Schreibe Ausreden, die den Oberabteilungsleiter zum Staunen bringen.

# Vertiefen und üben
## Nacherzählen und umerzählen

●●● 1 Schreibe zu der Geschichte „Bruno als Ausreden-Erfinder“ (→ S. 105–106) eine Nacherzählung. Berücksichtige hierbei die Informationen im unten stehenden Merkkasten.

→ Hilfe zu dieser Aufgabe findest du auf S. 108.

●●● 2 Was könnte Herr Pracke über Bruno, den Ausreden-Erfinder, denken? Versetze dich in seine Lage und erzähle die Geschichte aus der Sicht von Herrn Pracke nach.

→ Hilfe zu dieser Aufgabe findest du auf S. 108.

**Tipp** Aus einer anderen Sicht erzählen
- Versetze dich in die Figur hinein, aus deren Sicht du erzählen willst: Was denkt und fühlt sie? Was könnte sie sagen? Was weiß sie, was weiß sie nicht?
- Um die Sicht der Figur zu verdeutlichen, darfst du die Einzelheiten der Geschichte etwas verändern. Den Erzählkern solltest du aber beibehalten.

3 a Vergleiche deine Geschichten, die du aus der Sicht von Herrn Pracke geschrieben hast, mit dem Originaltext von Achim Bröger (→ S. 105–106). Notiere die wichtigsten Unterschiede. Diese Fragen helfen dir:
- Inwiefern ändert sich das Bild von Bruno, wenn du deine Geschichte liest?
- Bekommst du in deinen Geschichten einen anderen Eindruck von Herrn Pracke?
- Erteilt deine Geschichten eine etwas andere Lehre als die von Achim Bröger?

b Überlege, warum es interessant sein kann, eine Geschichte aus einer anderen Sicht (Perspektive) zu schreiben. Notiere deine Ideen.

**Merkwissen** Eine Nacherzählung schreiben

1 **Die Textvorlage verstehen:** Wenn du eine Geschichte nacherzählst, ist es wichtig, dass du die ursprüngliche Geschichte genau verstanden hast. Gehe so vor:
- Lies die Geschichte mehrmals.
- Notiere in Stichwörtern Antworten zu den folgenden Fragen:
  - Wer sind die Hauptfiguren der Geschichte?
  - Wo (Ort) und wann (Zeit) spielt das Geschehen?
  - Was geschieht nacheinander (Handlung) und wo liegt der Höhepunkt der Geschichte?

2 **Die Nacherzählung schreiben:** Versetze dich beim Nacherzählen in die Ereignisse und die Figuren der Geschichte hinein. Gehe beim Schreiben so vor:
- Beachte **die richtige Reihenfolge der Erzählschritte**. Halte dich an den Handlungsverlauf der ursprünglichen Geschichte.
- Lasse nichts Wichtiges weg und füge nichts hinzu.
- Erzähle **mit deinen eigenen Worten**.
- Schreibe **anschaulich und lebendig**. Gestalte den Höhepunkt der Geschichte besonders aus.
- Teile die **Gedanken und** die **Gefühle der Hauptfiguren** mit und verwende die **wörtliche Rede**.
- Verwende die **Zeitform der Textvorlage** (meist Präteritum).

## 1 mit Hilfen

Schreibe zu der Geschichte „Bruno als Ausreden-Erfinder" eine Nacherzählung. Berücksichtige hierbei die Informationen im Merkkasten auf S. 107.

a Hier findest du Notizen zu den Erzählschritten der Geschichte (was nacheinander passiert). Leider sind sie aber durcheinandergeraten. Bringe die Erzählschritte in die richtige Reihenfolge und schreibe sie in dein Heft. Orientiere dich dazu an den unterstrichenen Zeitangaben und beginne mit diesen jeweils einen neuen Absatz.

VORSICHT, FEHLER!

- Abteilungsleiter Pracke gab an mit Bleistiftsspitzen und Pünktlichkeit
- am nächsten Morgen wieder eineinviertel Stunden zu spät, Pracke tobte, neuer Rekord im Zuspätkommen, Bruno freute sich, denn es war der erste Rekord, den er aufgestellt hat
- Ausrede: Regen, Regenwürmer kamen auf die Straße, vor den Autos gerettet, als Beweis vier Regenwürmer
- Ausrede: Wind, Hut, deshalb Straßenbahn verpasst
- Bruno arbeitete schnell, Minen brachen ab
- Bruno kam oft zu spät, wurde ausgeschimpft, hatte keine Ausrede
- Bruno versprach bessere Ausrede
- eines Tages Bruno wieder zu spät, Pracke rechnete vor: 23-mal zu spät, insgesamt 38 Minuten, Rekord im Minenabbrechen (24 Stück), das nächste Mal wollte er Entschuldigung, sonst Meldung beim Oberabteilungsleiter
- fünfzehn Männer, Bleistiftanspitzmaschinen, einer davon war Bruno
- letzte Ausrede: fliegende Untertasse, Herr Pracke schrie, hatte schon Gespräch mit Oberabteilungsleiter, Entlassung
- Oberabteilungsleiter hielt Bruno zurück, bietet ihm neue Stelle mit 50 Euro mehr Gehalt, Bruno soll mit niemandem darüber sprechen, gute Ausreden werden dringend gebraucht
- Pracke glaubte das nicht, da Hut ohne Dreck
- seit diesem Tag war Bruno Ausreden-Erfinder, Arbeit, die ihm Spaß machte
- Zuspätkommen gefiel ihm, neue Rekorde, immer bessere Ausreden
- zwei Wochen lang war Bruno pünktlich, dann wieder zwei Minuten zu spät

b Sieh dir die Erzählschritte noch einmal genau an. Markiere den Absatz, in dem der Höhepunkt der Geschichte liegt, rot. Kennzeichne die Erzählschritte, in denen du bei deiner Nacherzählung die wörtliche Rede verwenden willst, grün.

## 2 mit Hilfen

Was könnte Herr Pracke über Bruno, den Ausreden-Erfinder, denken? Versetze dich in seine Lage und erzähle die Geschichte aus der Sicht von Herrn Pracke nach. Schreibe in der Ich-Form.

a Was verändert sich, wenn Herr Pracke diese Geschichte erzählt? Versetze dich in die Lage des Abteilungsleiters und lasse das Geschehen wie einen Film vor deinem inneren Auge abspielen: Notiere in deinem Heft, welche Gedanken und Gefühle Herrn Pracke durch den Kopf gehen. Was könnte er sagen?

b Mache dir Stichwörter: Wie würde Herr Pracke den Anfang und das Ende dieser Begebenheit erzählen? Was weiß er, was nicht?

## Einen Schwank in eine Spielszene umschreiben

### 1. Schritt: Rollen verteilen und Rollenkarten entwerfen

1 Legt fest, welche Rollen ihr besetzen wollt. Ihr könnt Figuren hinzuerfinden oder auch weglassen.

2 Wenn ihr eine Figur spielen wollt, solltet ihr sie gut kennen. Teilt euch in Gruppen auf. Jede Gruppe entwirft für eine Figur eine Rollenkarte. Schreibt in der Ich-Form und beachtet folgende Fragen:
- Wie alt könnte die Figur sein?
- Wie könnte sie aussehen?
- Welche Vorlieben und Sorgen könnte sie haben?
- Welche Gedanken und Gefühle hat sie?
- Wie verhält sie sich gegenüber anderen Figuren?

**Tipp:** Lest auch noch einmal im Text (→ S. 105–106) nach, was ihr über die Figur erfahrt.

*Rollenkarte für Bruno*
- *Ich bin ... Jahre alt.*
- *Ich bin groß/klein, dick/ dünn, habe ... Haare und ...*
- *...*

### 2. Schritt: Eine Spielvorlage schreiben

3 Um die Geschichte zu spielen, müsst ihr eine Spielvorlage ohne Erzähler erstellen. Gliedert die Geschichte in einzelne Szenen (Handlungseinheiten) und schreibt zu jeder Szene einen Dialog mit Regieanweisungen (Anregungen, wie sich die Figuren bewegen, wie sie schauen und sprechen sollen). Verwendet dazu die wörtliche Rede aus dem Originaltext und ergänzt sie.

*Spielvorlage zu „Bruno als Ausreden-Erfinder"*

*1. Szene: In der Abteilung „Bleistifte anspitzen"*
*(Mehrere Personen sitzen auf Stühlen und spitzen Bleistifte an. Vor ihren Tischen geht der Abteilungsleiter Pracke hin und her.)*
*PRACKE: Wenn ich euch so sehe! Echte Anfänger! Ich habe noch nie eine Mine abgebrochen. Ich bin überhaupt der beste Bleistiftanspitzer. Und außerdem immer pünktlich. (Bruno kommt verängstigt herein.) – Na, schon wieder verschlafen? (Bruno blickt verschämt auf den Boden, Pracke verlässt den Raum.)*
*BRUNO (sitzt vor seiner Maschine und arbeitet schnell): Mist, schon wieder eine Mine abgebrochen. Hoffentlich findet das der Pracke nicht heraus ...*

Regie-anweisungen

### 3. Schritt: Kostüme und Requisiten besorgen, die Spielvorlage proben und überarbeiten

4 Überlegt gemeinsam: Welche Requisiten (Gegenstände, z. B. Bleistifte, eine Armbanduhr) und Kostüme benötigt ihr? Wie könnt ihr das Klassenzimmer so umgestalten, dass eine Bühne entsteht?

5 Probt euer Stück:
- Sind Mimik (Gesichtsausdruck), Gestik (Körperhaltung und -bewegung) und die Sprechweise gelungen? (→ Tipps zum szenischen Spiel findet ihr auf S. 179.)
- An welchen Stellen sollte eure Spielvorlage noch verändert werden?

# Teste dein Wissen!
## Eine Geschichte nacherzählen und umerzählen

**Der Kulak[1] und der Knecht**

Es war einmal ein geiziger, schlauer Kulak, der seine Knechte vom Morgen bis in die Nacht arbeiten ließ und ihnen dabei nur einmal am Tage zu essen gab.
Das ging so zu: Morgens gab der Kulak dem Knecht das Frühstück, setzte ihm aber nicht mehr vor, als auf einer Mückennase Platz hat. Das verzehrte der Knecht, ohne recht zu merken, ob er überhaupt etwas in den Magen kriegte.
„Vielleicht willst du gleichzeitig zu Mittag essen?", fragte der Kulak daraufhin. „Dann brauchst du nichts aufs Feld mitzuschleppen."
„Gut", willigte der Knecht ein, „gib mir auch gleich das Mittagessen." Und hatte er das verzehrt, dann fragte der Kulak wieder: „Willst du vielleicht auch gleich zu Abend essen? Dann verlierst du nach Arbeitsschluss keine Zeit und kannst sofort ins Bett gehen."
„Ja, gib mir auch das Abendessen", sagte der hungrige Knecht, verzehrte es, arbeitete den ganzen Tag und ging dann hungrig zu Bett.
Viele Knechte arbeiteten bei dem geizigen Kulaken, aber länger als eine Woche hielt keiner dieses Leben aus.
Doch einmal fand sich einer, der den Kulaken überlistete. Er frühstückte, aß zu Mittag und zu Abend und fragte dann: „Und wo kann man bei Euch schlafen, Herr?"
„Wieso schlafen?", fragte der Kulak erstaunt. „Und wer macht die Arbeit?"
„Bist du von Sinnen, Herr?", versetzte der Knecht. „Wo hätte man je erlebt, dass anständige Leute nach dem Abendessen zur Arbeit gehen! Nein, nach dem Abendessen gehört man ins Bett."
Und er streckte sich auf dem Sofa aus und schnarchte, was das Zeug hielt.

1 der Kulak: Großbauer in Russland

**1** Lies die Geschichte zweimal aufmerksam durch.

**2** a Beantworte in Stichwörtern folgende Fragen:
- Was erfährst du in der Geschichte über den Kulaken, was über den Knecht? Notiere einige Adjektive, mit denen du die beiden Figuren beschreiben kannst.
- In welchem Verhältnis stehen der Kulak und der Knecht zueinander?
- Mit welchem Trick überlistet ein Knecht den Kulaken?

b Vergleicht eure Ergebnisse in Partnerarbeit.

**3** Schreibe zu der Geschichte „Der Kulak und der Knecht" eine Nacherzählung. Gehe so vor:

a Gliedere die Geschichte in einzelne Erzählschritte und halte den Inhalt in kurzen Sätzen fest, dann vergisst du nichts Wichtiges bei deiner Nacherzählung, z. B.:

- *Ein geiziger Großbauer gab seinen Knechten nur eine Mahlzeit am Tag, ließ sie aber den ganzen Tag arbeiten.*
- …

b Prüft und vergleicht eure Notizen in Partnerarbeit:

- Entspricht die Reihenfolge eurer Erzählschritte dem Handlungsverlauf der Geschichte?
- Habt ihr nichts Wichtiges vergessen, aber auch nichts hinzuerfunden?

**4** Bei der folgenden Nacherzählung ist einiges schiefgegangen.

a Liste auf, welche Fehler in der Nacherzählung gemacht wurden. Nimm hierzu das Merkwissen von S. 107 und deine Erzählschritte aus Aufgabe 3 zu Hilfe.

VORSICHT, FEHLER!

***Nacherzählung: Der Kulak und der Knecht***

*Einmal legte ein Knecht einen Großbauern herein. Das kam so: Er ging zu einem geizigen Bauern, der seinen Knechten das ganze Essen schon am Morgen gab. Dann müssen sie den ganzen Tag arbeiten und bekommen nichts mehr. Er machte das, weil er Geld sparen wollte. Er sagte den Knechten, dass sie dann nichts mit aufs Feld nehmen müssten. Die Knechte halten das natürlich nicht lange aus, weil sie ständig Hunger haben. Der neue Knecht hat einen Trick. Er lässt sich alle Mahlzeiten geben und legt sich dann ins Bett. Er sagte: „Wo kann ich bei euch schlafen. Ich habe gerade mein Abendessen eingenommen und will jetzt schlafen." Dann schnarchte er auf dem Sofa.*

b Überarbeite die Nacherzählung und schreibe eine verbesserte Fassung in dein Heft. Berücksichtige das Merkwissen zum Nacherzählen (→ S. 107).

c Besprecht eure Nacherzählungen in einer Schreibkonferenz (→ S. 352). Was ist gut gelungen und was könnt ihr noch verbessern?

**5** Versetze dich in die Lage des Großbauern (des Kulaken) und erzähle die Geschichte aus seiner Sicht. Schreibe in der Ich-Form.

> **Tipp** Um die Sicht des Großbauern zu verdeutlichen, darfst du die Einzelheiten der Geschichte etwas verändern. Den Erzählkern solltest du aber beibehalten.

a Sammle zuerst Ideen:

- Wie hat der Kulak diesen Vorfall erlebt?
- Was weiß er, was nicht?
- Wie würde er den Anfang und das Ende dieses Erlebnisses erzählen?
- Welche Gedanken und Gefühle gehen ihm durch den Kopf? Was könnte er sagen?

b Schreibe nun die Geschichte aus der Sicht des Großbauern.

c Tauscht eure Erzählungen mit einer Partnerin oder einem Partner aus und gebt euch gegenseitig eine Rückmeldung darüber, was besonders gut gelungen ist und was ihr noch überarbeiten könnt.

# 5.3 Fit in …
## Eine Geschichte untersuchen

### Die Aufgabenstellung richtig verstehen

Stelle dir vor, du bekommst folgende Aufgabe:

Untersuche die Schelmengeschichte „Wie Eulenspiegel Erde kaufte" und bearbeite dann folgende Aufgaben:

1. Schreibe in wenigen Sätzen auf, was in der Geschichte geschieht.
2. Beschreibe, welche Eigenschaften die Figuren haben und in welchem Verhältnis sie zueinander stehen.
3. Erkläre, an welchen Stellen der Text zum Schmunzeln oder zum Lachen reizt.

Erich Kästner
**Wie Eulenspiegel Erde kaufte**

Der Graf von Anhalt war nicht der einzige deutsche Fürst, der Eulenspiegel mit dem Galgen bedrohte. Genau dasselbe tat wenig später der Herzog von Lüneburg. Till hatte nämlich auch im Herzogtum Lüneburg irgendwelche Dummheiten ausgefressen. Und der Herzog hatte ihm daraufhin gesagt: „Mach, dass du über die Grenze kommst! Wenn du dich wieder vor mir blicken lässt, wirst du gehängt!"
Eulenspiegel war damals wie der Blitz aus Lüneburg verschwunden. Später aber musste er auf seinen Fahrten doch wieder durch das Gebiet des Herzogs, falls er keinen zu großen Umweg machen wollte. Er kaufte sich deshalb ein Pferd und einen Karren; und in der Nähe von Celle[1] hielt er an einem Acker still[2], den ein Bauer pflügte, und kaufte dem Bauern für einen Schilling so viel Ackererde ab, dass der Karren bis oben voll davon wurde. Dann setzte sich Till in den Karren, sodass nur der Kopf und die Arme aus der Erde hervorschauten. Und so kutschierte Eulenspiegel durch das ihm verbotene Herzogtum. Er sah fast aus wie ein fahrender Blumentopf.
Als er an der Burg Celle vorbeifuhr, begegnete er dem Herzog, der mit seinem Gefolge zur Jagd ritt. Der Herzog hielt an und sagte: „Ich habe dir mein Land verboten. Steig aus! Jetzt wirst du gehängt!"
„Ich bin ja gar nicht in Eurem Land", erwiderte Eulenspiegel. „Ich sitze in meinem eigenen Land. Ich habe es rechtmäßig von einem Bauern gekauft. Erst gehörte es ihm. Nun gehört es mir. Euer Land ist es nicht."
Der Herzog sagte: „Scher dich mit deinem Land aus meinem Land, du Galgenstrick! Und wenn du noch einmal hierherkommst, hänge ich dich samt Pferd und Wagen."

1 Celle: Stadt im Herzogtum Lüneburg
2 stillhalten: *hier* anhalten

**1** a Lies dir die Aufgabenstellung auf S. 112 (im Kasten oben) genau durch.
b Prüfe, ob du verstanden hast, was du erarbeiten sollst. Entscheide, welche der folgenden Aussagen zutreffen, und schreibe die entsprechenden Buchstaben in dein Heft. Hintereinander gelesen ergeben sie das Lösungswort.
**T** Ich muss die Schelmengeschichte sorgfältig lesen.
**E** Ich soll meine Meinung über den Text mitteilen.
**I** Ich soll die drei Aufgaben mithilfe des Textes bearbeiten.
**L** Meine Antworten muss ich mit eigenen Worten und in der Tempusform Präsens (Gegenwart) formulieren.
**G** Ich soll den Text möglichst spannend nacherzählen.
**L** Ich muss die Reihenfolge der Fragen beachten.

## Den Inhalt der Geschichte verstehen

**2** a Lies den Text (→ S. 112) sorgfältig durch.
b Kläre, ob du den Inhalt des Textes verstanden hast. Schreibe die Buchstaben der richtigen Aussagen in dein Heft.
Ergeben die Buchstaben hintereinander ein Lösungswort?
**L** Die Geschichte spielt hauptsächlich im Herzogtum Lüneburg.
**T** Die Geschichte spielt hauptsächlich im Land des Grafen von Anhalt.
**E** Es gibt drei Hauptfiguren.
**I** Es gibt zwei Hauptfiguren.
**S** Till denkt sich einen Trick aus, wie er das Herzogtum von Lüneburg durchfahren kann, ohne dass man ihn dafür hängen kann.
**M** Till denkt sich einen Trick aus, wie er das Herzogtum Lüneburg gar nicht erst betreten muss, und wählt einen Umweg.
**O** In dieser Geschichte ist der Schelm, Till Eulenspiegel, am Ende der Dumme.
**T** In dieser Geschichte wird ein mächtiger Herzog von einem Schelm hereingelegt.

**3** Halte fest, was du zu den drei Fragen herausgefunden hast. Übertrage dazu die folgende Tabelle in dein Heft und vervollständige sie. Notiere in Klammern, in welchen Zeilen des Textes du deine Informationen gefunden hast.

| Handlung | Figuren | Komik |
|---|---|---|
| – Geschehen in der Einleitung, im Hauptteil, am Schluss<br>– Tills Ziel<br>– Tills Trick | – Namen der Hauptfiguren<br>– ihre Eigenschaften<br>– ihr Verhältnis zueinander | – lustige Textstellen<br>– komische Situationen<br>– lustige Figur |
| – … | – Till Eulenspiegel und der Herzog von Lüneburg (Z. x und Z. y) | – … |

## Den Aufsatz schreiben und den Text überarbeiten

**4** Beantworte nun die drei Aufgaben von S. 112. Nimm hierzu die Stichwörter aus deiner Tabelle (→Aufgabe 3, S. 113) zu Hilfe und schreibe zu jeder Aufgabe einen zusammenhängenden Text. Die folgenden Formulierungen helfen dir dabei.

**Handlung (Was geschieht?):**
- *In der Einleitung der Geschichte wird beschrieben / erfährt man …*
- *Im Hauptteil wird erzählt … Dazu überlegt er sich folgenden Trick: … Als der Herzog Till Eulenspiegel in seinem Land trifft …*
- *Am Ende gelingt es …*
- *Der Schluss zeigt …*

**Figuren (Wer spielt mit? In welchem Verhältnis stehen die Figuren?):**
- *In dieser Geschichte gibt es … Hauptfiguren, nämlich … und …*
- *Über den Schelm … wird schon am Anfang der Geschichte gesagt, dass er …*
- *Die zweite Hauptfigur ist ein mächtiger Herrscher, der Till verboten hat …*
- *Der Schelm führt … an der Nase herum.*
- *Weil Till Eulenspiegel aber … ist, überlegt er sich einen Trick und legt am Ende …*

**Komik (Worüber lachen wir?):**
- *Besonders lustig ist die Figur …*
- *Komisch ist auch die Situation, als Till Eulenspiegel …*
- *Auch die Antwort von … ist lustig. Till sagt nämlich, dass …*
- *Außerdem ist es witzig, als der Herzog sagt, dass … Man merkt nämlich, dass …*

**5** Überarbeitet euren Aufsatz in Partnerarbeit. Nehmt die Checkliste zu Hilfe.

### Checkliste Eine Schelmengeschichte untersuchen

**Handlung**
- Beschreibst du, was in der Einleitung über die Figuren, den Ort und die Ausgangslage der Handlung erzählt wird?
- Stellst du dar, was im Hauptteil nacheinander geschieht (Erzählschritte)?
- Beschreibst du, wie die Geschichte ausgeht?

**Figuren**
- Sagst du, wie die Hauptfiguren heißen und welche Eigenschaften sie haben?
- Gehst du darauf ein, wie die Figuren reden, denken, fühlen und handeln, wenn dies im Text erwähnt ist?
- Erklärst du, in welchem Verhältnis sie zueinander stehen (wer höher- und wer niedriger gestellt ist) und wer am Ende gewinnt?

**Komik**
- Beschreibst du, welche Figur uns zum Lachen bringt?
- Weist du darauf hin, wenn es eine komische Situation gibt?
- Gibt es vielleicht auch ein lustiges Missverständnis?
- Achtest du darauf, ob das, was jemand sagt, lustig ist?

# 6 Es war einmal …
## Märchen untersuchen und schreiben

**In diesem Kapitel …**

– lernst du alte und neue Märchen aus Deutschland und aus anderen Ländern kennen,
– findest du heraus, an welchen Merkmalen man ein Märchen erkennen kann,
– schreibst du selbst Märchen und erzählst von Heldinnen oder Helden, die Gefahren und Prüfungen bestehen müssen.

1 Kennst du die Märchen, die in dem Bild versteckt sind? Erzähle, was dir von diesen Märchen in Erinnerung geblieben ist.

2 Welches Märchen gefällt dir besonders gut, welches weniger? Begründe deine Meinung.

3 Nenne besondere Merkmale von Märchen.

# 6.1 Von Prüfungen, Wünschen und Wundern
## Märchen lesen und vergleichen

### Märchenmerkmale erkennen

Jacob und Wilhelm Grimm
**Prinzessin Mäusehaut**

Ein König hatte drei Töchter; da wollte er wissen, welche ihn am liebsten hätte, ließ sie vor sich kommen und fragte sie. Die älteste sprach, sie habe ihn lieber als das ganze Königreich; die zweite, als alle Edelsteine und Perlen auf dieser Welt; die dritte aber sagte, sie habe ihn lieber als das Salz.
Der König war aufgebracht, dass sie ihre Liebe zu ihm mit einer so geringen Sache vergleiche, übergab sie einem Diener und befahl, er solle sie in den Wald führen und töten. Wie sie in den Wald gekommen waren, bat die Prinzessin den Diener um ihr Leben; dieser war ihr treu und würde sie doch nicht getötet haben, er sagte auch, er wolle mit ihr gehen und ganz nach ihren Befehlen tun. Die Prinzessin verlangte aber nichts als ein Kleid von Mäusehaut und als er ihr das geholt hatte, wickelte sie sich hinein und ging fort. Sie ging geradezu an den Hof eines benachbarten Königs, gab sich für einen Mann aus und bat den König, dass er sie in seine Dienste nehme. Der König sagte es zu und sie

solle bei ihm die Aufwartung haben[1]: Abends musste sie ihm die Stiefel ausziehen, die warf er ihr allemal[2] an den Kopf. Einmal fragte er, woher sie sei. „Aus dem Lande, wo man den Leuten die Stiefel nicht um den Kopf wirft." Der König wurde da aufmerksam. Endlich brachten ihm die anderen Diener einen Ring: Mäusehaut habe ihn verloren, der sei zu kostbar, den müsse er gestohlen haben. Der König ließ Mäusehaut vor sich kommen und fragte, woher der Ring sei. Da konnte sich Mäusehaut nicht länger verbergen, sie wickelte sich von der Mäusehaut los, ihre goldgelben Haare quollen hervor und sie trat heraus, so schön, aber auch so schön, dass der König gleich die Krone von seinem Kopf abnahm und ihr aufsetzte und sie für seine Gemahlin erklärte.

Zu der Hochzeit wurde auch der Vater der Mäusehaut eingeladen, der glaubte, seine Tochter sei schon längst tot, und erkannte sie nicht wieder. Auf der Tafel aber waren alle Speisen, die ihm vorgesetzt wurden, ungesalzen. Da wurde er ärgerlich und sagte: „Ich will lieber nicht leben als solche Speise essen!" Wie er das Wort ausgesagt hatte, sprach die Königin zu ihm: „Jetzt wollt Ihr nicht leben ohne Salz und doch habt Ihr mich einmal wollen töten lassen, weil ich sagte, ich hätte Euch lieber als Salz!" Da erkannte er seine Tochter und küsste sie und bat sie um Verzeihung und es war ihm lieber als sein Königreich und alle Edelsteine der Welt, dass er sie wiedergefunden hatte.

1 Aufwartung haben: als Dienstmädchen arbeiten

2 allemal: jedes Mal

**1** a Lest das Märchen und erzählt euch im Anschluss gegenseitig, worum es darin geht.
b Klärt gemeinsam die Bedeutung unbekannter Wörter und Ausdrücke aus dem Textzusammenhang oder mithilfe eines Wörterbuchs.

**2** a Überlege, welche Bedeutung das Salz im Märchen hat.
b Bewerte das Verhalten des Vaters, der Prinzessin Mäusehaut und ihrer Schwestern.

**3** Gibt es Ähnliches im wirklichen Leben? Begründe deine Meinung.

**4** a Woran erkennt ihr, dass der Text „Prinzessin Mäusehaut" ein Märchen ist? Sucht in Partnerarbeit drei Merkmale, die für ein Märchen typisch sind.
b Vergleicht eure Ergebnisse.

**5** Die Hauptfigur eines Märchens muss oft Aufgaben oder Prüfungen bestehen, für die sie am Ende belohnt wird. Nenne Beispiele aus Märchen, die du kennst, z. B.:
- *Marie muss im Märchen „Frau Holle" die Äpfel vom Baum schütteln, Brot aus dem Backofen holen und die Kissen schütteln.*
- *…*

Jacob und Wilhelm Grimm

## Die drei Wünsche

Es war einmal ein Holzfäller, der lebte zusammen mit seiner Frau glücklich und zufrieden in einem kleinen Holzhäuschen mitten in einem großen Wald. Als er einmal gerade eine große Tanne fällen wollte, sah er plötzlich aus einem der Astlöcher das ängstliche Gesicht eines Kobolds hervorlugen: „Was höre ich da? Du willst doch wohl nicht diesen Baum fällen? Das ist mein Haus, hier lebe ich! […] Wir wollen es so machen: Du fällst den Baum nicht und ich erfülle dir dafür drei Wünsche! Bist du einverstanden?" Der Mann kratzte sich am Kopf: „Drei Wünsche, sagst du? In Ordnung!" Und der Holzfäller begann, einen anderen Baum zu bearbeiten.

Am Abend erzählte er seiner Frau von der Begegnung im Wald. Sie begannen, sich ihren Wohlstand und ihr Glück auszumalen, und ließen es sich mit einer Flasche Wein gut gehen. „Köstlich!", rief die Frau aus und schnalzte mit der Zunge. „Dazu hätte ich jetzt gerne ein paar Würste …!" Sie unterbrach sich sofort und biss sich auf die Zunge, aber zu spät! Der Holzfäller, der zu seiner Verblüffung die Würste vor sich auf dem Tisch liegen sah, konnte vor Wut nur stammeln: „Was hast du getan! Du hast einen Wunsch vergeudet! O Frau, wie dumm du bist!" Und mit wachsendem Zorn fuhr er fort: „Diese verdammten Würste! Ich wollte, du hättest sie an der Nase hängen!" Das hätte er nicht sagen dürfen: Bei diesen Worten kam Leben in die

Würste, die der Frau an die Nase sprangen und dort hängen blieben. Die Frau war außer sich vor Zorn: „Was hast du nur getan! Du hast einen weiteren Wunsch vergeudet! Du bist ein unglaublicher Dummkopf! Was hätten wir uns alles wünschen können."

Da brach der arme Mann in ein schallendes Gelächter aus: „Wenn du wüsstest, wie lächerlich du aussiehst mit den Würsten, die an deiner Nase hängen!" Mit beiden Händen versuchte nun die Frau, sich die Würste von der Nase zu reißen, aber vergebens. Die Würste blieben, wo sie waren. […]

Schließlich fand der Mann den Mut für den dritten Wunsch: „Ich will, dass sich die Würste von der Nase meiner Frau lösen!" Sogleich wurde sein Wunsch erfüllt und Mann und Frau umarmten sich weinend. „Wir werden zwar arm bleiben, aber wieder so glücklich sein wie vorher!" Weil von der wundersamen Begegnung mit dem Kobold nur die Wurstkette übrig geblieben war, fiel ihnen nichts Besseres ein, als sie zu braten und zu essen.

**1** a Lies nur die Überschrift und den ersten Absatz des Märchens (→ Z. 1–15).
b Schreibe auf, worum es in dem Märchen gehen könnte. Begründe deine Vermutungen.

**2** Lies nun das ganze Märchen und überprüfe, welche deiner Vermutungen dem Original ähnlich sind.

**3** Wie gehen die Eheleute miteinander um? Beschreibe ihr Verhalten.

**4** Geht das Märchen gut aus? Begründe deine Meinung.

**5** a Übertragt die Tabelle in euer Heft und ergänzt in Gruppen die beiden Spalten zu „Die drei Wünsche“ sowie „Schneewittchen“.

| Märchenmerkmale | Die drei Wünsche | Schneewittchen | ? |
|---|---|---|---|
| Orte | … | *hinter den sieben Bergen, Schloss* | … |
| Figuren und Eigenschaften | … | *böse Stiefmutter* | … |
| magische Gegenstände | … | *Spieglein an der Wand* | … |
| magische Zahlen | … | … | … |
| Ende: gut, offen oder schlecht? | … | … | … |

b Sucht ein weiteres Märchen, das ihr gut kennt, und füllt die vierte Spalte der Tabelle aus.

c Stellt eure Ergebnisse in der Klasse vor und vergleicht sie. Welche Märchenmerkmale kommen besonders häufig vor?
Der folgende Merkkasten hilft euch:

**Merkwissen** Merkmale von Märchen

Märchen haben immer wiederkehrende Merkmale, an denen man sie gut erkennen kann. Dabei sind natürlich nicht in jedem Märchen alle diese Merkmale zu finden.

**Ort und Zeit**

– Ort und Zeitpunkt der Handlung sind nicht durch genaue Angaben festgelegt, z. B.: *hinter den sieben Bergen, vor langer Zeit.*

**Figuren**

– Es treten typische Figuren auf, z. B.: *König und Königin, Prinz und Prinzessin, Handwerker und Bauern, die böse Stiefmutter*, aber auch fantastische Figuren, z. B.: *sprechende Tiere, Feen, Hexen, Riesen, Zwerge, Zauberer, Drachen.*

– Die Figuren sind häufig auf wenige Eigenschaften festgelegt, z. B.: *die gute Fee, die böse Hexe, die schöne Königstochter.*

**Handlung**

– Meist siegt am Ende das Gute und das Böse wird bestraft.

– Die Heldin / Der Held muss Prüfungen bestehen oder Aufgaben erfüllen (häufig drei).

– Im Märchen geschehen wunderbare Dinge: Tiere können sprechen, es gibt magische Gegenstände (z. B.: *einen Wundertisch, ein Zauberkästchen*) und Zauberei.

**Erzählweise**

– Oft enthalten Märchen feste sprachliche Formeln, z. B.: *Es war einmal …, Und wenn sie nicht gestorben sind …*

– Die Zahlen Drei, Sieben, Zwölf spielen häufig eine besondere Rolle, z. B.: *drei Wünsche, sieben Zwerge, zwölf Gesellen.*

– Oft gibt es Reime oder Zaubersprüche, z. B.: *Ach wie gut, dass niemand weiß, dass ich Rumpelstilzchen heiß!*

## Verschiedene Märchenfassungen vergleichen

Jacob und Wilhelm Grimm
**Die Königstocher und der verzauberte Prinz** *1810*

Die jüngste Tochter des Königs ging hinaus in den Wald und setzte sich an einen kühlen Brunnen. Darauf nahm sie eine goldene Kugel und spielte damit, als diese plötzlich in den Brunnen hinabrollte. Sie sah, wie sie in die Tiefe fiel, und stand an dem Brunnen und war sehr traurig.
[…]

Jacob und Wilhelm Grimm
**Der Froschkönig oder der eiserne Heinrich** *1837*

In den alten Zeiten, wo das Wünschen noch geholfen hat, lebte ein König, dessen Töchter waren alle schön, aber die jüngste war so schön, dass sich die Sonne selber, die doch so oft vieles gesehen hat, darüber verwunderte, sooft sie ihr ins Gesicht schien. Nahe bei dem Schlosse des Königs lag ein großer dunkler Wald und in dem Walde unter einer alten Linde war ein Brunnen. Wenn nun der Tag recht heiß war, so ging das Königskind hinaus in den Wald und setzte sich an den Rand des kühlen Brunnens und wenn sie Langeweile hatte, so nahm sie eine goldene Kugel, warf sie in die Höhe und fing sie wieder; und das war ihr liebstes Spielwerk.
Nun trug es sich einmal zu, dass die goldene Kugel der Königstochter nicht in das Händchen fiel, das sie ausgestreckt hatte, sondern vorbei auf die Erde schlug und geradezu ins Wasser hineinrollte. Die Königstochter folgte ihr mit den Augen nach, aber die Kugel verschwand und der Brunnen war tief und gar kein Grund zu sehen.
[…]

**1** Kennst du das Märchen vom Froschkönig? Erzähle es zu Ende.

**2** Das Märchen „Die Königstochter und der verzauberte Prinz" ist die ursprüngliche Fassung des bekannten Märchens „Der Froschkönig oder der eiserne Heinrich".
a Lies den Anfang der beiden Märchenfassungen und vergleiche sie.
b Welche Märchenvariante des „Froschkönigs" gefällt dir besser? Begründe deine Meinung.

**3** Liste die Unterschiede der beiden Märchenfassungen in einer Tabelle auf. Berücksichtige hierbei
- die Erzählweise (z. B. märchenhafte Formeln, sprachliche Ausgestaltung),
- die Darstellung der Prinzessin,
- die Einzelheiten der Handlung.

## Die Märchensammler: Jacob Grimm und Wilhelm Grimm

Louis Katzenstein: Die Brüder Grimm bei der Märchenerzählerin

Viele Märchen sind vor langer Zeit, noch vor der Zeit des Buchdrucks (15. Jahrhundert), entstanden und man weiß nicht, wer sie zuerst erzählt hat, wer also ihr Autor oder ihre Autorin ist. Solche Volksmärchen gibt es in fast allen Ländern. Sie wurden auf Marktplätzen, in Wirtshäusern oder abends im Kreise der Familie mündlich weitererzählt.

Erst vor 200 Jahren, also Anfang des 19. Jahrhunderts, fingen Schriftsteller und Gelehrte an, diese Volksmärchen zu sammeln.

Die bekanntesten Märchensammler in Deutschland sind die Brüder Jacob Grimm (1785–1863) und Wilhelm Grimm (1786–1859). Sie waren fasziniert von diesen Geschichten, ließen sich die Volksmärchen erzählen und schrieben sie auf. 1812 haben sie ihre Märchensammlung als Buch veröffentlicht, damit möglichst viele Kinder und auch Erwachsene diese schönen Texte hören, lesen und vorlesen können. Das Buch mit dem Titel „Kinder- und Hausmärchen" enthält über 200 Märchen, wurde weltberühmt und ist inzwischen in 140 Sprachen übersetzt worden.

Weil viele Märchen sehr kurz und schmucklos erzählt wurden, haben Jacob und Wilhelm Grimm die aufgeschriebenen Märchentexte immer wieder überarbeitet und nach ihren Vorstellungen verändert. Dabei schmückten sie die Märchen aus, indem sie z. B. Lücken im Handlungsverlauf füllten, Teile aus anderen Märchen einfügten und vor allem ihren Märchen einen besonderen Märchenton (einen einheitlichen Erzählstil) gaben oder indem sie den meisten Märchen die bekannte Eingangsformel „Es war einmal …" voranstellten.

**1** Welche der folgenden Aussagen treffen auf den Text zu? Begründe deine Auswahl mithilfe des Textes.

**A** Volksmärchen gibt es nur bei uns in Deutschland.
**B** Wer die Volksmärchen erfunden hat, ist nicht bekannt.
**C** Die Brüder Grimm haben die Märchen selbst erfunden und dann aufgeschrieben.
**D** Die Brüder Grimm haben die Märchen gehört und dann aufgeschrieben.
**E** Die Brüder Grimm haben die Märchen verändert und ausgeschmückt.

**2** Beschreibe und erkläre das Bild. Berücksichtige dabei die Bildunterschrift.

**3** Sieh dir noch einmal die beiden Märchenanfänge vom „Froschkönig" (→ S. 120) an. Versuche zu erklären, was die Erzählweise der Brüder Grimm ausmacht und welche Wirkung sie auf die Zuhörer/-innen und Leser/-innen hat.

**4** Erläutere, wie es zu den unterschiedlichen Märchenfassungen vom „Froschkönig" (→ S. 120) gekommen ist. Begründe deine Aussage mithilfe des Textes und des Bildes.

## Tierverwandlungen Märchen aus aller Welt vergleichen

**Der kleine Frosch** *aus Chile*

Es war einmal ein ziemlich geiziger König, der hatte drei Söhne: Pedro, Diego und Juanito. Die Jungen mussten hart arbeiten, da der Vater kein Geld für Knechte herausrücken wollte. Sie aber wurden die Behandlung leid und neugierig, wie der Rest der Welt wohl aussähe, so beschlossen sie, sich die Leute jenseits der Grenzen des Vaterlandes anzuschauen.

Der König war erbost und behauptete, sie hätten sich noch nicht bewährt. Da er sie aber nicht halten konnte, bestand er darauf, sie müssten binnen Jahresfrist eine gehörige Menge Silber heimbringen.

Der Älteste ging als Erster. Er war noch nicht lange unterwegs, da hörte er eine Stimme, die wunderschön sang. Er fand heraus, dass sie aus einer armseligen Hütte am Wege kam. Davor saß ein alter Mann, den er grob anfuhr: „Ist das deine Tochter, die da singt? Wenn ja, muss ich sie heiraten, falls sie noch ledig ist."

Traurig erwiderte der alte Mann: „Ja, was du da hörst, ist meine Tochter. Sie ist noch ledig, doch heiraten kann sie nicht." Verärgert über eine solche Antwort, rief Pedro: „Warum nicht, du Narr? Ich bin ein Prinz und will sie heiraten. Ruf sie mir auf der Stelle heraus."

Der alte Mann rief seine Tochter und seufzte, als ein kleiner Frosch aus dem Haus hüpfte und sich vor dem Prinzen auf den Weg setzte. Pedro fand ihn so widerlich, dass er schrie: „Du also vergeudest meine Zeit. Weg da, schrumpliges Ding!" Und er stieß ihn mit dem Fuß zur Seite.

Als Nächster brach Diego auf und auch er wurde gefangen von dem wunderschönen Gesang, der aus der Hütte tönte. Er stellte dem alten Mann dieselbe Frage und erhielt dieselbe Antwort. „Was meinst du damit, dass sie mich nicht heiraten kann? Ich bin ein Prinz und werde sie heiraten, wenn ich will. Befiehl ihr, augenblicklich herauszukommen."

Heraus hüpfte der kleine runzlige Frosch und setzte sich vor ihm auf den Weg. Diego brüllte vor Lachen, als er das Geschöpf sah: „Was!? Heißt das, dies hässliche Ding hat mich genarrt? Weg mit dir!“ Und er trat noch heftiger nach ihm als sein Bruder.

Der jüngste Prinz ging als Letzter; auch er hielt inne, dem Gesang zu lauschen. Er stieg vom Pferd und fragte den Alten, ob diese Stimme seiner Tochter gehöre. „Ja, sie ist meine ledige Tochter, kann dich aber nicht heiraten.“

Juanito rief aus: „Ich werde sie heiraten, wegen der Schönheit ihrer Stimme und ihres lieblichen Gesangs. Nichts soll mich hindern!“

Während er noch sprach, kam der Frosch herausgehüpft. Der Prinz starrte hinab auf ihn; und obwohl er niedergeschlagen war über die Froschgestalt, konnte er den Gesang nicht vergessen. Deshalb rief er nach einem Priester, der sie sogleich traute. Und wann immer Juanito traurig wurde über das Aussehen seiner Frau, sang sie für ihn und munterte ihn auf.

So verging das Jahr und die Prinzen wussten, sie müssten nach Haus und sich vor ihrem Vater bewähren. Die beiden Älteren hatten schöne Frauen gefunden, dazu Säcke voll Silber. Als sie heimritten, kamen sie an der bescheidenen Hütte ihres Bruders vorbei und lachten verächtlich. Juanito wusste nicht, was tun. Er hatte kein Silber erworben. „Mach dir darum keine Sorgen“, beschwor ihn seine Froschfrau. „Leg etwas Kohle in diesen alten Sack und ein Holzscheit aus dem Herd dazu.“ Juanito tat's und nahm verzweifelt Abschied. „Öffne den Sack nur unterwegs nicht“, rief seine Frau ihm nach.

Der König war erfreut über das Silber, das Pedro und Diego heimbrachten. „Wo aber ist deines?“, fragte er seinen jüngsten Sohn, der mit langem Gesicht danebenstand. Die Brüder verspotteten Juanito, während der Vater dessen Sack öffnete, verstummten aber, als Silberstücke zum Vorschein kamen.

„Damit du dich im Spiegel anschauen kannst, habe ich auch ein glänzendes Stück Gold mitgebracht“, erklärte Juanito, als er es unter dem Silber hervorsuchte.

Überglücklich wandte sich der König an seine älteren Söhne: „Seht, was euer kleiner Bruder gefunden hat!“ Pedro und Diego waren ärgerlich und sie beschlossen, Juanito auszustechen. Am Sonntag kamen die drei Brüder in den Königspalast zu einem Festmahl mit ihrem Vater. Die beiden älteren Brüder konnten gar nicht genug prahlen mit ihren Frauen. „Meine Frau webt fein wie eine Spinne“, sagte Pedro. „Meine Frau stickt noch viel geschickter“, sagte Diego. Ihre Mutter, die Königin, wollte das erproben. Sie gab jedem ein Stück Stoff mit dem Auftrag: „Jede eurer Frauen muss mir ein Tischtuch nähen.“

Als seine Brüder davongaloppierten und ihm zum Abschied Beleidigungen an den Kopf warfen, dachte Juanito hoffnungslos: „Wie kann ein Frosch solch einen Stoff nähen?“

Seine Frau, der er diese Sorge erzählte, schnappte ihm das Tuch aus der Hand und riss es in Fetzen. „So ein Unsinn!“, rief sie. „Sorge dich nicht. Leg dich hin, ich singe für dich.“

Als es an der Zeit war, machte Juanito sich sorgenvoll bereit, mit seinen Tuchfetzen zum Palast zu gehen. Wie er sich aber von der Fröschin verabschiedete, sagte sie: „Juanito, nimm diese kleine Schachtel mit. Aber öffne sie ja nicht unterwegs.“

So kehrte er zum Palast zurück und sah die Prachtdecken, die seine Schwägerinnen gefertigt hatten. Er reichte seiner Mutter die winzige Schachtel und war ebenso überrascht wie sie, als sie sie öffnete und ein wunderschönes Tischtuch herauszog.

„Das ist ein wahres Kunstwerk!“, rief die Königin, „nie habe ich dergleichen gesehen. Ich werde dieses Tuch für meinen Tisch behalten und die anderen meinen Dienerinnen geben.“

Das verdross die Brüder sehr und sie schmähten ihren jüngsten Bruder umso mehr: „Du elender kleiner Lump von Froschgemahl! Geh zurück in den Sumpf, wo du hingehörst!“ Sie nahmen sich fest vor, bei der nächsten Aufgabe über ihn zu triumphieren.

Die Hündin der Königin hatte drei Welpen geworfen. Jedem Sohn gab sie einen mit den Worten: „Bring ihn deiner Frau zur Dressur.“
Zuversichtlich nahmen Pedro und Diego die Welpen mit nach Hause, Juanito aber quälte sich mit dem Gedanken, was wohl ein Frosch mit einem Welpen anfange.

Als er seiner Froschfrau die Aufgabe erklärte, nahm diese den Welpen, warf ihn an die Wand und sprach: „Juanito, das ist dummes Zeug. Leg dich nur schlafen“, und sang ihr wundervolles Lied.
Der Tag nahte, an dem die abgerichteten Hunde zum Palast zu bringen waren. Juanito dachte voller Trübsinn: „Was mache ich nur? Meine Brüder werden mich erbarmungslos verhöhnen.“ Doch als er ging, sagte die Fröschin: „Nimm besser etwas mit. Hier, bring deiner Mutter diesen kleinen Kasten mitsamt dem Schlüsselchen.“

„Beeil dich!“, riefen seine Brüder ihm im Vorüberreiten zu; Juanito folgte wie üblich nach und traf gerade ein, als die wohlerzogenen Hunde der Königin vorgeführt wurden. Sie fragte Juanito: „Und was kann dein Welpe, mein Kleiner?“

Der arme Bursche wusste nichts zu sagen, gab aber seiner Mutter den Kasten und trat ängstlich zurück, als sie ihn aufschloss. Stellt euch seine Verwunderung vor, als ein Welpe heraussprang und auf seinen Hinterbeinen tanzte, während eine weiße Taube über ihm schwebte. Die Königin war über die Maßen entzückt von den Künsten des Hundes. Das Tierchen sprang ihr auf den Schoß und blieb zufrieden dort sitzen. Die beiden Brüder aber wussten nicht, wo sie vor Ärger hinschauen sollten.
In diesem Augenblick verkündete der König seinen Söhnen: „Nun befehle ich euch, eure Frauen an den Hof zu bringen, denn jetzt, wo wir ihre Begabungen gesehen haben, müssen wir sie leibhaftig kennen lernen. Ich erwarte euch nächsten Sonntag hier zu einem Fest. Enttäuscht mich nicht!“

Pedro und Diego eilten freudig davon, kannten sie doch die Schönheit ihrer Frauen. Als Juanito seiner Froschfrau von der Einladung ins Schloss berichtete, sagte sie: „Gut, gehen wir einfach hin. Mach dir nur keine Gedanken darüber.“
Der Sonntag kam, die Ochsen wurden vor den alten Karren gespannt und sie fuhren los. Beim Dahinrumpeln sank Juanito in tiefen Schlaf. Wie er erwachte, sah er voll Erstaunen, dass er in einer prächtigen Kutsche fuhr, die nicht von Ochsen, sondern von weiß schimmernden Pferden gezogen wurde. Neben ihm saß auch keine Fröschin mehr, sondern, leise singend, die allerschönste Prinzessin.

Sie erreichten den Palast und wie ärgerten sich die Brüder, als sie die stattliche Kutsche sahen! Hatten sie doch erwartet, ein alter Bauernkarren würde die glitschige Froschfrau zu Hofe fahren. Solche Freude herrschte dort über die Ankunft Juanitos und seiner liebreizenden Gemahlin, dass Pedro und Diego rasch zur Seite gedrängt wurden. Der König war bezaubert von der schönsten seiner drei Schwiegertöchter, als sie ihm und seiner Gemahlin Blumen überreichte. Nach dem Festmahl tanzte das Königspaar, während Juanitos Frau die Brust ihres Gemahls mit den Knochen bedeckte, die auf ihrem Teller geblieben waren. Die beiden anderen Frauen taten es ihr nach, ohne zu wissen, warum.

Dann befahl der König, die Ehefrauen sollten spielen, singen und tanzen. „Die Frauen von Pedro und Diego werden Juanito und seine Frau beim Tanz begleiten", erklärte er. Die Froschprinzessin tanzte voller Anmut und die Knochen verwandelten sich in Perlen und Blumen, die im Saal zu Boden fielen. Die anderen Prinzessinnen versuchten, sie zu übertreffen, doch als sie tanzten, verstreuten sie statt Blüten Pferdeäpfel.

Pedro und Diego waren höchst verdrossen. „Um alles in der Welt, weshalb nahm ich nicht den hässlichen Frosch?", stöhnte Pedro auf. Sein Bruder stimmte zu: „Ja, was waren wir für Dummköpfe, uns solch eine Chance entgehen zu lassen."

Gegen Ende des dritten Festtages gab der König bekannt: „Nun weiß ich, was ich wissen muss, und ich will Juanito und seine Frau besuchen. Ich werde mit ihnen reiten." So brachen alle auf nach der Hütte der Froschfrau.

Die Hütte jedoch war nirgends zu finden; an ihrer Stelle stand der prächtigste Palast, kostbarer als der des Königs. Höchst überrascht sprach der König zu Juanito: „Wenn das dein Palast ist, begehre ich nicht, in meinen zurückzukehren."

Die Prinzessin, befreit von der Froschgestalt, entzückte jeden mit der Schönheit ihrer Lieder und lebte glücklich mit Juanito bis zu ihrem Tode.

**1** Nenne Figuren in diesem Märchen, die dir aus anderen Märchen bekannt sind.

**2** Untersuche den Inhalt des Märchens:
- a Beschreibe kurz, welche Aufgaben die drei Söhne mithilfe ihrer Frauen erfüllen müssen.
- b Benenne die Eigenschaften des Königs und der drei Söhne.
- c Erkläre, was man aus dem Märchen lernen kann.

**3**
- a Gliedert das Märchen in Abschnitte und sucht zu jedem Abschnitt eine Überschrift, die den jeweiligen Inhalt wiedergibt. Arbeitet in Gruppen.
- b Vergleicht eure Ergebnisse.

**4** Trage zusammen, welche Märchenmerkmale der Text enthält. Der Merkkasten auf S. 119 hilft dir dabei.

**5** Teilt euch in Gruppen auf und vergleicht das Märchen „Der kleine Frosch" (→ S. 122–125) aus Chile mit dem deutschen Volksmärchen „Prinzessin Mäusehaut" (→ S. 116–117). Haltet die Gemeinsamkeiten und die Unterschiede fest, z. B. Orte, Eigenschaften …

**Kemanta** *ein indianisches Märchen*

Vor langer Zeit lebte an der Küste des großen Meeres der Indianerjunge Kemanta. Mit seinen Eltern wohnte er in einem Zelt aus Leder. Er war ein guter Jäger. Manchmal brachte er mehr Füchse und Lamas nach Hause als die erwachsenen Indianer.

Nur zum Fischfang ging er nie. Lieber half er den Frauen bei der Arbeit. Kemanta fürchtete sich vor dem Wasser. Er versteckte sich vor dem Regen. Er ging nie baden. Und wenn die anderen Jungen im flachen Wasser herumtobten, lief er davon. Bald lachten ihn alle aus. Sein Vater und seine Brüder waren böse auf ihn. Und eines Tages jagten sie ihn aus dem Haus. Nur seine Mutter brachte ihm heimlich etwas zu essen, damit er nicht verhungerte.

Kemanta lebte hinter dem Dorf in einer kleinen Hütte, die er sich selbst gebaut hatte. Er wurde immer trauriger und wollte gern zu seinen Eltern und Geschwistern zurück. Doch die Angst vor dem Wasser war zu groß. Da sprach er zu sich selbst: „Mein Vater und meine Brüder haben Recht. Ich bin ein Feigling. Deshalb braucht mich niemand. Ich will hier auf meinen Tod warten."

Nach einer Weile saß plötzlich ein merkwürdiger Mann neben ihm. Seine Hände und Füße waren aus Fischschuppen, seine Zähne waren groß und seine runden Fischaugen glänzten wie das Wasser des Meeres. „Fürchte dich nicht!", sagte der Mann. „Ich bin der Meergeist und will dir helfen." „Mir kann niemand helfen", antwortete Kemanta traurig. „Ich habe Angst vor dem Wasser. Ich werde niemals schwimmen lernen." Doch der alte Mann gab Kemanta eine runde schwarze Muschel und sagte: „Iss morgen früh diese Muschel! Dann wird deine Angst vor dem Wasser verschwinden. Ich werde dich das Schwimmen lehren und du wirst schon bald der beste Schwimmer sein."

Am nächsten Morgen aß Kemanta die schwarze Muschel und lief zum Meer hinunter. Die Männer aus dem Dorf waren auch schon am Strand. Sie bereiteten ihre Kanus zum Fischfang vor. Sie sahen den Jungen, der ohne Angst in das Wasser lief. Zuerst ging er bis zum Bauch in das Wasser, dann bis zur Schulter und dann war er ganz verschwunden. „Das war Kemanta! Er ist ertrunken!“, riefen die Männer erschrocken. Doch das stimmte nicht. Denn plötzlich ritt Kemanta auf einer Welle bis zum Ufer. Und dann sprang er wieder in das Wasser hinein. Das Spiel wiederholte sich ein paar Mal: Der Junge ritt fröhlich auf einer Welle und sprang danach gleich wieder in das Wasser. Die Männer am Ufer staunten: „Kemanta hat keine Angst mehr vor dem Wasser.“

Doch dann beobachteten sie, wie sich Kemantas Körper langsam veränderte. Seine Hände und Füße verwandelten sich in starke Flossen, der Hals wurde immer kürzer und verschwand. Die Nase und der Mund wurden zu einem Fischmaul. Immer mehr sah er aus wie ein Delfin – und dann verschwand er im Meer.

Seit diesem Tag begleitete der Delfin Kemanta die Boote der Indianer beim Fischfang. Er trieb ihnen viele Fische in ihre Netze. Manchmal schwamm er ein Stück von den Kanus fort und sprang hoch in die Luft. Gesprungen ist er eigentlich nicht. Der Meergeist spielte mit dem Delfin Kemanta und warf ihn dabei in die Höhe. Und wie der Meergeist mit Kemanta spielte, so spielt er noch heute mit den vielen Delfinen. Das sind die Kinder Kemantas.

**1** In dem Märchen wird erzählt, wie Kemanta immer trauriger wird (→ S. 126, Z. 19). Erkläre, woher seine Traurigkeit kommt.

**2** a Beschreibe, wie die Begegnung zwischen Kemanta und dem Meergeist verläuft.
b Welche Folgen hat diese Begegnung für Kemanta?

**3** Geht das Märchen gut aus? Begründe deine Meinung mithilfe des Textes.

**4** Erzähle das Märchen nach. Gehe so vor:
a Lies das Märchen mehrmals halblaut vor.
b Gliedere das Märchen in vier große Abschnitte und fasse jeden Abschnitt in einer Überschrift oder in Stichwörtern zusammen.
c Erzähle das Märchen dann vor der Klasse nach. Halte dich dabei möglichst eng an den Wortlaut und versuche, mit deiner Stimme deutlich zu machen, wann welche Figur im Text spricht.

**5** Suche zu Hause oder in der Bücherei ein Märchen aus, das du in der Klasse frei nacherzählen willst. Die Informationen im unten stehenden Kasten helfen dir bei deiner Vorbereitung.

**Methode** Ein Märchen nacherzählen

- Lies das Märchen zu Hause mehrmals laut vor und präge dir den Handlungsverlauf und die Sprache, in der das Märchen erzählt ist, genau ein.
- Gliedere das Märchen in Abschnitte und suche für jeden Abschnitt eine treffende Überschrift. So hast du einen roten Faden für deinen Vortrag.
- Lerne wichtige Textstellen (z. B. Anfangs- und Schlussformel, Zaubersprüche, wiederkehrende Formulierungen) auswendig.
- Versuche, mit deiner Stimme deutlich zu machen, wann welche Figur im Text spricht.
- Übe das Nacherzählen zu Hause: Trage das Märchen – ohne in den Text zu blicken – ein- oder zweimal laut vor, z. B. deinen Geschwistern, Freunden, Eltern, oder übe vor dem Spiegel.

# Teste dein Wissen!

**1** a Richtig oder falsch? Schreibe die Buchstaben der richtigen Aussagen hintereinander in dein Heft. Lies genau, denn manchmal kommt es auf einzelne Wörter an.

**A** In allen Märchen kommen Hexen vor.
**D** In Märchen sind oder werden Menschen manchmal verwandelt, z. B. in ein Tier.
**R** In Märchen siegt am Ende das Gute.
**M** Die Zahl *Vier* hat in Märchen eine besondere Bedeutung.
**E** In den Märchen aus anderen Ländern finden sich manchmal die gleichen Figuren wie in den Volksmärchen der Brüder Grimm.
**F** Märchen gibt es nur in Deutschland. In anderen Ländern nennt man diese Geschichten Sagen.
**I** Die Brüder Grimm haben die Märchen, die sie von anderen gehört haben, aufgeschrieben und dann verändert.
**G** Heute weiß man genau, wer welches Märchen erfunden hat.

b Überprüfe deine Ergebnisse. Ergeben die Buchstaben deiner Antworten hintereinander gelesen ein Lösungswort?

**2** Wie ein Zaubertrank braucht auch ein Märchen die richtigen Zutaten.

a Übertrage die Märchenkarten in dein Heft und ergänze sie mit Beispielen, die in einem Märchen vorkommen könnten.

Held oder Heldin
- der Sohn eines armen Fischers

böser Gegenspieler oder böse Gegenspielerin
- …

helfende Märchenfigur
- …

magischer Gegenstand
- …

Aufgaben (oft drei) des Helden oder der Heldin
- …

b Stellt euch eure Märchenkarten vor und prüft, ob man aus euren Ideen ein Märchen zaubern könnte.

# 6.2 Schreibwerkstatt
## Märchen selbst erzählen

### Einen Märchenanfang weiterschreiben

Jacob und Wilhelm Grimm
**Die drei Federn**

Es war einmal ein König, der hatte drei Söhne, davon waren zwei klug und gescheit, aber der dritte sprach nicht viel, war einfältig und wurde nur der Dummling genannt. Als der König nun so alt wurde, dass er an sein Ende dachte, wusste er nicht, welcher von seinen Söhnen nach ihm das Reich erben sollte. Da sprach er zu ihnen: „Ziehet aus und wer mir den feinsten Teppich bringt, der soll nach meinem Tod König sein." Und damit es keinen Streit unter ihnen gab, führte er sie vor sein Schloss, blies drei Federn in die Luft und sprach: „Wie die fliegen, so sollt ihr ziehen." Die eine Feder flog nach Osten, die andere nach Westen, die dritte flog aber geradeaus und flog nicht weit, sondern fiel zur Erde. Nun ging der eine Bruder rechts, der andere ging links und sie lachten den Dummling aus, der da bei der dritten Feder auf der Erde bleiben musste.

Der Dummling setzte sich nieder und war traurig, da sah er auf einmal neben der Feder eine Türe in der Erde. Er machte sie auf stieg eine Treppe hinab und …

**1** Lies den Anfang des Märchens und sammle anschließend alle Märchenmerkmale (Figuren, Hinweise zur Handlung …), die du gefunden hast.

**2** Schreibe eine Fortsetzung des Märchens.
Gehe so vor:

a Notiere in Stichwörtern, welche Vorgaben (Titel, Figuren und ihre Eigenschaften, Hinweise zur Handlung …) dieser Märchenanfang dir gibt, z. B.:
*Titel: Die drei Federn*
*Figuren: ein König, …*
*Handlung:*
*1) König weiß nicht, welchem Sohn …*
*2) …*

**Tipp** Ein Märchen planen
- Welche Märchenfiguren kommen vor und welche Eigenschaften haben sie?
- Welche Aufgabe(n) muss der Held oder die Heldin bewältigen?
- Benötigen sie die Hilfe einer Fee, eines Drachens, eines Zwergs …?
- Gibt es einen magischen Gegenstand?
- Was sagen die Figuren?
- Wie geht das Märchen aus?

b Wie soll das Märchen weitergehen? Ergänze die Handlung in Stichwörtern. Die Fragen im Kasten helfen dir.

c Schreibe das Märchen weiter, indem du deine Ideen ausgestaltest.

**3** Lest eure Märchenfortsetzungen vor und gebt euch Rückmeldung zu den folgenden Fragen:
- Was ist besonders gut gelungen?
- Habt ihr die für Märchen typische Erzählweise getroffen?
- Welche Märchenmerkmale enthält der Text?
- Welche Verbesserungsvorschläge habt ihr?

## Ein modernes Märchen schreiben

Cornelia Funke
**Die geraubten Prinzen**

Es war einmal eine schreckliche Riesin namens Grauseldis, die sammelte schöne Prinzen. Sie raubte sie aus ihren Schlössern und grapschte sie von ihren Pferden. Sie stopfte sie in ihre riesige Handtasche und schleppte sie dann in ihr Schloss, hoch auf dem Gipfel eines Berges.
Manche Prinzen schafften sich bissige Hunde an. Einige ließen ihr Schloss von hundert Rittern bewachen, andere verkleideten sich als arme Bauern, aber Grauseldis schnappte sie alle.
In ihrem Schloss hatte die Riesin ein Puppenhaus mit vielen kleinen Zimmern. Dort steckte sie die Prinzen hinein. Die schönsten bekamen die größten Zimmer und die klügsten benutzte Grauseldis als Schachfiguren. Sie kochte ihnen köstliche Mahlzeiten und spielte ihnen auf der Laute vor, aber das Puppenhaus durften sie erst wieder verlassen, wenn sie der Riesin nicht mehr gefielen …
Jahrelang ging das so.
Bis Grauseldis eines Tages den schönen Prinzen von Kleinpistazien raubte. Er bewunderte sich gerade im Spiegel, als Grauseldis mit ihren Riesenfingern durchs Fenster griff und ihn in ihre Handtasche stopfte.
Seine Mutter, Königin Adelheit, war verzweifelt. Eine Million Goldstücke bot sie dem, der ihren Sohn befreien würde.
Es meldeten sich viele Ritter, aber nicht einer kehrte vom Schloss der furchtbaren Riesin zurück. Grauseldis warf sie alle in einen dunklen, feuchten Kerker.
Königin Adelheits Verzweiflung war grenzenlos und tränenreich. Aber eines Morgens wurde ihr

wieder ein Ritter gemeldet. In roter Rüstung trat er vor ihren Thron.

„Ich werde Euren Sohn befreien“, sagte er, ohne seinen Helm zu öffnen. „Aber nur unter einer Bedingung. Dass Ihr ihn mir zum Mann gebt.“

„Wie bitte?“, rief die Königin.

Da nahm der blutrote Ritter seinen Helm ab und zum Vorschein kam eine wunderschöne Frau.

„Ich bin die Ritterin Frieda Ohnefurcht“, sagte sie. „Unbesiegt in vielen Kämpfen. Ich werde Euren Sohn befreien, wenn Ihr mir versprecht, was ich verlange.“

„Aber ja!“, rief die Königin. „Aber ja doch, alles, was Ihr wollt, meine Teure, nur bringt ihn zurück!“

Da schwang sich Frieda Ohnefurcht auf ihr schwarzes Pferd. Sie ritt drei Tage und drei Nächte, bis sie zu dem Berg kam, auf dem das Schloss der Riesin stand. Bleich stand der Mond über den spitzen Türmen. Das Schnarchen von Grauseldis war bis zum Fuß des Berges zu hören. Schnell wie der Wind ritt Frieda Ohnefurcht zum Schloss hinauf. Vor dem Tor sprang ihr knurrend der fünfköpfige Wachhund der Riesin entgegen. Aber die rote Ritterin knotete ganz einfach seine fünf Hälse zusammen und ließ ihn den steilen Berg hinunterrollen. Dann ritt sie in den großen Schlosssaal.

„Grauseldis!“, rief sie. „Komm her!“

„Wer brüllt so frech in meinem Schloss herum?“, knurrte die Riesin. Sie rollte aus ihrem Bett und polterte die Treppe hinunter.

„Rück die Prinzen raus, Grauseldis!“, rief die Ritterin. „Oder du wirst die Sonne nicht aufgehen sehen.“

„Hahaaa!“, lachte die Riesin und klatschte in die Hände. „Ich glaube, ich werde dich auch behalten. Du bringst mich zum Lachen!“

Frieda streifte sich einen Handschuh von der Hand. Aus ihrem Ärmel kroch eine kleine Spinne.

Die Riesin wurde bleicher als der Mond. „Nimm sie weg!“, schrie sie und kletterte ängstlich auf einen Stuhl. „Nimm sie weg!“

Frieda Ohnefurcht flüsterte der Spinne etwas zu und setzte sie zu Boden. Das kleine Tier krabbelte auf die Riesin zu. Grauseldis sprang wild von einem Bein aufs andere und versuchte, die Spinne zu zertreten. Immer wilder stampfte die Riesin. Das Schloss bebte. Alle Kronleuchter fielen von der Decke und die Prinzen im Puppenhaus plumpsten aus ihren Betten.

Die kleine Spinne krabbelte der Riesin ungerührt auf den Fuß und kletterte ihr Bein hinauf.

„Aaaah!“, kreischte Grauseldis.

Und dann passierte es: Stück für Stück erstarrte die furchtbare Riesin zu Stein, bis sie grau und reglos in der Schlosshalle stand.

„Geschafft!“, sagte Frieda Ohnefurcht. Sie zog ihren Handschuh wieder an und klemmte sich den roten Helm unter den Arm. Dann befreite sie die Prinzen aus dem Puppenhaus und die Ritter aus dem Kerker.

Und den schönen Prinzen von Kleinpistazien? Den hat sie doch nicht geheiratet, denn einer der Ritter gefiel ihr noch viel besser.

Friedas Spinne blieb im Schloss und baute sich ein wunderschönes Netz. Direkt hinter dem Ohr der versteinerten Grauseldis.

**1** a Lies die Überschrift und die ersten drei Abschnitte des Märchens (→ S. 130, Z. 1–19). Stelle Vermutungen an, wie das Märchen weitergehen könnte.
b Lies nun das ganze Märchen. Was hat dich überrascht?

**2** a Untersuche, welche Märchenmerkmale der Text enthält.
b Woran erkennst du, dass dieses Märchen ein modernes Märchen ist? Suche Beispiele im Text.
c Beurteile, ob es sich um ein typisches Märchenende handelt.

# Vertiefen und üben
## Ein modernes Märchen schreiben

●●● 1 Schreibe selbst ein modernes Märchen wie Cornelia Funke. Nimm das Märchen „Die drei Wünsche“ (→ S. 118) als Ausgangstext und erzähle es neu. Gehe folgendermaßen vor:

a Lies das Märchen „Die drei Wünsche“ (→ S. 118) noch einmal genau durch und mache dir Notizen zu den Figuren und zur Handlung des Märchens.

→ Eine Hilfe zu dieser Aufgabe findest du unten.

b Überlege, was du in dem Märchen verändern willst, damit du eine neue, moderne Märchenvariante erzählen kannst. Sammle deine Ideen, z. B. in einem Cluster.

→ Du weißt nicht genau, wie du das Märchen verändern kannst? Eine Hilfe findest du auf S. 133.

c Plane dein Märchen, indem du einen Schreibplan anlegst. Berücksichtige dabei folgende Punkte: Titel, Figuren und ihre Eigenschaften, Handlung, moderne Märchenelemente.

→ Wenn du wissen willst, wie so ein Schreibplan aussehen könnte, sieh auf S. 133 nach.

d Schreibe nun eine moderne Variante des Märchens „Die drei Wünsche“. Schreibe im „Märchenton“, gib die Gedanken und Gefühle der Figuren wieder und verwende die wörtliche Rede. Erzähle im Präteritum.

→ Anregungen zum Schreiben der modernen Märchenvariante findest du auf S. 133.

●● 1 **mit Hilfen**

Schreibe selbst ein modernes Märchen, indem du das Märchen „Die drei Wünsche“ (→ S. 118) neu erzählst. Gehe folgendermaßen vor:

a Lies das Märchen „Die drei Wünsche“ (→ S. 118) noch einmal aufmerksam durch und mache dir Notizen zum Inhalt.
- Halte fest, an welchem Ort das Märchen spielt und welche Figuren in dem Märchen auftreten.
- Mache dir dann Notizen zum Inhalt des Märchens, indem du es in fünf Abschnitte gliederst und jeden Abschnitt knapp zusammenfasst, z. B.:

**Figuren:** Holzfäller und seine Frau, Kobold

**Ort:** In einer Holzhütte im Wald

**Handlung:**
1) Kobold verspricht drei Wünsche. Dafür soll der Holzfäller nicht den Baum fällen, in dem der Kobold lebt.
2) Der Holzfäller und seine Frau malen sich schon ~~aus~~, ihren Wohlstand und ihr Glück aus doch dann entwünscht ... aus
3) vor Wut wünscht sich der Mann die Würste an die Nase seiner Frau
4) lacht sie aus. Frau versucht die Würste abzubekommen
5) nutzt der Wunsch zur Befreiung und beide leben glücklich

b Wie kannst du das Märchen „Die drei Wünsche“ moderner gestalten? Sammle deine Ideen, z. B. in einem Cluster. Die folgenden Fragen helfen dir:
- Willst du den Ort des Märchens verändern, z. B. eine Großstadt, einen Kletterwald …?
- Welche Figuren treten auf? Haben sie einen Beruf, der in unsere heutige Zeit passt?
- Willst du den Kobold in deinem Märchen durch eine zeitgemäße Figur ersetzen?
- Welche modernen Gegenstände könnten in deinem Märchen eine Rolle spielen (z. B. ein feuerrotes Sportauto, ein lilafarbener Rucksack …)?
- Welche Wünsche könnten ausgesprochen werden (z. B. ein neuer Fernseher …)?
- Was geschieht in deinem Märchen und wie endet es?

c Plane dein Märchen und lege einen Schreibplan an.

d Schreibe nun eine moderne Variante des Märchens „Die drei Wünsche“. Nimm deinen Schreibplan zu Hilfe und erzähle im Präteritum.

*Schreibplan*

*Titel: …*
*Figuren: …*
*Typisch modernes Märchen: …*

*Handlung:*
*1) Einleitung (Wie beginnt das Märchen?):*
*- …*
*2) Hauptteil (Was geschieht?):*
*- …*
*3) Schluss (Wie endet das Märchen?):*
*- …*

| Tipps zum Märchenschreiben | Beispiele |
|---|---|
| Benutze märchenhafte Wendungen. | *Es war einmal …*<br>*Eines Tages …*<br>*Und wenn sie nicht gestorben sind, dann …*<br>*Fortan lebten sie glücklich und zufrieden.* |
| Mache deutlich, was deine Figuren zueinander sagen und was sie denken. | *Der … schrie: „…!“*<br>*Auf einmal lachte die … und flüsterte: „…“*<br>*Wenn ich nun …, dachte der …* |
| Verwende Adjektive und Verben, die dein Märchen anschaulich machen. | ***Adjektive:*** *groß, mächtig, dunkel, riesig, feuerrot, schnell, ängstlich, vorsichtig, freundlich, neugierig, zornig …*<br>***Verben:*** *flüstern, schreien, murmeln, rufen, verstecken, lachen, glauben, rennen, rasen, laufen, helfen …* |

# 6.3 Fit in …
## Ein Märchen weiterschreiben

### Die Aufgabenstellung verstehen

Stelle dir vor, du bekommst folgende Aufgabe:

Schreibe das Märchen „Die drei Fledermäuse" weiter und ergänze es zu einem vollständigen Märchen. Berücksichtige hierbei typische Märchenmerkmale.

**Die drei Fledermäuse**

Es war einmal eine Mutter, die hatte drei Söhne und eine Tochter. Ihre Tochter half gerne auf dem Hof, ihre drei Söhne aber faulenzten oft den ganzen Tag. Eines Abends wurde es der Mutter zu viel und sie verfluchte ihre drei Söhne und rief vor lauter Wut: „Mir wären drei Fledermäuse als Söhne lieber als solche Nichtsnutze, wie ihr es seid." Kaum hatte sie dies ausgesprochen, sah sie drei Fledermäuse durch den halbdunklen Abendhimmel davonschwirren. Nun tat es ihr doch leid um ihre faulen, aber liebenswerten Söhne und sie erzählte ihrer Tochter von ihrem Missgeschick. Das Mädchen versprach der Mutter, die drei Jungen zu suchen und zu erlösen. So machte sie sich auf den Weg. Als das Mädchen zwei Tage lang unterwegs war, begegnete ihr …

**1** a Lies die Aufgabenstellung aufmerksam durch.

b Weißt du, was die Aufgabenstellung von dir verlangt? Wähle die zwei richtigen Aussagen aus und schreibe sie in dein Heft.

Ich soll …
- ein modernes Märchen schreiben.
- das Märchen weiterschreiben.
- die Vorgeschichte zu diesem Märchen erzählen.
- in der Märchenfortsetzung typische Märchenmerkmale verwenden.

## Ideen sammeln

**2** Deine Märchenfortsetzung soll zu dem Anfang des Märchens passen. Notiere in Stichwörtern, welche besonderen Vorgaben dieser Märchenanfang dir gibt. Du kannst den folgenden Cluster in dein Heft übertragen und ergänzen.

*Die drei Fledermäuse*
- *drei faule Söhne*
- …
- *Mutter verfluchte …*
- …

**3** a Wie könnte das Märchen von den drei Fledermäusen weitergehen? Wähle aus den folgenden Ideen jeweils eine aus und ergänze deine Ideensammlung, z. B. den Cluster.

Welche Figur sollte in der Fortsetzung des Märchens im Mittelpunkt stehen?
- die Mutter
- die drei Fledermäuse
- die fleißige Schwester

Welche der folgenden Handlungen passen zu dem Märchenanfang?
- Verwandlung der Schwester in eine Fledermaus
- Verzauberung der Mutter
- Erfüllen von drei Aufgaben

b Überlege dir weitere Ideen für die Fortsetzung des Märchens und halte diese fest. Die Fragen im Tippkasten helfen dir.

**Tipp** Einen Märchenanfang fortsetzen
- Welche Aufgaben muss die Hauptfigur (die Heldin / der Held) lösen?
- Wer hilft bei der Lösung der Aufgaben, z. B. ein Tier, ein Zauberwesen …?
- Soll es einen magischen Gegenstand geben?
- Wie sieht der Schluss des Märchens aus?

## Einen Schreibplan erstellen

**4** Ein Schreibplan hilft dir, beim Verfassen des Märchens nicht den roten Faden zu verlieren. Erstelle in deinem Heft einen Schreibplan für dein Märchen. Verwende die Ideen, die du für die Fortsetzung des Märchens gesammelt hast.

**5** Das Mädchen trifft bestimmt auf ein sprechendes Tier oder ein anderes Zauberwesen. Worüber sprechen die beiden? Verfasse einen kurzen Dialog.
Die Wörter in der Wortliste unten helfen dir dabei, als Redebegleitwörter nicht nur *sagen* und *fragen* zu verwenden, z. B.:
*„Bitte hilf mir! Ich irre nun schon seit zwei Tagen durch diesen dunklen Wald und …", sprach das Mädchen ängstlich.*
*„Gerne will ich dir …", antwortete …*

**Schreibplan**

**Titel:** Die drei Fledermäuse
**Figuren:** eine Mutter, drei faule Söhne, …
**Typische Märchenmerkmale in meinem Text:**
- drei Aufgaben
- Verwandlung

**Handlung:**
**Einleitung (Wie beginnt das Märchen?):**
- Mutter verwünscht ihre drei Söhne. Sie verwandeln sich in Fledermäuse.
- Ihre Schwester will sie suchen und erlösen.

**Hauptteil: (Was geschieht?):**
1) Das Mädchen trifft alte Frau
2) drei Aufgaben
3) Brüder

**Schluss: (Wie endet das Märchen?):**
- Das Mädchen findet die drei Brüder und erlöst … gehen z.Z. Mutter und Brüder helfen

stammeln stottern auffordern sich erkundigen sich wundern raunen sprechen sagen flüstern reden fragen antworten entgegnen erklären

## Das Märchen weiterschreiben und überarbeiten

**6** a Schreibe nun das Märchen weiter. Erzähle im Präteritum und gestalte die Handlung märchenhaft.
b Überarbeitet gemeinsam mit einer Partnerin oder einem Partner eure Märchenfortsetzungen mithilfe der folgenden Checkliste:

**Checkliste** Ein Märchen weiterschreiben

- Passt die Fortsetzung zum Anfang des Märchens (Figuren, Ausgangssituation)?
- Erzählst du im Hauptteil z. B. von Aufgaben oder Prüfungen, die die Heldin oder der Held bewältigen muss?
- Lässt du am Schluss das Gute siegen?
- Sind die Figuren und die Handlung märchenhaft (typische Märchenfiguren, magische Gegenstände, besondere Zahlen wie Drei, Sieben oder Zwölf)?
- Enthält dein Text typische Märchenformulierungen, z. B.: *Fortan lebten sie …*?
- Hast du die wörtliche Rede verwendet?
- An welchen Stellen kann man treffendere Verben oder anschaulichere Adjektive einsetzen?
- Ist das Märchen im Präteritum (1. Vergangenheit) erzählt? Vorzeitigkeit = Plusquamperfe

# 7 Leseratten und Bücherwürmer

## Jugendbücher lesen und vorstellen

**In diesem Kapitel …**

- liest du Auszüge aus zwei Jugendbüchern und vergleichst sie miteinander,
- erfährst du, welches Angebot eine Bibliothek hat und wie du dort gezielt nach Büchern, CDs und anderen Medien suchen kannst,
- lernst du das Leben des Autors Mark Twain kennen.

**1** a Beschreibe, was du auf dem Bild entdecken kannst. Welche Erfahrungen, die man beim Lesen machen kann, werden hier dargestellt?
b Finde einen Titel für das Bild.

**2** a Tauscht euch darüber aus, wann und wo ihr lest.
b Welches Buch hast du in letzter Zeit gelesen? Erzähle davon.

**3** Gehörst du eher zu den Leseratten oder zu den Lesemuffeln? Schreibe deine Meinung auf und begründe sie. *Ich bin eine Leseratte, weil … Ich bin ein Lesemuffel, weil …*

# 7.1 Abenteuer
## Spannend und lustig erzählt

### Den Aufbau einer Geschichte untersuchen Erzählschritte

Mark Twain
**Tom Sawyers Abenteuer: Tom Sawyer und der Gartenzaun**

*Tom wächst als Waise mit seinem jüngeren Halbbruder Sid bei seiner Tante Polly in St. Petersburg, einer Kleinstadt am Mississippi, auf. Im Gegensatz zu Sid, der ein wahrer Musterknabe ist, ist Tom ein Rumtreiber und Raufbold. Er schwänzt gerne die Schule und treibt mit seinen Streichen seine Tante Polly, die ihn von Herzen liebt, immer wieder zur Verzweiflung. Als er sich wieder einmal spätabends nach einer Prügelei in sein Zimmer schleichen will, fängt sie ihn ab und brummt ihm eine Strafe auf: Tom soll an einem sommerlichen, schulfreien Samstag den Gartenzaun streichen.*

Tom trat mit einem Eimer Kalkfarbe und einem langstieligen Malerpinsel auf den Gehweg. Er betrachtete den Zaun und alle Fröhlichkeit wich von ihm. Tiefe Schwermut senkte sich auf seine Seele. Fünfundzwanzig Meter Bretterzaun, über zweieinhalb Meter hoch. Das Leben erschien ihm leer, das Dasein eine Last. Seufzend tunkte er seinen Pinsel in die Farbe und strich damit über das oberste Brett, wiederholte den Vorgang, tat es noch einmal, verglich den unbedeutenden Farbstreifen mit dem riesigen Kontinent noch ungestrichenen Zauns und setzte sich entmutigt auf eine Holzkiste, die zum Schutz um einen Baumstamm herum gebaut war. [...]

Ihm fielen die ganzen Vergnügungen ein, die er für diesen Tag geplant hatte, und sein Kummer wuchs ins Unermessliche. Bald würden die Jungen, die frei hatten, vorbeigetrabt kommen, unterwegs zu allen möglichen wunderbaren Unternehmungen, und sie würden eine Welt des Spotts über ihn ausgießen, weil er arbeiten musste – schon die Vorstellung brannte in ihm wie Feuer. Er kramte seine weltliche Habe aus den Taschen und sah sie sich an – Spielzeugteile, Murmeln und Plunder. Vielleicht genug, um dafür eine andere Arbeit einzutauschen, aber nicht annähernd genug, um sich auch nur für eine halbe Stunde freizukaufen. Er steckte seine beschränkten Mittel wieder zurück und gab die Idee auf, Jungen anzuheuern. In diesem düsteren und ausweglosen Augenblick hatte er eine unverhoffte Eingebung! Nichts weniger als eine großartige, glorreiche Eingebung.

Er nahm seinen Pinsel auf und ging ruhig an die Arbeit. Bald tauchte Ben Rogers auf – von allen Jungen ausgerechnet der, dessen Spott er am meisten fürchtete. Ben bewegte sich in einem Hüpf- und Hopsgang vorwärts – Beweis dafür, dass sein Herz fröhlich und seine Erwartungen groß waren. Er aß einen Apfel und gab in Abständen ein langes Tuten von sich, dem ein tiefes Ding-Dong-Dong, Ding-Dong-Dong folgte, denn er verkörperte einen Raddampfer. Als er näher kam, drosselte er die Fahrt, steuerte zur Straßenmitte, lehnte sich stark nach Steuerbord und drehte schwerfällig und mit beträchtlichem Aufwand und Getöse bei – denn er war in diesem Moment die „Big Missouri" mit einem Tiefgang von neun Fuß. Er war Dampfer, Kapitän und Maschinenglocken zugleich, sodass er auf seinem eigenen Oberdeck stand, Kommandos gab und sie ausführte […].

Tom malte weiter – schenkte dem Dampfschiff keinerlei Beachtung. Ben starrte ihn einen Moment lang an und sagte: „Heho! Du bist ganz schön angeschmiert, oder?"

Keine Antwort. Tom musterte seinen letzten Pinselstrich mit kritischem Künstlerblick, dann wischte er mit dem Pinsel noch einmal leicht darüber und betrachtete das Ergebnis wie zuvor. Ben stellte sich neben ihn. Der Apfel ließ Tom das Wasser im Mund zusammenlaufen, aber er blieb in seine Arbeit vertieft. Ben sagte: „Hallo, altes Haus, du musst arbeiten, was?"

Tom drehte sich überrascht um und sagte: „Ach, du bist's, Ben! Ich hab dich gar nicht bemerkt."

„Hör mal, ich geh jetzt schwimmen. Hättest du nicht Lust mitzukommen? Nee, du arbeitest natürlich lieber, oder? Aber sicher!"

Tom sah den Jungen ein Weilchen an und sagte: „Was nennst du denn Arbeit?"

„Wieso, ist das hier keine Arbeit?"

Tom wandte sich wieder dem Streichen zu und sagte gleichgültig: „Vielleicht, vielleicht auch nicht. Ich weiß nur, dass es für Tom Sawyer genau das Richtige ist."

„Ach, komm, du willst mir doch nicht weismachen, dass dir das Spaß macht?"

Der Pinsel blieb in Bewegung.

„Spaß? Ich wüsste nicht, warum es mir keinen Spaß machen sollte. Hat'n Junge denn jeden Tag die Chance, 'nen Zaun zu streichen?"

Das rückte die Sache in ein anderes Licht. Ben hörte auf, an seinem Apfel zu nagen. Tom strich mit dem Pinsel kunstvoll hin und her, trat einen Schritt zurück, um die Wirkung zu prüfen, fügte an der einen oder anderen Stelle einen Tupfer hinzu und begutachtete die Wirkung erneut. Ben verfolgte jede Bewegung mit wachsendem Interesse und immer größerer Spannung. Plötzlich sagte er: „Hör mal, Tom, lass mich mal'n bisschen streichen."

Tom überlegte, war schon beinahe einverstanden, aber er änderte seine Meinung: „Nee, nee, ich glaube, das geht nicht, Ben. Weißt du, Tante Polly nimmt's sehr genau mit dem Zaun – gerade hier auf der Straßenseite, verstehst du – wenn es die Rückseite wär, dann hätt' ich nix dagegen und sie auch nicht. Ja, sie nimmt's schon verdammt genau mit dem Zaun. Es muss sehr sorgfältig gemacht werden. Ich schätze, unter tausend, vielleicht zweitausend Jungen gibt es keinen, der's so machen kann, wie's sein muss." […]

„Ach, Blödsinn! Ich pass genauso gut auf. Jetzt lass mich mal probieren. Ich geb dir auch meinen Apfelbutzen."

„Na, von mir aus, hier … Nein, Ben, lieber doch nicht. Ich hab doch Angst …"

„Ich geb dir den ganzen!"

Tom gab den Pinsel her, mit Widerstreben im Gesicht und Genugtuung im Herzen. Und während der ehemalige Dampfer „Big Missouri" in der Sonne arbeitete und schwitzte, saß der Künstler im Ruhestand auf einem Holzfass im Schatten nahebei, ließ die Beine baumeln, mampfte seinen Apfel und plante das Schlachten weiterer unschuldiger Opfer.

Es gab keinen Mangel an Kandidaten, alle paar Minuten kam ein Junge vorbei. Sie kamen zum Sticheln und blieben zum Streichen. Als Ben keine Kraft mehr hatte, bekam Billy Fisher die nächste Runde für seinen noch gut erhaltenen Drachen und als Billy fertig war, kaufte sich Johnny Miller mit einer toten Ratte ein, nebst einer Schnur, an der man sie kreisen lassen konnte – und so weiter und so fort, Stunde um Stunde. Und am späten Nachmittag schwamm Tom, der am Morgen noch von Armut gebeutelt gewesen war, buchstäblich im Überfluss. Er hatte neben den schon erwähnten Dingen zwölf Murmeln, ein Stück einer Maultrommel, eine blaue Glasscherbe zum Durchgucken, eine kleine Schleuder, einen Schlüssel, der in kein Schloss passte, ein Stück Kreide, den Glasstöpsel einer Karaffe, einen Zinnsoldaten, ein paar Kaulquappen, sechs Knallfrösche, ein einäugiges Kätzchen, einen Türknauf aus Messing, ein Hundehalsband ohne Hund, einen Messergriff, fünf Stück Orangenschale sowie einen morschen Fensterrahmen.

Er hatte sich währenddessen blendend die Zeit vertrieben, hatte nichts getan und jede Menge Gesellschaft gehabt – und der Zaun war mit drei Schichten Kalkfarbe angestrichen! Wäre die Farbe nicht ausgegangen, hätte er jeden Jungen im Dorf bankrott gemacht.

**1** a Lasst euch die Geschichte (→ S. 138–140) vorlesen und hört gut zu. Schreibt anschließend auf, worum es in der Geschichte geht.

b Lest euch gegenseitig vor, was ihr notiert habt. Haltet gemeinsame Ergebnisse fest.

**2** Wie würdest du Toms Verhalten beurteilen: als gemeinen Betrug, als listige Falle, als lustigen Streich oder als …? Begründe deine Meinung mithilfe des Textes.

**3** a Welche Textstellen habt ihr als besonders lustig empfunden? Lest sie euch noch einmal gegenseitig vor.

b Beschreibe, wodurch die lustige Erzählweise (Komik) erzeugt wird. Die Informationen im Merkkasten helfen dir dabei.

**!** **Merkwissen** Lustige Erzählweise

Lustig wird erzählt, wenn z. B.:
- eine Situation zum Lachen reizt,
- eine Figur auftaucht, die durch ihr Aussehen, ihre Redeweise oder ihr Verhalten komisch wirkt,
- lustige Namen verwendet werden,
- etwas stark übertrieben wird,
- etwas gesagt wird, von dem nur der Leser weiß, dass das Gegenteil gemeint ist,
- eine Sprache verwendet wird, die nicht zur Situation passt (z. B. vornehme Sprechweise beim Fußball oder Umgangssprache in einem Ballsaal).

**4** Sicher ist dir aufgefallen, dass sich Toms Stimmung im Verlauf der Geschichte grundlegend ändert.

a Lies den Text (→ S. 138–140) noch einmal gründlich und beschreibe, wie sich Tom am Anfang und am Ende fühlt.

b Erkläre, warum und wodurch der Stimmungswechsel eintritt. Notiere die Zeilenangabe der entsprechenden Textstelle.

**5** a Gliedere die Geschichte in einzelne Erzählschritte und fasse das Geschehen jeweils in einem Satz zusammen, z. B.:

Z. 1–x: Tom ist schlecht gelaunt, weil er an einem schulfreien Samstag einen Gartenzaun streichen muss.

Z. x–y: …

b Gib den Inhalt der Geschichte mündlich wieder. Nutze dazu deine Notizen zu den einzelnen Erzählschritten.

**6** Spielt die Szene zwischen Tom Sawyer und Ben Rogers (→ S. 138, Z. 34–118) als Rollenspiel. Geht so vor:

a Lest noch einmal den Textabschnitt, in dem die beiden sich begegnen (→ Z. 34–118). Achtet darauf, was Ben und Tom tun und was sie sagen. Verfasst dann mithilfe des Textes einen Dialog zwischen Tom und Ben. Ihr könnt eure eigenen Ideen ergänzen.

b Übt euer Rollenspiel. Versetzt euch dabei in die beiden Figuren und achtet bei eurem Spiel auch auf eure Sprechweise, eure Mimik (Gesichtsausdruck) und eure Gestik (Körperbewegung). Wie könnten zum Beispiel Toms Mimik und Gestik vor, während und nach seinem Einfall aussehen?

c Führt eure Rollenspiele vor. Was ist euch besonders gut gelungen?

**7** Erkläre, wie es Tom gelingt, Ben und die anderen Jungen für das Streichen des Zaunes zu begeistern.

**Merkwissen** Erzählschritte in einer Geschichte

Jede Geschichte besteht in der Regel aus mehreren Erzählschritten, die man auch Handlungsabschnitte nennt. Ein neuer Erzählschritt beginnt häufig dann, wenn z. B.:

- der **Ort** der Handlung **wechselt,** z. B.: *Auf der Insel angekommen …,*
- ein **Zeitsprung** stattfindet, z. B.: *Am nächsten Morgen …,*
- eine **neue Figur** auftaucht, z. B.: *Bald tauchte Ben Rogers auf …,*
- die Handlung eine **Wendung** erfährt, z. B.: *Auf einmal …,*
- ein **Wandel in den Gedanken und Gefühlen** der Hauptfigur stattfindet, z. B.: *Ich fühlte mich plötzlich leicht und fröhlich … .*

## Die Figuren einer Geschichte kennen lernen

Mark Twain
**Tom Sawyers Abenteuer: Huckleberry Finn und die tote Katze**

Kurz darauf traf Tom den jugendlichen Paria[1] des Städtchens, Huckleberry Finn, den Sohn eines stadtbekannten Säufers. Huckleberry war bei allen Müttern herzlich verhasst und gefürchtet, weil er faul war und gesetzlos und ordinär[2] und böse – und weil ihre Kinder ihn bewunderten und seine verbotene Gesellschaft suchten und wünschten, sie brächten den Mut auf, wie er zu sein. Tom glich darin den anderen wohlerzogenen Jungen, er beneidete Huckleberry um sein abenteuerliches Außenseiterdasein und hatte strikte Anweisung, nicht mit ihm zu spielen. Darum spielte er mit ihm, sooft sich die Gelegenheit bot. Huckleberry trug immer die abgelegte Kleidung erwachsener Männer und sie wurde nie gewechselt und hing in Fetzen an ihm herunter. Sein Hut war eine geräumige Ruine mit einem sichelförmigen Loch in der breiten Krempe. Seine Jacke, wenn er eine trug, hing ihm fast bis auf die Fersen und die hinteren Knöpfe saßen unterhalb des Rückens. Seine Hose wurde von nur einem Hosenträger gehalten, der Hosenboden war ausgebeult mit nichts drin und die ausgefransten Hosenbeine schleiften im Schmutz, wenn sie nicht hochgekrempelt waren.
Huckleberry kam und ging, wie es ihm beliebte. Bei schönem Wetter schlief er in Hauseingän-

1 der Paria: Außenseiter
2 ordinär: unanständig, unfein

gen und bei schlechtem in leeren Zuckerfässern. Er musste nicht zur Schule oder in die Kirche gehen, niemand konnte ihm befehlen und er brauchte niemandem zu gehorchen. Er konnte angeln und schwimmen gehen, wann und wo er wollte, und so lange bleiben, wie es ihm Spaß machte. Niemand verbot ihm zu raufen. Er konnte so lange aufbleiben, wie es ihm gefiel. Er war immer der erste Junge, der im Frühling barfuß lief, und der letzte, der im Herbst Schuhe trug. Er musste sich weder waschen noch saubere Sachen anziehen. Er konnte herrlich fluchen. In einem Wort, alles, was das Leben lebenswert macht, hatte dieser Junge. Das empfand jeder geplagte, eingezwängte, ehrbare Junge in St. Petersburg.

Tom begrüßte den stolzen Außenseiter: „Hallo, Huckleberry!"

„Selber hallo, und guck mal, ob sie dir gefällt."

„Was hast du denn da?"

„Ne tote Katze."

„Lass mal sehen, Huck. Ui, die ist ja schon richtig steif. Wo hast du sie her?"

„Nem Jungen abgekauft."

„Was hast du bezahlt?"

„Nen blauen Zettel[3] und ne Schweinsblase aus'm Schlachthaus."

„Wo hattest du den blauen Zettel her?"

„Hab ihn vor zwei Wochen Ben Rogers für nen Stock zum Reifentreiben abgekauft."

„Sag mal, wofür sind tote Katzen eigentlich gut, Huck?"

„Wofür? Kann man Warzen mit wegmachen."

„Ehrlich? […] Aber sag mal, wie kriegt man sie denn mit toten Katzen weg?"

„Na ja, du nimmst deine Katze und gehst ungefähr um Mitternacht auf'n Friedhof, wenn jemand Böses begraben worden ist. Und wenn's Mitternacht ist, kommt'n Teufel oder vielleicht sogar zwei oder drei, aber man kann sie nicht sehn, man hört sie nur wie Wind oder so ähnlich oder vielleicht hört man sie reden. Und wenn sie den Burschen wegschleppen, dann schmeißt du deine Katze hinterher und rufst: ‚Teufel geh zur Leich, Katze geh zum Teufel, Warzen geht zur Katz, ich bin euch los!' Das haut jede Warze weg."

„Klingt gut. Hast du's schon mal ausprobiert Huck?"

„Nee, aber die alte Mutter Hopkins hat's mir erzählt."

„Ja, dann schätz ich, dass es stimmt. Denn die Leute sagen ja, sie ist 'ne Hexe."

„Sagen? Mensch, Tom, ich weiß, dass sie eine ist. Sie hat Pa verhext. Pa hat's selbst gesagt. Er ist mal vorbeigekommen und hat gesehen, dass sie ihn verhexen wollte, also hat er 'nen Stein genommen, und wenn sie sich nicht geduckt hätte, dann hätt er sie erwischt. Und genau an dem Abend rollt er von 'nem Schuppen, wo er seinen Rausch ausschlafen wollte, und bricht sich den Arm."

„Das ist ja grauenhaft. Und wie hat er gemerkt, dass sie ihn verhext?"

„Na, Pa merkt das ganz leicht. Pa sagt, wenn sie einen so lange starr anschauen, dann verhexen sie einen. Besonders wenn sie dabei irgendwas grummeln. Weil, wenn sie grummeln, dann sagen sie's Vaterunser rückwärts."

„Sag mal, Hucky, wann willst du das mit der Katze ausprobieren?"

„Heut Nacht. Ich glaub, sie sind heut Nacht hinter Hoss Williams her."

„Aber der ist doch am Samstag begraben worden, Huck. Haben sie den denn nicht schon am Samstag geholt?"

„Wie du daherredest! Wie können sie denn vor Mitternacht schon zaubern? Und dann ist doch schon Sonntag. Teufel treiben sich nicht viel rum am Sonntag, schätz ich mal."

„Das stimmt, daran hab ich nicht gedacht. Kann ich mitkommen?"

„Klar – wenn du keine Angst hast."

„Angst? Woher denn!"

3 blauer Zettel: Belohnung für aufgesagte Bibelverse im Unterricht

**1** Erkläre, was Huckleberry Finn mit der toten Katze vorhat. Was hältst du von Hucks Idee?

**2** In diesem Textauszug lernst du Toms besten Freund Huck kennen. Mache dir ein genaues Bild von ihm. Erstelle dazu einen Steckbrief.

*Steckbrief zu Huckleberry Finn*
*Name: …*
*Aussehen: …*
*Lebensumstände: …*
*Verhaltensweisen/Gewohnheiten: …*

**3** Du erfährst auch etwas über das Ansehen von Huckleberry Finn in der Stadt St. Petersburg. Mache in einer Figurenskizze deutlich, in welcher Beziehung Huck Finn zu den Erwachsenen und zu den Kindern von St. Petersburg steht. Übertrage dazu das folgende Schaubild in dein Heft und notiere deine Eindrücke.

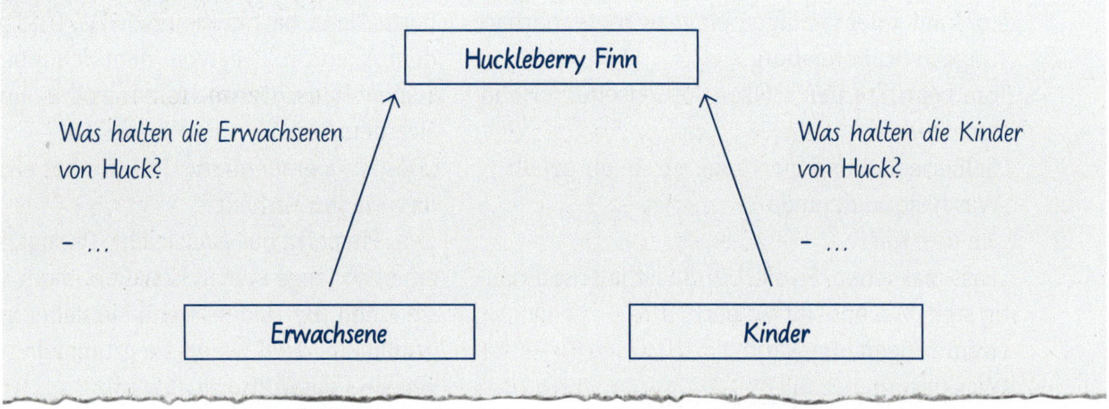


**4** Möchtest du mit Huck befreundet sein? Schreibe deine Meinung auf und begründe, ob du dir eine Freundschaft mit ihm vorstellen kannst oder nicht.

**5** Was könnten die beiden Freunde, Tom und Huck, nachts auf dem Friedhof erleben? Erzähle die Geschichte weiter.

**Methode** Die Figuren einer Geschichte untersuchen

Die **Personen**, die **in einer Geschichte** vorkommen bzw. handeln, nennt man **Figuren**. Sie haben **bestimmte Eigenschaften und Absichten**. In vielen Geschichten gibt es eine **Hauptfigur**, über die der Leser besonders viel erfährt.
Um eine Geschichte zu verstehen, solltest du dir ein klares Bild von den einzelnen Figuren machen. Gehe dabei so vor:

- Führe dir ihr Aussehen, ihre Lebensumstände, ihre Verhaltensweisen, Gefühle und ihre Gewohnheiten vor Augen. Lege dazu z. B. einen Figurensteckbrief an.
- Achte auch darauf, welche Beziehungen die Figuren zueinander haben und was sie übereinander denken: Sind die Figuren befreundet oder ist ihr Verhältnis eher schlecht?
  **Tipp:** In einer Figurenskizze (→ S. 94) kannst du die Beziehung der Figuren deutlich machen.

## Wer erzählt? Erzählformen unterscheiden

Mark Twain

**Tom Sawyers Abenteuer: Die Abenteuer auf der Mississippi-Insel**

*Als Tom sich von seiner Tante Polly wieder einmal ungerecht behandelt fühlt und außerdem das Mädchen aus seiner Klasse, das er sich als Freundin wünscht, nichts von ihm wissen will, kommt er sich einsam und verlassen vor. Er trifft seinen Freund Joe Harper, der in derselben Stimmung ist, weil er gerade von seiner Mutter verprügelt worden ist. Gemeinsam beschließen sie, ihre Heimat zu verlassen und als Ausgestoßene ein wildes Leben zu führen.*

Drei Meilen unterhalb von St. Petersburg, an einer Stelle, wo der Mississippi etwas über eine Meile breit war, gab es eine lange, schmale, bewaldete Insel mit einer flachen Sandbank an der Spitze, die sich wunderbar als Landepunkt eignete. Sie war unbewohnt und lag nah am anderen Ufer, gegenüber einem dichten, fast unbewohnten Wald. Also entschieden sich Tom und Joe für Jackson's Island. Wer Opfer ihrer Piratenzüge werden sollte, diese Frage stellte sich ihnen nicht. Dann suchten sie Huck Finn auf und er schloss sich ihnen sofort an, denn für ihn war ein Beruf wie der andere; er scherte sich nicht darum. Sie gingen auseinander, um sich an einer Stelle zwei Meilen oberhalb des Dorfs zur bevorzugten Stunde zu treffen – also um Mitternacht. Dort lag ein kleines Floß aus Baumstämmen, das sie kapern wollten. Jeder wollte Haken und Fischleinen und so viel Verpflegung mitbringen, wie er auf möglichst dunkle und geheimnisvolle Weise stehlen konnte – ganz so, wie es sich für Banditen gehörte. […]

Um Mitternacht erschien Tom mit einem gekochten Schinken und ein paar Kleinigkeiten und hielt im dichten Gestrüpp einer kleinen Anhöhe am Steilufer an, von wo man den Treffpunkt überblicken konnte. Es herrschte Sternenlicht und tiefe Stille. Der mächtige Fluss ruhte wie ein Ozean. Tom lauschte einen Moment, aber kein Laut störte die Ruhe. Dann ließ er einen leisen, scharfen Pfiff ertönen. Er wurde von unten beantwortet. Tom pfiff noch zweimal und erneut kam die gleiche Erwiderung. Dann sagte eine leise Stimme: „Wer da?"

„Tom Sawyer, der Schwarze Rächer der spanischen Armada[1]. Nennt eure Namen."

„Huck Finn, die Bluthand, und Joe Harper, der Schrecken der Meere." Tom hatte diese Namen aus seinen Lieblingsbüchern übernommen.

„Recht so. Gebt die Parole[2]."

Zwei heisere Flüsterstimmen sandten das entsetzliche Wort gleichzeitig in die brütende Nacht: „BLUT!"

Tom ließ seinen Schinken das Steilufer hinunterpurzeln und rutschte dann hinterher, wobei sowohl seine Kleidung als auch seine Haut etwas in Mitleidenschaft gezogen wurden. Es gab einen bequemen Pfad am Fluss unterhalb des Steilufers, der aber auf Grund seines Mangels an Beschwernis und Gefahr, woran Piraten so gelegen war, nicht in Frage kam.

Der Schrecken der Meere hatte eine ganze

1 die Armada: mächtige Kriegsflotte des spanischen Königs Philipp II. (1527–1598)

2 die Parole: Kennwort

Speckseite mitgebracht und sich beim Herschleppen fast vollständig verausgabt. Finn, die Bluthand, hatte eine Bratpfanne geklaut und außerdem eine Ration geräucherten Blatttabak und ein paar Maiskolben mitgebracht, aus denen man Pfeifen machen konnte. Außer ihm selbst rauchte oder „kaute“[3] keiner der Piraten. Der Schwarze Rächer der spanischen Armada sagte, es hätte keinen Sinn, die Sache ohne Feuer zu beginnen. Das war ein weiser Gedanke; in jenen Tagen waren Streichhölzer so gut wie unbekannt. Auf einem großen Floß hundert Meter flussaufwärts sahen sie ein Feuer glimmen und sie schlichen heimlich hin und besorgten sich ein Scheit. Sie machten ein gewaltiges Abenteuer daraus, sagten alle Nase lang „Pst!“ und hielten plötzlich an, den Finger auf den Lippen, mit imaginären[4] Dolchen fuchtelnd und düstere Befehle flüsternd, wenn „der Feind“ sich rühre, solle er „ihn bis ans Heft[5] spüren“, denn „Tote reden nicht“. Sie wussten nur zu gut, dass die Flößer alle im Städtchen waren, um Besorgungen oder eine Zechtour zu machen, aber das war kein Grund, ihr Vorhaben unpiratentiös durchzuführen.

Dann stießen sie ab. Tom hatte das Kommando, Huck stand am hinteren, Joe am vorderen Ruder. Tom stand mittschiffs, mit finsterer Miene und verschränkten Armen, und gab in strengem Flüsterton seine Befehle: „Luven[6] und bringt sie an den Wind!“ […]

Um zwei Uhr morgens lief das Floß ungefähr zweihundert Meter oberhalb der Inselspitze auf der Sandbank auf und sie wateten hin und her, bis sie ihre Fracht an Land gebracht hatten. Zu dem kleinen Floß gehörte auch ein altes Segel und dieses breiteten sie über eine Lücke im Gebüsch, sodass sie ein Zelt für ihren Proviant hatten. Sie selbst wollten bei gutem Wetter im Freien schlafen, wie es sich für Gesetzlose geziemte[7].

Sie machten Feuer neben einem großen Baumstamm, der zwanzig oder dreißig Schritt weiter im finsteren Waldinneren lag, und brieten sich in der Pfanne etwas Speck und verzehrten die Hälfte des mitgebrachten Maisbrots. Es machte einen Riesenspaß, so zwanglos und frei im unberührten Wald einer unerforschten und menschenleeren Insel zu schmausen, weitab von den Menschen, und sie sagten, sie würden nie wieder in die Zivilisation[8] zurückkehren. Das hoch flackernde Feuer beleuchtete ihre Gesichter und warf seinen roten Schimmer auf die Baumsäulen ihres Waldtempels und auf das glänzende Blattwerk und die Rankengirlanden.

Als das letzte Stück knusprigen Specks verzehrt und das letzte Stück Maisbrot verschlungen war, streckten sich die Jungen zufrieden auf dem Gras aus. Sie hätten einen kühleren Ort aufsuchen können, aber nie hätten sie auf etwas so Romantisches wie das sengende Lagerfeuer verzichtet.

„Ist das nicht toll?“, sagte Joe.

„Es ist Wahnsinn!“, sagte Tom. „Was würden die Jungen sagen, wenn sie uns sehen könnten?“

[…]

Als Tom am Morgen aufwachte, wusste er gar nicht, wo er war. Er setzte sich auf, rieb sich die Augen und sah sich um. Dann wurde es ihm klar. Es herrschte noch kühle graue Dämmerung und ein wunderbarer Frieden lag in der alles umschließenden Stille des Waldes. Kein Blatt regte sich, kein Laut störte die Andacht der großen Natur. An den Blättern und Grashalmen hingen Tauperlen. Eine weiße Ascheschicht bedeckte das Feuer, und ein dünner bläulicher Rauchfaden stieg in die Luft. Joe und Huck schliefen noch. […]

Tom weckte die anderen Piraten und mit lautem Geschrei tollten sie los, hatten im Nu die Kleider

**3** kauen: Gemeint ist hier das Kauen von Kautabak.

**4** imaginär ur vorgestellt, nur in der Fantasie bestehend

**5** das Heft: Griffstück eines Dolchs

**6** luven: Begriff aus der Seemannssprache; das Schiff (oder hier das Floß) nach Luv (in den Wind) drehen

**7** wie es sich geziemte: wie es sich gehörte; wie es angemessen war

**8** die Zivilisation: Gesellschaft

abgeworfen und jagten sich und purzelten übereinander im flachen, klaren Wasser der weißen Sandbank. Sie hatten keinerlei Sehnsucht nach dem kleinen schlafenden Städtchen jenseits der riesigen leeren Wasserfläche. Eine unstete Strömung oder ein leichter Anstieg des Wassers hatte ihr Floß fortgeschwemmt. Aber das war ihnen nur recht, denn damit war die letzte Brücke zwischen ihnen und der Zivilisation abgebrochen.

**1** a Lass dir das Abenteuer der drei Freunde Tom, Joe und Huck vorlesen.
b Wenn du genau zugehört hast, kannst du bestimmt folgende Fragen beantworten:
- Warum schließt sich Huck Finn seinen Freunden Tom und Joe an?
- Wie kommen die drei Freunde auf die Insel?
- Womit verpflegen sie sich?
- Was stellen sich die drei vor, zu sein?

**2** Im zweiten Textabschnitt wird erzählt, wie Tom nachts zum vereinbarten Treffpunkt kommt. Lies noch einmal die Zeilen 23–36 (→S. 145).
a Versetze dich in Toms Lage und erzähle diese Szene aus seiner Sicht. Schreibe in der Ich-Form und schildere Gedanken und Gefühle, z. B.:
*Pünktlich um Mitternacht war ich am vereinbarten Treffpunkt. Aus Tante Pollys Speisekammer hatte ich einen gekochten Schinken …*
b Vergleiche deinen Text mit dem Originaltext. Welche Unterschiede kannst du feststellen? Lies hierzu auch die Informationen im unten stehenden Merkkasten.

**3** Setze die Geschichte von dem Inselabenteuer fort. Gehe so vor:
a Entscheide, ob du in der Ich-Form oder in der Er-/Sie-Form schreiben willst.
b Halte dann in Stichwörtern fest, wie das Inselabenteuer weitergehen könnte.
c Schreibe nun mithilfe deiner Notizen eine Fortsetzung der Geschichte.

**4** a Sieh dir noch einmal alle drei Textauszüge (→S. 138–140; S. 142–143; S. 145–147) an: Beschreibe, worin sich das Leben der Figuren aus dem Roman von deinem Leben unterscheidet.
b Möchtest du mit den Figuren aus dem Roman tauschen? Schreibe auf, was dafür und was dagegen spricht.

**5** Reizen dich die Geschichten um Tom und seine Freunde dazu, den ganzen Roman zu lesen? Begründe deine Meinung.

**6** Suche im Internet nach Informationen zu dem Roman „Tom Sawyers Abenteuer" von Mark Twain. Stelle deine Ergebnisse der Klasse vor (→Tipps zur Internetrecherche, S. 350).

**!** **Merkwissen** Ich-Erzähler oder Er-/Sie-Erzähler

- Der **Ich-Erzähler** (oder die Ich-Erzählerin) ist selbst als handelnde Figur in das Geschehen verwickelt. Er/Sie schildert die Ereignisse aus seiner/ihrer persönlichen Sicht, z. B.: *An diesem Tag geschah etwas, was ich nie für möglich gehalten hätte. Meine Schwester hatte …*
- Der **Er-/Sie-Erzähler** ist nicht am Geschehen beteiligt und erzählt von allen Figuren in der Er-Form bzw. in der Sie-Form, z. B.: *An diesem Tag geschah etwas, was David nie für möglich gehalten hätte. Seine Schwester hatte …*

## … ein weiteres Abenteuer

Sofia Nordin
**In Lebensgefahr!**

*Amanda ist ein ruhiges Mädchen und in ihrer Klasse eine Außenseiterin. Vor allem ihr Mitschüler Philip macht sich ständig über sie lustig. Eines Tages müssen die beiden lernen zusammenzuhalten, als auf einer Wildwasserfahrt ihr Kanu kentert und sie vom Fluss mitgerissen werden. Zwar können sie sich ans Ufer retten, aber nach der ersten Nacht im Freien wird klar, dass sie sich verlaufen haben. Und Philip muss eingestehen, dass er keine Ahnung hat, aus welcher Richtung sie gekommen sind.*

„Soll das heißen, du weißt es nicht?“, sage ich, langsam und deutlich, wobei ich ihm direkt in die Augen schaue, in der Hoffnung, dass er nur einen Witz gemacht hat.
„Ja“, sagt er kleinlaut. Dann räuspert er sich ein paar Mal, um seiner Stimme mehr Nachdruck zu verleihen, was er aber schnell wieder aufgeben muss. „Es war so dunkel … und … kalt … und ich war so müde.“
„Schon, aber du bist vorgegangen und hast den Weg bestimmt!“
„Ich weiß.“ Seine Stimme wird immer kläglicher, und wenn mich nicht alles täuscht, versucht er unauffällig ein paar Tränen wegzublinzeln. Sollte ich Philip etwa zum Heulen gebracht haben?! […]
„Es ist nicht allein deine Schuld“, sage ich und würde gerne freundlich und tröstend klingen, aber viel mehr als ein saures Murmeln kriege ich nicht zustande, weil ich jetzt richtig Angst habe. Ich versuche mich zu entsinnen, wo die Sonne gestern stand, ehe es dunkel wurde, aber ich erinnere mich nur an einen gleichmäßig grauen Himmel. Rund um den Platz, an dem wir sitzen, gibt es nur Fichten, Steine und Moos, kein besonderes Erkennungszeichen. Und es war wirklich stockdunkel, als wir hier ankamen. Wenn es hell gewesen und ich nicht so schrecklich müde gewesen wäre, hätte ich mir vielleicht merken können, in welcher Himmelsrichtung der Stein lag, der die anderen ein Stück überragt, oder in welcher Richtung die Fichte stand, die ein bisschen schiefer als die anderen gewachsen ist. Solche Dinge merkt man sich noch nicht mal im Normalfall. Aber den Sonnenuntergang, das hätten wir doch mitkriegen müssen, trotz bedecktem Himmel? In welcher Richtung ist die Sonne untergegangen? Das müsste man sich doch wieder ins Gedächtnis rufen können. Ich frage Philip, dränge ihn, sich zu erinnern, aber er schüttelt den Kopf. Er kann es nicht sagen. Verzweifelt sitzen wir da.
„Und was machen wir jetzt?“, frage ich nach einer Weile. „Wir sollten die Gelegenheit nutzen und irgendwas machen, solange die Wirkung des Traubenzuckers anhält.“
„Ja, sollten wir wohl“, sagte Philip, wobei er eher den Eindruck macht, als würde er lieber auf dem Haufen Tannengrün sitzen bleiben und einfach abwarten, obwohl er wieder angefangen hat zu frieren. […]
Wieder blitzt der Gedanke in meinem Kopf auf, heute noch klarer als gestern, dass wir bleiben sollten, wo wir sind. Das ist eins der wichtigen Dinge, die ich bei den Pfadfindern gelernt habe: Wenn man feststellt, dass man sich verlaufen hat, soll man bleiben, wo man ist, weil man sonst riskiert, im Kreis zu gehen und sich zu verausgaben, ohne vorwärts zu kommen. Außerdem kann es passieren, dass man in einen Bereich kommt, den die Suchtrupps bereits abgegrast haben. Trotzdem, hier können wir nicht bleiben. Wir müssen unsere Kleider trocknen, damit uns wieder warm wird, und außerdem brauchen wir was zu trinken und zu essen.
Wir laufen schweigend hintereinander her. […]
Irgendwann um die Mittagszeit lichtet sich der Wald. Hier wachsen Birken. Ich streife eine Hand voll junge Blätter ab und schiebe sie mir in den Mund. Philip sieht mich fragend an.
„Da ist Birkenzucker drin und irgendein Vitamin.“

Er folgt meinem Beispiel, zögernd, zupft vorsichtig ein regennasses Blatt ab und untersucht es gründlich von allen Seiten, ehe er es in den Mund schiebt. Dabei sieht er mich an, als ob ich eine Schraube locker hätte, was ihn nicht davon abhält, sich gleich darauf eine ganze Hand voll Blätter in den Mund zu stopfen.
„Du hast nicht zufällig ein Messer dabei? Oder einen scharfen Gegenstand?", frage ich ihn.
„Nein, wieso?"
„Dann könnten wir Birkensaft abzapfen. Der ist supersüß. Man ritzt eine Rinne in den Stamm, und da tropft er raus."
Philip wirft sehnsüchtig einen Blick auf den Stamm der Birke, während er sämtliche Taschen durchwühlt. Aber das Schärfste, was er finden kann, ist der kleine Metallhaken vom Reißverschluss seiner Jacke. Verbissen versucht er, sich damit durch die Rinde der Birke zu kratzen, aber er hat keinen Erfolg. […]

*Amanda und Philip finden eine verlassene Hütte, in der sie die zweite Nacht verbringen. Am anderen Morgen kümmert sich Amanda darum, dass sie nicht mehr frieren müssen.*

Als Nächstes sammele ich trockene Zweige und einen Haufen trockene Baumrinde von einer umgestürzten Birke unten am Seeufer.
Als Philip wach wird, knistert bereits ein gemütliches Feuer im Ofen. […] Am Anfang hat der Ofen fürchterlich gequalmt, ich musste mehrmals ganz von vorne anfangen. Aber das hat Philip alles verschlafen. Jetzt sieht er nur, dass im Ofen ein wärmendes Feuer brennt. Ich habe die Luke extra so weit offen stehen lassen, dass er sofort die zuckenden Flammen sieht, sobald er die Augen aufschlägt. Ich bin gewaltig stolz auf mich, dass ich das hingekriegt habe. Am liebsten würde ich laut und überlegen lachen, aber ich strenge mich an, so zu tun, als wäre das Feuer völlig unspektakulär.
Ich sehe ihm an, dass er schwer beeindruckt und glücklich ist, auch wenn er nichts sagt. Er wendet den Blick ab und tut so, als ließe es ihn kalt, dass im Ofen ein Feuer brennt. Aber mir reicht schon sein erster, erstaunter, beeindruckter Blick.
So lässig wie möglich hebe ich den Deckel von dem Topf, der auf dem Ofen steht. Es war eine arge Plackerei, ihn einigermaßen von dem Rost zu befreien. Mit dem Inhalt des Topfes lässt sich schon weniger rumprahlen: In dem heißen Wasser schwimmen ein paar hellgrüne, weiche Tannentriebe. Aber Philip reißt gierig die Augen auf, als ich ihm ein wenig davon in eine Tasse gieße, die ich im Bach gewaschen habe.
„Kann man das essen?", fragt er, wobei er versucht, cool zu klingen und die Vorfreude darüber zu verbergen, eine Tasse mit etwas Warmem in den Händen zu halten.

**1** Lies den Textauszug aus dem Jugendbuch „In Lebensgefahr!". Nenne Textstellen, die du besonders beeindruckend findest.

**2** Beschreibt, wie die beiden Kinder im Wald zurechtkommen. Notiert, welche Mittel sie benutzen und wozu sie dienen, z. B.: *Sie essen Birkenblätter. Die enthalten …*

# Vertiefen und üben
## Geschichten vergleichen

●●● 1 Die Texte „Die Abenteuer auf der Mississippi-Insel" (→ S. 145–147) und „In Lebensgefahr!" (→ S. 148 f.) erzählen beide von einem Abenteuer in der Natur. Vergleiche die beiden Geschichten und halte Gemeinsamkeiten und Unterschiede in einer Tabelle fest. Orientiere dich dabei an den W-Fragen.

→ Wenn du Hilfe zu dieser Aufgabe benötigst, sieh auf S. 151 nach.

●●● 2 In Abenteuergeschichten geht es meist sehr aufregend zu. Suche in beiden Textauszügen (→ S. 145–147 und S. 148 f.) nach Stellen, die besonders spannend erzählt sind. Notiere sie jeweils in einer Tabelle und begründe deine Entscheidung.

→ Informationen zur spannenden Erzählweise findest du im Merkkasten unten.

●●● 3 In beiden Abenteuer-Geschichten (→ S. 145–147; S. 148 f.) werden unterschiedliche Erzählformen verwendet.

→ Eine Hilfe zu dieser Aufgabe findest du auf S. 151.

*Als das letzte Stück knusprigen Specks verzehrt und das letzte Stück Maisbrot verschlungen war, streckten sich die Jungen zufrieden auf dem Gras aus. Sie hätten einen kühleren Ort aufsuchen können, aber nie hätten sie auf etwas so Romantisches wie das sengende Lagerfeuer verzichtet.*
*„Ist das nicht toll?", sagte Joe.*
*„Es ist Wahnsinn!", sagte Tom.*

*„Es ist nicht deine Schuld", sage ich und würde gerne freundlich und tröstend klingen, aber viel mehr als ein saures Murmeln kriege ich nicht zustande, weil ich jetzt richtig Angst habe.*

a Bestimme die Erzählform in den beiden Textstellen.
b Erläutere den Unterschied zwischen ihnen. Achte dabei darauf, wie die Gedanken und Gefühle der Figuren geäußert werden.

**Tipp:** Informationen zu den Erzählformen findest du auf S. 147.

**Merkwissen** Spannende Erzählweise

Spannend wird erzählt, wenn z. B.:
- Zeit und/oder Ort unheimlich wirken,
- von einer gefährlichen Situation erzählt wird,
- Rätselhaftes geschieht oder der Ausgang eines Geschehens ungewiss bleibt,
- spannungssteigernde Wörter und Wendungen verwendet werden, z. B.: *schlagartig, auf unheimliche Weise …,*
- viele Fragen aufeinander folgen, die die Hilflosigkeit oder Angst der Figuren zeigen.

**●● 1 mit Hilfen**

Die Texte „Die Abenteuer auf der Mississippi-Insel“ (→ S. 145–147) und „In Lebensgefahr!“ (→ S. 148 f.) erzählen beide von einem Abenteuer in der Natur. Vergleiche die beiden Geschichten und halte Gemeinsamkeiten und Unterschiede in einer Tabelle fest. Gehe so vor:

a Lies die beiden Texte und notiere Stichwörter zu den folgenden W-Fragen:
*Wer nimmt an dem Abenteuer teil? Wo spielt das Geschehen? Warum brechen die Kinder auf? Wie versorgen sie sich? Womit verbringen sie ihre Zeit? Wie fühlen sie sich?*

b Erstelle eine Tabelle mit diesen W-Fragen und den entsprechenden Antworten in deinem Heft.

c Markiere in der Tabelle Gemeinsamkeiten und Unterschiede in zwei verschiedenen Farben.

**●● 2 mit Hilfen**

Suche in beiden Textauszügen (→ S. 145–147 und S. 148 f.) nach Stellen, die besonders spannend erzählt sind. Gehe so vor:

a Lies die Informationen im Merkkasten auf S. 150.

b Lege für jeden Textauszug eine Tabelle nach folgendem Muster an. Notiere darin Beispiele für spannendes Erzählen und begründe.

| **Mark Twain: Die Abenteuer auf der Mississippi-Insel** | |
|---|---|
| **Textstelle** | **Begründung** |
| *S. 145, Z. 23–30* | *Mitternacht (= Geisterstunde), tiefe Stille (= unheimlich)* |
| *S. …* | *…* |

**●● 3 mit Hilfen**

*Als das letzte Stück knusprigen Specks verzehrt und das letzte Stück Maisbrot verschlungen war, streckten sich die Jungen zufrieden auf dem Gras aus. Sie hätten einen kühleren Ort aufsuchen können, aber nie hätten sie auf etwas so Romantisches wie das sengende Lagerfeuer verzichtet.*
*„Ist das nicht toll?“, sagte Joe.*
*„Es ist Wahnsinn!“, sagte Tom.*

*„Es ist nicht deine Schuld“, sage ich und würde gerne freundlich und tröstend klingen, aber viel mehr als ein saures Murmeln kriege ich nicht zustande, weil ich jetzt richtig Angst habe.*

In beiden Abenteuer-Geschichten (→ S. 145–147; S. 148 f.) werden unterschiedliche Erzählformen verwendet.

a Bestimme die Erzählform in den beiden obigen Textstellen. Welcher Text hat einen Ich-Erzähler und welcher einen Er-Erzähler?

b Erläutere den Unterschied zwischen den Textstellen.
- Welche Pronomen werden verwendet (ich, er, sie)?
- Wie äußern die Figuren ihre Gedanken und Gefühle?
- In welchem der beiden Texte wird außerdem über die Figuren erzählt?
- Was sagen die Erwachsenen zu dem Abenteuer?

# Teste dein Wissen!
## Testbogen für Leseratten und Bücherwürmer

**Kannst du die folgenden Testaufgaben lösen?**

1 Jede Geschichte besteht in der Regel aus mehreren Erzählschritten, die man auch Handlungsabschnitte nennt. Welche der folgenden Aussagen sind richtig?
Schreibe die entsprechenden Buchstaben in dein Heft und du erhältst ein Lösungswort.
**Tipp:** Lies genau, denn manchmal kommt es auf einzelne Wörter an.

**H** Ein neuer Erzählschritt kann zum Beispiel durch einen Ortswechsel gekennzeichnet sein.

**A** Jeder neue Absatz im Text ist auch ein neuer Erzählschritt.

**U** Wenn eine neue Figur auftaucht, beginnt oft ein neuer Erzählschritt.

**C** Ein neuer Erzählschritt kann an einem Zeitsprung im Handlungsverlauf erkennbar sein.

**E** Einen neuen Erzählschritt erkennt man immer daran, dass die Hauptfigur in eine bedrohliche Situation gerät.

**K** Wenn die Handlung eine entscheidende Wendung erfährt, beginnt meist ein neuer Erzählschritt.

2 Wie bezeichnet man die Personen, die in einer Geschichte vorkommen?
Beantworte diese Frage schriftlich, indem du den folgenden Satz richtig ergänzt.

Die Personen, die in einer Geschichte vorkommen oder handeln, nennt man …

**A** Schauspieler | **B** Wesen | **C** Darsteller | **D** Figuren

3 a Schreibe auf, welche zwei Erzählformen man unterscheiden muss.
b Notiere zu jeder Erzählform einen kurzen Beispielsatz.

4 In einer Geschichte kann es spannende und lustige Textstellen geben. Nenne zwei Merkmale, an denen du eine spannende und eine lustige Erzählweise erkennen kannst.
Ergänze dazu die folgenden Sätze:
– Spannend wird erzählt, wenn zum Beispiel …
– Lustig wird erzählt, wenn zum Beispiel …

5 Vergleiche deine Testergebnisse mit dem Lösungsteil auf S. 353.

# 7.2 Hier gibt es viel zu entdecken
## In der Bibliothek

**1** a Auf diesem Bild erhältst du einen Einblick in eine Bibliothek (Bücherei). Beschreibe wichtige Einzelheiten, die du auf dem Bild erkennen kannst: Wie ist die Bibliothek aufgebaut? Was kann man dort tun? Welche Medien (Bücher, CDs …) kannst du hier finden?

b Erkläre, wie du in der abgebildeten Bibliothek vorgehen könntest, um einen Abenteuerroman, z. B. „Tom Sawyers Abenteuer“ von Mark Twain, oder ein Sachbuch, z. B. zum Thema „Regenwald“, auszuleihen.

**2** Berichte von deinen Erfahrungen: In welcher Bibliothek warst du? Was hast du dort gesucht und wie bist du vorgegangen?

## In der Bibliothek nach Büchern und anderen Medien suchen

**Eine Bibliothek nutzen**

Um in der Bibliothek in Büchern und Zeitschriften zu lesen oder nach DVDs, CD-ROMs oder Spielen zu stöbern, musst du nicht angemeldet sein. Eine Anmeldung ist erst nötig, wenn du etwas ausleihen willst. Dazu wird ein Anmeldeformular ausgefüllt, das deine Eltern unterschreiben müssen. Erst dann bekommst du einen Benutzer- bzw. Leseausweis, der für Kinder und Jugendliche meist kostenlos ist. Bücher, Zeitschriften, Filme, Musik-CDs und vieles andere kannst du in der Regel kostenlos ausleihen. Für Bücher beträgt die Leihfrist meist 4 Wochen, für DVDs und CDs ist sie oft kürzer. Gebühren musst du nur bezahlen, wenn du etwas zu spät oder beschädigt zurückbringst.

**Ordnung nach Sachgebieten**

In einer Bibliothek sind alle Bücher zuerst nach Sachgebieten geordnet. Solche Sachgebiete sind z. B. „Sport“, „Naturwissenschaft“, „Fremdsprachige Bücher“ oder „Literatur“ (Belletristik). Innerhalb dieser Sachgebiete stehen die Bücher dann entweder in Untergruppen (wie z. B. „Fußball“, „Schwimmen“) oder alphabetisch nach dem Nachnamen der Autorin bzw. des Autors sortiert. Wenn du also ein Sachbuch zum Thema „Fußball“ suchst, kannst du im „Sport“-Regal einfach mal stöbern.
Genauer geht die Suche aber mit einem Bibliothekskatalog. Die meisten Bibliotheken bieten die Suche über den Computer an. Der Online-Katalog OPAC (Online Public Access Catalogue) umfasst den gesamten Bestand der Bibliothek an Büchern, Zeitschriften, DVDs etc. So kannst du schnell herausfinden, ob es zum Thema „Fußball“ auch Filme oder einen Jugendroman gibt.

**Online nach Büchern suchen**

Der Online-Katalog OPAC funktioniert ähnlich wie eine Suchmaschine im Internet. In eine spezielle Maske kannst du verschiedene Suchbegriffe eingeben, z. B.:

- den Namen der Autorin oder des Autors (Verfasser),
- den Titel des Buches, des Films oder
- ein Schlagwort / einen Sachbegriff zu einem Thema (Basketball, Hunde, Fantasy).

Der Katalog listet dir dann die Treffer auf. Vermerkt ist dort auch die Signatur (eine Kombination aus Buchstaben und Zahlen), die den Standort in der Bibliothek angibt. Diese Signatur steht auch auf dem Buch oder der DVD im Regal.
Wenn du zu viele Treffer erhältst, kannst du die Suche verfeinern, indem du eine bestimmte Medienart (Buch, DVD, CD-ROM) auswählst. Der Vorteil der Computersuche besteht darin, dass du oft noch Hinweise zum Inhalt bekommst bzw. die Information, ob das, was du suchst, bereits ausgeliehen ist.

**1** a Lies den Text ein erstes Mal aufmerksam durch. Was wusstest du schon, welche Informationen sind für dich neu?

b Lies den Text nun Abschnitt für Abschnitt. Kläre nach jedem Textabschnitt Wörter, die du nicht verstehst. Fasse dann zusammen, worum es in dem jeweiligen Abschnitt geht.

**2** Veranstaltet ein Bibliotheksquiz.

a Jede Gruppe überlegt sich drei Fragen zum Thema „Bibliothek", die man mithilfe des Sachtextes (→ S. 154) beantworten kann. Schreibt jede Frage auf eine einzelne Karteikarte oder einen Zettel. Auf die Rückseite schreibt ihr die Lösung.

b Sammelt nun alle Karten oder Zettel ein und führt in der Klasse ein Bibliotheksquiz durch.

**3** Erkläre, wie du vorgehen würdest, um mithilfe der auf S. 154 abgebildeten Suchmaske …

- den Film zu dem Buch „Tom Sawyers Abenteuer" von Mark Twain zu finden.
- nachzuschauen, welche anderen Bücher von Mark Twain du ausleihen kannst.
- ein Sachbuch über Wildwassertouren zu finden.
- die Autorin / den Autor des Abenteuerromans „Die Schatzinsel" zu ermitteln.
- das Computerspiel „Harry Potter und der Halbblutprinz" zu finden.
- herauszufinden, ob es eine Zeitschrift über Pferde gibt.

**4** a Besorge dir die Internet-Adresse eurer Bibliothek und rufe am Computer die Online-Suche auf.

b Erledige die Suchaufträge von Aufgabe 3.

c Vergleicht eure Suchergebnisse und berichtet von euren Erfahrungen mit der Arbeit am Computer. **Tipp:** Die Informationen im Methoden-Kasten helfen euch dabei.

### Methode Mit dem Computer Bücher und andere Medien suchen

**1. Schritt:** Gib in das entsprechende Feld der Suchmaske einen Suchbegriff ein, z. B. den Namen der Autorin / des Autors, den Titel des Buches, einen Sachbegriff/ein Schlagwort (z. B. Meerestiere, Judo). Verfeinere die Suche, indem du eine bestimmte Medienart (z. B. Buch, CD, DVD) auswählst.

**2. Schritt:** Starte die Suche, indem du die Enter-Taste des Computers drückst oder mit einem Mausklick das Feld für die Suche startest.

**3. Schritt:** Du erhältst nun Angaben zu dem gesuchten Titel oder eine Liste mit Suchergebnissen. Klicke den Titel an, zu dem du genauere Informationen haben willst, z. B. eine Kurzbeschreibung des Inhalts, Angaben darüber, ob das Buch vorhanden oder ausgeliehen ist.

**4. Schritt:** Wenn du den gesuchten Titel gefunden hast, musst du dir die Signatur aufschreiben, z. B.: *SL ab10 TWA*. Sie gibt dir den Standort des Buches, der CD etc. in der Bibliothek an.

**5. Schritt:** Orientiere dich in der Bibliothek und suche das Regal, in dem dein Buch steht, z. B.: *SL ab10 TWA* (SL = Schöne Literatur; ab10 = ab 10 Jahren; TWA = Autor, hier Twain).

## Auf die Plätze, fertig, los! Eine Bibliotheksrallye durchführen

### Bibliotheksrallye für die Klasse 5

1 Wann müsst ihr eine ausgeliehene DVD zurückbringen oder verlängern lassen?

2 Es gibt einen Jugendbuchautor namens Kordon. Welchen Vornamen hat er?

3 Wie viele Bücher von Andreas Steinhöfel gibt es in der Bibliothek?

4 Der „Herr der Diebe" von Cornelia Funke ist nicht nur ein Jugendroman. Findet heraus, welche anderen Medien es mit diesem Titel gibt.

5 Unter welcher Buchstabengruppe findet ihr in eurer Bibliothek Anleitungen für Origami?

6 Findet die Signaturen der folgenden Bücher heraus. Notiert die Signaturen und sucht dann den Standort der einzelnen Bücher in der Bibliothek. Was zeigen die Titelbilder?
- *Kirsten Boie: Moppel wär gern Romeo*
- *Benno Pludra: Das Herz des Piraten*
- *Astrid Lindgren: Ronja Räubertochter*
- *Andreas Schlüter: Level 4 – die Stadt der Kinder*

7 Die Bibliothek hilft euch auch, Wörter oder Begriffe, die ihr nicht kennt, nachzuschlagen. Denn hier findet ihr Nachschlagewerke (Lexika) oder Fremdwörterbücher. Findet heraus, aus welcher Sprache das Wort „Rafting" kommt und was es bedeutet.

8 Sucht eine CD-ROM mit einem Lernspiel für Mathematik. Notiert den Titel und die Signatur.

1 Führt die Rallye in eurer Schulbibliothek oder in der Stadtbibliothek durch. Geht so vor:
a Teilt euch in Gruppen auf. Jede Gruppe erhält eine Kopie der Bibliotheksrallye.
b Legt eine Zeit für eure Bibliotheksrallye fest. Startet mit eurer Rallye und bearbeitet die Aufgaben. Schreibt eure Lösungen gut lesbar auf.
c Trefft euch zum vereinbarten Zeitpunkt und vergleicht eure Ergebnisse.

2 Formuliert Fragen und Aufgaben für eine eigene Bibliotheksrallye. Diese Bibliotheksrallye könnt ihr dann in eurer Klasse oder mit eurer Parallelklasse durchführen.
a Teilt euch in Gruppen auf. Jede Gruppe beschäftigt sich mit einem Sachgebiet (z. B. Abenteuerromane, Sachbücher, Kinderfilme …).
b Entwickelt in Gruppenarbeit Fragen oder Rätsel zu eurem Sachgebiet.
c Alle Gruppen treffen sich zu einem verabredeten Zeitpunkt wieder. Geht dann die Fragen gemeinsam durch und überlegt, ob sie für andere lösbar sind.
**Tipp:** Ihr könnt euch dabei auch gegenseitig als Testpartner einsetzen und die Fragen von einer anderen Gruppe prüfen lassen.

# 7.3 Projekt
## Einen Autor vorstellen

**Mark Twain**

Mark Twain ist mit den Abenteuern von Tom Sawyer weltberühmt geworden. Er selbst führte auch ein abenteuerliches Leben. Er wurde 1835 als Samuel Langhorne Clemens geboren und wuchs in einer kleinen Hafenstadt am Mississippi auf. Als sein Vater starb, musste er die Schule abbrechen, um schon mit zwölf Jahren in einer Druckerei zu arbeiten. Mit 17 Jahren fing er ein Wanderleben an: Er reiste durch Amerika, arbeitete als Drucker, begann 1857 eine Ausbildung zum Steuermann auf einem Mississippi-Dampfer, wurde vier Jahre später arbeitslos und ging als Goldgräber in den Wilden Westen. Da die Arbeit in den Minen beschwerlich war und wenig Lohn brachte, verdiente er sein Geld ab 1862 mit dem Schreiben von Zeitungsartikeln. Erst mit 30 Jahren widmete er sich ernsthaft dem Schreiben und wählte das Pseudonym (Künstlername) Mark Twain.

**1** Was erfährst du über die ersten 30 Jahre im Leben von Mark Twain? Notiere die wichtigsten Stationen in Form eines Zeitstrahls.

**2** Wie ging das Leben von Mark Twain weiter?

a Suche in der Bibliothek nach einem Autorenlexikon und trage möglichst viele Fakten über sein Leben zusammen.

b Finde heraus, was der Name „Mark Twain" bedeutet.

c Präsentiere seinen Lebenslauf auf einem Plakat mit:
- Jahreszahlen,
- Fotos,
- Titelbildern seiner Bücher,
- Zitaten.

(→ Methode: Ein Informationsplakat gestalten, S. 321)

**3** Der Erzähler einer Geschichte ist nicht mit dem Autor zu verwechseln. Dennoch können Erfahrungen und Erlebnisse des Autors in seine Bücher einfließen. Überlege, welche Stationen aus Mark Twains Leben beim Schreiben von „Tom Sawyers Abenteuer" Einfluss gehabt haben könnten.

**4** Mark Twain war auch bekannt für seine humorvolle Schlagfertigkeit. Lies die folgende Anekdote und erkläre, wie Twain auf den Eintrag des Grafen reagiert.

> Mark Twain war auf Europa-Reise und betrat in Deutschland ein Hotel. Während er die Feder ergriff, um sich ins Fremdenbuch einzutragen, las er an letzter Stelle: „Graf von Hohenlohe mit Kammerdiener". Twain schrieb darunter: „Mark Twain mit Schweinslederkoffer".

## Diese Autorin / Diesen Autor solltet ihr kennen! Einen Vortrag halten

Wenn du die Autorin oder den Autor deiner Lieblingsbücher vorstellst, dann erfährst du oft auch, woher sie oder er die Ideen für Geschichten, Figuren und Handlungsorte bekommt. Gehe so vor:

### 1. Schritt: Einen Lebenslauf erstellen

1 Suche im Lexikon oder im Internet Informationen über deine Autorin / deinen Autor. Notiere dann:
- Lebensdaten (Kindheit, Ausbildung, außergewöhnliche Reisen oder Berufe, ...),
- die wichtigsten Werke,
- Preise,
- Filme oder Hörspiele, die aus Büchern hervorgegangen sind.

### 2. Schritt: Deine Autorenempfehlung begründen

2 Sage, wovon ihre/seine Bücher handeln.
a Nenne die Themen, die immer wieder darin auftauchen.
b Beschreibe die Erzählweise.
c Formuliere zwei bis drei Sätze, in denen du deine Autorenauswahl begründest, z. B.:
*Mir gefallen seine Abenteuergeschichten, weil ... Wenn ich witzige Dialoge lesen will, dann ...*

**Tipp** Die Erzählweise kann z. B. spannend, lustig, realistisch, lehrreich sein.

### 3. Schritt: Einen Textausschnitt für die Leseprobe auswählen

3 Überlege, welches Buch deutlich macht, warum du diese Autorin / diesen Autor gerne liest.
a Wähle aus diesem Buch einen Textausschnitt, der sich als Leseprobe eignet.
b Übe das Vorlesen. Mache dazu eine Kopie des Textes und versieh sie mit Betonungszeichen. Tipps dazu findest du auf S. 166.

### 4. Schritt: Den Vortrag üben

4 Probe den Vortrag vor einer Freundin, einem Freund, deinen Geschwistern oder Eltern. Du kannst auch allein vor dem Spiegel üben.

**Tipps zum Vortragen**
Sprich laut, deutlich und nicht zu schnell.
Versuche, möglichst frei vorzutragen.
Schau deine Zuhörer an, dann siehst du, ob es Zwischenfragen gibt.

*1. Informationen zur Autorin / zum Autor*
*Heute möchte ich euch die Autorin ... vorstellen. Sie hat zum Beispiel das Buch „...“ geschrieben. Geboren wurde sie ...*

*2. Persönliche Begründung*
*An den Büchern von ... gefällt mir, dass sie nicht nur lustig sind, sondern auch ...*

*3. Leseprobe und Autorenzitat*
*Damit ihr versteht, warum ich ihre Bücher mag, lese ich euch jetzt eine Stelle aus ... vor. Hier wird erzählt, wie ...*

5 Stellt euch eure Lieblingsautoren vor und schätzt anschließend eure Vorträge ein.

# 8 Rot leuchten die Johannisbeeren
## Gedichte im Jahreskreis untersuchen, vortragen und gestalten

arne rautenberg

frühmer
frühbst
frühter
somling
sommer
sombst
somter
herling
hermer
herbst
herter
winling
winmer
winbst
winter

**1** Lies das Gedicht von Arne Rautenberg genau. Erkläre, was die besondere Idee des Gedichts ist.

**2** Vergleiche das Bild mit dem Gedicht. Notiere Gemeinsamkeiten und Unterschiede.

**3** a Sammle Merkmale, die deiner Meinung nach ein Gedicht kennzeichnen.
b Ist der Text von Arne Rautenberg ein „richtiges" Gedicht? Begründe deine Meinung.

**In diesem Kapitel …**

- lernst du Merkmale von Gedichten kennen,
- übst du, ein Gedicht vorzutragen und auswendig zu lernen,
- schreibst du selbst Gedichte, gestaltest sie mithilfe des Computers und stellst ein Gedicht-Leporello zusammen,
- spielst du mit Sprache.

# 8.1 Sozusagen grundlos vergnügt
## Inhalt und Form von Gedichten entdecken

### Strophe, Vers, Reim, Sprachbilder Merkmale von Gedichten untersuchen

Heinrich Seidel
**Kreislauf**

Wenn im März die erste Lerche singt –
O wie hold verheißungsvoll das klingt!

Horch! die Nachtigall im Rosenhag[1] –
O wie golden bist du Frühlingstag!

Der Pirol ruft aus dem Kirschenbaum –
Sommer ist's und war doch Frühling kaum.

Ach wie bald weht Herbstresedaduft[2],
Und der Kranich ruft aus hoher Luft.

Nur ein Weilchen noch, dann starrt der See,
Und die Krähen krächzen über'm Schnee!

O wie hold verheißungsvoll das klingt,
Wenn im März die erste Lerche singt!

1 der Rosenhag: Hecke aus Rosenbüschen
2 die Herbstreseda: Pflanze mit grünlichen wohlriechenden Blüten

**1** Lies das Gedicht leise für dich und erkläre den Zusammenhang von Titel und Text.

**2** a Das Gedicht besteht aus zwölf Versen und sechs Strophen. Sieh dir das Gedicht genau an und erkläre, was mit den Begriffen Vers und Strophe gemeint ist. Wenn du unsicher bist, kannst du die Informationen auf S. 164 nutzen.
b Ordne die Strophen den Jahreszeiten zu.
c Lies das Gedicht laut vor.

**3** a Schreibe das Gedicht ab.
b Unterstreiche die Reimwörter am Ende jeder Verszeile. Bezeichne dann die Wörter, die sich reimen, mit dem gleichen Kleinbuchstaben (a, a, b, b, c ...), z. B.:
*Wenn im März die erste Lerche singt* a
*O wie hold verheißungsvoll das klingt* a
*Horch! die ...* b
c Wie wird diese Reimform genannt? Nimm den Merkkasten auf S. 164 zu Hilfe.

Hermann Hesse
**September**

Der Garten trauert,
Kühl sinkt in die Blumen der Regen.
Der Sommer schauert
Still seinem Ende entgegen.

Golden tropft Blatt für Blatt
Nieder vom hohen Akazienbaum.
Sommer lächelt erstaunt und matt
In den sterbenden Gartentraum.

Lange noch bei den Rosen
Bleibt er stehen, sehnt sich nach Ruh.
Langsam tut er die großen,
Müd gewordenen Augen zu.

1 a Wie wirkt das Gedicht auf dich? Nenne Adjektive zur Beschreibung der Stimmung, z. B.: *ernst, heiter, …*
b Gib mit eigenen Worten wieder, was in den einzelnen Strophen beschrieben wird.
c Erkläre, was mit den Worten „sterbender Gartentraum" in der zweiten Strophe gemeint ist.

2 Vergleiche die Reimform dieses Gedichts mit der des Gedichts „Kreislauf" auf S. 160. Was fällt dir auf?

Detlev von Liliencron
**Herbst**

Astern blühen schon im Garten.
Schwächer trifft der Sonnenpfeil.
Blumen, die den Tod …
Durch des Frostes … .

Brauner dunkelt längst die …,
Blätter zittern durch die … .
Und es liegen Wald und …
Unbewegt in blauem … .

Pfirsich an der …,
Kranich auf der … .
Herbstes Freuden, Herbstes …,
Welke Rosen, reife … .

Luft Heide erwarten
Frucht Trauer Winterflucht
Duft Henkerbeil
Weide Gartenmauer

1 In diesem Gedicht fehlen die Reimwörter am Ende der Verse.
a Schreibe das Gedicht ab und setze dabei die fehlenden Reimwörter aus dem Wortspeicher ein.
**Tipp:** Das Gedicht hat die gleiche Reimform wie das Gedicht „September".
b Kennzeichne zusammengehörige Reimwörter mit den gleichen Kleinbuchstaben (a, b, c …).
c Benenne die Reimform. Nutze die Informationen auf S. 164.

2 Im Gedicht wird beschrieben, was die Menschen im Herbst erfreut und was sie traurig stimmt. Nenne je ein Beispiel. Sprich das Gedicht so, dass man die Stimmungen spürt.

Peter Hacks
**Der Winter**

Im Winter geht die Sonn
Erst mittags auf die Straße
Und friert in höchstem Maße
Und macht sich schnell davon.

Ein Rabe stelzt im Schnee
Mit graugeschneitem Rücken,
Sieht man jeden Zeh.
In seinen Fußabdrücken.

Der Winter ist voll Grimm[1].
Doch wenn die Mutter Geld hat
Und viel Briketts bestellt hat,
dann ist er nicht so schlimm.

1 der Grimm: Wut, schlechte Laune

**1** Welche Haltung gegenüber dem Winter wird im Gedicht deutlich? Belege deine Einschätzungen mit Textstellen.

**2** a Lies das Gedicht und untersuche die erste und dritte Strophe genauer. Welche Versenden reimen sich?
b Untersuche nun die zweite Strophe. Sie ist falsch abgedruckt. Was stimmt hier nicht?

**3** a Schreibe das ganze Gedicht richtig ab.
b Kennzeichne zusammengehörige Reimwörter mit den gleichen Kleinbuchstaben (a, b, c ...).
c Wie wird diese Reimform genannt? Nutze die Informationen auf S. 164.

**4** Illustriere in deinem Heft die Gedichtstrophe, die dir am besten gefällt.

**5** In Naturgedichten werden z. B. Naturerscheinungen oft so beschrieben, als wären sie Menschen, z. B.: *Der Winter ist voll Grimm*. Man nennt das Personifikation (Vermenschlichung). Suche im Gedicht von Peter Hacks ein weiteres Beispiel für eine Personifikation.

**6** Trage das Gedicht der Klasse vor. Versuche so zu sprechen, dass die Kälte des Winters hörbar wird.

Rose Ausländer
**April**

Da kommt er
wirft Luftlappen ins Gesicht
drückt Sonne auf den Rücken
lacht überlaut wickelt den
Park in grünen Taft[1] zerreißt
ihn wieder stellenweise
pufft[2] die Kinder spielt mit den
Röcken erschreckter Gouvernanten[3]
drückt alle Regenhebel
macht los die Nordhunde von den Ketten und
lässt sie laufen nach Windlust

Ein toller Geselle
eine Art Eulenspiegel
auch gangsterhafte Gesten hat er
(jaja mein Lieber du
machst es uns nicht leicht
dich lieb zu haben)

und doch und doch
im Großen und Ganzen
ein prächtiger Kerl
dieser April

1 der Taft: glänzender Stoff
2 puffen: stoßen
3 die Gouvernante: *veraltet* für Hauslehrerin

Christine Busta
**April**

Tage wie Vögel und locker wie junges Haar,
auf den Stufen hüpft Regen und malt seine flüchtigen Zeichen.
Er spielt mit der Sonne. Bald wird sie dein Fenster erreichen
und steigt dir ins Zimmer, das lange voll Schatten war.

**1** a Lies die April-Gedichte leise für dich.
b Wodurch unterscheiden sich die beiden Texte von den bisherigen dieses Kapitels?
c Beschreibe, was dir an diesen Gedichten besonders gut bzw. weniger gut gefällt.

**2** a In beiden Gedichten wird der April personifiziert, d. h. menschlich dargestellt. Suche solche Textstellen und lies sie ausdrucksstark vor.
b Wähle einen anderen Monat aus und denke dir selbst passende Personifikationen aus, z. B.: *der November, ein Straßenfeger.*
c Erweitere deine Personifikationen zu einem Vergleich, z. B.: *Der November ist wie ein Straßenfeger, der mit seinem Windbesen die Wege kehrt.*

**3** Besonders häufig kommen Vergleiche in Gedichten vor. Suche im Gedicht von Christine Busta nach Beispielen und erkläre, was damit gemeint sein könnte.

**4** Wähle einen der Texte für einen Gedichtvortrag aus. Probiere verschiedene Vortragsweisen.

**Merkwissen** Merkmale von Gedichten: Strophe, Vers, Reim, Sprachbilder

## Besonderheiten der Gedichtform

**Strophe:** Eine Strophe ist ein Gedichtabschnitt, der aus mehreren Versen besteht. Die einzelnen Strophen eines Gedichts sind durch eine Leerzeile voneinander getrennt. Häufig bestehen Gedichte aus mehreren, gleich langen Strophen.

**Vers:** Die Zeilen eines Gedichts heißen Verse.

**Reim:** Oft werden die einzelnen Verse (Gedichtszeilen) durch einen Reim miteinander verbunden. Zwei Wörter reimen sich, wenn sie vom letzten betonten Vokal an gleich klingen, z. B.: *Haus – Maus, singen – entspringen.*
Die regelmäßige Abfolge von Endreimen ergibt verschiedene Reimformen. Dabei werden Verse, die sich reimen, mit den gleichen Kleinbuchstaben gekennzeichnet, z. B.:

- **Paarreim:** Wenn zwei aufeinanderfolgende Verse sich reimen, sprechen wir von einem Paarreim (a, a, b, b):
  … Katertier a
  … Kavalier a
  … Garten b
  … erwarten b
- **Kreuzreim:** Reimen sich – über Kreuz – der 1. und der 3. sowie der 2. und der 4. Vers, dann nennt man das Kreuzreim (a, b, a, b):
  … verschieden a
  … Bauch b
  … zufrieden a
  … auch b
- **umarmender Reim:** Wird ein Paarreim von zwei Versen umschlossen (umarmt), die sich ebenfalls reimen, heißt dies umarmender Reim (a, b, b, a):
  … springen a
  … Traum b
  … Raum b
  … singen a

## Besonderheiten der Sprache in Gedichten

**Sprachbilder:** In Gedichten findet man häufig bildhafte Wörter und Wendungen, auch Sprachbilder genannt. Beim Lesen und Hören lassen sich Sprachbilder mit Vorstellungen verbinden. Personifikation und Vergleich sind Formen von Sprachbildern.

**Personifikation:** In Naturgedichten werden oft Naturerscheinungen wie Jahreszeiten, Landschaften, Pflanzen, Tiere, Flüsse, Himmelskörper so beschrieben, als wären sie Menschen, z. B.: *Der Winter ist voll Grimm*. Man nennt das Personifikation (Vermenschlichung).

**Vergleich:** Der Vergleich weist auf eine Gemeinsamkeit einer Person, eines Tieres, einer Jahreszeit, eines Gegenstands etc. mit einem anderen Wesen oder Gegenstand hin. Man erkennt den Vergleich am vorangestellten Wort *wie*, z. B.: *Tage wie Vögel.*

## Gedichte vortragen und auswendig lernen

Mascha Kaléko
**Sozusagen grundlos vergnügt**

Ich freu mich, daß am Himmel Wolken ziehen
Und daß es regnet, hagelt, friert und schneit.
Ich freu mich auch zur grünen Jahreszeit,
Wenn Heckenrosen und Holunder blühen.
– Daß Amseln flöten und daß Immen[1] summen,
Daß Mücken stechen und daß Brummer brummen.
Daß rote Luftballons ins Blaue steigen.
Daß Spatzen schwatzen. Und daß Fische schweigen.

Ich freu mich, daß der Mond am Himmel steht
Und daß die Sonne täglich neu aufgeht.
Daß Herbst dem Sommer folgt und Lenz[2] dem Winter,
Gefällt mir wohl. Da steckt ein Sinn dahinter,
Wenn auch die Neunmalklugen ihn nicht sehn.
Man kann nicht alles mit dem Kopf verstehn!
Ich freue mich. Das ist des Lebens Sinn.
Ich freue mich vor allem, daß ich bin.

In mir ist alles aufgeräumt und heiter;
Die Diele blitzt. Das Feuer ist geschürt.
An solchem Tag erklettert man die Leiter,
Die von der Erde in den Himmel führt.
Da kann der Mensch, wie es ihm vorgeschrieben,
– Weil er sich selber liebt – den Nächsten lieben.
Ich freue mich, daß ich mich an das Schöne
Und an das Wunder niemals ganz gewöhne.
Daß alles so erstaunlich bleibt, und neu!
Ich freu mich, daß ich ... Daß ich mich freu.

R

1 die Imme: Biene
2 der Lenz: Frühling

**1** a Lies das Gedicht. Beschreibe mithilfe von einigen Adjektiven, wie das Gedicht auf dich wirkt, z. B.:
*Das Gedicht wirkt auf mich freudig, beschwingt ..., weil ...*
b Belege deinen Eindruck mit drei Textstellen.

**2** Worum geht es in dem Gedicht auf S. 165? Beschreibe den Inhalt mit eigenen Worten.

**3** Deute das sprachliche Bild in der dritten Strophe:
*An solchem Tag erklettert man die Leiter,*
*Die von der Erde in den Himmel führt.*

**4** Erkläre, in welchem Zusammenhang die Überschrift zum Inhalt des Gedichts steht.

**5** a Beschreibe den Aufbau des Gedichts (Verse, Strophen).
b Bestimme die Reimformen in der ersten, zweiten und dritten Strophe. Wenn du Hilfe brauchst, schaut noch einmal im Merkkasten auf S. 164 nach.
c Inwiefern helfen dir Reime beim Vortragen eines Gedichts?

**6** a Bereitet das Gedicht für einen Vortrag vor. Überlegt, welche Textstellen ihr durch Betonung besonders hervorheben wollt, damit die Stimmung des Gedichts erkennbar wird. Nutzt dazu die unten stehende Anleitung.
b Übt den Gedichtvortrag in Partnerarbeit. Probiert verschiedene Möglichkeiten aus, wie ihr das Gedicht vortragen könnt, und gebt euch gegenseitig Tipps.

**Methode** Einen Gedichtvortrag vorbereiten

- Lies das Gedicht mehrmals leise und auch laut. Versetze dich in die Stimmung des Gedichts und mache dir klar, worum es geht.
- Kopiere das Gedicht oder schreibe es übersichtlich ab.
- Bereite den Vortrag vor, indem du das Gedicht mit Betonungszeichen versiehst.
  - Betonung: Unterstreiche Wörter, die du besonders betonen willst, z. B.: entsetzlich.
  - Pausen: Markiere Textstellen, an denen du eine kurze Pause (|) oder eine längere Pause (||) machen willst, z. B. um Spannung oder Nachdenklichkeit zu erzeugen.
  - Lautstärke: Wenn du an einer Stelle lauter werden willst, setze ↗, wenn du leiser werden willst ↘.
  - Sprechgeschwindigkeit: Kennzeichne Textstellen, an denen du dein Sprechtempo erhöhen willst mit ⟶ und solche, an denen du langsamer sprechen willst mit ⟵.

**7** Schätzt eure Gedichtvorträge anschließend gegenseitig ein. Beurteilt:
- Flüssigkeit/Sicherheit des Textvortrags,
- Pausensetzung,
- Betonung,
- Sprechtempo.

Josef Guggenmos
**Rot leuchten die Johannisbeeren**

Mittagsstille, Sommerzeit.
Gartenwelt voll Friedlichkeit.

Rot leuchten die Johannisbeeren.
Sie leuchten – locken zum Verzehren.

Ein schwarzes Vogelwesen sitzt
stillvergnügt im Busch und pickt.

Da rennt ein Mann hinzu und schreit.
Die Amsel flieht, doch nicht sehr weit.

Sie zetert laut, ist sehr empört,
weil man sie bei der Mahlzeit stört.

„Bleib von den Beeren!", schreit der Mann.
Die schwarze Amsel hört sich's an.

Der Menschen-Mann verlässt den Ort,
geht heim zum Haus, verschwindet dort.

Die Amsel huscht zum Busch zurück.
Mittagsstille, Sommerglück.

**1** Das Gedicht erzählt eine kleine Geschichte. Fasse den Inhalt knapp zusammen.

**2** Beschreibe die Stimmung des Gedichts mithilfe von einigen Adjektiven.

**3** Bereite das Gedicht für einen Vortrag vor. Gehe so vor, wie du es in Aufgabe 6 (→ S. 166) gelernt hast. Denke besonders daran, die wörtliche Rede so zu sprechen, dass man sie erkennt.

**4** Wenn du ein Gedicht auswendig gelernt hast, kannst du es noch besser vortragen.
- a Lies unten die Tipps zum Auswendiglernen. Kennst du noch weitere Tipps?
- b Lerne das Gedicht „Rot leuchten die Johannisbeeren" auswendig und probiere dabei eine der Hilfen aus.

**5**
- a Wähle ein Gedicht aus diesem Kapitel (→ S. 159–174), das du vortragen möchtest.
- b Bereite deinen Gedichtvortrag vor. Gehe hierbei so vor, wie auf S. 166 beschrieben.

**Methode** Tipps zum Auswendiglernen

**1 Der Trick mit dem Aufnehmen**
Du kannst das Gedicht aufnehmen und es dir dann immer wieder anhören. Du kannst auch nur die ersten Worte der Strophen oder der Verse aufnehmen und dann eine Pause lassen, sodass du beim Hören jeweils den Rest ergänzen musst.

**2 Die Abdeckmethode**
Nimm ein Blatt und decke die rechte Hälfte des Gedichts ab, sodass du nur den Anfang jedes Verses siehst: Kannst du die Verse vollständig aufsagen? Dann deckst du die linke Hälfte des Gedichts ab, sodass du nur die Versenden siehst. Ergänze nun die fehlenden Versanfänge.

**3 Die Spickzettelhilfe**
Fertige dir einen Spickzettel als Gedankenstütze an. Darauf dürfen aber nur einzelne Wörter des Gedichts stehen, also z. B. die Versanfänge oder die Reimwörter. Wenn du das Gedicht aufsagst, darfst du auf den Zettel schauen. Später klappt es dann auch ohne Spickzettel.

# Teste dein Wissen!

Georg Bydlinski

**Nachts beim offenen Fenster**

Ich ahne vieles, was ich nicht seh:
Am Rande des Waldes steht ein Reh –
Die Vögel schlafen im Geäst,
Leuchtkäfer feiern Sommerfest
auf meiner Wiese.

Die Steine werden kühl und schwer,
ruhn von der Tageshitze aus –
Der Himmel ist ein dunkles Meer,
als Leuchtturm glänzt der Mond heraus –

Ich wünsch mir viele Sommernächte,
so schön wie diese.

**1** a Lies die Testaufgaben zum Gedicht. Schreibe die Lösungen in dein Heft.
b Vergleiche deine Ergebnisse mit dem Lösungsteil auf S. 353.
Errechne dann deine Gesamtpunktzahl.

| **Testaufgaben zum Gedicht** | **Punkte** |
|---|---|
| **1** a) Aus wie vielen Strophen besteht das Gedicht? | 1 |
| b) Notiere die Anzahl der Verse in den einzelnen Strophen. | 1 |
| **2** a) Betrachte die ersten vier Zeilen der ersten Strophe. Benenne die Reimform. | 2 |
| b) Benenne die Reimform der zweiten Strophe. | 2 |
| **3** Welche der folgenden Adjektive treffen die Stimmung des Gedichts? Notiere zwei Adjektive aus der Auswahl. *friedlich, grimmig, traurig, glücklich, spannend* | 2 |
| **4** Was bedeutet das Sprachbild *als Leuchtturm glänzt der Mond heraus*? Wähle die richtige Erklärung aus und schreibe sie auf. *Der Mond hat die Form eines Leuchtturms. Ein Leuchtturm sendet Signale auf das dunkle Meer. Der Mond beleuchtet den nächtlichen Himmel. Der Leuchtturm glänzt im Mondschein.* | 2 |

10–9 Punkte: Du kennst dich sehr gut mit Gedichten aus.
8–7 Punkte: Du kennst dich gut aus.
7–5 Punkte: Du hast einiges, aber noch nicht alles gelernt.
4–0 Punkte: Du solltest noch einmal auf S. 160–164 nachlesen, welche besonderen Merkmale Gedichte haben.

# 8.2 Mit Sprache spielen
## In Versen dichten

### Ein Gedicht weiterschreiben

James Krüss
**Das gereimte Jahr**

Tritt frisch und klar ins neue Jahr
und rodle durch den Januar!

Im Frühjahr blicke wie im März
mit Primelaugen sommerwärts!

Wenn alles duftet, grünt und blüht,
sing wie der Mai ein Frühlingslied!

Und im Oktober musst du schaun
… braun!

**1** James Krüss hat in seinem Gedicht zu jedem Monat eine Strophe gereimt. Hier findest du einige Strophen des Gedichts. Lies genau.

**2** a Bestimme die Reimform des Gedichts. Wenn du Hilfe brauchst, sieh im Merkkasten auf S. 164 nach.
b Wie könnte die 2. Verszeile der Strophe zum Oktober lauten? Suche eine Lösung und berücksichtige dabei die vorliegende Reimform des Gedichts.

**3** a Sicher habt ihr selbst Ideen, wie das Gedicht ergänzt werden kann. Dichtet in Partnerarbeit Strophen zu den fehlenden Monaten.
b Tragt eure Strophen vor der Klasse vor. Was ist in euren Versen besonders gut gelungen?

### Mit Reimpaaren dichten

**4** Mithilfe von vorgegebenen Reimwörtern soll ein Jahreszeitengedicht entstehen.
a Findet in Gruppen vier Reimpaare und schreibt sie auf ein Blatt Papier, z. B.:

| | | | |
|---|---|---|---|
| *Wald* | *Schnee* | *hören* | *Flocken* |
| *kalt* | *Reh* | *…* | *…* |

b Jede Gruppe gibt ihre Reimpaare an eine andere Gruppe weiter.
c Wählt in eurer Gruppe zwei Reimpaare aus und schreibt mit ihnen ein vierzeiliges Gedicht, z. B.:

*Ich gehe durch den Winterwald*
*und um mich weht der Wind so kalt.*
*… hören*
*…*

## Ein Lautgedicht schreiben

ernst jandl
**auf dem land**

rinininininininininDER
brüllüllüllüllüllüllüllEN

schweineineineineineineineinE
grunununununununununZEN

hunununununununununDE
bellellellellellellellEN

katatatatatatatatatZEN
miauiauiauiauiauiauiauEN

katatatatatatatatatER
schnurrurrurrurrurrurrurrurrEN

gänänänänänänänänSE
schnattattattattattattattattERN

ziegiegiegiegiegiegiegiegEN
meckeckeckeckeckeckeckeckERN

bienienienienienienienienEN
summummummummummummummummEN

grillillillillillillillillEN
ziririririririrPEN

fröschöschöschöschöschöschöschE
quakakakakakakakakEN

hummummummummummummummummELN
brummummummummummummummummEN

vögögögögögögögögEL
zwitschitschitschitschitschitschitschERN

**1** Lautmalerische Wörter versuchen, Laute und Geräusche sprachlich nachzubilden (z. B. summen, kikeriki). Ermittle im Gedicht von Ernst Jandl alle lautmalerischen Wörter.

**2** Sucht jeweils eine Partnerin / einen Partner. Probiert verschiedene Möglichkeiten aus, das Gedicht (z. B. abwechselnd, gemeinsam, …) vorzutragen.

**3** Schreibt gemeinsam ein lautmalerisches Sommergedicht nach dem Muster von „auf dem land". Tragt es anschließend gemeinsam vor der Klasse vor.

***sommertag an der ostsee***

*wellellellellellellellEN rauschauschauschauschauschauschauschauschEN*
*fahnahnahnahnahnahnahnEN flattattattattattattattattERN*
*möwöwöwöwöwöwöwöwEN kreischeischeischeischeischeischeischEN*

# Vertiefen und üben
## Gedichte nach Clustern schreiben

**●●● 1** a Wähle ein Foto aus und versetze dich in die abgebildete Situation. Was hörst du, was fühlst du, was siehst und riechst du?

b Sammle in einem Cluster Wörter (vor allem Nomen, Verben und Adjektive), die du mit dieser Situation verbindest.

→ Hilfen zu den Aufgaben 1 und 2 findest du auf S. 172.

**●●● 2** a Schreibe mithilfe deiner Ideensammlung aus Aufgabe 1b ein Gedicht. Probiere hierbei die Gedichtform des Rondells aus. Der Tipp hilft dir dabei.

b Gib deinem Gedicht einen Titel.

**Tipp** Ein Rondell verfassen

Ein Rondell ist eine Gedichtform, die aus acht Versen (Zeilen) besteht. Dabei werden bestimmte Verse nach einem festen Muster wiederholt: Die Verse 1, 4 und 7 sind gleich, ebenso die Verse 2 und 8.

**●● 1 mit Hilfen**

a Auf S. 171 siehst du zwei Fotos. Suche dir eines aus und schaue es dir genau an. Versetze dich in die Situation, die das Bild zeigt. Was hörst du, was fühlst du, was siehst und riechst du?

b Sammle nun in einem Cluster Wörter, die du mit dieser Situation (Gewitter oder Feuer) verbindest. Schreibe vor allem Nomen/Substantive, Verben und Adjektive auf.

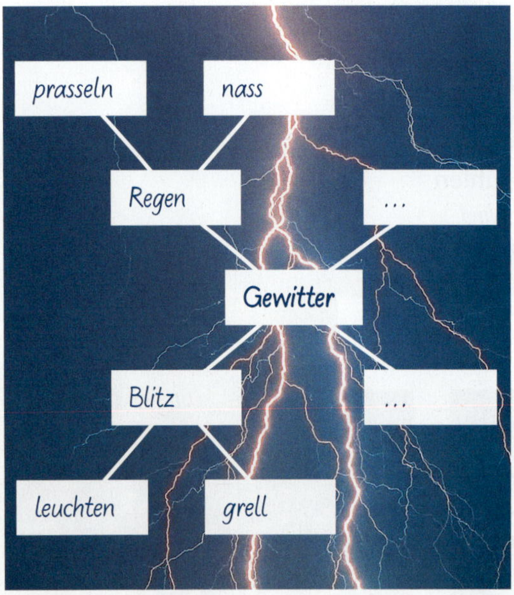


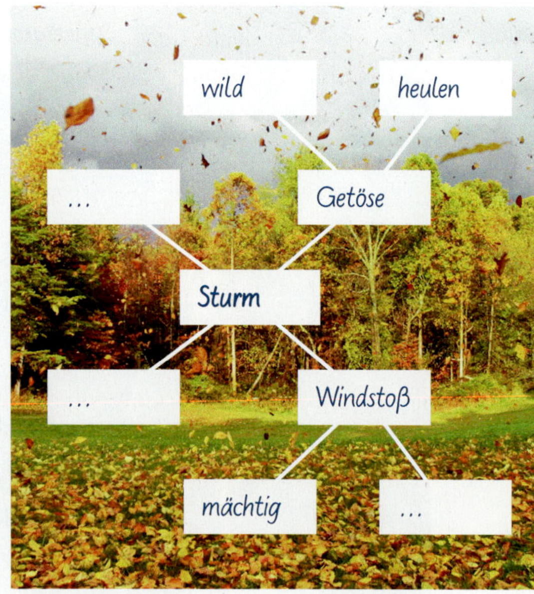


**●● 2 mit Hilfen**

a Schreibe mithilfe deiner Ideensammlung aus dem Cluster ein Gedicht. Probiere hierbei die Gedichtform des Rondells aus, z. B.:

Vers 1 Das Gewitter ...
Vers 2 Blitze leuchten grell
Vers 3 ...
Vers 4 Das Gewitter...
Vers 5 ...
Vers 6 ...
Vers 7 Das Gewitter ...
Vers 8 Blitze leuchten grell

**Tipp** Ein Rondell verfassen

Ein Rondell ist eine Gedichtform, die aus acht Versen (Zeilen) besteht. Dabei wiederholen sich bestimmte Verszeilen:
- die Verse 1, 4 und 7 sind gleich,
- die Verse 2 und 8 sind gleich,
- die Verse 3, 5 und 6 könnt ihr frei ergänzen.

b Gib deinem Gedicht einen Titel.

# 8.3 Projekt Gedichte mithilfe des Computers gestalten

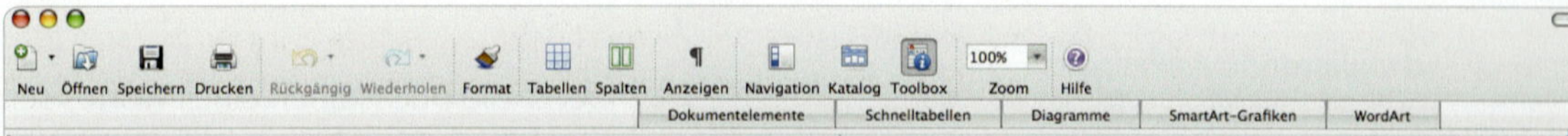


**Ausschneiden und einfügen:** Text mit der Maus markieren, auf die Schaltfläche Ausschneiden klicken und den Text an anderer Stelle wieder einfügen (Symbol „Einfügen").

**Kopieren:** Text markieren, auf die Schaltfläche Kopieren klicken und denText an anderer Stelle wieder einfügen (Symbol „Einfügen").

Times New Roman

**Schriftart verändern:** Text/Textstelle markieren, auf den Pfeil neben dem Auswahlfeld für Schriftarten klicken und Schriftart durch Anklicken auswählen.

12

**Schriftgröße verändern:** Text/Textstelle markieren, auf den Pfeil neben dem Auswahlfeld für Schriftgröße klicken und Schriftgröße durch Anklicken auswählen.

F K U

**Fett**, *kursiv* schreiben und unterstreichen: Text/Textstelle markieren, dann auf die Schaltfläche für fette, kursive oder unterstrichene Schrift klicken.

**Textausrichtung festlegen:** Text markieren, dann auf die Schaltfläche für linksbündige, zentrierte oder rechtsbündige Textausrichtung klicken oder Blocksatz auswählen.

A

**Schriftfarbe festlegen:** Text markieren, dann auf die Schaltfläche für die Schriftfarbe klicken und die Farbe durch Anklicken auswählen.

Seitenlayoutansicht | Seiten: 16 von 16 | Wörter: 3367 von 3367 | ÄND

**1** a Wer von euch hat schon einmal einen Text mit dem Computer geschrieben? Berichtet von euren Erfahrungen.
b Seht euch die oben abgebildete Menüleiste an und lest die Informationen zu den einzelnen Schaltflächen. Welche Befehle kennt ihr schon, welche sind neu für euch?

**2** Wähle eines deiner selbst geschriebenen Gedichte aus, tippe es ab und gestalte es mithilfe des Computers. Probiere unterschiedliche Schriftarten, Schriftgrößen und Farben aus.

**Tipp** Wenn man einen Text am Computer schreiben möchte, muss man zunächst eine Datei anlegen. Das geht so:
- Computer starten, Textprogramm (z. B. Word) auswählen,
- in der Menüleiste auf Datei und Neu klicken,
- Text schreiben und die Datei unter einem Namen speichern (in der Menüleiste Datei anklicken und Speichern unter auswählen).

## Ein Akrostichon schreiben

**J**ubilierende Amseln

**U**nken quaken im Teich

**L**achende Sonne

**I**ris blüht blau

**T**auchen im See

**A**bende vorm Haus

**G**ärten voll Duft

**Tipp** Akrostichon
Setze die Buchstaben eines Wortes senkrecht untereinander. Die einzelnen Buchstaben des Wortes sind die ersten Buchstaben der einzelnen Verse des Gedichts.

## Bildgedichte gestalten

*F*
B Ä T R *A*
L T E *L*
*L*
*E*
*N*

S H E
C E
N
G S
E T Ö
E
B R

T
TA
TAN
TANN
TANNE

Immer
Immer länger
Immer länger werden
Immer länger werden im Frühling
Immer länger werden im Frühling die Tage.

Laub Laub Laub Laub Laub Laub Laub Laub
Laub Laub Laub Laub Laub Laub Laub Laub
Laub Laub Laub Laub Laub Laub Laub Laub
Laub Laub Laub Laub Igel Laub Laub Laub
Laub Laub Laub Laub Laub Laub Laub Laub
Laub Laub Laub Laub Laub Laub Laub Laub

**3** Beschreibe, wie hier mit Buchstaben und Wörtern gespielt wird.

**4** In vielen Gedichten wird mit Buchstaben, Wörtern und Reimen gespielt. Das Textverarbeitungsprogramm des Computers ist sehr gut dazu geeignet, Wörter umzustellen, auszutauschen, farbig hervorzuheben … Nutze die Anregungen auf dieser Seite und gestalte selbst Bildgedichte am Computer.

**5** Druckt eure Gedichte aus (am besten mit einem Farbdrucker) und gestaltet dann ein Heft oder ein Leporello. Nehmt auch Bilder oder Fotos auf und gestaltet ein schönes Deckblatt.

# 9 Theater spielen
## Dialoge in Szene setzen

**In diesem Kapitel …**

- lernst du wichtige Gestaltungsmittel des Theaters kennen,
- liest und spielst du Dialoge so, wie man sie auf der Bühne aufführen würde,
- schreibst du selbst Theaterszenen,
- planst du eine Theateraufführung.

**1** Was fällt dir zum Stichwort „Theater" ein? Notiere deine Einfälle und erkläre sie.
*Beim Stichwort „Theater" denke ich an …*

**2** a Hast du schon einmal eine Theateraufführung besucht oder sogar selbst schon einmal Theater gespielt? Erzähle von deinen Erfahrungen und Erlebnissen.
b Erkläre, was deiner Meinung nach das Besondere am Theaterspielen ist.

**3** Kennst du schon einige Begriffe, die für das Theater von Bedeutung sind? Sammle sie und erläutere, was sie bedeuten, z. B.: *Bühne, Maske, …*

# 9.1 Theater, Theater
## Szenen spielerisch erfassen

Helen Gori
**Ein Mensch vor dem Gericht der Tiere** *1*

*(Im Gerichtssaal sind fast alle Tiere versammelt. Der angeklagte Mensch wird vom Schwein hereingeführt.)*

**RICHTER (LÖWE):** Darf ich Sie um Ihre Personalien bitten?

**MENSCH:** Mensch, geborener Affe, auf die Welt gekommen vor etwa 40 000 Jahren, wohnhaft überall auf der Erde.

**SCHREIBER (TINTENFISCH):** Mensch, Sie sind angeklagt, eine unermesslich große Zahl von unschuldigen Tieren umgebracht, gefressen, gequält, geschlachtet, hingerichtet, gejagt, erschossen und überfahren zu haben. Wegen Ihrer untierischen Quälereien und Massenmorde stehen Sie vor dem Gericht der Tiere.

**LÖWE:** Bekennen Sie sich schuldig?

**MENSCH:** Nicht schuldig.

**LÖWE:** Dann schreiten wir zur Einvernahme der Zeugen. Herr Staatsanwalt, darf ich bitten?

**STAATSANWALT (FUCHS):** Mein erster Zeuge ist der Igel.

**IGEL** *(weinerlich)*: Ich wollte eigentlich gar nicht zu dieser Gerichtsverhandlung kommen. Gerade in der heutigen Nacht ist mein lieber Mann, der unvergessliche Kasimir, von einem Eisenteufel überfahren worden. Und ein Mensch saß drin und kümmerte sich überhaupt nicht um ihn.

**LÖWE:** Wir werden Sie in der Gerichtsverhandlung schonen, wenn es möglich ist. *(Zu Fuchs und Katze, Verteidiger)* Haben Sie noch Fragen an unseren Igel?

**FUCHS/KATZE:** Nein!

**LÖWE:** Wer ist ihr nächster Zeuge, Herr Staatsanwalt?

**FUCHS:** Der Frosch.

**FROSCH:** Es ist doch wirklich eine Schweinerei …

**SCHWEIN:** Ich protestiere, mein Name darf nicht so missbraucht werden!

**FROSCH:** Entschuldigung, ich wollte niemanden beleidigen. Es ist doch wirklich eine Menscherei, wie die Menschen unsere Weiher und kleinen Seen verschmutzen! In diesem Waschmittelschaum kann doch niemand mehr leben! Aber noch schlimmer ist, dass jedes Frühjahr Millionen von Fröschen überfahren werden von diesen merkwürdigen Blechbüchsen, in denen Menschen sitzen.

**FUCHS:** Das ist ja schrecklich! Und was passiert sonst noch mit deinen Freunden und Verwandten?

**FROSCH:** Ach ja, die schlimmste Quälerei habe

ich doch beinahe vergessen. Diese gemeinen Hunde …

**HUND:** Also, ich bin mit diesem Wort wohl kaum gemeint …

**FROSCH:** Oh, Entschuldigung, diese gemeinen Menschen reißen uns Fröschen bei lebendigem Leib die Beine aus und braten sie, um sie dann als sogenannte Delikatesse zu verspeisen. Wir armen Frösche müssen in einem stundenlangen Todeskampf zu Grunde gehen. Ich bin dafür, dass man auch einem Menschen alle seine Beine ausreißt …

**LÖWE:** Den Strafantrag stellt später der Staatsanwalt, dazu haben Sie nichts zu sagen! Sind noch Fragen an den Zeugen Frosch?

**VERTEIDIGER (KATZE):** Haben Sie auch schon die kleinen Zäune gesehen, die von den Menschen nur darum gemacht wurden, damit die Frösche nicht überfahren werden?

**FROSCH:** Ja, schon, aber die sind doch nur da, weil die Menschen uns lieber essen als überfahren!

**FUCHS:** Meine nächste Zeugin ist die Schnecke.

**SCHWEIN:** Die Schnecke ist leider noch nicht da, ich glaube, sie hat sich ein wenig verspätet.

**FUCHS:** Gut, dann rufe ich zuerst die Schlange in den Zeugenstand.

**1** a Lest den Text mit verteilten Rollen. Ihr benötigt neun Sprecher/-innen, die die folgenden Rollen übernehmen: Löwe, Mensch, Tintenfisch, Fuchs, Igel, Katze, Frosch, Schwein und Hund.
b Worum geht es in diesem Theaterstück? Erklärt die Situation.

**2** a Nenne die Klagen, die von den Tieren ausgesprochen werden.
b Hältst du die Vorwürfe der Tiere für berechtigt? Begründe deine Meinung.

**3** a Sicherlich hast du schon einmal eine Gerichtsverhandlung im Fernsehen verfolgt.
Sammle, welche Personen in einer Gerichtsverhandlung auftreten können und welche Aufgaben (Rollen) sie haben.
b In Helen Goris Theaterstück treten Tiere auf und leiten die Gerichtsverhandlung.
Notiere, welche Rolle die einzelnen Tiere haben, z. B.: *Löwe = …*
c Findest du, dass die einzelnen Rollen zu den Tieren passen? Begründe deine Meinung.

**4** In diesem Theatertext gibt es auch Textstellen, die zum Lachen reizen. Suche solche Textpassagen und begründe, warum diese komisch wirken.

**5** Sammle in einer Tabelle weitere Tiere, die als Ankläger gegen den Menschen auftreten könnten. Notiere auch, welche Klagen die einzelnen Tiere vorbringen.

| Tiere, die den Menschen anklagen | Grund der Anklage |
| --- | --- |
| … | … |

**Merkwissen** Die Rolle

Rolle nennt man die **Figur, die eine Schauspielerin oder ein Schauspieler in einem Theaterstück verkörpert**, z. B. die Rolle des Löwen oder die Rolle des Menschen. Auch im Alltag kennen wir den Begriff „Rolle". „Aus der Rolle fallen" sagt man, wenn sich jemand unpassend verhält.

Helen Gori

**Ein Mensch vor dem Gericht der Tiere** *2*

**FUCHS:** Gut, dann rufe ich zuerst die Schlange in den Zeugenstand.

**SCHLANGE:** Dass ich jetzt noch lebe und zu Ihnen sprechen kann und dass ich nicht schon in Form eines Geldbeutels oder einer Damenhandtasche vor Ihnen stehe, habe ich nur meiner Intelligenz und meinem feinen Tastsinn zu verdanken, sonst hätten mich die Menschen schon lange umgebracht …

**KATZE:** Aber Sie waren doch einst sehr gut befreundet mit den Menschen und haben auch aus dem Paradies einen Schweinestall gemacht!

**SCHWEIN:** Ich protestiere …

**KATZE** *(zustimmend nickend)*: Ja natürlich, ich entschuldige mich in aller Form, ich meine natürlich, einen Menschenstall!

**FUCHS:** Ich bitte das Huhn in den Zeugenstand.

**HUHN:** Ja, ich warte schon lange darauf, endlich einmal auszupacken! Ich lebe unter unhühnlichen Verhältnissen in einer Geflügelbatterie. Meine ungeborenen Kinder werden mir weggenommen und von den Menschen als Eier gegessen. Mit fünf anderen Hühnern bin ich in einem kleinen Käfig eingesperrt. Ich hoffe nur, möglichst bald als Brathuhn gegessen zu werden, damit diese Qual endlich ein Ende hat.

**KATZE:** Aber wer bringt dir jeden Tag das Futter?

**HUHN:** Die Menschen natürlich, aber die füttern mich nicht aus reiner Nächstenliebe, sondern weil sie nicht gern zu Skeletten abgemagerte Hühner essen!

**FUCHS:** Mein nächster Zeuge ist der Blaubock. *(Niemand erscheint, die Tiere werden unruhig.)*

**LÖWE:** Ich glaube, Herr Staatsanwalt, es ist Ihrer Aufmerksamkeit entgangen, dass der Blaubock von den Menschen ausgerottet wurde. *(Entrüstungssturm, die Tiere sprechen durcheinander.)*

**1** Lest diese Szene mit verteilten Rollen. Versucht dabei, die Eigenheiten der einzelnen Tiere zu verdeutlichen.

**Tipp** Szene: Ein kurzer, abgeschlossener Teil eines Theaterstücks.

**2** a Ein Theaterstück wird vor einem Publikum auf einer Bühne aufgeführt. Dabei ist vor allem entscheidend, *wie* etwas gesprochen und gespielt wird. Welche Angaben in dem Text geben dir hierzu Hinweise?

b Überlegt, wie man die Regieanweisungen in dieser Szene umsetzen kann. Probiert gemeinsam verschiedene Möglichkeiten aus.

**Merkwissen** Regieanweisungen

**Regieanweisungen** geben Hinweise darauf, *wie* die Figuren reden und sich verhalten sollen. Sie stehen oft in Klammern und/oder sind *kursiv* (schräg) gedruckt.

**3** Bereitet in Kleingruppen den Text zum Vorspielen vor, indem ihr weitere Regieanweisungen ergänzt. Geht so vor:

a Überlegt, wie die einzelnen Tiere sprechen können und was sie tun sollen. Probiert verschiedene Sprechweisen sowie Körperhaltungen und -bewegungen aus. Der unten stehende Methodenkasten gibt euch einige Anregungen.

b Schreibt nun eure Spielvorlage auf. Übertragt dazu den Text in euer Heft und ergänzt dabei an geeigneten Stellen Regieanweisungen, z. B.:

> *Helen Gori*
> *Ein Mensch vor dem Gericht der Tiere (2)*
>
> FUCHS *(blickt von seinen Notizen auf und sieht die Schlange an): Gut, dann rufe ich zuerst die Schlange in den Zeugenstand.*
> SCHLANGE *(aufgeregt zischend): Dass ich jetzt noch lebe und zu Ihnen sprechen kann …*

c Probt eure Spielvorlagen und spielt sie dann in der Klasse vor. Gebt euch gegenseitig eine Rückmeldung darüber, was besonders gut gelungen ist und was ihr noch verbessern könnt.

**4** Gefühle stumm ausdrücken:

a Sammle in einer Tabelle Adjektive und Verben, die du mit den Gefühlen *Freude, Trauer, Angst, Mut* und *Wut* verbindest.

| Freude | Trauer | Angst | Mut | Wut |
|---|---|---|---|---|
| *froh* | *traurig* | *ängstlich* | *mutig* | *wütend* |
| *lachen* | *weinen* | … | … | … |

b Schreibe die fünf Gefühlswörter (Freude, Trauer, Angst, Mut, Wut) auf fünf einzelne Zettel und sammle diese, z. B. in einer Schachtel.

c Setzt euch in einen Stuhlkreis: Reihum zieht nun jede/r einen „Gefühlszettel", legt ihn zurück in die Schachtel und stellt mit Mimik und Gestik das jeweilige Gefühl dar. Die anderen versuchen zu erraten, welches Gefühl ausgedrückt wurde.

**Methode** Szenisches Spiel: Auf Stimme, Gesichtsausdruck und Körpersprache achten

Beim Theaterspielen kommt es nicht nur darauf an, **was** gesagt wird, sondern ganz entscheidend ist, **wie** etwas gesprochen und gespielt wird. Mit deiner Stimme (Sprechweise), deiner Körpersprache (Gestik) und deinem Gesichtsausdruck (Mimik) kannst du genauso viel ausdrücken wie mit Worten.

- **Stimme/Sprechweise:** Eine bestimmte Sprechweise zeigt uns, wie sich jemand fühlt oder wie etwas gemeint ist. Eine Stimme kann wütend, ängstlich, streng, zärtlich, vorwurfsvoll … klingen.
- **Gesichtsausdruck (Mimik):** An dem Gesichtsausdruck kann man erkennen, wie sich jemand fühlt und was er denkt. Ist der Gesichtsaudruck traurig, besorgt, aufgeregt …?
- **Körpersprache (Gestik):** Auch die Körperhaltung und -bewegung (z. B.: Kopfschütteln, Schulterzucken, auf den Boden schauen, mit dem Fuß aufstampfen …) drücken Gefühle und Stimmungen aus.

Helen Gori
**Ein Mensch vor dem Gericht der Tiere** *3*

**LÖWE:** Ich danke dem Herrn Staatsanwalt für die Befragung der Zeugen, nun ist der Verteidiger an der Reihe.
**KATZE:** *(Will was sagen, wird ausgepfiffen.)*
**LÖWE:** Ich bitte um Ruhe. Wir wollen einen fairen Prozess! Wir sind doch keine Menschen!
**KATZE:** Mein erster Zeuge ist der Hund.
**HUND:** Nun, ich kann mich eigentlich nicht beklagen. Ich werde anständig gefüttert, gut behandelt …
**FUCHS:** Ich bin dagegen, dass man diese Zeugenaussage ins Protokoll aufnimmt. Der Hund als bester Freund des Menschen ist ein Verräter, ein Mensch mit Hundepelz sozusagen.
**LÖWE:** Dieser Einspruch ist abgewiesen, jedes Tier hat das Recht, sich zu äußern.
**HUND:** Also, ich werde gut behandelt, die Kinder lieben mich, mein Meister geht mit mir spazieren, ich bin zufrieden. Ich glaube nicht, dass die Menschen so schlimm sind, wie ihr jetzt alle glaubt, vielleicht sind sie manchmal etwas gedankenlos.
**IGEL:** Also für mich ist es kein Unterschied, ob ich aus Gedankenlosigkeit oder aus Grausamkeit überfahren werde.
**KATZE:** Sei jetzt ruhig. Mein nächster Zeuge ist der Bandwurm.
**BANDWURM:** Ich appelliere an die Solidarität[1] und an die Freundschaft aller Tiere. Wenn ihr dem Menschen etwas antut, trefft ihr auch mich und ich muss doch auch existieren können …

1 die Solidarität: das Zusammengehörigkeitsgefühl

**1** In vielen Theaterstücken ergibt sich eine Spannung dadurch, dass die Figuren nicht einer Meinung sind. Sie tragen eine Auseinandersetzung (einen **Konflikt**) aus.
a Lies diese Szene zuerst leise. Worum geht es in dieser Auseinandersetzung?
b Lest den Text mit verteilten Rollen. Versucht, durch eure Sprechweise die verschiedenen Meinungen und Gefühle der Tiere zum Ausdruck zu bringen.

**2** Kannst du dir vorstellen, dass es außer dem Hund und dem Bandwurm noch weitere Tiere gibt, die als Entlastungszeugen für den Menschen auftreten? Notiere, welche Tiere dies sein könnten und warum sie den Menschen verteidigen.

**3** a Was könnte der Mensch während der Gerichtsverhandlung denken und fühlen? Suche dir eine Textstelle (10–15 Zeilen) aus den drei Szenenausschnitten (→ S. 176–177, S. 178, S. 180) heraus und verfasse dazu einen Text, der die Gedanken und Gefühle des Menschen wiedergibt, z. B.:
*Das kann ich kaum glauben. Das ist doch wirklich ungerecht. Habe ich nicht …*
b Trage deine Texte in der Klasse vor. Versetze dich dabei in die Rolle des Menschen und versuche, das Gesagte durch deine Sprechweise sowie durch deine Mimik und Gestik zu unterstreichen.

## Testet euer Improvisationstalent!

Bei diesen Schauspielübungen braucht ihr nicht viel Vorbereitung, nur etwas Platz, gute Stimmung und viel Freude am Ausprobieren.

**1** Probiert die folgenden Improvisationsübungen aus. Ihr könnt zu zweit, in der Gruppe oder mit allen zusammen improvisieren.

**Tipp** **Improvisieren** bedeutet, etwas spontan und unvorbereitet zu tun. Beim Theaterspielen spricht man auch vom „Spielen aus dem Stegreif": Jemand schlüpft in eine Rolle, versucht, sich die Situation vorzustellen, und spielt und spricht dann, was sie/er gerade passend findet.

1

**Alltagsszenen pantomimisch darstellen**
Mit eurem Gesicht, euren Händen und eurer Körperbewegung könnt ihr genauso viel ausdrücken wie mit Worten. Spielt die folgenden Situationen ohne Worte. Lasst die anderen raten, was ihr gerade pantomimisch dargestellt habt.

- *In der Schlange beim Bäcker drängelt sich jemand vor.*
- *Im Wartezimmer beim Arzt.*
- *Im Zugabteil: Ihr sucht einen Platz und „sprecht" mehrere Leute an, ob der Platz neben ihnen frei ist. Endlich findet ihr eine freie Sitzgelegenheit.*
- *Beim Frisör: Der Haarschnitt ist nicht so geworden, wie ihr euch das vorgestellt habt.*

2

**Pantomime: Ein Brief**
Ihr kommt nach Hause, holt die Post aus dem Briefkasten und entdeckt einen Brief.
*Ihr öffnet ihn und lest, dass …*
Drückt durch eure Mimik und Gestik aus, was in dem Brief steht. Alles wird ohne Worte deutlich gemacht.

**Tipp** Bei einer **Pantomime** stellt ihr etwas **ohne Worte**, nur durch Mimik und Gestik dar.

3

**Überraschung**
Setzt die folgenden Situationen in einem Stegreifspiel um. Besprecht kurz, welche Rollen ihr besetzen wollt und um welche Konflikte es gehen soll. Spielt dann die Szene spontan, also aus dem Stegreif. Setzt eure Stimme, eure Mimik und eure Gestik wirkungsvoll ein.

- *So ein Pech!*
- *Zu spät!*
- *Was für eine Überraschung!*
- *Das ist ja gerade noch mal gut gegangen!*
- *Klingeling! Die Tür geht auf und hereinspaziert kommt …*

4

**Besser – schlechter**
Zwei Spieler versuchen, sich abwechselnd mit besonderen Sachen und Erlebnissen zu überbieten:
*Wer hat den besten Fußball?*
*Wer hat das schlechteste Wetter erlebt?*
*Wer hat das außergewöhnlichste Haustier?*
Setzt eure Stimme, eure Mimik und eure Gestik ein.

# 9.2 Weitere Zeugen sagen aus
## Szenen schreiben

### Eine Szene weiterschreiben

Die Klasse 5b des Pablo-Neruda-Gymnasiums hat das Theaterstück von Helen Gori um eine weitere Szene ergänzt. Der Anfang dieser Szene ist hier abgedruckt.

Regieanweisungen werden oft in Klammern gesetzt und/oder sind *kursiv* (schräg) geschrieben.

Die Namen der auftretenden Figuren werden oft in Großbuchstaben geschrieben.

Die Sprechtexte der Figuren werden ohne Anführungszeichen geschrieben.

**Ein Mensch vor dem Gericht der Tiere**

*Im Gerichtssaal. Anwesend sind Löwe (Richter), Fuchs (Staatsanwalt/Ankläger), Katze (Verteidigerin), Schwein (Gerichtsdiener), Mensch (Angeklagter), Tintenfisch (Gerichtsschreiber), Hai (Zeuge) …*

**LÖWE:** Wer ist der nächste Zeuge, Herr Staatsanwalt?
**FUCHS:** Der Hai!
*(Das Schwein führt den Hai in den Zeugenstand.)*
**KATZE:** Ist es richtig, Herr Hai, dass Sie besonders gerne Fische und Säugetiere fressen?
**HAI** *(zögernd)*: Nun … ja.
**KATZE:** Also, ja! Ist es außerdem richtig, dass der Mensch zu den Säugetieren gehört?
**ALLE SÄUGETIERE:** Nö! Stimmt nicht! So'n Quatsch! Wer erzählt denn so was?
**Löwe** *(streng)*: Bitte Ruhe im Gerichtssaal!
**KATZE:** Also, Herr Hai?
**HAI:** Tja, also, nun ja!
**KATZE:** Also, ja! Man könnte also sagen, dass der Mensch zu Ihren Nahrungsmitteln gehört?
**FUCHS** *(aufgeregt)*: Der Zeuge muss nicht aussagen, wenn er sich selbst belastet. …

**1** Lies den Text mit verteilten Rollen. Worum geht es in diesem Szenenanfang?

**2** Schreibt die Szene in Gruppenarbeit weiter. Geht so vor:
a Sucht ein weiteres Tier, das in der Gerichtsverhandlung auftreten könnte. Überlegt, ob dieses Tier zu Gunsten des Menschen aussagt oder ihn mit seiner Aussage belastet.
b Sammelt in einem Cluster, was euch alles zu dem Tier einfällt: Wie lebt es? Welche Eigenschaften hat es? Was hat es mit dem Menschen zu tun? …
c Schreibt mithilfe eurer Ideen die Szene weiter. Notiert auch Regieanweisungen (→ S. 178).

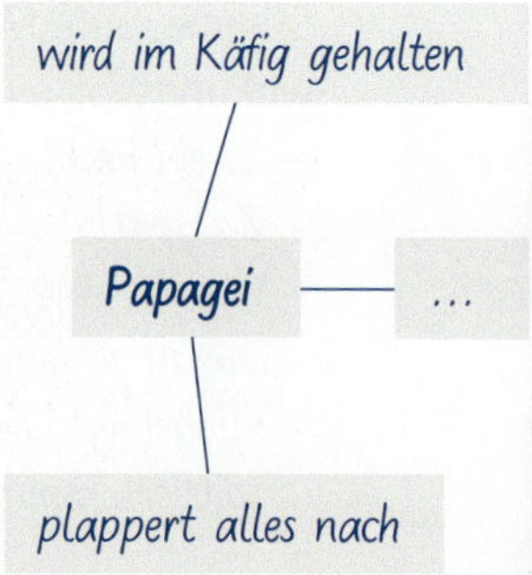

# Vertiefen und üben
## Komik erzeugen

**Ein Mensch vor dem Gericht der Tiere**

*Im Gerichtssaal. Anwesend sind: Schwein (Gerichtsdiener), Schnecke (Zeugin), Löwe (Richter), Fuchs (Staatsanwalt/Ankläger), Ente ...*

**SCHWEIN:** Die Schnecke ist jetzt da!
**ALLE** *(wie ein Blaulicht gesprochen)*: Zu spät! Zu spät! Zu spät!
**SCHNECKE:** Habt ihr schon angefangen?
**LÖWE:** Das kann man so sagen!
**SCHNECKE** *(völlig außer Atem)*: Ich hab mich so beeilt, ich bin völlig erschöpft.
**KATZE:** Tut mir leid, die Verhandlung ist geschlossen!
**SCHNECKE** *(aufgebracht)*: Was? Das darf doch wohl nicht wahr sein! Und dafür hetze ich mich ab! Das ist ja wohl das Letzte. Ich protestiere!
**FUCHS:** Na ja, wenn jemand lahm wie eine Ente ist!
**ENTE** *(schreit auf)*: ...

**1** a Lest diesen Szenenanfang mit verteilten Rollen. Achtet dabei auf die Regieanweisungen.
b Der Text enthält mehrere witzige Stellen. Nennt komische Textstellen und erklärt, warum diese zum Lachen anregen.

**●●●2** Schreibe die Szene weiter und baue dabei Elemente ein, die zum Lachen reizen.
→ Wenn du Hilfe zu dieser Aufgabe brauchst, sieh unten im Kasten nach.

**●● 2 mit Hilfen**
Die folgenden Anregungen helfen dir dabei, lustige Elemente einzubauen, die das Publikum zum Lachen bringen.

**Methode** Komik erzeugen – Das Publikum zum Lachen bringen

Witzig oder komisch ist eine Situation, wenn etwas Überraschendes passiert, was man nicht erwartet hätte. Man kann durch verschiedene Mittel das Publikum zum Lachen bringen, z. B.:
- Du kannst mit **bekannten Redewendungen und Ausdrücken spielen:** Die jeweiligen Tiere fühlen sich angesprochen und protestieren, weil ihr Name missbraucht wird, z. B.: *Das kann ja kein Schwein lesen! Ich glaub, mich laust ein Affe! Das ist doch alles für die Katz! Die/Der benimmt sich ja wie ein Elefant im Porzellanladen! Da lachen ja die Hühner!*
- Die **Sprechweise der Figuren** kann lustig wirken: Die Eigenschaften der Tiere können sich auch in ihrer Sprechweise niederschlagen, z. B. gilt die Schnecke als langsames Tier und könnte deshalb besonders *langsaaaam* sprechen.
- Du kannst **Running Gags** (engl.: immer wiederkehrende Witze) einbauen, also Situationen oder Sätze, die sich in einer Szene wiederholen. Z. B. könnte der Papagei immer wieder einzelne Worte nachplappern, manchmal auch falsch. Oder der Maulwurf sagt immer wieder, dass er zu wenig sieht.

## Die Schlussszene schreiben Ein Plädoyer verfassen

Am Ende einer Gerichtsverhandlung werden die Schlussreden (Plädoyers) gehalten. Die Theater-AG der Johannes-Schoch-Schule hat für das Stück von Helen Gori folgende Schlussszene verfasst:

**Ein Mensch vor dem Gericht der Tiere**

*Im Gerichtssaal. Alle Tiere, die an der Gerichtsverhandlung beteiligt waren, sowie der Mensch sind anwesend.*

**HAI:** Ich bin dagegen, dass man den Menschen etwas antut. Ich sage das nicht aus Nächstenliebe, sondern weil ich nicht auf einen abwechslungsreichen Speisezettel verzichten möchte. Immer nur Fische – ist doch langweilig!
**SCHLANGE** *(zischt)*: Egoist!
**LÖWE:** So, hört auf mit diesen Streitereien. Ein Prozess ist eine ernste Angelegenheit. Was soll denn der Angeklagte von uns denken? Wir kommen jetzt zu den Schlussplädoyers.
**KATZE** *(Verteidigerin)*: Der Mensch ist nicht nur schlecht zu Tieren. Uns Katzen hat er früher sogar in Ägypten Statuen in Tempeln gebaut. Und dass es dem Hund gut geht beim Menschen, hat er ja selbst gesagt. Ja, und dass es den Mäusen bei den Menschen gefällt, freut mich besonders. Daher: Es gibt böse Exemplare unter den Menschen, aber das soll es ja auch bei uns Tieren geben. Und es gibt auch viele Menschen, die Tiere mögen, und zwar nicht zum Essen, sondern als Gefährten, Spielkameraden etc. Und dann gibt es die unwissenden und gedankenlosen Menschen, die unabsichtlich Brüder und Schwestern von uns Tieren töten oder verletzen. Ich schlage daher vor: Diese Menschen müssen in eine Schule, in der wir ihnen beibringen, sich nicht menschlich, sondern tierisch zu verhalten.
**FUCHS** *(Ankläger)*: Ich muss der Verteidigerin Katze im Wesentlichen zustimmen. Die Schulung ist eine schlaue und angemessene Strafe, so schlau, dass sie auch von mir kommen könnte.
**LÖWE:** Das Gericht stellt im Namen des tierischen Volkes fest: Die Menschen brauchen eine Nachschulung über längere Zeit. Wir fangen gleich mit dem hier anwesenden Menschen an. Melden Sie sich morgen unverzüglich beim örtlichen Polizeihund. Er wird Ihnen alles Weitere bellen. Die Sitzung ist geschlossen!

**1** Lest den Text mit verteilten Rollen und bringt durch eure Sprechweise die verschiedenen Meinungen und Gefühle der Tiere zum Ausdruck. Was haltet ihr von diesem Ende?

**2** Schreibt eine eigene Schlussszene, in der die Katze als Verteidigerin oder der Fuchs als Ankläger des Menschen eine Schlussrede hält. Tragt dann eure Szenen mit verteilten Rollen vor.

**3** a Euer Theaterstück muss nicht mit einer Schlussrede (einem Plädoyer) enden. Diskutiert, welche der folgenden Ideen für den Schluss eurer Meinung nach am besten zu dem Stück passt.
- Der Mensch soll verurteilt werden, und zwar zu lebenslangem Dienst an den Tieren.
- Der Mensch wacht auf – alles war nur ein Albtraum, er hat zu viel Schweinebraten gegessen.
- Der Richter wendet sich ans Publikum: *Sie müssen das Urteil fällen! (Licht aus.)*
- Die Tiere zerstreiten sich untereinander, der Mensch kann im Chaos heimlich entkommen.

b Sicherlich habt ihr noch eigene Ideen für den Schluss. Sammelt sie.

c Wählt eine Idee aus und verfasst dann eine weitere Schlussszene.

# 9.3 Projekt
## Ein Theaterstück aufführen

In den ersten beiden Teilkapiteln habt ihr zu dem Theaterstück „Ein Mensch vor dem Gericht der Tiere" viele eigene Szenen geschrieben. Ihr könnt das Stück vor einem Publikum aufführen. Die folgenden Schritte helfen euch, euer Stück auf die Bühne zu bringen.

### 1. Schritt: Die Spielvorlage erstellen

1 Erstellt aus euren eigenen Szenen und den Originalszenen von Helen Gori eine Spielvorlage, indem ihr die einzelnen Szenen zu einem zusammenhängenden Theaterstück verbindet.

### 2. Schritt: Die Aufgaben verteilen

2 Zur Vorbereitung der Aufführung eines Theaterstücks gehören viele verschiedene Aufgaben. Verteilt die folgenden Aufgaben auf verschiedene Gruppen.

**Gruppe 1: Schauspielerinnen und Schauspieler**
- Notiert, welche Rollen in eurem Theaterstück vorkommen.
- Tauscht euch darüber aus, wer für welche Rolle geeignet ist. Vielleicht führt ihr dazu ein kleines Casting durch, in dem ihr verschiedene Rollenbesetzungen ausprobiert?
- Legt die Rollen fest, lernt eure Rollentexte auswendig und probt zusammen die Szenen.

**Gruppe 2: Kostüme, Requisiten, Masken**
- Überlegt, ob ihr die Tierfiguren mit passenden Kostümen und einzelnen Requisiten (Gegenstände) ausstatten wollt oder ob ihr jedes Tier allein durch eine Maske darstellen wollt. Wenn ihr euch auf das Tragen von Masken beschränkt, sollten alle einheitlich schwarze Kleidung tragen, damit sich das Publikum ganz auf eure Masken konzentrieren kann.
- Besprecht, wie der angeklagte Mensch auftreten soll: im Anzug, in Fesseln oder als Pappfigur?

**Gruppe 3: Bühnenbild, Licht**
- Klärt, welcher Raum euch für eure Theateraufführung zur Verfügung steht.
- Überlegt, wie ihr den Raum in einen Gerichtssaal verwandeln könnt: Braucht ihr bestimmtes Mobiliar wie Tische, Stühle …? Wollt ihr eine Kulisse (ein Hintergrundbild) gestalten, z. B. indem ihr ein großes Stück Stoff bemalt?
- Wie sollte das Licht, z. B. durch Stehlampen, in den einzelnen Szenen ausgerichtet werden?

**Gruppe 4: Plakat und Einladung**

- Überlegt, ob ihr ein Theaterplakat und/oder eine Einladung gestalten wollt.
- Tragt zusammen, welche Angaben auf eurem Plakat oder eurer Einladung stehen sollen, z. B.: Titel des Stücks, Ort und Zeit der Aufführung, die Veranstalter (eure Klasse) …
- Besprecht, wie ihr das Plakat / die Einladung gestalten wollt: Welche Fotos, Bilder … benötigt ihr?
- Wo könntet ihr die Plakate aufhängen, an wen wollt ihr die Einladungen versenden?

**Tipp:** Wenn ihr mit dem Computer arbeiten wollt, helfen euch die Tipps auf S. 173.

**Gruppe 5: Regie und Organisation des Projekts (Projektfahrplan)**

- Eure Gruppe hat die Aufgabe, die Fäden des Projekts zusammenzuhalten und die einzelnen Gruppen bei ihren Tätigkeiten zu beraten.
- Geht von Gruppe zu Gruppe und lasst euch den Stand der Arbeiten präsentieren: Welche Ideen und Vorschläge findet ihr gelungen, was könnte man noch verbessern? Beratet die Gruppen.
- Erstellt einen Projektfahrplan, in dem ihr die Aufgaben und die Termine der einzelnen Gruppen notiert. Behaltet den Überblick und achtet darauf, dass die Termine eingehalten werden.

### 3. Schritt: Das gemeinsame Proben

**Projektfahrplan für die Aufführung „Ein Mensch vor dem Gericht der Tiere"**

| verantwortliche Gruppe | Aufgaben | Termine |
|---|---|---|
| *Gruppe 1:*<br>*Schauspieler/-innen* | *- Texte auswendig lernen*<br>*- Proben Szene 1–3*<br>*- …* | … |
| *Gruppe 2:*<br>*Kostüme, Requisiten, Masken* | *- Masken basteln*<br>*- …* | … |
| *Gruppe 3:*<br>*Bühnenbild, Licht* | *- Mobiliar besorgen*<br>*- Kulisse bauen*<br>*- …* | … |
| *Gruppe 4:*<br>*Plakat und Einladung* | *- Text für das Plakat entwerfen*<br>*- Fotos besorgen*<br>*- …* | … |

**3** a Führt gemeinsam die Proben durch: Baut das Bühnenbild auf, testet die Lichteinstellungen, probiert eure Masken, Kostüme und Requisiten aus.
Spielt die Szenen einzeln, bis das Zusammenspiel funktioniert.

b Führt kurz vor der Aufführung eine Generalprobe durch.
Spielt nun alle Szenen ohne Unterbrechung mit eurem Bühnenbild, den Masken …
**Tipp:** Sorgt euch nicht, wenn euch in der Generalprobe Fehler unterlaufen. An ihnen erkennt ihr, worauf ihr bei der Aufführung besonders achten müsst.

# 10 Bedrohte Lebensräume
## Jugendzeitschriften und Sachtexte untersuchen

**In diesem Kapitel …**

- untersuchst du verschiedene Texte in Jugendzeitschriften,
- lernst du, wie du Schritt für Schritt die wichtigsten Informationen aus einem Sachtext erarbeitest,
- verfasst du Leserbriefe zu Zeitschriftenartikeln über Tiere und ihre Lebensräume.

**1** Welche Jugendzeitschriften kennst du, welche liest du am liebsten?

**2** Nenne typische Themen, die in Jugendzeitschriften behandelt werden.

**3** Kennt ihr Zeitschriften, die über Natur, Umwelt und Tiere berichten? Stellt sie euch gegenseitig vor.

**4** Was weißt du über Tiere oder Pflanzen, deren Lebensräume bedroht sind? Berichte darüber in der Klasse.

# 10.1 Jugendzeitschriften lesen
## Informationen entnehmen

### Die Cover von Jugendzeitschriften vergleichen

**1** Sieh dir die abgebildeten Titelseiten (Cover) von Jugendzeitschriften genau an.
- a Welche gefällt dir am besten? Begründe.
- b Überlege, aus welchem Grund die Titelseite einer Jugendzeitschrift besonders wichtig ist.

**2** Bringt unterschiedliche Ausgaben von Jugendzeitschriften mit und untersucht die verschiedenen Cover unter folgenden Gesichtspunkten:
- a Nennt das Hauptthema der Ausgabe und weitere Themen, die auf dem Cover angekündigt werden.
- b Untersucht und vergleicht die Rolle der Bilder (Größe und Anzahl).
- c Nennt weitere Informationen, die auf der Titelseite noch gegeben werden (Logo, Internetadresse, Ausgabe, Preis).
- d Beschreibt die Gestaltung des Layouts (Schriftgröße, Farbgestaltung in Schrift und Hintergrund).

## Die Inhaltsverzeichnisse von Jugendzeitschriften untersuchen

Das Inhaltsverzeichnis gibt Auskunft über die unterschiedlichen Themen der Zeitschrift. Die Gestaltung und die Einführung der Themen können sehr unterschiedlich sein.

Interview: Wie Amy MacDonald ihre Lieder schreibt

INHALT

**Politik**

6 GLOBUS
Nachrichten aus aller Welt

10 NEIN SAGEN
Sexueller Missbrauch – was ist das? Die wichtigsten Antworten auf eure Fragen

14 „WIE VIEL KÖNNEN SIE BESTIMMEN?"
Ministerpräsident Jürgen Rüttgers erklärt Kinderreportern, weshalb es 16 Bundesländer gibt

16 KÖLN, KOHLE UND CURRYWURST
Nordrhein-Westfalen ist das wichtigste Bundesland Deutschlands

17 MEINUNG
Müssen Zensuren wirklich sein?

**Menschen**

18 TOPMODEL-TRÄUME
Heidi Klums Castingshow macht das Modeln zum neuen Lebensziel

22 LERNEN IN LUMPEN
Auf den Philippinen arbeiten Kinder auf Müllhalden – jetzt gibt es für sie endlich eine Schule

24 EURE TEXTE
Ist Ballett was für Jungs? Der zwölfjährige Maximilian erzählt, wieso ihm das Tanzen Spaß macht

**Wirtschaft**

26 GRIECHENLAND IN NOT
Familie Stamoulis aus Athen muss kräftig sparen – das liegt daran, dass ihr Heimatland kurz vor der Pleite steht

30 RÄTSELKNACKER

68

44

ja: Wie geht das?

4 Dein SPIEGEL 05|2010

**Natur + Technik**

32 NEWS

34 ALS FEUER VOM HIMMEL FIEL
Warum vor 65 Millionen Jahren die Dinosaurier ausstarben

38 TIERE IN GEFAHR
Auch heute sind Tiere vom Aussterben bedroht, schuld ist der Mensch

40 NICHT UNTERZUKRIEGEN
Auf einem See in Afrika fährt noch immer ein altes deutsches Kriegsschiff

44 RECHNER UND RECHENKÜNSTLER
Ein Spiele-Programmierer bringt dem Computer das Denken bei

46 TIERE SAGEN UNS IHRE MEINUNG
Der Frosch

**Kultur**

48 KULTURTIPPS

50 FILM Miley Cyrus will nicht ewig Hannah Montana bleiben; im neuen Film ist sie schon – fast – erwachsen

54 LESETRAINING Die besten Fußball-Bücher zur WM

56 AMY MACDONALD erzählt vom Song-Schreiben und vom Heimweh

57 MANGA

63 EIN PROMI UND SEINE WELT
Moderator Ralph Caspers

64 ALS ICH KIND WAR
Die Schauspielerin Iris Berben über ihre Jugendstreiche im Internat

66 QUERBEET

**Sport**

68 SPORTRECHTE
Fernsehsender zahlen viel Geld, damit sie Formel-1-Rennen oder Bundesliga-Spiele zeigen dürfen

70 FANS IM SAMMELFIEBER
Vor der Fußball-Weltmeisterschaft sind Panini-Sticker heißbegehrt

72 LESERBRIEFE, WITZE

73 RÄTSELAUFLÖSUNG, IMPRESSUM

74 FERDINAND

Mutprobe: Eine Nacht im Museum

ALT

5

Die Überflieger 50

32 Rollen-Spiel

28 Vorbild Natur

**Inhalt**

3 Woher weiß man …
… wie heiß es in der Sonne ist?

6 Menschenskinder!
Fünf Geschichten aus dem Leben der Kinder dieser Welt

TITELTHEMA:
12 Serengeti in Gefahr
Die Serengeti in Afrika ist Lebensraum unzähliger Tierarten, etwa der Gnus. Nun wollen Politiker eine Fernstraße durch das Paradies planieren

18 Bilderrätsel
Hier ist vieles getürkt! Findet 15 Fehler im alten Istanbul

22 Für euch
Neues zum Lesen, Spielen, Angucken – von uns getestet

24 Puller-Alarm!
Urin, unser »Abwasser«, ist ein verräterischer Saft

28 Vorbild Natur
Was sich Architekten bei Tieren und Pflanzen abgucken können

32 Rollen-Spiel
Anton ist Rollstuhlfahrer. Wer ihn bemitleidet, kriegt einen Korb: Der 14-Jährige ist erfolgreicher Basketballer

38 Ratsport
Sechs knifflige Knobeleien zum Kopfzerbrechen

40 Heiß auf Mais …
… waren die Indianervölker Mittelamerikas schon vor Jahrtausenden

44 Puff, Peng, Popcorn
Unsere Rezepte sind ganz großes Kino – lasst es krachen!

46 UNICEF
Lesby aus Honduras hat Fragen über Fragen. Gut so: Sie ist Jugend-Reporterin

50 Die Überflieger
Die Gebrüder Wright bauten 1903 das erste Motorflugzeug der Welt. Und wir liefern euch jetzt die Bau-Anleitung für einen fantastischen Flieger

58 Reine Kopfsache
Mützen beschützen unsere Häupter. Und sehen gut aus!

60 Walrosse
Arktis-Serie, Teil 2: Den Kolossen schmilzt das Eis unter den Flossen weg

66 Planet Lino
Die verrücktesten Nachrichten des Monats

68 Ratekrimi
Eiszeit – ein Fall für die »Wadenbeißer«

72 Hier schreibt ihr!
Eure Briefe, eure Fragen, eure Antworten

73 Impressum

74 Vorschau

Neues auf GEOlino.de

Angriffe im Netz
Im Internet gibt es nicht nur Freunde. Sogenannte Hacker nutzen Computer und Netzwerke, um heimlich in fremde Rechner einzudringen – nicht selten mit bösen Absichten. Wie ihnen das gelingt und wie Computer-Nutzer sich vor diesen Angriffen schützen können, berichtet unsere Online-Redaktion.

www.geolino.de/hacker

5 GEOlino

**1** Untersuche anhand der abgedruckten Beispiele und deiner mitgebrachten Jugendzeitschriften verschiedene Inhaltsverzeichnisse.

a Auf welcher Seite der Zeitschrift ist das Inhaltsverzeichnis in der Regel zu finden?

b Vergleiche die Gestaltung (das Layout) verschiedener Inhaltsverzeichnisse. Begründe, warum du ein bestimmtes Inhaltsverzeichnis übersichtlicher findest als ein anderes.

**2** Wie sind die Themen und Inhalte in den Inhaltsverzeichnissen dargestellt?

a Nenne die Themenbereiche (die Rubriken) verschiedener Zeitschriften. Äußere Vermutungen, welche Lesergruppen sich von den Themen angesprochen fühlen.

b Untersuche, wie das jeweilige Thema im Inhaltsverzeichnis vorgestellt wird. Welche Formulierungen machen besonders viel Lust aufs Lesen?

## Einen Sachtext in einer Jugendzeitschrift lesen und verstehen

Jana Kühle

**Wildtiere erobern die Stadt**

Eines Tages war er einfach da, der Waschbär im Kasseler Stadtzentrum. Seinen Schlafplatz richtete er sich in einer Brauerei ein, nachts unternahm er Streifzüge durch die Stadt. Seinen Spitznamen hatte der süße Bär mit der Zorro-Maske schnell weg: „Casanova". Aus dem Waschbären war ein waschechter Stadtbär geworden.

Was sich wie ein kurioser Einzelfall liest, ist in Kassel, der „Waschbären-Hauptstadt" Europas, gar nicht so ungewöhnlich. In einigen Stadtteilen plündern die zugezogenen Waschbären nachts die Mülltonnen der Umgebung und ziehen sich tagsüber auf die Dachböden der Häuser zurück. […]

Nicht nur in Kassel ist der Bär los. Auch in Großstädten wie Berlin und Hamburg erobern die nachtaktiven Raubtiere städtische Randgebiete, besetzen Dachböden und durchforsten Mülltonnen nach Nahrung. In ihrem Verhalten ähneln sie dem Steinmarder, der unter den städtischen Wildtieren längst kein Exot mehr ist. […] Aus dem Steinmarder, der ursprünglich in Steinbrüchen und Felslandschaften beheimatet war, ist mittlerweile ein regelrechter Hausmarder geworden, der es sich auf Dachböden gemütlich macht. Hier ist es trockener, wärmer und geräumiger als in den meisten Schlupfwinkeln in der freien Natur.

Viele Städte wachsen von Jahr zu Jahr mehr in die angrenzenden Waldgebiete hinein und bieten Wildschwein, Fuchs und Co. einen neuen, städtischen Lebensraum. Auch die intensive land- und forstwirtschaftliche Nutzung verdrängt viele Tiere aus der weiträumigen Landschaft. In der Stadt finden sie ein größeres Nahrungsangebot und bessere Unterschlupfmöglichkeiten als in ihrer ursprünglichen Heimat. Der Mensch schafft den Wildtieren nahezu optimale Lebens- und Überlebensbedingungen. So ist das Klima in der dicht bebauten Innenstadt wärmer und trockener, am Stadtrand finden die Tiere in Flüssen und Stillgewässern, in Mülltonnen, auf Streuobstwiesen und in Vorgärten ein reichhaltiges Nahrungsangebot. Natürliche Feinde stellen eine weitaus kleinere Gefahr dar als in der Wildnis. Der Mensch wird vom Jäger zum Ernährer. […]

**1** a Lies zunächst nur die Überschrift und betrachte das Foto.
b Überlege, worum es in diesem Text gehen könnte.

**2** a Lies nun den gesamten Text aufmerksam durch und fasse das Thema des Textes in ein bis zwei Sätzen zusammen.
b Vergleicht eure Ergebnisse.

**3** Oft enthalten Texte Wörter, die schwierig zu verstehen oder dir unbekannt sind.
a Welche Möglichkeiten kennst du, die Bedeutung von unbekannten Wörtern im Text zu ermitteln?
b Klärt gemeinsam, was die folgenden Wörter in dem Text bedeuten. Lest dazu noch einmal die Textpassagen, in denen sie stehen.

kurioser (Z. 9) durchforsten (Z. 19) Exot (Z. 22) intensive (Z. 33) optimale (Z. 40)

**4** Im ersten Textabschnitt (Z. 1–8) sind einige Wörter markiert.
a Untersuche die Markierungen (Schlüsselwörter) im ersten Textabschnitt. Notiere, auf welche W-Fragen sie eine Antwort geben, z. B.: *Wer …? Wo …?*
b Lies den Text ein zweites Mal und schreibe die wichtigsten Schlüsselwörter aus dem Text heraus.
**Tipp:** Wenn du eine Kopie des Textes hast, kannst du die Schlüsselwörter auch markieren. Aber Vorsicht: Markiere nicht zu viele Wörter und Textstellen!

**Tipp** **Schlüsselwörter** sind Wörter, die für die Aussage des Textes besonders wichtig sind und W-Fragen (Wer? Was? Wann? Wo? Warum? Welche Folgen?) beantworten.

**5** Fasse die wichtigsten Informationen des Textes zusammen. Gehe so vor:
a Gliedere den Text in einzelne Sinnabschnitte und formuliere für jeden Abschnitt eine treffende Überschrift. Orientiere dich hierbei an deinen Schlüsselwörtern.
b Vergleicht eure Ergebnisse. Wenn eure Überschriften sehr stark voneinander abweichen, lest noch einmal im Text nach und besprecht, um welches Unterthema es hier hauptsächlich geht.
c Schreibe nun die wichtigsten Informationen des Textes in wenigen Sätzen auf.

**Tipp** Ein neuer **Sinnabschnitt** beginnt dort, wo ein neues Unterthema angesprochen wird.

**6** Kannst du dir erklären, weshalb Wildtiere ihre eigentlichen Lebensräume verlassen? Informiere dich auch in Umweltschutzbroschüren, Sachbüchern oder im Internet über die Gründe für die Landflucht der Tiere.

**Merkwissen** Einen Sachtext lesen und verstehen (Fünf-Schritt-Lesemethode)

1 **Lies** zunächst nur die **Überschrift** und die ersten drei bis fünf Zeilen des Textes. **Betrachte dann die Bilder.** Überlege, worum es in dem Text gehen könnte, und rufe dir ins Gedächtnis, was du vielleicht schon über das Thema weißt.
2 **Lies dann den gesamten Text** sorgfältig durch und mache dir klar, was das Thema des Textes ist. **Kläre** dann **unbekannte oder schwierige Wörter** aus dem Textzusammenhang, durch Nachdenken oder durch das Nachschlagen in einem Wörterbuch.
3 Lies den Text ein zweites Mal und **markiere die wichtigsten Schlüsselwörter**. Schlüsselwörter sind Wörter, die für die Aussage des Textes besonders wichtig sind und mit denen du die W-Fragen (Wer? Was? Wann? Wo? Warum? Welche Folgen?) beantworten kannst.
4 **Gliedere den Text in Sinnabschnitte** und gib jedem Abschnitt eine treffende Überschrift. Ein neuer Sinnabschnitt beginnt dort, wo ein neues Unterthema angesprochen wird.
5 **Fasse** die wichtigsten **Informationen** des Textes in wenigen Sätzen **zusammen**.

## Die Informationen eines Zeitschriftenartikels anschaulich darstellen

?

Die Chinesen nennen den Delfin mit der merkwürdig lang gezogenen Schnauze „Baiji" oder auch „Göttin des Jangtse". Einer Geschichte zufolge soll das Tier eine verwandelte Prinzessin sein. Die Fischer glauben auch, dass jeder, der den Baiji verletzt, ums Leben kommt. Doch das wird wohl nicht mehr passieren. Denn der Flussdelfin ist ausgestorben. Es gibt ihn nicht mehr im Jangtse; einem riesigen Fluss in China.

2006 fuhren Biologen mit zwei Booten 1600 Kilometer des Flusses ab. Mit Ferngläsern, feinen Messinstrumenten und Unterwassermikrofonen suchten sie den Delfin. Doch nichts. Sie konnten keinen einzigen Flussdelfin mehr entdecken. Ein paar Fischer sagten, sie hätten irgendwo noch einen Delfin gesehen, doch die Forscher fanden keinen mehr, auch im nächsten Jahr nicht.

Der Fluss sei zu dreckig geworden für die Tiere, sagen die Forscher. Überall werden Staudämme gebaut. Fast 20 000 Schiffe fahren hier im Jahr den Fluss entlang. Es ist einfach kein Platz mehr da für den Baiji.

So geht es vielen Tierarten. Früher sind Arten ausgestorben, weil es Meteoriteneinschläge, Vulkanausbrüche oder Eiszeiten gab. Heute ist der Mensch der größte Artenvernichter. Wo wir uns breitmachen, haben Tiere und Pflanzen meistens das Nachsehen.

Über 17 000 Tier- und Pflanzenarten sind weltweit vom Aussterben bedroht. [...]

Auch in Deutschland sieht es nicht gut aus. Fast jede zweite Art droht in unserem Land auszusterben. Bei manchen Tieren und Pflanzen wäre das endgültig, weil es sie außerhalb Deutschlands kaum gibt. Dazu gehört zum Beispiel die Wildkatze, von der nur noch etwa 4000 Exemplare durch unsere Wälder schleichen, oder der Fischotter. [...]

Landwirtschaft und Umweltgifte machen den Arten zu schaffen. Außerdem werden Wiesen und Moore zubetoniert. Jeden Tag verschwindet in Deutschland die Fläche von fast 150 Fußballfeldern unter Beton und Asphalt.

Doch zum Glück finden sich auch sehr viele Menschen, die etwas gegen das Artensterben unternehmen. In Deutschland gibt es Organisationen wie den Bund für Umwelt- und Naturschutz oder den Naturschutzbund Deutschland, bei denen jeder mitmachen kann. Je mehr Menschen sich um das Schicksal der Tiere sorgen, umso besser kann denen geholfen werden. Und selbst zu Hause lässt sich viel erreichen. Für Recycling-Papier müssen keine Wälder abgeholzt werden. Und wer Bio-Kartoffeln isst, tut nicht nur sich selbst etwas Gutes. Die Knollen werden ohne Kunstdünger und mit viel weniger Pflanzenschutzmitteln angebaut. Am Feldrand wachsen dann wieder Mohn- oder Kornblumen. Es ist also gar nicht so schwer, was für bedrohte Arten zu tun. Wenn alle mithelfen, lässt sich das große Artensterben auf der Erde noch aufhalten. Davon sind die Biologen überzeugt. Und manchmal gibt es sogar richtig Grund zum Feiern; dann nämlich, wenn plötzlich ganz neue Arten auftauchen, die noch nie ein Mensch zuvor gesehen hat.

**1** a Lies den Text sorgfältig durch und formuliere das Thema in einem vollständigen Satz.
b Gib dem Text eine passende Überschrift.

**2** In Z. 25–26 werden drei wichtige Naturereignisse genannt, die früher zum Aussterben von Arten geführt haben: Meteoriteneinschläge, Vulkanausbrüche und Eiszeiten.
Erklärt euch mithilfe eines Lexikons, was bei diesen Naturereignissen passierte.

**3** Entscheide, welche der folgenden Aussagen richtig sind. Begründe anhand des Textes.
- In Deutschland ist jede zweite Tier- und Pflanzenart vom Aussterben bedroht.
- Für bedrohte Arten etwas zu tun, ist schwerer, als man glaubt.
- In früheren Zeiten gab es für Tiere praktisch keine Bedrohung.

**4** a Im ersten Textabschnitt sind schon drei Wörter markiert. Aber sind es auch Schlüsselwörter? Prüfe, welche Markierungen deiner Meinung nach überflüssig sind und welche man ergänzen könnte.
b Schreibe nun aus den anderen Abschnitten die wesentlichen Schlüsselwörter heraus. Vergleicht anschließend eure Ergebnisse.

**5** Gliedere den Text in Sinnabschnitte und formuliere für jeden Abschnitt eine treffende Überschrift.

**6** Oft kann man die Informationen eines Textes in einem Schaubild übersichtlich darstellen.
a Sieh dir das folgende Schaubild (Mindmap) an und beschreibe es.

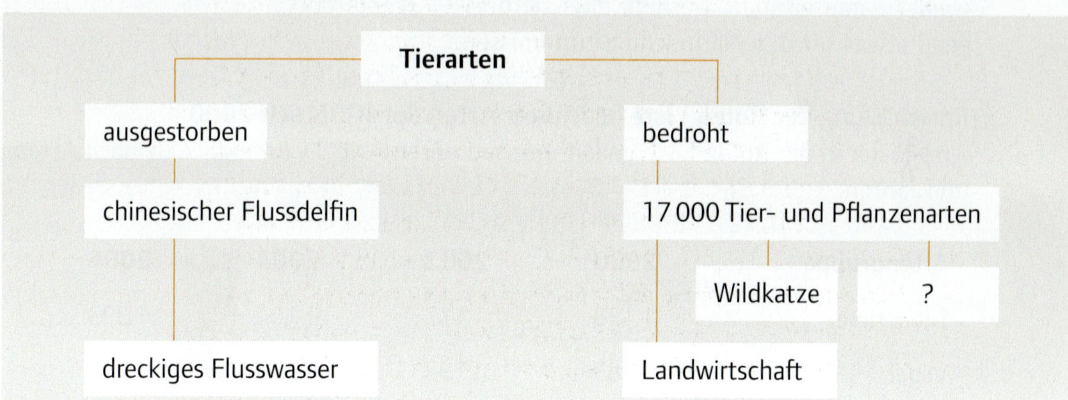


b Übertragt die Mindmap in euer Heft und vervollständigt sie in Partnerarbeit. Nehmt hierzu eure Schlüsselwörter zu Hilfe.

**Methode** Die Information eines Textes ordnen und veranschaulichen

Oft ist es hilfreich, die Informationen eines Textes in einem Schaubild, z. B. einer Mindmap (→ s. oben), oder in einer Tabelle (→ S. 194 f.) knapp und übersichtlich darzustellen. So kannst du mit einem Blick die wichtigen Aussagen des Textes erfassen.
Bevor du die Informationen veranschaulichst, musst du natürlich den Text erst einmal sorgfältig gelesen und verstanden haben (→ Fünf-Schritt-Lesemethode, S. 191).

## Tabellen in Jugendzeitschriften lesen und auswerten

Katrin Schönfeld

**Über ein Drittel aller Tier- und Pflanzenarten vom Aussterben bedroht**

*Alarmierend: „Rote Liste" der bedrohten Arten*

Anfang Oktober 2008 meldeten Wissenschaftler, dass sehr viele Tier- und Pflanzenarten bald für immer von der Erde verschwinden könnten. Sie stellten in Barcelona (Spanien) die „Rote Liste" vor – eine Liste aller Tiere und Pflanzen, deren Art vom Aussterben bedroht ist. Diese Liste wird von der Weltnaturschutzunion IUCN erstellt und alle vier Jahre veröffentlicht. Die Abkürzung IUCN steht für „International Union for Conservation of Nature and Natural Resources" und bedeutet so viel wie „Internationale Naturschutzunion".

Diese Organisation befindet sich in der Schweiz, hat aber insgesamt über 1000 Mitglieder in 62 Ländern auf der Welt. Sie kümmert sich darum, dass die Menschen immer wieder daran erinnert werden, dass sie dringend etwas für den Naturschutz tun müssen. Dies macht die IUCN mithilfe der „Roten Liste". Ähnliche Listen werden aber auch in den einzelnen Ländern der Welt erstellt, in Deutschland sogar für die jeweiligen Bundesländer.

Für die „Rote Liste" werden alle bekannten Tier- und Pflanzenarten aufgeschrieben und bei jeder einzelnen Art wird untersucht, wie gefährdet sie ist. Fachleute beurteilen dabei, wie sich eine Art in der Vergangenheit entwickelt hat und wie ihre Entwicklung in der Zukunft sein könnte.

Es gibt verschiedene Stufen, die angeben, wie stark eine Gefährdung ist. Zum Beispiel wird unterschieden zwischen „ausgestorben", „vom Aussterben bedroht", „stark gefährdet" und „gefährdet".

**Entwicklung der Roten Liste bedrohter Arten der IUCN seit 2000**

Anzahl der in der Roten Liste genannten bedrohten Arten – untergliedert nach Artengruppen und Jahren:

| Artengruppe | 2000 | 2002 | 2004 | 2006 | 2008 |
|---|---|---|---|---|---|
| Säugetiere | 1130 | 1137 | 1101 | 1093 | 1141 |
| Vögel | 1183 | 1192 | 1213 | 1206 | 1222 |
| Reptilien | 296 | 293 | 304 | 341 | 423 |
| Amphibien[1] | 146 | 157 | 1770 | 1811 | 1905 |
| Fische | 752 | 742 | 800 | 1173 | 1275 |
| Wirbellose[2] | 1928 | 1932 | 1992 | 2101 | 2496 |
| Pflanzen | 5611 | 5714 | 8321 | 8390 | 8457 |

1 die Amphibien: Tiere, die im Wasser und auf dem Land leben können, z. B. der Lurch

2 die Wirbellosen: z. B. Insekten, Weichtiere und Schalentiere

Quelle: IUCN, Stand: 2. November 2009

**1** Verschaffe dir einen Überblick über die Informationen in dem Text und der Tabelle (S. 194).
a Lies die beiden Überschriften des Textes und äußere Vermutungen, wovon er handeln könnte.
b Lies nun die beiden Überschriften der Tabelle. Worüber informiert sie vermutlich?

**2** Erschließe den Inhalt des Textes.
a Lies den gesamten Text durch und schreibe Schlüsselwörter heraus.
b Unterteile den Text in drei Abschnitte und formuliere für jeden Abschnitt eine Zwischenüberschrift.

**3** Betrachte die Tabelle genau.
a Welche Angaben enthalten die Zeilen, welche die Spalten?
b Welche weiteren Informationen findest du?

**Tipp** Der Aufbau einer Tabelle
Eine Spalte verläuft von oben nach unten.
Eine Zeile verläuft von links nach rechts.

| | Spalte ↓ |
|---|---|
| Zeile → | |

**4** Aus der Tabelle lassen sich verschiedene Informationen ablesen.
a Welche Artengruppen sind besonders stark bedroht, welche weniger? Vergleiche die Werte des Jahres 2008 und schreibe deine Ergebnisse auf. Schreibe so: *Die am stärksten bedrohten Artengruppen sind die ... Weniger bedrohte Artengruppen sind z. B. ...*
b Beschreibe, wie sich die Anzahl der genannten bedrohten Arten von 2000 bis 2008 verändert hat. Bei welchen Artengruppen ist die Entwicklung besonders besorgniserregend? Schreibe so: *Die Entwicklung bei den ... ist besonders besorgniserregend, denn ...*

**5** a Vergleiche die Informationen aus dem Text mit den Informationen in der Tabelle. Beschreibe Gemeinsamkeiten und Unterschiede.
b Informationen in Form eines Textes oder in Form einer Tabelle? Bewerte die verschiedenen Darstellungsformen. Welche Vorzüge haben sie jeweils?

**6** a Welche Informationen aus dem Text und der Tabelle findet ihr besonders interessant? Tauscht euch mit einer Partnerin oder einem Partner darüber aus.
b Habt ihr weitere Fragen zum Thema „Artenschutz"? Notiert sie und sucht weitere Informationen, z. B. in der Bücherei oder im Internet. Die Hinweise auf S. 154 helfen euch dabei.

**Methode** Tabellen lesen

In Sachtexten findest du häufig Tabellen oder andere Darstellungsformen, mit denen man eine größere Zahl von Informationen knapp und übersichtlich darstellen kann.
Beim Lesen einer Tabelle kannst du so vorgehen:
- Stelle fest, worüber die Tabelle informiert. Entweder gibt es für die gesamte Tabelle eine Überschrift oder die oberste Zeile der Tabelle bildet eine Art Überschrift.
- Verschaffe dir einen Überblick darüber, welche Informationen die Spalten (verlaufen von oben nach unten) und die Zeilen (verlaufen von links nach rechts) enthalten.
- Lies die Angaben in den einzelnen Feldern der Tabelle. Wozu macht die Tabelle Angaben? Gibt es Maßeinheiten in der Tabelle, z. B. Meter, Gewicht, Größe etc.?
- Notiere deine Beobachtungen: Welche Angaben werden in der Tabelle gemacht?

## Grafiken entschlüsseln

**Serengeti in Gefahr!**

Seit Tausenden von Jahren ziehen Gnus, aber auch Zebras, Antilopen und Gazellen durch die Serengeti. Die Naturlandschaft erstreckt sich vom Süden Tansanias bis an die kenianische Grenze im Norden. Ein kleinerer Teil davon ist als Nationalpark besonders geschützt. Nun drohen Tiere und Landschaft buchstäblich unter die Räder zu kommen. Tansania will im Norden der Serengeti eine Fernstraße bauen. Sie würde die Wanderrouten der Gnus und Zebras unterbrechen. Ohne den alljährlichen Zug aber können die Tiere nicht überleben – am Ende würde die ganze Serengeti zerstört. Naturschützer drängen deshalb, eine andere Trasse im Süden anzulegen. Die Entscheidung soll dieses Jahr fallen.

**1** a Lies den Text im Infokasten und betrachte die Grafik.
b Beschreibe, worüber die Grafik informiert.
Die nebenstehenden Verben helfen dir dabei.
c Überlege, welche Aussagen im Infotext die Grafik verdeutlicht. Gib die Zeilen an.
d Erläutere, was die Grafik für das Verständnis des Problems leistet.

darstellen zeigen angeben liegen beschreiben

**Methode** Grafiken entschlüsseln

Eine Grafik stellt Zahlen (z. B. Größenverhältnisse, Zeitangaben), Vorgänge (wie etwas funktioniert) oder Orts- und Lageangaben (z. B. den Verlauf einer Fernstraße oder eines Flusses) bildlich dar.
Beim Entschlüsseln einer Grafik kannst du so vorgehen:

1 Stelle fest, worum es in der Grafik geht. Hierbei hilft dir die Überschrift, wenn es eine gibt.
2 Untersuche, was in der Grafik dargestellt wird: Erklärt sie einen Vorgang, gibt sie ein Größenverhältnis an oder verdeutlicht sie eine Lage, wie z. B. eine Landkarte?
3 Prüfe, ob die Grafik Farben, Beschriftungen oder Symbole enthält, die erklärt werden.
4 Schreibe auf, worüber die Grafik informiert.

# Teste dein Wissen!

**1** Wenn du einen Sachtext liest, solltest du Schlüsselwörter markieren.

a In der folgenden Liste ist nur ein Satz richtig. Schreibe diese Aussage in dein Heft.

Was sind Schlüsselwörter?

**A** Schlüsselwörter sind immer Wörter, die ein neues Unterthema einleiten. Sie stehen meistens am Anfang eines neuen Textabschnitts.

**B** Schlüsselwörter sind Wörter, die für die Aussage des Textes besonders wichtig sind.

**C** Schlüsselwörter sind immer Nomen oder besonders schwierige Wörter, z. B. Fremdwörter.

b Vergleiche deine Lösung mit dem Lösungsteil auf S. 353.

**2** Wenn du einen Text in Sinnabschnitte gliederst und jedem Abschnitt eine treffende Überschrift gibst, kannst du ihn leichter zusammenfassen.

a Prüfe, welche der folgenden Aussagen (A, B oder C) richtig ist, und schreibe diese in dein Heft.

Wo beginnt ein neuer Sinnabschnitt?

**A** Ein neuer Sinnabschnitt beginnt dort, wo im Text ein neues Unterthema angesprochen wird.

**B** Ein neuer Sinnabschnitt beginnt immer dort, wo im Text ein Bild oder eine Grafik steht.

**C** Ein neuer Sinnabschnitt beginnt immer dort, wo es im Text einen neuen Absatz gibt.

b Vergleiche deine Lösung mit dem Lösungsteil auf S. 353.

**3** a Um welche Art der Abbildung handelt es sich jeweils? Ordne die Begriffe „Foto“ und „Grafik“ richtig zu, z. B.: *Abbildung 1 = … ; Abbildung 2 = … ; Abbildung 3 = …*

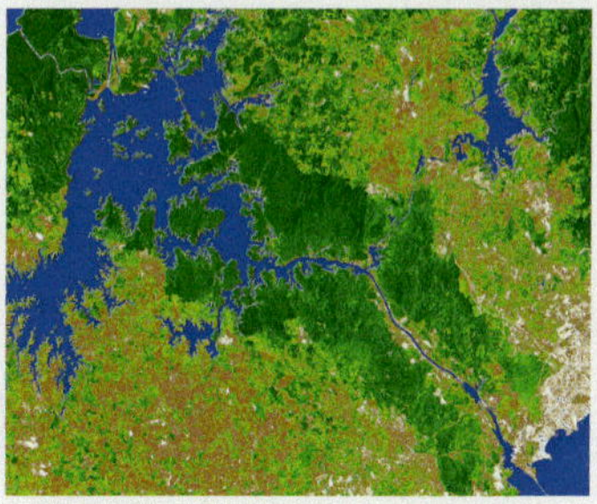

1 Serengeti

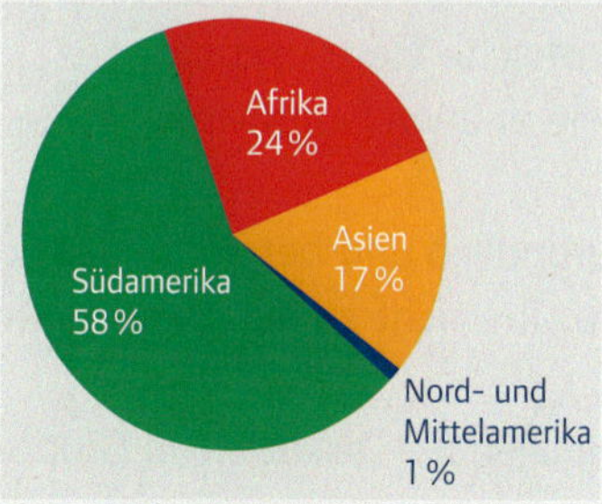


2 Verteilung tropischer Regenwälder

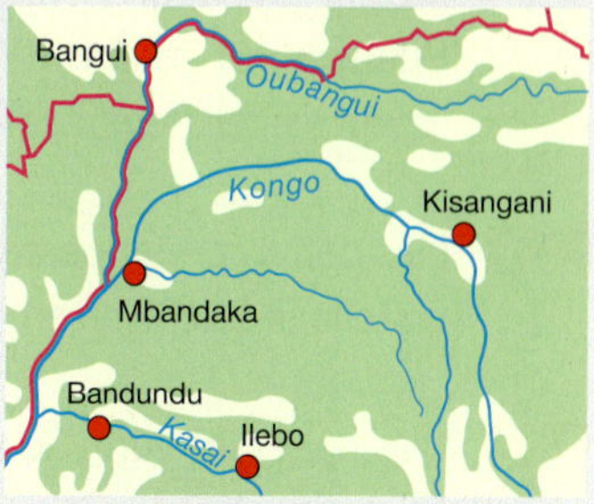


3 Regenwald

b Notiere knapp, was auf der jeweiligen Abbildung dargestellt wird.

c Vergleicht eure Ergebnisse aus den Aufgaben 3a und b in Partnerarbeit.

# 10.2 Lebensräume im Leipziger Zoo
## Mit einem Leserbrief seine Meinung äußern

**Gondwanaland im Leipziger Zoo**
Wie der Mensch verlorene Lebensräume wieder herstellt

Gondwana, der Urzeitkontinent, existierte vor ungefähr 150 Millionen Jahren, als Afrika, Teile Asiens und Südamerika noch eine gemeinsame Landmasse bildeten, bevor der Urkontinent durch gewaltige Bewegungen der Erde in die heutigen Kontinente zerbrach. Gondwanaland, das ist im Zoo Leipzig ein künstlich erschaffenes Biotop[1], in dem 17 000 verschiedene tropische Pflanzen, ungefähr 300 exotische Tiere und ein urwüchsiger Regenwald, wie er auch Gondwana prägte, beheimatet sind. Auf einer Fläche von 16 555 Quadratmetern hat der Leipziger Zoo ein Ökosystem[2] geschaffen, das die Idee vom Urkontinent als besonderem Lebensraum aufgreift und wieder zum Leben erweckt.

In Gondwanaland leben 40 Tierarten aus Asien, Afrika und Südamerika. Es sind fast alles gefährdete Tiere, deren natürlicher Lebensraum bedroht oder schon verloren ist. Das Zweifinger-Faultier, die Riesenotter, der Ozelot, das Zwergflusspferd, das Totenkopfäffchen und andere seltene und gefährdete Tierarten leben hier in einem Umfeld, das ihrem natürlichen Lebensraum nachgebildet ist. Einige Tiere dürfen sogar frei durch Gondwanaland streifen und treffen dort auf die Besucher, die den Regenwald vom Boot, aus den Wipfeln der Bäume, über einen Hängebrückenpfad oder ebenerdig erfahren. Dabei ist der Komodo-Waran, die größte lebende Echse der Welt, die mit einer Länge von 2,50 Metern durch ihren „Kontinent" kriecht, eine der größten Attraktionen.

1 das Biotop: Lebensraum von Tier- und Pflanzenarten
2 das Ökosystem: Lebensraum und die in ihm lebenden Tiere und Pflanzen

**1** Lies den Informationstext gründlich und betrachte das Foto. Erstelle in Stichwörtern eine Übersicht zu den Besonderheiten von „Gondwanaland".

**2** Was haltet ihr von „Gondwanaland"? Diskutiert in Gruppen die Vor- und Nachteile einer solchen Erlebniswelt.

**3** Recherchiere (suche) im Internet zu weiteren Projekten, die der Zoo Leipzig zur Rettung bedrohter Arten verfolgt.

## Einen Leserbrief untersuchen

**1** a Sieh in Jugendzeitschriften nach, an welcher Stelle Leserbriefe abgedruckt sind.
b Oft leitet die Redaktion den Leserbrief mit einem Satz ein. Vergleiche die einleitenden Sätze und überlege, weshalb diese für die Leser wichtig sind.

*In eurer Ausgabe vom August 2011 berichtet ihr begeistert über die Erlebniswelt Gondwanaland im Leipziger Zoo. Dieses Projekt hat viele Millionen Euro gekostet. Es soll wieder herstellen, was der Mensch in vielen Gebieten der Erde zerstört hat.*
*Ich finde diesen Medienrummel um Gondwanaland richtig schlimm, denn dabei wird überhaupt nicht an die Schäden gedacht, die der Mensch bereits angerichtet hat.*
*Die Besucher werden in Massen durch Gondwanaland streifen. Sie werden staunen und sich wie Abenteurer in einer anderen Welt fühlen. Sie werden seltene Tiere bewundern und anschließend stolz von ihrer Begegnung mit der Riesenechse berichten. Kann das das Anliegen des Leipziger Zoos sein? Gondwanaland ist notwendig, um seltene und bedrohte Tiere und Pflanzen zu retten. Solange der Mensch aber weiterhin Regenwälder abholzt, um Weideland für Rinder zu schaffen oder um günstig Holz nach Europa zu liefern, ist nichts gewonnen. Wir können Gondwanaland bestaunen, müssen es aber zum Anlass nehmen, die letzten Teile seiner Schönheit auf der Erde zu retten!*
*Henri Dorner, 12 Jahre*

**2** Lies den Leserbrief aufmerksam und überlege, was der Verfasser erreichen möchte.

**3** Untersuche den Leserbrief genauer.
a Notiere, welche Informationen der erste Satz enthält.
b Mit welchen Begründungen (Argumenten) will uns der Verfasser von seiner Meinung überzeugen? Schreibe die wichtigen Aussagen heraus.
c An welchen Stellen wird deutlich, dass es sich um eine persönliche Meinung handelt?
d Überlege, was der Verfasser mit dem letzten Satz bewirken möchte.

**4** Teilt ihr die Meinung des Verfassers? Diskutiert in der Klasse darüber, welche Gründe für oder gegen Erlebniswelten wie Gondwanaland sprechen könnten.

**!** **Merkwissen** Einen Leserbrief schreiben

Ein Leserbrief nimmt Bezug auf einen Artikel, der in einer Zeitschrift/Zeitung erschienen ist. Die Verfasserin / Der Verfasser des Leserbriefs äußert darin ihre/seine Meinung zu einem Ereignis oder zu der Darstellung des Ereignisses in der Zeitschrift/Zeitung.
Ein Leserbrief wird folgendermaßen aufgebaut:
- Im ersten Satz nennt man den Artikel (Autor, Titel, Ausgabe der Zeitschrift/Zeitung), auf den sich der Leserbrief bezieht.
- Man formuliert seine Meinung und begründet sie (→ S. 37).
- Man schließt mit einer Schlussfolgerung, einer Frage oder einer Forderung ab.
- Unter den Leserbrief kommen Vor- und Zuname sowie Alter des Verfassers / der Verfasserin.

Der Leserbrief wird per Post oder als E-Mail an die Redaktion der Zeitschrift/Zeitung geschickt. Die Redaktion hat das Recht, ohne Genehmigung der Autorin / des Autors einen Leserbrief zu kürzen, wenn dieser zu lang ist.

## Einen Leserbrief schreiben

### Opossum Heidi – Wie eine schielende Beutelratte berühmt wurde

*Wenn uns Opossum Heidi etwas lehrt, dann das: Man muss nicht schön sein, um bekannt zu werden. Die Beutelratte ist dick, schielt und hat trotzdem inzwischen mehr Fans bei Facebook als Angela Merkel. Denn irgendwie finden alle sie „nieeedlich".*

Leipzig. Auch Beutelratten haben das Zeug zum Star. Heidi, das schielende Opossum aus dem Leipziger Zoo, bringt alles mit, was man zur Berühmtheit braucht: ein riesiges Presse-Echo, ein Lied auf YouTube und eine Facebook-Seite mit weit mehr als 100 000 Fans – mehr als Bundeskanzlerin Angela Merkel (CDU) hat. Sehr viele Menschen finden Heidi „nieeedlich". Und der Leipziger Zoo findet die Aufmerksamkeit ziemlich gut. Heidi, schrieb die „Frankfurter Allgemeine Zeitung", sei „der neue Knut".
Dabei kam die Heidi-Manie[1] für den Zoo überraschend, wie dessen Chef Jörg Junhold versichert. „Wir haben diesen Hype[2] nicht gemacht. Das ist eine Geschichte, die zwischen den Medien und im Internet abläuft."
Begonnen hat alles im Dezember mit einer Reportage über die Tiere, die vom Sommer an die neu erbaute Riesen-Tropenhalle des Zoos bevölkern sollen. Auch Silberblick[3]-Heidi wuselte durchs Bild, und – unverhofft kommt oft – ein Star war geboren. Zu sehen ist das Opossum momentan noch nicht. Es hockt in „rückwärtiger Tierhaltung" in Quarantäne[4]. Erst im Sommer darf es die Besucher schief angucken.

**Eisbären Knut und Flocke**
Putzige Tiere, die die Herzen der Menschen im Sturm erobern, sind für Zoos finanzielle Volltreffer. Der bekannteste aller Medienlieblinge ist der Eisbär Knut, der – 2006 im Zoologischen Garten Berlin geboren – von seiner Mutter nicht angenommen und von Menschenhand aufgezogen wurde. Knut und sein inzwischen gestorbener Pfleger Thomas Dörflein wurden sehr prominent.
Der Berliner Zoo ließ sich die Markenrechte schützen und freute sich über einen Besucheransturm. In Knuts Fahrwasser wurde auch Eisbärmädchen Flocke aus Nürnberg bekannt. Als der Tierpark zu einer Pressekonferenz lud, um Flockes Namen zu verkündeten, berichteten Nachrichtensender live.

**Viel zu dick**
Ähnlich wie bei Knut, dem Verstoßenen, hat übrigens auch die schielende Heidi eine eher traurige Geschichte. Die Zweijährige, die in einer

1 die Manie: Besessenheit
2 der Hype: Rummel
3 der Silberblick: Schielen
4 die Quarantäne: Absonderung als Schutzmaßnahme gegen Verbreitung von Krankheiten

Wildtierstation in den USA von Hand aufgezogen wurde, ist nämlich viel zu dick. Fetteinlagerungen drücken auf ihre Augen und lassen das Opossum schielen. Die Tierärzte haben Heidi deswegen eine strenge Diät verordnet. Ob die Hungerkur der Beutelratte so erfolgreich sein wird, dass Heidi am Ende ihr „Markenzeichen" einbüßt, sei noch nicht absehbar, so Zoo-Chef Junhold.

So lange Heidi noch schielt, erhält sie jedenfalls Zuspruch von höchster Stelle. Sachsens Regierung hat die Beutelratte auf ihrer elektronischen Glückwunschkarte für das Jahr 2011 platziert. Unter dem Slogan[1] „Prosit Neujahr" schielt Heidi an der Kamera des Fotografen vorbei. Die Grußpostkarte der Sächsischen Staatskanzlei wurde inzwischen mehr als 1500 Mal versendet. „Wir freuen uns, dass wir damit auch zu einem höheren Bekanntheitsgrad des Leipziger Zoos beigetragen haben", sagt der Sprecher der sächsischen Regierungszentrale, Dirk Müller-Thederan, der sich als Heidi-Fan outet.

Zoo-Chef Junhold zählt Beutelratten nicht unbedingt zu seinen Lieblingstieren. Er wolle sachlich informieren, sagt er. So listet der Zoo im Internet Fakten über das schielende Opossum auf, auch auf Englisch. Auch die britische BBC hat schon berichtet. Einer der Heidi-Fakten lautet: Der Zoo verdiene kein Geld mit dem Heidi-Hype. „Um einen möglichen Missbrauch zu vermeiden, hat sich der Zoo Leipzig jedoch umfangreiche Rechte sichern lassen." Junhold sagt: „Im Moment beteiligen wir uns nicht an einer aktiven Vermarktung."

1 der Slogan: kurze, wirkungsvolle Redewendung

**1** Erschließe den Inhalt des Artikels mithilfe der Fünf-Schritt-Lesemethode (→ S. 191).

**2** Diskutiert, ob die Vermarktung von Tieren unter bestimmten Umständen sinnvoll sein kann.

**3** a Welche Meinung hast du zu diesem Thema? Formuliere sie in einem Satz.
b Suche nach Begründungen (Argumenten), die deine Meinung stützen können.

**4** Verfasse nun einen kurzen Leserbrief zu dem Artikel. Beschränke dich dabei auf ein oder zwei inhaltliche Punkte. Gehe folgendermaßen vor:
- Beziehe dich im ersten Satz auf den Artikel aus der Jugendzeitschrift.
- Formuliere deine Meinung und begründe sie.
- Fasse deine Meinung am Ende mit einem überzeugenden Schlusssatz zusammen. Dieser kann eine Schlussfolgerung, eine Frage oder eine Forderung sein.
- Schreibe deinen Vor- und Nachnamen und auch dein Alter unter den Leserbrief.

**Tipp** Diese Formulierungen können dir helfen:
*In der Ausgabe vom … berichtet ihr, dass …*
*Wie in dem Artikel deutlich wird, …*
*Der Verfasser des Artikels erwähnt allerdings nicht, dass …*
*Meiner Ansicht/Meinung nach …*
*Ich finde es gut/richtig, dass …*
*Man sollte auch berücksichtigen, dass …*

**5** Organisiert eine Redaktionskonferenz und entscheidet, welche Leserbriefe ihr abdrucken würdet.

**6** Wähle aus deinen mitgebrachten Jugendzeitschriften einen Artikel aus, auf den du mit einem Leserbrief antwortest.

# Vertiefen und üben
## Einen Leserbrief schreiben

### Naturerbe Grünes Band

**Vom Todesstreifen zur Lebenslinie**
Es gibt noch Naturwunder in Deutschland: Mitten durch unser Land zieht sich von der Ostsee bis ins Vogtland bei Hof ein 1393 Kilometer langes Grünes Band. Ein zusammenhängender Streifen wertvollster Biotope[1] mit einzigartigen Rückzugsräumen für bedrohte Tiere und Pflanzen, zwischen 50 und 200 Meter breit: Es sind die ungenutzten Flächen der innerdeutschen Grenze. Ausgerechnet im Schutz der unmenschlichen Grenzanlagen bekam die Natur eine 30-jährige Atempause. Und die Natur nutzte sie. Es entwickelte sich ein Stück unberührter „Wildnis“ mit großartigen Altgrasfluren[2], Busch- und Waldparadiesen, Feuchtgebieten und blühenden Heiden. Für die Natur entpuppte sich der sogenannte Todesstreifen als Lebenslinie.

**Vielfalt am laufenden Band**
Im Jahr 2001 wurde die „längste“ Bestandsaufnahme in der Geschichte des deutschen Naturschutzes durchgeführt. Ihre Ergebnisse unterstreichen die große Bedeutung des rund 1400 Kilometer langen Bandes: Mehr als 600 Tier- und Pflanzenarten der „Roten Liste“[3] leben hier. An einem einzigen Tag fanden Naturschützer mehr als 5200 verschiedene Tiere und Pflanzen. Auch Arten, die bereits als ausgestorben galten, wie die Schwalbenwurz[4] in Mecklenburg-Vorpommern, entdeckte man hier wieder. Bundesweit sind am Grünen Band bislang 150 Naturschutzgebiete ausgewiesen. Vorbildlich handelte der Freistaat Sachsen: Dort steht das Band seit 1996 vollständig unter Naturschutz.

1 das Biotop: Lebensraum von Tier- und Pflanzenarten, die ähnliche Umweltbedingungen verlangen
2 die Altgrasfluren: Gebiete mit Altgras
3 die „Rote Liste“: Liste gefährdeter Tiere und Pflanzen
4 die Schwalbenwurz: Pflanzenart

●●● 1 Erschließe den Inhalt des Artikels mithilfe der Fünf-Schritt-Lesemethode.

→ Hilfen zu den Aufgaben 1 bis 4 findest du auf S. 203

●●● 2 Stelle die Informationen des Textes in einer Mindmap oder einer Tabelle dar.

●●● 3 Welche Meinung hast du zu diesem Thema? Formuliere sie in einem Satz.

●●● 4 Schreibe einen kurzen Leserbrief zu diesem Artikel.

**1 mit Hilfen**

Die **Fünf-Schritt-Lesemethode** geht folgendermaßen:

**1** Lies die Überschrift(en) und betrachte die Bilder. Überlege, wovon der Text handeln könnte.
**2** Lies dann den ganzen Text und kläre unbekannte Wörter. Was ist das Thema des Textes?
**3** Lies den Text ein zweites Mal und schreibe die wichtigsten Schlüsselwörter heraus.
**4** Gliedere den Text in Sinnabschnitte und gib jedem Abschnitt eine treffende Überschrift.
**5** Fasse die wichtigsten Informationen des Textes in wenigen Sätzen zusammen.

**2 mit Hilfen**

Übertrage die Tabelle in dein Heft und ergänzt sie.

| damals | heute |
|---|---|
| Todesstreifen | Lebenslinie |
| innerdeutsche Grenze | Grünes Band |
| Länge: 1393 Kilometer | … |
| unmenschliche Grenzanlagen | … |

**3 mit Hilfen**

Mareike, Sven und Jörg haben den Artikel auch gelesen. Um dir eine eigene Meinung zum Artikel zu bilden, lies ihre Kommentare:

**Mareike:** Ist das nicht toll? Ausgerechnet aus so einem schlimmen Ort ist ein Naturparadies geworden! Dafür sollten wir dankbar sein und diesen Ort pflegen.

**Sven:** Ein schöner Naturschutzraum – aber der Mensch darf ihn ja wohl nicht betreten! Ich wünsche mir ein solches Gebiet für unsere Freizeit, für den Sport!

**Jan:** Interessant! Das Einzige, was die Natur von uns will, ist, in Ruhe gelassen zu werden.

**4 mit Hilfen**

Verwende die folgenden Formulierungshilfen:

| | |
|---|---|
| Um dich auf den Artikel zu beziehen: | *In der Ausgabe vom … berichtet ihr, dass …*<br>*Wie in dem Artikel … deutlich wird, …* |
| Um deine eigene Meinung zu formulieren: | *Meiner Ansicht/Meinung nach …*<br>*Ich finde es gut/richtig, dass …*<br>*Man sollte auch berücksichtigen, dass …* |
| Um einen überzeugenden Schlusssatz zu schreiben: | *Daraus ergibt sich für mich, dass …*<br>*Sollten wir nicht vielmehr …?*<br>*Daher fordere ich, dass …* |

# 10.3 Fit in …
## Sachtexte erschließen

### Die Aufgabenstellung richtig verstehen

Stelle dir vor, du bekommst folgende Aufgabe:

**1** Lies den folgenden Text und erschließe seinen Inhalt.
a) Unterteile den Text in drei Abschnitte und gib die Zeilen an.
b) Formuliere für jeden Abschnitt eine geeignete Überschrift und schreibe sie auf.

**2** Beantworte die folgenden Fragen in jeweils 2 bis 3 Sätzen. Schreibe deine Antworten auf.
a) Was bedeutet der Begriff „Auswilderung" und warum wird sie betrieben?
b) Warum gehen junge männliche Luchse auf Wanderschaft? Erkläre.
c) Wie gelingt es den Luchsexperten, die Wanderung der jungen Luchse zu verfolgen?

Anne Schafmeister
**Ein Luchs auf großer Reise**

*Vor zehn Jahren wurden im Nationalpark Harz 24 Luchse ausgewildert. Deren Nachwuchs sucht nun nach eigenen Revieren und geht auf gefährliche Wanderschaft.*

Der Verkehr auf der Südharz-Autobahn will an diesem Novembertag nicht abebben. Autos, Lastwagen und Motorräder rasen über den vierspurigen Asphaltstreifen. Würde M2 jetzt versuchen, die Straße zu überqueren, er wäre vermutlich sofort tot.

Was also soll der junge Luchs machen? Im Wald nimmt M2 jedes Hindernis. Er kraxelt mühelos Bäume hinauf und hinunter, springt über fünf Meter weit und schwimmt im Notfall sogar durch Flüsse. Die Autobahn aber scheint für ihn unüberwindbar zu sein. Und zurückkehren nach Norden, in den Nationalpark Harz, wo er vor anderthalb Jahren das Licht der Welt erblickt hat, kann er nicht. Denn die Reviere in seiner Heimat sind bereits an ältere und somit stärkere Luchse vergeben. Für Jungtiere wie M2 gibt es im Harz kaum noch Platz. Dabei waren die Raubkatzen dort rund 180 Jahre lang ausgestorben.

Erst im Jahr 2000 beginnen Tierschützer, 24 Luchse im Harz auszuwildern. Die Tiere fühlen sich in dem Mittelgebirge wohl: Sie machen erfolgreich Beute und bekommen seit acht Jahren regelmäßig Nachwuchs.
Zehn Monate lang bleiben die Jungen bei ihrer Mutter, anschließend suchen sie sich ein eigenes Waldrevier. Was gar nicht so einfach

ist: Luchsweibchen dulden es zwar, wenn Nachbarn die Reviergrenzen gelegentlich überschreiten. Kuder jedoch, so heißen die Männchen, verteidigen ihr Territorium eisern gegen jeden Konkurrenten. Genügen Grollen und Fauchen nicht, um den Eindringling zu verjagen, fahren sie die Krallen aus.
Für einen solchen Revierkampf fehlt M2 im April 2009 noch die Kraft. Darum macht sich der Jungluchs auf den Weg und verlässt den Harz in der Nähe des Städtchens Osterode. Er streift bei Hattorf und weiter südlich im Ohmgebirge durch kleinere Waldgebiete, macht in Getreide- und Rapsfeldern Jagd auf Rehe. Und bemerkt dabei nicht, dass ihm Ole Anders von Anfang an auf der Spur ist!
Der Luchsexperte sitzt 50 Kilometer entfernt in seinem Nationalpark-Büro in Sankt Andreasberg und verfolgt M2 mithilfe von GPS-Daten[1], die ihm ein Sender am Halsband der Raubkatze funkt. Der Kuder trägt es, seit im November 2008 ein Auto die Mutter des Luchses überfuhr. M2 war damals erst wenige Monate alt. Allein zurückgelassen, drohte M2 und seiner Schwester der Hungertod. Doch Ole Anders fing die beiden abgemagerten Kätzchen ein und päppelte sie auf. Bevor er den Kuder wieder freiließ, verpasste er ihm den Sender – und den Namen. „M" steht für Männchen, die Nummer „2" besagt, dass der Luchs der zweite von vier ausgewählten Halsbandträgern ist. Die schlichte Namenswahl hatte aber auch einen zweiten Grund: „Wir wollen die Tiere nicht vermenschlichen und zu sehr ins Herz schließen", erklärt Ole Anders.

Die Wanderung seines Schützlings verfolgt er trotzdem mit Spannung. Vor allem, wenn M2 nachts durch die Göttinger Vororte schleicht oder sich wie an diesem Novembertag direkt an der Südharz-Autobahn aufhält. Wird die Raubkatze über die Straße laufen? Die Antwort auf diese Frage erhält Ole Anders am 24. November 2009. Der Sender vermeldet einen neuen Standort – M2 befindet sich südlich der Autobahn, auf der anderen Seite also! Der Luchs war so lange am Straßenrand entlang gewandert, bis er in der Nähe des Dorfes Kirchgandern jene Stelle erreicht hatte, an der die Autobahn in einem Tunnel verschwindet. Oberhalb der Straßenröhre gibt es nichts als Wiese und Wald. Eine sichere Landbrücke, über die M2 auf die andere Seite stolziert ist.
„Es müsste viel mehr solcher Grünbrücken und Wildtunnel an viel befahrenen Straßen geben", sagt Ole Anders. Auf diese Weise könnten noch mehr Luchse auf Wanderschaft gehen und vielleicht irgendwann wieder in ganz Deutschland heimisch werden. Ausreichend große Waldgebiete gäbe es zum Beispiel in der Lüneburger Heide und an der deutsch-polnischen Grenze. M2 hat seine Reise inzwischen beendet: „Er lebt jetzt südöstlich von Kassel", erzählt Ole Anders. Und es scheint, als habe M2 neben einer neuen Heimat auch eine Herzensdame gefunden – das haben Spuren im Schnee verraten!

1 GPS-Daten: Ortsangaben, die mithilfe von Satelliten ermittelt werden

**1** a Lies dir die Aufgabenstellung auf S. 204 (im Kasten oben) genau durch.
b Hast du verstanden, was du erarbeiten sollst? Entscheide, welche der folgenden Aussagen zutreffen, und schreibe die entsprechenden Buchstaben in dein Heft. Hintereinander gelesen ergeben sie ein Lösungswort.

**M** Ich soll mir eine neue Überschrift für den Text ausdenken.
**Ö** Ich soll mir für jeden Textabschnitt eine Überschrift ausdenken.
**K** Ich soll den Inhalt des Textes erschließen und Fragen zum Text beantworten.
**P** Ich soll erklären, warum es schwierig ist, die Wanderungen von wilden Luchsen zu verfolgen.
**O** Ich soll erklären, warum junge Luchse auf Wanderschaft gehen müssen.
**G** Ich soll erläutern, warum die Autobahn für die Luchse eine so große Gefahr darstellt.

## Die Aufgaben zum Text bearbeiten

**2** Bearbeite nun nacheinander die Aufgaben 1 und 2 von S. 204. Gehe Schritt für Schritt vor:
a **Aufgabe 1:**
Erschließe den Text nach der 5-Schritt-Lesemethode (→ S. 191).
Denke dir für jeden Abschnitt eine passende Überschrift aus. Beginne so:
*Abschnitt 1 Z. 1–XX: Die Autobahn als Hindernis für den Luchs*
*Abschnitt 2 Z. XX–XX: ...*
*Abschnitt 3 Z. XX–XX: ...*
b **Aufgabe 2:**
Beantworte die Fragen zum Text mit eigenen Worten. Schreibe zu jeder Frage 2 bis 3 Sätze.
Beginne so:
***Frage a:*** *Tiere auszuwildern bedeutet ... Man ergreift diese Maßnahme, um ...*
*So hat man z. B. im Jahr 2000 ...*
***Frage b:*** *Die Wanderschaft der jungen Luchse hat etwas mit dem Revier zu tun ...*
***Frage c:*** *Das geschieht mithilfe von GPS ...*

## Die Antworten überarbeiten

**3** Überprüft in Partnerarbeit eure Ergebnisse mithilfe der unten stehenden Checkliste und überarbeitet sie anschließend.

✓ **Checkliste**

**Aufgabe 1:**
– Hast du den Text in drei Abschnitte unterteilt und auch die Zeilen angegeben?
– Hast du passende Überschriften für die Abschnitte gefunden?
**Aufgabe 2:**
– Hast du alle drei Fragen mithilfe des Textes beantwortet?
– Sind deine Antworten sachlich richtig und klar formuliert?
– Sind Rechtschreibung und Zeichensetzung korrekt?

# 11 Das Fernsehen unter der Lupe
## Medien bewusst nutzen

**In diesem Kapitel …**

- informierst du dich über Fernsehsendungen,
- lernst du, wie eine Fernsehserie aufgebaut ist und wie die Kamera Geschichten erzählt,
- untersuchst und diskutierst du deine Mediengewohnheiten,
- gestaltest du eine Fotostory.

1 Stelle Vermutungen darüber an, welche Fernsehsendung die Kinder schauen.

2 a Berichte, in welchen Situationen du gerne den Fernseher einschaltest.
b Begründe, warum du bestimmte Fernsehsendungen am liebsten siehst.
c Erkläre den Unterschied zwischen einer Fernsehserie und anderen Fernsehsendungen.

# 11.1 „Die Pfefferkörner“

## Eine Fernsehserie untersuchen

### Sich über Fernsehsendungen informieren

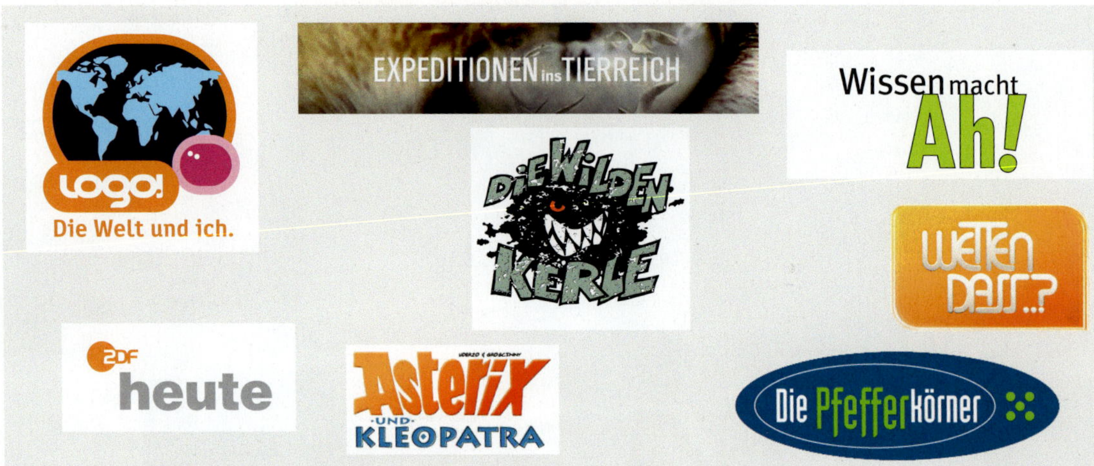


**1** Stellt euch gegenseitig eure Lieblingssendung vor. Geht so vor:

a Notiert euch Stichwörter zu eurer Lieblingssendung, z. B.:
- *Name der Lieblingssendung: …*
- *Fernsehsender, Sendetag und -zeit: …*
- *Inhalt der Sendung: …*
- *Warum ich die Sendung mag: …*

b Stellt nun mithilfe eurer Stichpunkte eure Lieblingssendung vor.

c Gibt es Sendungen, die eher von Mädchen oder eher von Jungen angesehen werden? Nennt mögliche Gründe hierfür.

**2** a Man kann verschiedene Arten von Sendungen unterscheiden. Lies dazu die Informationen im unten stehenden Merkkasten.

b Oben findest du Beispiele für verschiedene Fernsehsendungen. Bestimme jeweils die Art der Sendung.

c Suche weitere Beispiele für die verschiedenen Arten von Fernsehsendungen. Du kannst dazu die Seite aus der Fernsehzeitschrift auf S. 209 verwenden.

**Merkwissen** Arten von Fernsehsendungen

Bei Fernsehsendungen unterscheidet man Unterhaltungs- und Informationssendungen.
Zu den **Unterhaltungssendungen** gehören z. B. Fernsehserien, die entweder täglich oder wöchentlich gesendet werden, Fernsehshows (z. B. „Wer wird Millionär?“) und Fernsehfilme.
Zu den **Informationssendungen** zählen z. B. Nachrichtensendungen (wie die „Tagesschau“) und Dokumentationen (z. B. „Expeditionen ins Tierreich“).

## SO 14. November — Ihr Tagesprogramm: alle

### DAS ERSTE

20.15 Tatort: Die Unsichtbare

**5.30** Kinderprogramm
**9.35** Tagesschau 9-343-191
**9.40** Ski alpin: Slalom
live der Herren 4-908-578
TIPP Weltcup in Levi: 1. Lauf → 148
**11.00** Kopfball 7-559
**11.30** Die Sendung mit der Maus 8-266
**12.00** Tagesschau 82-559
**12.03** Presseclub 300-058-269
**12.45** Ski alpin: 4-634-397
live Slalom der Herren
TIPP Weltcup in Levi: 2. Lauf → 148
**13.55** ARD-exclusiv 734-172
Hungrig – Essen aus dem Müll (VPS 14.10) 181-066
**14.25** Tagesschau 8-977-443
(VPS 14.40) 6-331-269
**14.35** Ein Herz und eine Krone
Romanze, USA 1953 3-719-172
Mit Gregory Peck → 150
**16.30** ARD-Ratgeber: Gesundheit 4-424
**17.00** Tagesschau 34-356
**17.03** W wie Wissen
Mit Dennis Wilms 300-005-153
**17.30** Gott und die Welt 8-240
TIPP Gesichter des Islam (1/4): Glaube und Kultur → 148
**18.00** Sportschau 6-269
**18.30** Bericht aus Berlin 29-375
**18.50** Lindenstraße 76-849
TIPP Familienserie, D 2010
Stolperstein → 149
**19.20** Weltspiegel 4-186-511
**20.00** Tagesschau 43-820

TV-KRIMI
**20.15** Tatort: 5-949-530
neu Die Unsichtbare
D 2010. Regie: Johannes Grieser. Eine unbekannte Tote wird gefunden. Niemand vermisst sie, niemand sucht nach ihr – ist sie eine illegale Einwanderin aus der Ukraine? Die Kommissare Lannert (Richy Müller) und Bootz (Felix Klare) beginnen, im Milieu zu ermitteln → 151

### ZDF

22.00 Kommissarin Lund

**5.35** Kinderprogramm
**9.00** heute 52-356
**9.02** sonntags 200-005-337
**9.30** Kath. Gottesdienst 4-875-795
**10.15** blickpunkt 8-068-199
**11.00** Die Wege der Deutschen
TIPP Doku, D 2010 → 148 158-578
**12.30** Die Deutschen II –
TIPP Exklusive Einblicke 5-998
Das Making-of → 148
**13.00** heute 76-443
**13.03** Peter Hahne 300-068-646
**13.35** ZDF.umwelt 2-976-761
**14.10** Über den Dächern von Nizza 6-599-795
Krimikomödie, USA 1955
Regie: Alfred Hitchcock. Mit Cary Grant, Grace Kelly → 150
**15.55** heute 3-697-559
**16.00** Feierstunde des
live Volksbundes Deutsche Kriegsgräberfürsorge 31-627
Festakt in Berlin
**17.00** heute 35-085
**17.10** ZDF SPORTreportage
Mit Kristin Otto 962-917
**18.00** ML Mona Lisa 7-511
**18.30** ZDF.reportage 5-530
Vater Rhein und seine Kinder – Urlaub und Arbeit am großen Fluss
**19.00** heute 43-725
**19.10** Berlin direkt 513-530
**19.30** Die Deutschen II (1/10)
TIPP Karl der Große und die Sachsen → 148 17-714

TV-SCHMONZETTE
**20.15** Unsere Farm in Irland:
neu Rätselraten 5-947-172
D 2010. Regie: Hans-Jürgen Tögel. Während sich Erin (Eva Habermann) und die O'Mallys dagegen wehren müssen, dass neben ihrem Hof ein Hotel gebaut wird, macht sich Martin (Daniel Morgenroth) Sorgen um den schwer erkrankten Lucius (Jürgen Kluckert) → 152

### RTL

20.15 Harry Potter und …

**6.45** Die Camper (Wh.) 8-185-559
**7.15** Alles Atze (Wh.) 8-168-882
**7.45** Nikola (Wh.) 7-631-646
**8.15** Ritas Welt (Wh.) 6-667-172
**8.45** Rüdiger Hoffmann live!
Obwohl … (Wh.) 7-517-511
**9.45** Das Supertalent –
Backstage (Wh.) 8-883-714
**10.45** Das Supertalent 4-334-545
Castingshow (Wh.)
**12.45** Formel 1: Großer Preis von Abu Dhabi 5-989-284
Der Countdown
**14.00** Formel 1: Großer Preis von
live Abu Dhabi 2-274-284
TIPP Das Rennen. Es moderiert Florian König → 148
**15.45** Formel 1: Großer Preis von
live Abu Dhabi 263-004
TIPP Siegerehrung; Highlights → 148
**16.25** Die Autohändler 7-847-608
TIPP Feilschen, kaufen, Probe fahren. Dokusoap, D 2010 → 149
**16.45** Bauer sucht Frau 9-429-725
Kuppelsoap mit Inka Bause
Dazw.: ca.: 17.35 RTL Bibelclip
**17.45** Exclusiv – Weekend
Mit Frauke Ludowig 2-667-801
**18.45** RTL Aktuell 763-608
**19.05** Harry Potter und die
TIPP Heiligtümer des Todes (1): Das magische RTL-Special zum Film 5-677-559
Erste Einblicke in den neuen „Harry Potter"-Film, der am 18. November startet → 149

FANTASYMÄRCHEN
**20.15** Harry Potter und die Kammer des Schreckens
GB/USA/D 2002 63-765-820
Regie: Chris Columbus.
Harry Potter (Daniel Radcliffe) und seine Freunde stehen in ihrem zweiten Jahr in Hogwarts vor neuen Herausforderungen: Zuerst bekommt Harry Besuch von einem merkwürdigen Hauselfen. Dann erstarren

### SAT.1

20.15 Navy CIS

**5.35** Das Making of 8-754-375
**5.55** Kommissar Rex 15-379-795
Krimiserie, D/A 1995
**8.00** Weck Up 95-375
**9.00** Genial daneben –
Die Comedy Arena 71-795
**10.00** Clever – Die Show,
die Wissen schafft 75-511
**11.00** Schillerstraße 48-443
**12.00** Was guckst du?! 22-356
Comedy mit Kaya Yanar
**12.55** Mensch Markus 3-139-627
Sketchcomedy, D 2003 (Wh.)
**13.50** Zack! Comedy nach Maß
Sketchcomedy, D 2006 461-397
**14.50** Sechserpack 9-746-191
Sketchcomedy, D 2007
Total verknallt; Ab ins Grüne
**15.45** Die dreisten Drei –
Die Comedy WG 1-972-646
Sketchcomedy, D 2009 (Wh.)
**16.45** Keinohrhasen 9-908-646
Liebeskomödie, D 2007
Boulevardreporter Ludo (Til Schweiger, auch Regie) hat seine Kompetenz überschritten und muss 300 Sozialstunden im Hort leisten. Pech: Seine Chefin (Nora Tschirner) dort hat mit dem Macho noch ein Huhn zu rupfen (Wh.) → 150
**19.00** Stars & Stories Spezial 3-646
TIPP Jet-Set-Reporterin Martina Taubert zeigt „Die Welt der Superreichen" → 149
**20.00** Sat.1 Nachrichten 11-658

KRIMISERIE
**20.15** Navy CIS 217-795
TIPP USA 2009. „Geheimpoker": Tom Sherman, Kollege von Agent Julia Foster-Yates, wird ermordet. Spuren führen Gibbs (Mark Harmon) zu Abin Tabal, Kopf einer Terrorzelle. Doch der ist auch tot → 149
**21.15** The Mentalist 5-206-559
TIPP Krimiserie, USA 2009
Original und Fälschung → 149

### PRO SIEBEN

20.15 Get Smart

**7.25** How I Met Your Mother
Comedyserie (Wh.) 2-237-646
**8.20** Malcolm mittendrin 5-453-375
Comedyserie, USA 2002 (Wh.)
**9.20** Scrubs (Wh.) 6-917-269
**10.15** CineTipp (Wh.) 9-034-801
**10.25** Popstars – Girls forever
Castingshow (Wh.) 2-420-172
**12.25** Get Smart – Bruce und Lloyd völlig durchgeknallt 1-394-172
Agentenkomödie, USA 2008
Regie: Gil Junger,
Mit Masi Oka (Wh.) → 150
**13.35** Agent Cody Banks 7-643-578
Spionagekomödie, USA 2003
Regie: Harald Zwart.
Mit Frankie Muniz → 150
**15.20** Agent Cody Banks 2:
Mission London 5-082-066
Agentenkomödie, USA 2004
Ein Bewusstseinskontroll-Gerät wurde von einem CIA-Agenten gestohlen, und Teen-Agent Cody (Frankie Muniz) soll es wiederbeschaffen → 150
**17.05** Futurama 609-801
Zeichentrickserie, USA 2008. The Beast with a Billion Backs (3); Die Galaxis des Terrors
**18.00** Newstime 82-356
**18.10** Die Simpsons 8-025-375
Gleichung mit einem Unbekannten; 18.40 Selig sind die Unwissenden
**19.10** Galileo 1-024-733
Yas Island – Yachthafen

TIPP DES TAGES
**20.15** Get Smart 6-535-694
neu Spionagekomödie, USA 2008
Maxwell Smart (Steve Carell) kommt zusammen mit der hübschen Agentin 99 (Anne Hathaway) dem Kaos-Plan auf die Spur. Doch er hat weder die Erfahrung noch die Mittel, um gegen das Terrornetzwerk anzugehen Improvisationstalent ist gefragt … → 151

**1** a Untersucht die Seite aus der Programmzeitschrift und beantwortet in Stichwörtern folgende Fragen:
- Welche Sender sind aufgeführt? Welche weiteren Fernsehsender kennt ihr?
- Woran erkennt ihr, ob eine Sendung empfohlen wird?
- Wie werden die Altersempfehlungen für Kindersendungen gekennzeichnet?

b Stellt eure Ergebnisse vor. Begründet, welche Informationen für euch wichtig sind.

**2** a Bringt verschiedene Programmzeitschriften mit und vergleicht sie, z. B.:
- Sind die Informationen zu den Sendungen ausreichend?
- Gibt es spezielle Filmtipps?
- Wie sind Sendungen für Kinder gekennzeichnet? Gibt es eine Altersempfehlung?
- Findet ihr euch in der Fernsehzeitschrift gut zurecht?
- Wie beurteilt ihr die Bildauswahl?

b Einigt euch auf eine Fernsehzeitschrift, die euch am besten gefällt, und stellt sie vor.

## „Die Pfefferkörner" aus der Nähe betrachtet

**1** a Kennst du die Kinderkrimiserie „Die Pfefferkörner"? Erzähle davon.

b Untersuche, welche Informationen die nebenstehende Programmankündigung enthält. Welche weiteren Angaben würdest du dir wünschen?

**Tipp:** Das Symbol unten rechts bedeutet: spannende Serie.

**SA 30.10.** **8.40** **ARD**

**Die Pfefferkörner**

KRIMISERIE Lina (Lale H. Mann) und Sophie (Katherina Unger, r.) liegen auf der Lauer. Sie wollen den Brandstifter entlarven, der die neue Kindertagesstätte unter Rasmus' Wohnung angezündet hat. Die Pfefferkörner haben einen ganz anderen Verdacht als die Polizei. Ab 8 **SV** 3-610-479 **30 Min.→9.10**

**2** Meist gibt es zu einer Serie auch eine Website, auf der du dich z. B. über den Inhalt und die Figuren der Serie informieren kannst.

a Beschreibe, was die Website der „Pfefferkörner" an Informationen, Material etc. anbietet.

b Rufe die Internetseite der Krimiserie „Die Pfefferkörner" auf (→ www.pfefferkoerner.de). Notiere die wichtigsten Informationen über die Serie.

c Präsentiere deine Ergebnisse.

**3** a Informiere dich im Internet über eine weitere Serie, z. B. deine Lieblingsserie. Halte z. B. fest,
- worum es in der Serie geht,
- wer die Hauptfiguren sind und
- für welches Alter die Serie geeignet ist.

b Stelle die Serie in der Klasse vor, z. B. mithilfe eines Plakats. (→ S. 321 Ein Informationsplakat erstellen).

**Tipp** Im Internet recherchieren

Gib den Namen der gesuchten Serie in das Suchfeld einer Suchmaschine ein, z. B.: www.fragfinn.de; www.blindekuh.de.

→ Weitere Hinweise zur Internetrecherche findest du auf S. 350.

## Ein starkes Team Die Hauptfiguren der Serie kennen lernen

**Sophie** ist temperamentvoll und modebewusst. Auf den ersten Blick wirkt sie etwas eitel, doch davon ist die Tierschützerin weit entfernt. Sophie ist erst vor Kurzem mit ihren Eltern und ihrer Schwester Emma nach Hamburg gezogen.
**Emma** ist das genaue Gegenteil ihrer Schwester Sophie. In der Schule ist sie ein Überflieger und sie hat ein fotografisches Gedächtnis. Mit Begeisterung geht sie kniffligen Fällen nach, wobei sie manchmal aber auch etwas ungeschickt handelt.
**Lina** ist mutig, direkt und einfallsreich. Mit ihrem Vater lebt sie auf einem Hausboot und ist meist auf sich allein gestellt. Doch in letzter Zeit sehnt sie sich häufiger nach einem geregelten Familienleben. Lina und Sophie mögen sich zunächst nicht besonders.
**Themba** ist ein begnadeter Fußballer, der auch noch gut in der Schule ist. Während die anderen Pfefferkörner für einen wichtigen Fall schon mal die Hausaufgaben sausen lassen, kommt das für Themba nicht in Frage. Thembas Vater kommt aus Ghana, seine Mutter ist Deutsche. Seine neue Klassenkameradin Sophie mag er sehr.
**Rasmus** ist ein dänischer Dickkopf, der sofort die Ärmel hochkrempelt, wenn es gilt, tatkräftig anzupacken. Themba und Rasmus sind Freunde.

**1** a Beschreibe die Figuren aus der Fernsehserie „Die Pfefferkörner" und ihr Verhältnis zueinander. Wer sind die abgebildeten Figuren?
b Überlege, welche Konflikte es in der Gruppe geben könnte. Welche Abenteuer könnten die Figuren erleben?

**2** Lies die Informationen im unten stehenden Merkkasten. Welche Merkmale treffen auf die Fernsehserie „Die Pfefferkörner" zu?

**3** Wähle eine Figur oder ein Figurenpaar aus deiner Lieblingsserie aus und stelle ihre Eigenschaften vor, z. B. in einem Steckbrief.

**!** **Merkwissen** Die Figuren in einer Fernsehserie

- Oft gehören zwei Figuren zusammenen. Solche Paare können sich nahestehen, z. B. weil sie befreundet sind. Sie können aber auch **Gegenspieler** sein, zwischen denen es Streitigkeiten und Auseinandersetzungen gibt.
- Häufig haben die Figuren **klare Eigenschaften**. Sie sind z. B. sehr schlau, sehr mutig, sehr gut oder sehr böse.
- Meist sind die Figuren so gewählt, dass sich die Zuschauer/-innen **gut in sie hineinversetzen** können. So handeln beispielsweise viele Kinderserien von Kindern in deinem Alter, die ähnliche Fragen, Aufgaben und Probleme haben wie du auch.

## Feuer in der Kita Den Handlungsaufbau untersuchen

In der „Pfefferkörner"-Folge „Feuer in der Kita" werden diese drei Geschichten erzählt:

**1. Geschichte**

Linas Vater, der nicht viel Zeit für seine Tochter hat, verabredet mit Sophies Eltern, dass Lina künftig bei ihnen Mittag essen und mit Sophie Hausaufgaben machen soll. Davon sind die beiden Mädchen zunächst gar nicht begeistert. Im Lauf der Ermittlungen um das Feuer in der Kita lernen sie sich aber besser kennen und werden am Schluss sogar Freundinnen.

**2. Geschichte**

In der Kindertagesstätte von Rasmus' Mutter hat es gebrannt. Die Polizei verdächtigt den kleinen Kevin, weil dessen Schlüssel am Tatort gefunden wurde. Die Pfefferkörner hingegen ermitteln gegen einige Nachbarn, die sich schon lange über die laut spielenden Kinder aus der Kita ärgern. Fußabdrücke und ein Wollfaden führen sie auf die Spur von Herrn Hennings, der aber ein Alibi hat. Schließlich entlarven sie einen anderen Nachbarn als Brandstifter, den Diabetiker Herrn Meyer, der seine Tabletten am Tatort verloren hat. Als dieser die Kinder mit einem Gewehr bedroht, können die Pfefferkörner und die Polizei ihn in letzter Sekunde überwältigen.

**3. Geschichte**

Themba mag die hübsche Sophie von Anfang an. Als sich Sophie heftig mit ihrer Mutter streitet und verzweifelt wegrennt, folgt er ihr, um sie zu trösten. Sophie freut sich darüber sehr. Bei den gemeinsamen Ermittlungen wegen des Feuers in der Kita arbeiten die beiden sehr gut zusammen und haben viel Spaß. Themba beginnt, sich ein bisschen in Sophie zu verlieben.

**1** a Erzähle mit eigenen Worten, was in den drei Geschichten passiert.
b Beschreibe die Bilder und erkläre, welche Situationen darauf dargestellt werden.

**2** In einer Serienfolge bleiben Teile der Handlung offen, damit man gespannt ist, wie es weitergehen könnte.
a Untersuche, welche Handlungsstränge in der Folge „Feuer in der Kita" abgeschlossen werden und welche Geschichte offenbleibt.
b Überlege, wie die offene Geschichte in der nächsten Folge weitergehen könnte.

**Merkwissen** Der Handlungsaufbau einer Serienfolge

- Die Handlung einer Serienfolge besteht meist aus mehreren Handlungssträngen, die im Wechsel gezeigt werden. In jedem Handlungsstrang wird eine kleine Geschichte erzählt.
- Einen neuen Handlungsstrang erkennt man z. B. daran, dass die Hauptfiguren wechseln oder andere Ereignisse im Vordergrund stehen.
- In einer Serienfolge werden nie alle Handlungsstränge beendet. Es bleiben immer Fragen offen oder Probleme ungelöst, damit man gespannt ist, wie es weitergeht.

3 Sieh dir eine Folge von „Die Pfefferkörner“ oder einer anderen Serie für Kinder an.
a Fasse den Inhalt der einzelnen Geschichten (Handlungsstränge) zusammen.
b Prüfe, welcher Handlungsstrang noch nicht beendet wurde, und überlege, wie die Serie in der nächsten Folge fortgesetzt werden könnte.

4 Ihr habt nun schon viel über Fernsehserien erfahren. Sammelt Erklärungen dafür, dass Fernsehserien so beliebt sind.

## Einstellungsgrößen unterscheiden

1 Sieh dir die Bilder aus der „Pfefferkörner“-Folge „Feuer in der Kita“ genau an. Formuliere Ideen, worum es in dieser Szene gehen könnte.

2 a Beschreibe den Unterschied zwischen den beiden Filmbildern. Achte darauf, wie weit die Kamera von den Figuren und Gegenständen entfernt ist.
b Erkläre, wie die beiden Bilder jeweils auf dich wirken.

**3** Im Merkkasten unten findest du Bildbeispiele aus der Folge „Feuer in der Kita“ (→ S. 212).
a Überlege, welche Situation auf dem jeweiligen Filmbild dargestellt wird.
b Erkläre, warum jeweils diese Einstellungsgröße gewählt wurde.

**4** Welche Einstellungsgröße würdest du wählen, wenn du folgende Situationen zeigen wolltest? Begründe.
- „Die Pfefferkörner“ verfolgen einen Dieb quer durch die Stadt Hamburg.
- Bei der Suche nach einem Räuber finden die Pfefferkörner einen Knopf, den dieser verloren haben muss.
- Themba fragt Sophie, ob sie mit ihm ins Kino gehen möchte.

**5** Stelle deine Ergebnisse in der Klasse vor und begründe deine Entscheidungen.
a Suche in einer Serienfolge, die du aufgenommen hast, jeweils ein Beispiel für die verschiedenen Einstellungsgrößen.
b Erkläre, welche Wirkung die Einstellungsgrößen jeweils haben.

**Merkwissen** Die Einstellungsgrößen

Die Einstellungsgröße legt die Größe des Bildausschnitts fest. Je kleiner der Bildausschnitt ist, desto näher scheint der Betrachter am Geschehen zu sein. Je nachdem, wie nah die Kamera an das Geschehen heranführt oder wie weit sie entfernt bleibt, entstehen unterschiedliche Wirkungen.

**Totale**

Eine Einstellung, in der die Figur/die Figuren in einer größeren Umgebung gezeigt wird/werden. Man erhält einen Überblick über den gesamten Schauplatz.

**Halbnah**

Die Figuren werden etwa vom Knie an aufwärts gezeigt. Die unmittelbare Umgebung ist erkennbar.

**Nah**

Man sieht Kopf und Schultern von Figuren. Die Einstellung wird häufig bei Dialogen verwendet.

**Detail**

Nur ein Ausschnitt wird ganz groß dargestellt, z. B. Augen, Mund oder ein Detail eines Gegenstandes. Dadurch wird die Aufmerksamkeit auf das gezeigte Detail gelenkt.

# 11.2 Kein Tag ohne Fernsehen?
## Mediennutzung untersuchen

**Wann werden welche Medien genutzt?**

Medien können für Kinder eine ganz unterschiedliche Rolle spielen, sei es bei Langeweile, zur Überbrückung von Einsamkeit oder wenn es darum geht, sich zu amüsieren und Spaß zu haben. Anhand einer Liste mit vorgegebenen Situationen und Stimmungen haben Kinder im Alter von sechs bis 13 Jahren jeweils angegeben, in welcher Situation sie sich am ehesten mit welchen Medien beschäftigen:
Bei Langeweile spielt für knapp die Hälfte der Kinder das Fernsehen die wichtigste Rolle, für jeden Zehnten sind aber auch Bücher oder Computer wichtig. Beim Zusammensein mit Freunden stehen Medien insgesamt weniger im Vordergrund. Wenn überhaupt, dann spielen Fernseher, Computer oder Tonträger (CD- oder MP3-Player) eine Rolle. Bei Traurigkeit oder bei Einsamkeit hilft Fernsehen am ehesten, aber auch Tonträger haben für die Älteren dabei Bedeutung. Größtmögliche Ablenkung vom Alltag erlaubt aus Sicht der Kinder ebenfalls das Fernsehen, auch ist es für viele das Medium, das am meisten Spaß verspricht. Auch wenn es darum geht, Spannendes zu erleben, bietet das Fernsehen für Kinder die größten Möglichkeiten. Der Computer hat für doppelt so viele Jungen wie Mädchen den größten Unterhaltungswert und mit steigendem Alter rückt er nach vorne, während das Fernsehen an Bedeutung verliert.

**1** a Formuliere möglichst in einem Satz, worum es in dem Text geht.
b Klärt gemeinsam Wörter, Begriffe oder Textstellen, die euch unklar sind.

**2** Überlege, ob die Abbildung zu dem Inhalt des Textes passt. Begründe deine Meinung.

**3** a Tragt in Partnerarbeit aus dem Text zusammen, in welcher Situation oder Stimmung welche Medien genutzt werden. Übertragt dazu die folgende Tabelle in euer Heft.

| Situationen und Stimmungen | Medien |
|---|---|
| *Langeweile* | *Fernsehen, auch …* |
| *Zusammensein mit Freunden* | *…* |

b Beschreibt, welche Medien ihr in den angegebenen Situationen/Stimmungen nutzt.
Stimmen die Angaben im Text mit euren eigenen Erfahrungen überein?
Vergleicht die Aufgaben im Text mit euren eigenen Medienerfahrungen.

**Tägliche Nutzungsdauer verschiedener Medien durch Kinder**
1214 Befragte

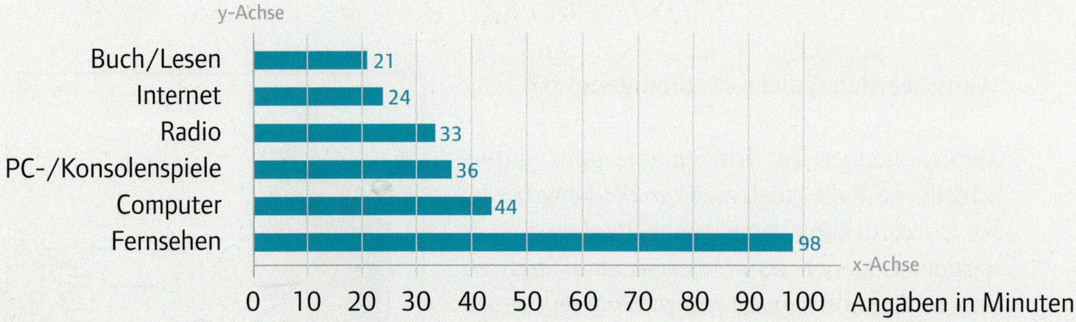


Quelle: KIM-Studie 2010

**1** a Sieh dir das Diagramm genau an. Lies die Überschrift und die übrigen Angaben.
b Beschreibe die Grafik mit eigenen Worten:
- Worüber informiert dieses Balkendiagramm?
- Für welche Personen gilt es?
- Welche Zahlenangaben werden gemacht?
- Vergleiche die Angaben. Was fällt dir auf?

**2** Werte das Diagramm in einem zusammenhängenden Text aus. Du kannst dazu die folgenden Formulierungshilfen verwenden:

Bei einer Umfrage gaben Kinder zwischen 6 und 13 Jahren an, wie …
Die meiste Zeit, nämlich … Minuten täglich, verbringen Kinder mit …
Auf Platz zwei und drei stehen mit … Minuten und ... Minuten der … und das …
Mit … beschäftigen sich die Kinder …
Bücher und das Internet werden nur …

**3** Vergleiche die Informationen aus dem Text (→ S. 215) mit den Angaben in dem Diagramm. Kannst du einen Zusammenhang zwischen der täglichen Mediennutzung und den Erklärungen im Text erkennen? Erläutere mögliche Zusammenhänge.

**4** Informationen in Form einer Grafik oder in Form eines Textes? Bewerte die verschiedenen Darstellungsformen. Welche Vorzüge haben sie jeweils?

### Methode Diagramme lesen und auswerten

Ein Diagramm ist eine bildliche Darstellung (Grafik) von Größen, Mengen- oder Zeitverhältnissen. Um ein Diagramm auszuwerten, kannst du so vorgehen:
- Sieh dir das Diagramm an. Lies die Überschrift und die übrigen Angaben.
- Stelle fest, worüber das Diagramm informiert: Für welche Personen gilt es? Welche Angaben werden gemacht, z. B. Zeitangaben, Gewichtangaben, Größenangaben, Geldangaben etc.?
- Vergleiche die Angaben und halte fest, was dir auffällt.

## Wir untersuchen unsere Mediengewohnheiten

**1** Untersucht euer eigenes Medienverhalten, indem ihr ein Medientagebuch führt.

a Entwerft ein Arbeitsblatt, auf dem ihr eintragen könnt, wie viel Zeit ihr am Tag warum mit den einzelnen Medien verbringt.
**Tipp:** Überlegt, ob ihr noch weitere Punkte festhalten wollt, z. B. an welchem Ort ihr die Medien nutzt oder ob ihr sie alleine oder zusammen mit Freunden oder Familienmitgliedern verwendet.

| Tag | Medium | Zeit (Angabe in Minuten) | Warum? |
|---|---|---|---|
| *Montag* | *Internet*<br>*Fernsehen*<br>... | *70 Minuten*<br>... | *Referat vorbereiten*<br>*entspannen* |
| *Dienstag* | *Zeitschriften* | ... | ... |

b Legt gemeinsam fest, über welchen Zeitraum ihr eure Untersuchung durchführen wollt, z. B. eine Woche lang. Füllt das Arbeitsblatt während des vereinbarten Zeitraums sorgfältig aus.

**2** Wertet eure Arbeitsblätter aus.

a Errechnet, wie viel Zeit jeder von euch insgesamt mit den einzelnen Medien verbracht hat.

b Teilt die einzelnen Medien je einer Gruppe zu. Rechnet aus, wie lange ihr als Klasse durchschnittlich die einzelnen Medien nutzt, z. B.:

***Wie viel Zeit haben die Schüler der 5a in einer Woche ferngesehen?***
- *Die Klasse 5a hat 30 Schülerinnen und Schüler. Die Minuten, die die einzelnen Schüler insgesamt ferngesehen haben, werden addiert, z. B.:*
  *225 + 300 + 60 + ... = 12 600 Minuten*
- *Dann wird das Gesamtergebnis durch die Anzahl der Schüler (30) geteilt, z. B.:*
  *12 600 Minuten : 30 = 420 Minunten*
- *Die 5a hat also durchschnittlich 420 Minuten (= 7 Stunden) vor dem Fernseher verbracht.*

c Stellt die Ergebnisse eurer Gruppenarbeit vor. Prüft, ob ihr mit euren eigenen Zeiten jeweils über oder unter dem Durchschnitt liegt.

**3** a Veranschauliche deine Untersuchungsergebnisse, indem du sie in Form eines Balkendiagramms darstellst (→ S. 216).

b Vergleiche die Angaben deines Diagramms mit dem Balkendiagramm auf S. 216.

**4** Diskutiert, ob ihr euch vorstellen könnt, eine ganze Woche lang auf Medien zu verzichten. Wie würdet ihr die Zeit stattdessen nutzen? Was würde euch am meisten fehlen?

# Vertiefen und üben
## Eine Diskussion führen

1 Wenn du schon einmal eine ähnliche Diskussion mit deinen Eltern geführt hast, berichte davon.

●●●2 Stellt euch vor, eure Eltern meinen, dass das Fernsehen euch schadet und ihr deshalb nicht mehr fernsehen solltet. Spielt die Diskussion zwischen den Kindern und den Eltern in einem Rollenspiel. Bildet dazu Gruppen und erarbeitet gemeinsam Argumente für die Meinung der Eltern und für die der Kinder. Verteilt dann die Rollen und spielt die Diskussion vor der Klasse.

●●○2 **mit Hilfen**

Bereitet in eurer Gruppe die Diskussion zwischen den Eltern und den Kindern vor.

a Ihr schreibt die Meinung der Eltern und die der Kinder auf einzelne Notizzettel und sammelt Begründungen (Argumente) für beide Standpunkte.

*Meinung der Eltern:*
*Ihr solltet nicht fernsehen.*
*Argumente (Begründungen)*
- *Weniger Zeit für …*
- *Die meisten Fernsehsendungen sind …*
- *Wenn man zu viel fernsieht, …*
- *…*

*Meinung der Kinder:*
*Wir wollen fernsehen.*
*Argumente (Begründungen)*
- *Fernsehen schadet nicht, wenn …*
- *Es gibt Fernsehsendungen, die …*
- *Wir können sonst nicht über … sprechen.*
- *…*

b Verteilt die Rollen (Vater, Mutter, Kinder). Probt euer Rollenspiel und spielt es dann vor der Klasse. Ihr könnt in eurer Diskussion die folgenden Formulierungshilfen verwenden:

**Tipp**

**Einleitungen für eine Meinungsäußerung:**
Ich bin der Meinung, dass …; Ich finde …; Mein Standpunkt ist …; Ich denke, …
**Einleitungen für einen Gegenvorschlag:**
Ich möchte einen anderen Vorschlag machen …; Ich sehe das anders.
**Einleitungen für einen Kompromiss (Einigung):**
Ich bin einverstanden, wenn …; Ich möchte einen Kompromiss vorschlagen.

# 11.3 Projekt
## Eine Fotostory gestalten

Susanne Kilian
**Der Brief**

In der Deutschstunde stieß Karin die Ingrid an. „Guck mal, der Oliver schaut mich schon wieder so an", flüsterte sie ihr zu. Sie sahen beide zum Oliver hin. Der drehte sich weg. Er hatte die ganze Zeit die Karin angestarrt. Jetzt sah er nach vorne zur Tafel. Die Karin und die Ingrid kicherten hinter vorgehaltenen Händen. „Der Oliver ist verliebt in dich!", wisperte Ingrid. „Aber ich nicht in ihn!", zischte sie. Sie fand Jungs an sich schon blöd. Aber der Oliver, wie er sie immer ansah, er war einfach Luft für sie.

In der Pause beriet Karin sich mit ihren Freundinnen. Sie wollten dem Oliver eins auswischen. Der würde die Glotzerei schon bleiben lassen. Sie drängelten sich in eine Schulhofecke, machten einen Kreis um Karin, dass man nicht sehen konnte, was die machte. Sie benutzte die Mauer als Unterlage und krakelte auf einen Fetzen Butterbrotpapier, was die Freundinnen ihr flüsternd diktierten:

„Lieber Oliver, ich fände es sehr schön, wenn ich mal mit dir nach Hause gehen könnte. Würdest du auch meine Schultasche tragen? Einen heißen Kuss von deiner dich liebenden Karin."

In der Erdkundestunde schrieb Karin den Satz sauber auf ein Blatt aus dem Rechenheft. Sie faltete es zusammen. Schrieb drauf: An Oliver, und schickte es los. Sie konnte den Weg des Briefchens gut verfolgen. Die Freundinnen, mit denen alles ausgemacht war, gaben ihn sehr vorsichtig von Tisch zu Tisch.

Jetzt musste der Brief bei Oliver sein. Ingrid und Karin sahen, wie er unterm Tisch herumkramte, etwas auseinanderfaltete, es in seinen Erdkundeatlas schob und las. Und jetzt drehte er sich zur Karin um und nickte. Karin hatte entsetzliche Mühe, ein todernstes Gesicht zu machen. Schließlich bekam sie's doch hin. Und nickte sogar. Als Oliver sich wieder nach vorn drehte, platzte sie fast vor Lachen.

Da klingelte es. Die Eingeweihten packten kichernd ihre Ranzen ein. Jetzt stand Karin das Schwierigste bevor: Sie packte langsam und mit ernstem Gesicht ihre Schultasche. Oliver packte seine Sachen genauso langsam zusammen. Ab und zu schielte er zu Karin hin.

Hintereinander gingen sie durch die Klassentür. Als sie über den Schulhof liefen, schaute Oliver die Karin von der Seite an und fragte: „War's wirklich ernst, was in dem Brief stand?" Karin biss die Zähne zusammen. „Klar war's ernst!", sagte sie hochnäsig und rannte los. Gott sei Dank! Ihre Freundinnen warteten am Schultor. Als Oliver vorbeigehen wollte, stellten sie sich kichernd in den Weg. Verbeugten sich vor ihm. „Möchtest du mit mir nach Hause gehen?" – „Darf ich deine Schultasche tragen?", schrien sie durcheinander. Und Karin machte die Augen zu und flötete: „Einen heißen Kuss von deiner dich liebenden Karin!"

Oliver wurde rot. Er sah nur noch die Karin an. Und sagte bloß: „Du bist richtig gemein!"

**1** a Erkläre, warum Karin und ihre Freundinnen sich für Oliver diesen Streich ausgedacht haben.
b Diskutiert, ob Karins Verhalten wirklich gemein ist oder ob Oliver den Streich verdient hat. Überlegt, ob es für Karin eine andere Möglichkeit gegeben hätte, mit der Situation umzugehen.

**2** Eine Fotostory erzählt eine Geschichte in einer Bilderfolge.

a Überlege, welche Situationen aus der Geschichte „Der Brief" hier dargestellt werden.

b Erkläre, was du durch den Kommentar unter dem Foto und durch die Sprech-/Denkblasen erfährst. Welche Wirkung haben die Einstellungsgrößen (→ S. 214) auf den beiden Bildern?

**3** Wie könnte Karin auf den Vorwurf „Du bist richtig gemein!" reagieren? Wie könnte die Geschichte dann in einer Freundschaft enden? Erstellt eine Fortsetzung als Fotostory. Geht so vor:

a Bildet Gruppen und sammelt gemeinsam Ideen, wie die Geschichte ausgehen könnte. Überlegt, wie viele Fotos ihr machen wollt.

b Plant eure Fotostory mithilfe eines Projektplans:

| Bild | Ort | Figuren | Inhalt | Einstellungsgröße |
|---|---|---|---|---|
| 1 | … | *Oliver* | *Oliver ist traurig und wütend …* | *Nah* |

c Macht zu jeder Situation mehrere Fotos. Verwendet unterschiedliche Einstellungsgrößen, indem ihr mit dem Fotoapparat näher herangeht bzw. weiter entfernt bleibt oder mit dem Zoom arbeitet.

**4** Stellt die Fotostory fertig. Geht so vor:

- Wählt die besten Fotos aus und bringt sie in die richtige Reihenfolge.
- Versetzt euch noch einmal in die Figuren auf den Fotos. Was sagen und denken sie? Gestaltet Sprech- und Denkblasen und verfasst Kommentare, wenn Erklärungen notwendig sind.
- Klebt die Fotos in der richtigen Reihenfolge auf ein Plakat und nummeriert sie. Ergänzt dann die Sprech- und Denkblasen sowie die Kommentare. (→ S. 321 Plakate gestalten)

# 12 Grammatiktraining
## Wörter und Wortarten

**In diesem Kapitel …**

- lernst du die wichtigsten Wortarten und ihre Funktionen kennen,
- unterscheidest du Nomen, Pronomen, Artikel und Adjektive und bestimmst sie nach Numerus, Genus und Kasus,
- untersuchst du die Aufgaben der Verben und unterscheidest sie nach Person, Numerus und Tempus,
- nutzt du die Möglichkeiten der Wortbildung zur Erweiterung deines Wortschatzes.

**1** Betrachte das Bild. Nenne weitere Wetterwörter und Wettersätze, die dir zu dem Bild einfallen.

**2** a Lies die Wettersätze in den Sprechblasen. In welchen kommen Nomen/Substantive, in welchen Verben vor?
b Nenne alle Nomen/Substantive, die durch Zusammensetzung entstanden sind.

**3** Nenne eine weitere Wortart, die in den Sprechblasen vorkommt. Erkläre, wie du sie erkannt hast.

# 12.1 Alle reden vom Wetter
## Rund um Wortarten

### Nomen/Substantive bezeichnen …

Eine weiße Überraschung

Im Klassenzimmer ist es ziemlich warm an diesem 12. Januar. Die Heizung funktioniert bestens. 28 Mädchen und Jungen sitzen unruhig auf ihren Stühlen und hören Frau Buchsbaum, der Deutschlehrerin, zu. Frau Buchsbaum ist ihre Klassenlehrerin. Heute geht es um die Lesenacht und die Frage, in welchem Raum die Klasse übernachten wird. „Im Klassenraum geht es leider nicht“, bedauert die Lehrerin, „wir müssen in der Turnhalle schlafen.“ Die Klasse ist ein wenig enttäuscht. Die Schülerinnen und Schüler hatten schon Pläne geschmiedet, wie sie ihren Klassenraum zu einem gemütlichen Schlafzimmer umgestalten. Janina will gerade etwas sagen, um die Lehrerin doch noch umzustimmen, als ein Jubelschrei die Jungen und Mädchen elektrisiert: „Schnee!“ 27 Köpfe drehen sich zum Fenster, Jonas schaut schon länger hinaus, er hat die tanzenden Flocken zuerst gesehen. Nun ist die Freude groß. Die Klasse versammelt sich an den Fenstern und Frau Buchsbaum versucht erst gar nicht, dies zu verhindern. Auch ihre Augen glänzen, einen kleinen Moment ähnelt sie ihren Schülerinnen und Schülern. In großen Flocken fällt der Schnee, bedeckt den Schulhof, die Büsche, Bäume und Dächer. „Hoffentlich bleibt er liegen“, murmelt Christina und die anderen nicken zustimmend. Eine Amsel läuft über den Hof und hinterlässt eine deutliche Spur.

**1** Lies den Text. Überlege dir dann eine treffende Überschrift für die Geschichte.

**2** a Übertrage die Tabelle in dein Heft und sortiere alle Nomen aus dem Text in die richtige Spalte ein. Nomen bezeichnen:

| Lebewesen/Eigennamen | Gegenstände/Dinge | Begriffe (Gedanken, Gefühle, Zustände …) |
|---|---|---|
| … | *Klassenzimmer* | *Januar* |
| … | … | … |

b Erkläre, woran du die Nomen erkannt hast. Schaue dazu auch noch einmal im Text nach.

**3** a Vergleiche die Zuordnungen der Nomen in deiner Tabelle. Wo sind sie gleich, wo hast du verschiedene Zuordnungen gewählt? Kannst du die Unterschiede erklären?

b Nenne Nomen aus dem Text, die nur schwer oder gar nicht einzuordnen sind. Versuche zu erklären, warum dies so ist.

**4** In dem folgenden Kasten sind Nomen versteckt. Suche sie heraus, indem du die Artikelprobe machst. Versuche, vor jedes Wort einen bestimmten Artikel (*der, die, das*) zu setzen. Schreibe die Nomen mit ihren Artikeln untereinander auf. Achtung: Bei vier Wörtern gibt es mehrere Möglichkeiten, z. B.: *die Fliegen, fliegen*. Kannst du erklären, warum?

**Tipp** Mit der **Artikelprobe** kannst du feststellen, ob ein Wort ein Nomen ist oder nicht. Wenn du einen bestimmten Artikel *(der, die, das)* vor das Wort setzen kannst, ist es ein Nomen.

WITZ KARTE WASSER LUSTIG FLIEGEN PFEIFEN URLAUB FREUNDE KOMISCH
KALT LACHT SÄGEN HUND TASCHENMESSER GEHEIMNIS FEIERN

**Merkwissen** Das Nomen (Plural: die Nomen) / das Substantiv (Plural: die Substantive)

Die meisten Wörter in unserer Sprache sind Nomen (auch: Substantive).
Nomen bezeichnen:

- Lebewesen/Eigennamen, z. B.: *der Frosch, der Baum, die Susanne*
- Gegenstände, z. B.: *das Haus, der Schreibtisch, der MP3-Player*
- Begriffe (Gedanken, Gefühle, Zustände ...), z. B.: *die Angst, der Mut, die Freude, die Ferien, die Freundschaft*

**Nomen** werden immer **großgeschrieben**.
Sie werden häufig von **Wörtern begleitet**, an denen wir sie erkennen können, z. B. von einem **Artikel** *(der Hase, eine Uhr)* oder von einem **Adjektiv** *(blauer Himmel, fröhliche Menschen)*.

## Artikel begleiten Nomen/Substantive

### Der Mond: Ein ständiger Begleiter der Erde

Die Erde hat einen ständigen Begleiter, den Mond. Der Trabant, wie er auch genannt wird, kreist in einem Zeitraum von etwa 28 Tagen um die Erde.

Aber nicht nur die Erde hat einen Mond. Viele andere Planeten werden ebenfalls von Monden umkreist. Ein großer Planet, wie zum Beispiel der Jupiter, hat sogar 63 Monde! Die Monde eines Planeten tragen eigene Namen. Der größte Mond des Jupiters heißt zum Beispiel Ganymed.

Der Mond der Erde beeinflusst manchmal auch das Wetter. Ebbe und Flut, der ständige Wechsel von niedrigen und hohen Wasserständen im

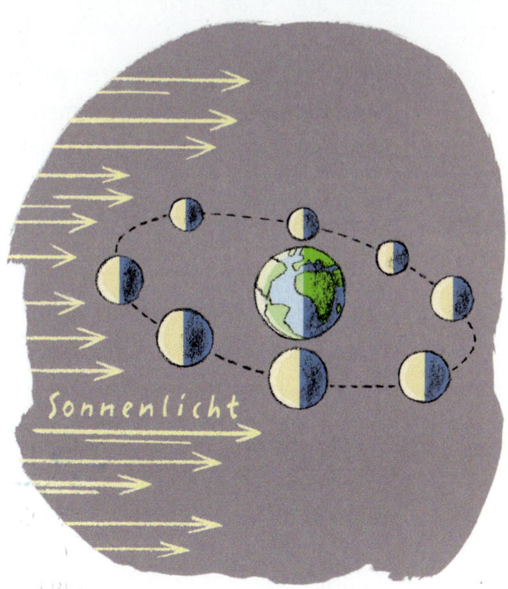

Meer, entstehen durch das Spiel der Anziehungskräfte zwischen der Erde, dem Mond und der Sonne.

Wenn Sonne, Mond und Erde fast eine Linie bilden, also bei Neumond[1] (der Mond steht zwischen Erde und Sonne) oder bei Vollmond[2] (die Erde steht zwischen Mond und Sonne), verstärken sich die Kräfte von Sonne und Mond und die Flut ist sehr hoch. Wenn das Wetter dann auch noch sehr stürmisch ist, kann eine Sturmflut entstehen. Sturmfluten führen in Küstengebieten häufig zu plötzlichen, schweren Überschwemmungen. Ein Beispiel dafür ist die Stadt Hamburg, die 1962 von einer Sturmflut an der deutschen Nordseeküste überflutet wurde.

1 Der Neumond: Wir blicken auf den unbeleuchteten, dunklen Teil des Mondes.

2 Der Vollmond: Wir blicken auf die von der Sonne beleuchtete Seite des Mondes.

**1** a Lies den Text (→ S. 223–224) aufmerksam durch und betrachte das Schaubild.
b Erkläre das Schaubild mit eigenen Worten und erläutere, in welchen Mondphasen die Flut besonders hoch ist.

**2** Schreibe aus dem Text die markierten Artikel mit den dazugehörigen Nomen heraus und ordne sie nach ihren Artikeln in eine Tabelle ein.
**Tipp:** Manchmal steht zwischen dem Artikel und dem Nomen ein Adjektiv.

| Nomen mit einem bestimmten Artikel | Nomen mit einem unbestimmten Artikel |
|---|---|
| *die Erde*<br>… | *ein Begleiter*<br>… |

**3** a Lies die Informationen im Merkkasten unten aufmerksam durch.
b Setze die bestimmten Artikel aus dem Merkkasten in den Plural (Mehrzahl).
Schreibe dazu die Nomen mit ihren Artikeln untereinander auf, z. B.:
*– der Stift – die Stifte*
*– die Uhr – …*
c Unterstreiche die bestimmten Artikel im Singular und im Plural.
Was fällt dir bei den Pluralformen auf?
d Versuche, die unbestimmten Artikel in den Plural zu setzen. Was stellst du fest?

**Merkwissen** Nomen/Substantiv: der Artikel (Plural: die Artikel)

Das Nomen/Substantiv wird häufig von einem Artikel begleitet.
Man unterscheidet zwischen dem bestimmten Artikel *(der, die, das)* und dem unbestimmten Artikel *(ein, eine, ein)*, z. B.:

| | **bestimmter Artikel** | **unbestimmter Artikel** |
|---|---|---|
| **männlich** | *der Stift* – die Stifte | *ein Stift* – Stifte |
| **weiblich** | *die Uhr* – die Uhren | *eine Uhr* – Uhren |
| **sächlich** | *das Buch* die Bücher | *ein Buch* Bücher |

## Nomen/Substantive haben ein Genus

Christinas Familie hat einen französischen Austauschschüler zu Gast. Er bemüht sich, richtig Deutsch zu sprechen, manchmal muss er allerdings noch nachfragen. Besondere Schwierigkeiten hat er mit den Artikeln:
„Gestern war die Regen sehr stark, aber als der Sonne kam, wurde es wieder trocken."
Christina verbessert ihn: „Patrick, es heißt der Regen und die Sonne!"
Patrick wundert sich: „Das ist bei uns aber anders!" Gemeinsam schlagen sie einige Wetterwörter in einem Wörterbuch nach und notieren sie in einer Tabelle.

| Französisch | Deutsch | Englisch |
|---|---|---|
| *la pluie (f.)* | *der Regen (m.)* | *the rain* |
| *le soleil (m.)* | *die Sonne (f.)* | *the sun* |
| *le verglas (m.)* | *das Eis (n.)* | *the ice* |

**Abkürzungen:** f. = Femininum (weiblich); m. = Maskulinum (männlich); n. = Neutrum (sächlich)

**1** a Vergleicht den Gebrauch der Artikel in der französischen und in der deutschen Sprache. Beantwortet hierzu in Partnerarbeit folgende Fragen in ganzen Sätzen:
- Was könnt ihr an dem Artikel in beiden Sprachen erkennen?
- Was könnt ihr über die Anzahl der Artikel im Französischen und Deutschen sagen?
- *la pluie – der Regen*: Was habt ihr über die Zuordnung der Artikel herausgefunden?

b Vergleicht eure Ergebnisse.

**2** Vergleiche nun das Englische mit den übrigen Sprachen. Welche Schwierigkeiten könnte ein englischer Austauschschüler haben, der Deutsch und Französisch lernt?

**Merkwissen** Nomen/Substantive: das Genus (grammatische Geschlecht; Plural: die Genera)

**Jedes Nomen hat ein Genus** (ein grammatisches Geschlecht), das man an seinem **Artikel erkennen** kann. Ein Nomen ist entweder:
- ein **Maskulinum** (männliches Nomen), z. B.: *der Stift, der Regen, der Hund,*
- ein **Femininum** (weibliches Nomen), z. B.: *die Uhr, die Sonne, die Katze* oder
- ein **Neutrum** (sächliches Nomen), z. B.: *das Buch, das Eis, das Kind.*

Das **grammatische Geschlecht** eines Nomens stimmt **nicht immer** mit dem **natürlichen Geschlecht** überein, z. B.: *das Mädchen, das Kind.*
Das grammatische Geschlecht eines Nomens kann in den verschiedenen Sprachen unterschiedlich sein, z. B.: deutsch: *der Regen (Maskulinum)* – französisch: *la pluie (Femininum).*

## Nomen/Substantive haben einen Numerus

### Sommergewitter

Von Westen schiebt sich langsam eine kleine dunkle Wolke in den strahlend blauen Himmel. Die Wolke wächst und wächst; sie wird immer dunkler, bis schließlich der ganze Himmel bedeckt ist: Nacht mitten am Tag. Ich stelle das Rad am Schwimmbad ab und beeile mich, unter das Dach des Gebäudes zu kommen. Die Wolken im Hintergrund verheißen nichts Gutes: Das Gewitter wird nicht mehr lange auf sich warten lassen. Und richtig, ein dumpfes Grollen ist zu hören, dann blitzt es. Der Blitz vertreibt die letzten Badegäste von ihren Handtüchern. Das Gewitter legt jetzt richtig los: Die Blitze zerreißen die Dunkelheit für Sekunden, der Wind fegt durch die Bäume, der Hagel prasselt auf die Dächer und die Straßen. Die Räder sind durch den Regenschleier kaum noch zu erkennen. Die Gewitter in diesem Sommer sind spektakulär – gut, wenn du ein Dach über dem Kopf hast.

**1** a Die markierten Nomen kommen im Text auch noch einmal im Plural vor.
Suche die Nomenpaare aus dem Text heraus und ordne sie nebeneinander in eine Tabelle ein.
Schreibe in dein Heft.

| Nomen im Singular (Einzahl) | Nomen im Plural (Mehrzahl) |
|---|---|
| *die Wolke*<br>*das Rad* | *die Wolken*<br>... |

b Untersuche die Pluralformen der Nomen. Markiere bei jedem Nomen, was sich bei der Pluralform gegenüber dem Singular verändert hat.

c Beschreibe, was sich bei den einzelnen Wörtern im Plural verändert.

**2** *Ein Buch – viele Bücher:* Im Plural verändert sich in manchen Wörtern der Vokal im Wortstamm. Bilde zu den nebenstehenden Wörtern jeweils den Plural.

das Glas der Vater das Kalb das Huhn
die Mutter der Hut der Raum
die Wurst der Bruder die Laus

**Merkwissen** Nomen/Substantive: der Numerus (Anzahl; Plural: die Numeri)

Nomen haben einen **Numerus**, d. h. eine Anzahl. Sie stehen entweder im
- **Singular** (Einzahl), z. B.: *der Wald, die Jacke, das Haus,* oder im
- **Plural** (Mehrzahl), z. B.: *die Wälder, die Jacken, die Häuser.*

Nur bei wenigen Ausnahmen ist entweder nur eine Singularform oder nur eine Pluralform möglich, z. B.: *der Regen, die Ferien.*

## Nomen/Substantive kann man in vier Fällen (Kasus) gebrauchen

### Wetterdetektive: Wettervorhersagen früher und heute

Schon früh wollte der Mensch wissen, wie das Wetter wird. Nicht weil es so viel Freizeit gab, sondern weil das Wetter die Aussaat- und die Erntezeit bestimmte und damit das Überleben der Menschen vom Wetter abhing. Die Bauern waren darauf angewiesen, dass die Ernten gut waren, denn Missernten bedeuteten oft Hungersnot. Obwohl die Menschen damals noch keine modernen Messgeräte hatten, konnten sie den Verlauf des Wetters ziemlich gut vorhersagen. Sie beobachteten sehr genau die Erscheinungen des Himmels und gaben ihre Erkenntnisse den Kindern in Wetterregeln weiter: Eine alte Wetterregel, die wir heute noch kennen, heißt: „Abendrot – Gut-Wetter-Bot[1], Morgenrot – schlecht Wetter droht." Aber stimmen diese alten Wetterregeln überhaupt?
Tatsächlich haben die Meteorologen, so heißen die Wetterforscher, die Wetterregeln überprüft und herausgefunden, dass viele wahr sind. Zum Beispiel diese: „Wenn die Schwalben niedrig fliegen, wird man Regenwetter kriegen. Fliegen sie bis in die Höh'n, bleibt das Wetter noch recht schön!" Allerdings können auch die Schwalben den Wetterumschwung weder sehen noch fühlen. Sie verzehren Insekten und fangen diese im Flug. Wird die Luft aber feuchter und der Wind stärker, fliegen die Insekten tiefer, denn sie wollen ihre empfindlichen Flügel schützen. Und die Schwalben folgen ihnen. Eigentlich sind also die Insekten die Wetteranzeiger.
Heute informieren Wetterstationen und Wettersatelliten, die in einer Höhe von etwa 1000 Kilometern um die Erde kreisen, die Wetterbeobachter. Aus den gesammelten Wetterdaten, zum Beispiel über die Temperatur, die Windstärke und -richtung, den Luftdruck, die Bewölkung und die Niederschläge, können die „Wetterdetektive" eine recht genaue Wettervorhersage erstellen. Aber ganz exakt sind diese Vorhersagen noch immer nicht. Dem Zuschauer des Wetterberichtes bleibt es also nicht erspart, zur Sicherheit morgens aus dem Fenster zu schauen, bevor er das Haus ohne Regenschirm verlässt.

1 der Bot: Abkürzung für Bote; jemand, der eine Botschaft überbringt

**Fragen für Grammatikdetektive**

**A** Wer oder was wollte schon früh wissen, wie das Wetter wird?
Wer oder was bestimmte die Aussaat- und die Erntezeit?

**B** Wessen Überleben hing vom Wetter ab?
Wessen Erscheinungen wurden beobachtet?

**C** Wem gab man die Wetterregeln weiter?
Wem bleibt der Blick aus dem Fenster nicht erspart?

**D** Wen oder was haben die Meteorologen überprüft?
Wen oder was können die Schwalben weder sehen noch fühlen?

**1** Als Grammatikdetektiv sollst du nun die oben stehenden Fragen mithilfe des Textes beantworten. Gehe so vor:

a Schreibe die Fragen untereinander in dein Heft. Lasse dabei unter jeder Frage eine Zeile frei.

b Beantworte nun jede Frage mithilfe des Textes. Formuliere deine Antworten als vollständige Sätze, z. B.:

Frage: *Wer oder was wollte schon früh wissen, wie das Wetter wird?*

Antwort: *Der Mensch wollte schon früh wissen, wie das Wetter wird.*

c Unterstreiche in den Fragesätzen die Fragewörter und in den Antwortsätzen die Nomen mit ihren Artikeln, die auf diese Fragen antworten.

**2** Vergleicht in Partnerarbeit die Fragewörter und die Artikel sowie die Nomenendungen in euren Antwortsätzen. Versucht gemeinsam, mithilfe des Merkkastens (→ S. 229) eure Beobachtungen zu erklären.

**Auf Bäumen lebt der Wetterfrosch**

Martin, der Enkel meiner Großtante, hatte einen Frosch gefangen. Der kleine, bräunliche Geselle lugte recht verängstigt zwischen Martins Fingern hervor. „Den steck ich jetzt in eines deiner leeren Einmachgläser, dann haben wir einen prima Wetterfrosch!“ Doch Großtante Klara schüttelte energisch den Kopf: „Das lass mal besser bleiben. In so einem Glas fühlt sich ein

Frosch ganz bestimmt nicht wohl und zur Wettervorhersage taugt er sowieso nicht." „Warum denn nicht?", fragte Martin. „Weil es ein Grasfrosch ist!", erklärte Großtante Klara. „Schau dir mal die Farbe an, die ist ziemlich braun. Die eigentlichen Wetterfrösche aber sind die grünen Laubfrösche." „Und warum verstehen die mehr vom Wetter?", wollte Martin nun wissen. „Verstehen tun sie auch nichts davon", meinte Großtante Klara, „aber das Verhalten der Frösche zeigt dem Beobachter Wetterveränderungen an. Sie leben nämlich in den Bäumen und fangen da umherschwirrende Insekten. Wenn die bei schönem Wetter weit oben fliegen, dann klettern auch die Frösche im Baum hinauf. Wird das Wetter aber schlechter und Wind und Regen kommen auf, dann fliegen die Insekten tiefer und deshalb sitzen dann auch die Frösche ganz unten."

1 Erkläre Martin, warum er den Frosch wieder freilassen soll.

2 Übertrage die Tabelle in dein Heft. Stelle zu den hervorgehobenen Wörtern im Text die entsprechende Kasusfrage. Bestimme dann den Kasus, den Numerus und das Genus.

| Wortbeispiel | Kasusfrage | Kasus | Numerus | Genus |
|---|---|---|---|---|
| *Martin* | *Wer oder was hatte einen Frosch gefangen?* | *Nominativ* | *Singular* | *Maskulinum* |
| … | … | … | … | … |

**Merkwissen** Nomen/Substantiv: der Kasus (Fall; Plural: die Kasus, mit langem u gesprochen)

In Sätzen erscheinen Nomen immer in einem bestimmten Kasus, das heißt in einem grammatischen Fall. **Im Deutschen gibt es vier Kasus.** Nach dem Kasus richten sich die Form des Artikels und die Endung des Nomens. Man kann den **Kasus** eines Nomens **durch Fragen ermitteln**:

| Kasus | Kasusfrage | Beispiele |
|---|---|---|
| 1. Fall: **Nominativ** | Wer …? oder Was …? | *Der Junge liest ein Buch.*<br>*Die Katze trinkt Wasser.*<br>*Das Kind spielt mit einem Ball.* |
| 2. Fall: **Genitiv** | Wessen …? | *Das Buch des Jungen ist spannend.*<br>*Das Wasser der Katze steht in der Küche.*<br>*Der Ball des Kindes ist rot.* |
| 3. Fall: **Dativ** | Wem …? | *Ein Mädchen schaut dem Jungen zu.*<br>*Die Kinder geben der Katze Wasser.*<br>*Eine Frau wirft dem Kind einen Ball zu.* |
| 4. Fall: **Akkusativ** | Wen …? oder Was …? | *Sie beobachtet den Jungen genau.*<br>*Die Kinder mögen die Katze gern.*<br>*Die Frau lächelt das Kind an.* |

Wenn man ein Nomen in einen Kasus setzt, nennt man das **deklinieren** (beugen).

# Was Pronomen können

## Mit Personalpronomen Nomen/Substantive ersetzen

### Eine Fahrradtour für Wasserratten (1)

Dieser Tag wird den Jungen und Mädchen noch lange im Gedächtnis bleiben. Am Morgen trafen sich die Jungen und Mädchen in der Schule. Die Jungen und Mädchen waren mit den Fahrrädern gekommen, weil heute die lang geplante Tour stattfinden sollte. Die Tour sollte den ganzen Tag dauern. Zunächst überprüfte Frau Kramer, die Klassenlehrerin, die Helme. Dann fuhr die Klasse in einer langen Reihe los. Ihr Ziel war der große Spielplatz am Fluss bei Rondorf. Der Spielplatz war etwa acht Kilometer entfernt. Der Spielplatz war ein beliebtes Ausflugsziel, weil der Spielplatz nicht nur die üblichen Spielgeräte hatte, sondern auch eine Wasserspiellandschaft bot. Die Wasserspiellandschaft war die Attraktion! Hier konnte man Bachläufe gestalten, Mühlen, Dämme und Springbrunnen einbauen, planschen, matschen, spritzen – ein Alptraum für alle Wasserscheuen, ein Paradies für alle Wasserratten – vor allem bei einem Wetter wie heute: 28 Grad und wolkenloser Himmel.

**1** a In diesem Text tauchen einige Nomen immer wieder auf. Welche sind das?
b Beschreibe, wie sich der Text dadurch anhört. Erkläre dann, wie man ihn verbessern könnte.
c Lies den Text und ersetze an geeigneten Stellen die Nomen durch Personalpronomen.

> **Tipp** Personalpronomen
> *ich, du, er, sie, es, wir, ihr, sie*

**2** Schreibe die Geschichte aus der Sicht eines Mädchens oder eines Jungen, das/der an dieser Radtour teilgenommen hat. Setze dort, wo es sinnvoll ist, Personalpronomen ein.
*Dieser Tag wird uns noch lange im Gedächtnis bleiben. Am Morgen …*

**3** Wie könnte man die folgenden Nomen ersetzen? Schreibe sie mit ihren Artikeln auf und suche zu jedem Beispiel das richtige Personalpronomen, z. B.: *der Regenschirm – er*

Regenschirm | Jacke | Sommer | Meer | Straße | Schwimmbecken

**4** a Denke dir ein Lebewesen (Mensch, Tier oder Pflanze), einen Gegenstand, ein Gefühl (z. B. Angst, Mut) oder einen Begriff (z. B. Traum, Freundschaft) aus und schreibe das Wort auf.

b Erfinde Rätselsätze, indem du das Lebewesen, den Gegenstand … beschreibst und dabei nur Personalpronomen verwendest. Deine Mitschüler sollen das Rätsel lösen, z. B.:
*Er hat vier Beine und kann doch nicht laufen.*

**5** Lies die folgenden Sätze:

„Ich kaufe es", rief er laut, „es gefällt mir und es ist wunderschön!" Er war zufrieden und überreichte es ihm. „Ich bin begeistert!", sagte er und auch er lächelte zufrieden. Dann steckte er es in seine Tasche und verließ den Laden. Noch lange schaute er ihm hinterher. Er hätte nicht gedacht, dass er ihn so glücklich machen könnte.

a Beschreibe, welche Schwierigkeiten du mit dem Text hast und woran dies liegt.
b Schreibe den Text ab und ersetze dort, wo es sinnvoll ist, die Pronomen durch ein Nomen.
c Lest euch eure Texte vor. Erklärt, was euch geholfen hat, passende Nomen zu finden.

**6** a Sieh dir den Merkkasten unten an. Erkläre, warum es in der 3. Person Singular drei Formen von Personalpronomen gibt.
b Bilde Sätze, in denen du die verschiedenen Formen verwendest.

**!** **Merkwissen** Das Personalpronomen (persönliches Fürwort; Plural: die Personalpronomen)

Es gibt verschiedene Arten von Pronomen.
Mit den **Personalpronomen** *(ich, du, er, sie, es, wir, ihr, sie)* kann man **Nomen und Namen ersetzen**, z. B.:

*Die Katze möchte ins Haus. Sie miaut. Schnell lassen wir sie herein.*

*Paul rennt zum Bus. Er hat verschlafen und weiß, dass der Busfahrer nicht auf ihn wartet.*

Personalpronomen werden wie die Nomen dekliniert (gebeugt):

| | **Singular** | | | **Plural** | | |
|---|---|---|---|---|---|---|
| | **1. Pers.** | **2. Pers.** | **3. Pers.** | **1. Pers.** | **2. Pers.** | **3. Pers.** |
| 1. Fall: **Nominativ** | *ich* | *du* | *er/sie/es* | *wir* | *ihr* | *sie* |
| 2. Fall: **Genitiv** | *meiner* | *deiner* | *seiner/ihrer/seiner* | *unser* | *euer* | *ihrer* |
| 3. Fall: **Dativ** | *mir* | *dir* | *ihm/ihr/ihm* | *uns* | *euch* | *ihnen* |
| 4. Fall: **Akkusativ** | *mich* | *dich* | *ihn/sie/es* | *uns* | *euch* | *sie* |

## Mit Possessivpronomen anzeigen, wem etwas gehört

**1** a Lies die Aussagen in den Sprechblasen. Wie kannst du besser ausdrücken, wem der Rucksack gehört? Schreibe die Sätze um.

b Unterstreiche die Wörter, die du eingesetzt hast. Welche Bedeutung haben sie?

### Eine Fahrradtour für Wasserratten (2)

Als Martin am Abend nach der Radtour nach Hause kommt, schlägt seine Mutter die Hände über dem Kopf zusammen. „Deine Kleider! Wie kann man an einem einzigen Tag so schmutzig werden?“ „Ich habe heute Morgen überall gesucht, aber meine Badehose nicht gefunden“, murmelt Martin, „und Frau Kramer, unsere Klassenlehrerin, meinte, etwas Matsch und Lehm könnte man rauswaschen.“ „Ist eure Lehrerin denn wenigstens sauber geblieben?“, fragt Martins Mutter. Martin muss grinsen, wenn er an Frau Kramer denkt: „So ganz sauber war ihre Jacke auch nicht mehr, als wir zurückfuhren.“

**2** Schreibe aus dem Text alle Possessivpronomen mit den dazugehörigen Nomen heraus. Notiere, welche Zugehörigkeit die jeweiligen Possessivpronomen ausdrücken, z. B.:
*seine Mutter = Martins Mutter*

**3** Schreibe die folgenden Sätze ab und ergänze dabei die fehlenden Possessivpronomen. Achte darauf, in welchem Kasus (Fall) das Possessivpronomen stehen muss.

- Fragst du ? Bruder, ob er uns ? Fußball leihen kann?
- Ich werde ? Freundin sagen, dass sie am Wochenende zu uns kommen soll.
- Habt ihr ? Badesachen eingepackt? Wir wollen nachher noch ins Schwimmbad gehen.
- In der letzten Woche haben wir ? Klassenraum neu gestrichen.

**Merkwissen** Das Possessivpronomen (besitzanzeigendes Fürwort; Pl.: die Possessivpronomen)

**Possessivpronomen** *(mein/meine – dein/deine – sein/seine, ihr/ihre – unser/unsere – euer/eure – ihr/ihre)* **geben an, wem etwas gehört**, z. B.:
*mein Buch, deine Tasche, unsere Lehrerin.*
Possessivpronomen begleiten meist Nomen und stehen dann in dem gleichen Kasus (Fall), z. B.:
*Ich gebe meinen Freunden eine Einladungskarte.* (Wem? ⟶ Dativ)

## Eigenschaften genauer beschreiben Adjektive

### Mit Adjektiven beschreiben

Liebe Lea!

Ich liege gerade an einem ? Strand. Gestern habe ich eine ? Bootsfahrt unternommen. Davon muss ich dir erzählen. Mein ? Bruder Tom und ich liehen uns unten am Strand ein ? Boot und paddelten auf den ? See hinaus. Die Sonne schien, wir ließen unsere Füße im ? Wasser baumeln und beobachteten mit Neugier die ? Fische.

Dabei bemerkten wir nicht die ? Wolken, die sich am Himmel bildeten. Plötzlich sahen wir einen ? Blitz und kurz darauf hörten wir ein ? Donnern. Ein ? Gewitter zog auf und ? Wellen schlugen gegen unser ? Boot, das sofort anfing, zu schaukeln. Dann setzte ein ? Regenschauer ein und wir ruderten eilig Richtung Ufer.

Als wir am Bootshaus ankamen, hatten sich die ? Regenwolken verzogen und wir sahen einen ? Regenbogen über dem See. Das war ein ? Tag!

Ich hoffe, du erlebst auch viele ? Dinge.

Viele Grüße
deine Anne

Liebe Lea!
Ich liege gerade mit einem spannenden Buch an einem herrlichen Strand.
...

**1** a Lies jeweils den ersten Satz beider Briefe.

b Beschreibe die unterschiedliche Wirkung der Sätze. Welche Wortart hat Anne im ersten Brief überhaupt nicht verwendet?

**2** a Überarbeite Annes Brief (→ S. 233) und setze in die Lücken passende Adjektive ein. Du kannst die Adjektive aus dem Kasten verwenden oder selbst geeignete Adjektive suchen.

gewaltig spannend schnell abenteuerlich kalt bunt wunderschön heiß
hoch groß grell farbenprächtig schön kühl bunt hell groß rasch
gefährlich riesig laut lang warm klein kristallklar frisch dunkel groß

b Lest euch eure Briefe vor und vergleicht eure Ergebnisse.

**3** a Formuliere alle Adjektive im ersten Absatz des Briefes (→ S. 233) in ihr Gegenteil um. Die folgenden Adjektive können dir dabei helfen.

eintönig langweilig schmutzig dreckig ereignislos hässlich trüb
gemein unangenehm entsetzlich gleichgültig scheußlich farblos

b Beschreibe, was sich an der Aussage des Briefes verändert.

**Merkwissen** Das Adjektiv (das Eigenschaftswort; Plural: die Adjektive)

Adjektive drücken aus, **wie** etwas ist. Mit Adjektiven können wir die **Eigenschaften** von Lebewesen, Dingen, Vorgängen, Gefühlen und Vorstellungen **genauer beschreiben**, z. B.: *der starke Wind, der schwache Wind, der eiskalte Wind*.
Adjektive werden **kleingeschrieben**. Adjektive, die vor einem Nomen stehen, haben den gleichen Kasus wie das Nomen: *der kalte See, die kalten Seen, des kalten Sees*.

## Mit Adjektiven vergleichen

**Zungenlänge**

| | |
|---|---|
| Chamäleon: | 120 cm |
| Ameisenbär: | 61 cm |
| Giraffe: | 54 cm |

**Höhe**

| | |
|---|---|
| Giraffe: | 6 Meter |
| Elefant: | 4 Meter |
| Strauß (Vogel): | 2,80 Meter |

**Tauchtiefe**

| | |
|---|---|
| Pottwal: | 2500 Meter |
| Meeresschildkröte: | 1000 Meter |
| Pinguin: | 500 Meter |

**4** Pottwale können bis zu 2500 Meter tief tauchen, und der Blauwal ist mit seinen 33 Metern das längste Tier. Kennst du andere Tierrekorde?

**5** a Sieh dir die Abbildungen auf S. 234 an. Vergleiche die Merkmale der Tiere miteinander. Verwende in deinen Sätzen treffende Adjektive, z. B.:

- *Der Ameisenbär hat eine längere Zunge als die Giraffe.*
- *Die längste Zunge …*

b Unterstreiche in deinen Sätzen die unterschiedlichen Adjektivformen.

c Vergleiche in Partnerarbeit andere Merkmale der Tiere miteinander. Oder schreibe andere Vergleiche auf, z. B. zu Automarken, Pferderassen, Musikgruppen etc.

**6** In diesem Kasten sind zwölf Adjektive versteckt.

KLEIN KNAPPER KELLER LAUT SCHNELLER GLATT REICH RUHIG
NETTER WUNDER WEIT SEIT BEIN SCHWÄCHER SCHLAU BAUER KRÄFTIGER

a Übertrage die folgende Tabelle in dein Heft. Suche dann die Adjektive aus dem Kasten heraus und ordne sie in die richtige Tabellenspalte ein.

b Vervollständige deine Tabelle, indem du die fehlenden Adjektivformen ergänzt.

| Grundform | Komparativ | Superlativ |
|---|---|---|
| *klein* | *kleiner* | *am kleinsten* |

**7** Es gibt Adjektive, bei denen der Komparativ und der Superlativ anders gebildet werden als üblich. Überlege, wie du die Adjektive *gut* und *viel* steigern würdest.

**!** **Merkwissen** Steigerung der Adjektive

Adjektive kann man steigern (z. B.: *schön – schöner – am schönsten*). So kann man z. B. Dinge und Lebewesen miteinander vergleichen. Es gibt drei Steigerungsstufen:

| Positiv (Grundform) | Komparativ (1. Steigerungsstufe) | Superlativ (2. Steigerungsstufe) |
|---|---|---|
| *Lars ist groß.* | *Stefan ist größer.* | *Fabian ist am größten.* |

**Vergleiche mit *wie* und *als*:**
- Vergleiche mit dem Positiv werden mit **wie** gebildet, z. B.:
  *Tim ist genauso groß wie Yvonne.*
- Vergleiche mit dem Komparativ werden mit dem Vergleichswort **als** gebildet, z. B.:
  *Meine Schuhe sind kleiner als deine.*

## In Beziehung setzen Präpositionen

### Roter Sandsturm in Australien

? die australische Hafenstadt Sydney legte sich ? Jahr 2009 ein gigantischer roter Teppich. Ein Sandsturm ? der Wüste transportierte ? kurzer Zeit tausende Tonnen roten Staub ? die Stadt. Es war der schlimmste Sandsturm ? 70 Jahren.

Unter der Staubdecke brach der Verkehr nach kurzer Zeit zusammen: Flugzeuge blieben auf dem Boden, Schiffe verweilten im Hafen und die Autos fuhren wegen der schlechten Sicht sehr langsam durch den roten Nebel. Der rote Staub legte sich auf alle Häuser und Straßen. Nach dem Sturm musste alles mit großem Aufwand gereinigt werden. Der Wetterdienst meldete, dass die Sandwolke aus dem All über Satellit gesehen werden konnte. Mit diesen Bildern konnte man die Herkunft und die Bewegung des Sandsturmes bestimmen.

**1** Im ersten Textabschnitt (→ Z. 1–6) fehlen die Präpositionen. Schreibe ihn in dein Heft und setze die Präpositionen *seit, auf, in, im, aus* an der richtigen Stelle ein. Achte auf den Satzanfang.

**2** Suche in Z. 7–18 alle Angaben heraus, die mit Präpositionen eingeleitet werden. Schreibe sie in eine Tabelle und bestimme, welches Verhältnis mit der Präposition ausgedrückt wird.

| Beispiel | örtliche Angabe | zeitliche Angabe | Angabe des Grundes | Angabe der Art und Weise |
|---|---|---|---|---|
| *unter der Staubdecke* | *x* | | | |

**Merkwissen** Die Präposition (das Verhältniswort; Plural: die Präpositionen)

Präpositionen drücken Verhältnisse und Beziehungen zwischen Gegenständen und Personen aus. Oft drücken sie ein **örtliches** Verhältnis *(auf dem Dach, wo?)* oder ein **zeitliches** Verhältnis *(bis Mitternacht, wie lange?)* aus. Sie können aber auch einen **Grund** *(wegen der Hitze, warum?)* angeben oder die **Art und Weise** *(mit viel Energie, wie?)* bezeichnen.

Örtliches Verhältnis: *auf, in, hinter, neben, unter, vor, über, zwischen*
Zeitliches Verhältnis: *nach, vor, seit, um, während, bis, in*
Angabe des Grundes: *wegen, trotz, aufgrund*
Angabe der Art und Weise: *ohne, mit*

Präpositionen sind nicht flektierbar (veränderbar). Die Präposition steht in der Regel vor einem Nomen (mit oder ohne Begleiter) oder Pronomen. Sie bestimmt den Kasus des nachfolgenden Wortes (oder der nachfolgenden Wortgruppe), z. B.: *mit dir, wegen des Regens, bei dem Schnee.*

**3** Bei den folgenden Angaben ist die Präposition mit einem Artikel verschmolzen. Zerlege *im, am, vom, zur* in zwei Wörter.

**im** Dezember | **am** Montag | **vom** 1. bis **zum** 3. Oktober | **zur** Schule

# Vertiefen und üben
## Nomen/Substantive, Pronomen, Adjektive, Präpositionen

**Kamele: Überlebenskünstler in der Wüste**

Kamele sind mächtige Tiere, die einen langen, dünnen Hals, einen kleinen Kopf und schlanke Beine besitzen. Ihr Lebensraum sind die heißen Wüsten und Halbwüsten Nordafrikas und Arabiens. Kamele haben sich an ihren trockenen Lebensraum angepasst. Da es kaum Wasser in der Wüste gibt, sind die genügsamen Vierbeiner echte Weltmeister im Wassersparen. So haben sie spezielle Körperteile und Organe, die ihnen helfen, mit dem extremen Klima klarzukommen. Kamele haben schlitzförmige Nasenlöcher, die sie bei einem Sandsturm schließen können, damit keine Sandkörnchen an die empfindlichen Schleimhäute gelangen. Die langen Wimpern und der starke Tränenfluss verhindern, dass Staub und Sand in die Augen eindringen. Kamele können aber auch mit Absicht Fieber bekommen. An besonders heißen Tagen erhöhen die Kamele ihre Körpertemperatur auf 42 °Celsius. Dadurch verhindern die Tiere, dass sie schwitzen und einen zusätzlichen Wasserverlust haben. Die Überlebenskünstler sind Rekordhalter bei der Wasseraufnahme: 200 Liter Wasser saufen sie in nur 15 Minuten! Dieser Vorrat reicht den Kamelen über einen langen Zeitraum, da ihr spezielles Magensystem Wasser und Nährstoffe einlagert, bis das Tier sie wirklich benötigt. Der Höcker des Kamels ist kein Wassertank, sondern in ihm werden große Mengen an Fett für die Notzeiten angelegt.

● 1 Lies den Informationstext über Kamele.
Schreibe aus den ersten zwei Sätzen des Textes alle Nomen/Substantive heraus. Bilde zu jedem Nomen im Singular die Pluralform und zu jedem Nomen im Plural die Singularform.

●● 2 Nomen, wie z. B. *das Wasser* (→ Z. 7), kommen nur im Singular vor.
Versuche zu erklären, warum dies so ist.
Suche aus dem Text vier weitere Nomen heraus, die ebenfalls nicht im Plural vorkommen.

●● 3 Untersuche die Nomen im Text auf ihren Kasus. Wähle aus dem Text je zwei Beispiele für Nomen im Nominativ, im Dativ und im Akkusativ aus und schreibe sie zusammen mit ihren Begleitern auf.
Gib auch die Zeilen an.

●○○ 4 Der Text auf S. 237 enthält verschiedene Pronomen.
Schreibe sie auf und bestimme, um welche Art von Pronomen es sich jeweils handelt.
Pronomen, die mehrfach vorkommen, brauchst du nur einmal aufzuschreiben.

●●○ 5 Suche alle Adjektive aus dem Text heraus und schreibe sie in der Grundform auf, z. B.:
*mächtig, lang, …*
Wähle aus deinem Adjektiven drei aus und suche weitere Adjektive, die eine ähnliche Bedeutung haben, z. B.: *mächtig: riesig, gewaltig, massig, …*

●●○ 6 a Lies die folgenden Adjektive und versuche, sie dabei sinnvoll zu steigern.

schwach | windig | tot | grün | täglich

zornig | alt | lecker | schwanger | leer

b Übertrage die Tabelle in dein Heft und sortiere die Adjektive nach steigerbaren und nicht steigerbaren Adjektiven.

| steigerbare Adjektive | nicht steigerbare Adjektive |
|---|---|
| *schwach* | … |
| … | … |

c Erkläre, warum man die Adjektive in der zweiten Gruppe nicht sinnvoll steigern kann.

●●● 7 a In den folgenden vier Sätzen fehlen die Vergleichswörter *als* und *wie*. Schreibe die Sätze ab und setze die richtigen Vergleichswörter ein.
b Wann verwendet man welches Vergleichswort? Formuliere eine Regel.

- Die größte Sandwüste der Erde liegt in Südarabien und ist zweimal so groß ? Deutschland.
- Nachts kann es in einer Wüste so kalt werden ? an einem Wintertag in Deutschland.
- In der Wüste sind die Unterschiede zwischen Tag- und Nachttemperatur viel größer ? in anderen Regionen.
- Die klimatischen Lebensbedingungen sind in einer Wüste härter ? in anderen Lebensräumen.

●●○ 8 Im Text auf S. 237 sind verschiedene Wendungen mit Präpositionen enthalten.

in der Wüste (Z. 7), mit Absicht (Z. 18), an besonders heißen Tagen (Z. 18/19),
bei der Wasseraufnahme (Z. 23/24), über einen langen Zeitraum (Z. 26),
für die Notzeiten (Z. 31)

a Entscheide, welche Angaben sie machen: örtliche, zeitliche, des Grundes oder der Art und Weise?
b Untersuche auch den Kasus dieser Nomen. Welche Nomen stehen im Dativ, welche im Akkusativ?

## Verben kann man konjugieren

### Die Erfindung des Blitzableiters

Im Sommer 1752 macht der Politiker und Naturforscher Benjamin Franklin ein sehr gefährliches Experiment: Während eines Gewitters lässt er einen Drachen immer höher steigen. „Die Menschen glauben, dass Blitz und Donner Zauberkräfte des Himmels sind. Aber heute beweise ich, dass ein Blitz nichts anderes als Elektrizität ist", erklärt er seinem Sohn, der ihn bei diesem Experiment begleitet. „Aber wie machst du das?", fragt sein Sohn.

„An dem Drachen befestige ich eine Spitze aus Metall, denn Metall ist ein guter Leiter für Strom. Am Ende der nassen Drachenschnur binde ich einen Schlüssel fest. Wenn ich durch die nasse Schnur Elektrizität zur Erde leite, muss man sie als sprühende Funken am Metallschlüssel sehen." „Aber du hältst den Schlüssel doch an einem Band fest. Und damit leitest du doch den Strom auch in deine Hand", bemerkt sein Sohn. „Nein, das ist nicht so. Das Band, mit dem ich den Schlüssel halte, ist aus Seide. Und sie leitet keine Elektrizität weiter", erklärt Franklin. Und tatsächlich: Als ein Blitz auf die Metallspitze des Drachens trifft, springen aus dem Schlüssel Funken. „Siehst du", ruft Franklin freudig aus, „der Blitz gibt die Elektrizität an die Metallspitze weiter und durch die nasse Schnur wird sie dann zum Schlüssel geführt."

Franklin schließt daraus, dass man Blitze mit einem Draht auffangen und ungefährlich in die Erde abführen kann. Das bringt ihn auf eine Idee: Er stellt eine sehr hohe Eisenstange neben einem Haus auf. Und statt in das Gebäude schlägt jetzt der Blitz in die Eisenstange ein und die lenkt die Elektrizität direkt in die Erde. Benjamin Franklin erfindet also an diesem Tag den ersten Blitzableiter.

1 Erkläre mit eigenen Worten, was Benjamin Franklin mit seinem Versuch beweisen will und wie er bei seinem Experiment vorgeht.

2 Hast du schon einmal ein Gewitter im Freien erlebt? Erkundige dich, wie man sich schützt.

**3** a Suche aus dem ersten Abschnitt des Textes (→ Z. 1–10) sieben Verben heraus und schreibe sie untereinander in dein Heft.
**Tipp:** Verben geben an, was jemand tut oder was geschieht.
b Ergänze zu jedem Verb den Infinitiv (die Grundform), z. B.: *macht – machen.*

**4** a Schreibe aus dem zweiten Textabschnitt (→ Z. 11–28) alle Sätze heraus, in denen Formen des Verbs *leiten* vorkommen.
b Unterstreiche in deinen Sätzen die Formen des Verbs *leiten* und das Personalpronomen, von dem das Verb abhängt, z. B.: *Wenn ich durch die nasse Schnur Elektrizität zur Erde leite, …*
c Übertrage die folgende Tabelle in dein Heft und ordne die unterstrichenen Verbformen aus deinen Sätzen in die Tabelle ein. Ergänze dann die fehlenden Verbformen.

| | Singular | Plural |
|---|---|---|
| *1. Person* | *ich …* | *wir …* |
| *2. Person* | *du …* | *ihr …* |
| *3. Person* | *er/sie/es …* | *sie …* |

d Unterstreiche die Endungen der Verben in deiner Tabelle. Beschreibe dann genau, was sich an der Form des Verbs jeweils ändert.

**5** a Konjugiere (beuge) die Verben aus dem Kasten. Unterstreiche bei jeder Verbform den Verbstamm rot und die Personalendung grün, z. B.: *ich merke, du merkst …*

merken weinen drücken
schweigen sprechen halten

b Beschreibe, welche Besonderheiten du bei den Verben *sprechen* und *halten* feststellen kannst.

**6** a Bilde mit den folgenden Verben vollständige Sätze.

vorschlagen einhalten ausschalten absagen

b Unterstreiche beide Teile des Verbs, z. B.: *Ich schlage einen Ausflug ins Schwimmbad vor.*
c Suche weitere trennbare Verben und schreibe Sätze damit auf.

**Merkwissen** Das Verb (das Tätigkeitswort; Plural: die Verben)

Mit Verben gibt man an, **was jemand tut** (z. B.: *reden, lachen*), **was geschieht** (z. B.: *regnen, brennen*) oder **was ist** (z. B.: *haben, sein, bleiben*). Verben werden **kleingeschrieben**.
- Der Infinitiv (die Grundform) eines Verbs endet auf *-en* oder *-n*, z. B.: *rennen, sagen, antworten, rudern, lächeln.*
- Wenn man ein Verb in einem Satz verwendet, bildet man **die finite Verbform** (Personalform des Verbs). Das nennt man **konjugieren** (beugen), z. B.: *such-en* (Infintiv) ⟶ *Ich such-e den Schlüssel* (1. Person Singular). Die finite Verbform wird aus dem Infinitiv des Verbs gebildet. An den Stamm des Verbs wird dabei die passende Personalendung gehängt, z. B.: *sprech-en* (Infintiv) ⟶ *er sprich-t* (3. Person Singular).

## Die Befehlsform des Verbs der Imperativ

**Experiment: Fliegende Salzkörner**

**Du brauchst:**
etwas Salz,
einen Plastiklöffel,
ein Wolltuch oder einen Wollpullover,
eine glatte Unterlage, z. B. einen Tisch.

Streu etwas Salz auf einen Tisch oder eine andere glatte Unterlage. Nimm nun den Plastiklöffel und reib ihn kräftig mit einem Wolltuch oder einem Wollpullover ab. Halte jetzt den Löffel vorsichtig über die Salzkörner.
**Ergebnis:** Die Salzkörner springen an den Löffel und bleiben an ihm haften.
**Erklärung:** Durch die Reibung mit dem Wolltuch lädt sich der Plastiklöffel elektrisch auf und zieht dadurch die Salzkörner an.

1 Suche die Verben aus dem Text heraus, die jemanden auffordern, etwas zu tun.

2 Überarbeite den zweiten Textabschnitt (→ Z. 6–9) so, dass mehrere Personen angesprochen werden. Setze dazu die Verben im Imperativ Singular in den Imperativ Plural. Der unten stehende Merkkasten hilft dir dabei.

3 a Schreibt in Partnerarbeit Sätze auf, in denen ihr Verben im Imperativ Singular und im Imperativ Plural verwendet. Ihr könnt Aufforderungssätze erfinden (z. B.: *Bitte schließ das Fenster!*) oder ihr formuliert ein Rezept, eine Bedienungsanleitung (z. B.: *wie man Skateboard fährt, wie man einen Computer bedient …*) oder eine Spielanleitung.
b Unterstreicht in euren Sätzen die Verben im Imperativ Singular rot und die Verben im Imperativ Plural grün.

**Merkwissen** Der Imperativ (Befehlsform des Verbs; Plural: die Imperative)

Die Aufforderungsform oder Befehlsform eines Verbs nennt man Imperativ. Man kann eine Aufforderung oder einen Befehl an eine Person oder an mehrere Personen richten. Dementsprechend gibt es den Imperativ Singular *(„Bitte komm!“, „Lauf weg!“)* und den Imperativ Plural *(„Bitte kommt!“, „Lauft weg!“)*.

- Der **Imperativ Singular** besteht aus dem Stamm des Verbs *(schreiben ⟶ schreib!)*, mitunter wird die Endung *-e* angehängt *(reden ⟶ rede!)*. Manchmal ändert sich der Stammvokal von *e* zu *i (geben ⟶ gib!)*.
- Der **Imperativ Plural** wird in der Regel durch den Stamm des Verbs mit der Endung *-t* gebildet *(schreiben ⟶ schreibt!, reden ⟶ redet!, lesen ⟶ lest!)*.

# Mit Verben Zeitformen bilden

## Zeitformen der Gegenwart und der Zukunft: Präsens und Futur

### Die Erfindung der Glühlampe

*Thomas Alva Edison (1847–1931) gilt als einer der größten Erfinder. In dem folgenden Text berichtet er von seiner berühmtesten Erfindung: der Entwicklung der Glühlampe.*

Meine Glühlampe besteht aus einem luftleeren Glaskolben, denn in einem Vakuum verbrennt der Glühfaden weniger schnell. Im Inneren des Kolbens befindet sich ein verkohlter Baumwollfaden. Er dient als Glühfaden. Jetzt schließe ich das Ganze an den Strom an. Meine Mitarbeiter und ich beobachten nun die Glühlampe. Wir schauen, wie lange der Glühfaden hält: Ganze 40 Stunden glüht heute der Faden und erleuchtet dieses Mal das ganze Zimmer! Wir brüllen vor Begeisterung!
Mit dieser Erfindung werden wir ganze Städte erhellen. In den nächsten zwölf Monaten entwickeln wir eine neue Version der Glühlampe, die jeder nutzen kann. Schon morgen treffe ich mich wieder mit meinen Mitarbeitern. Diese Erfindung wird die Lebensgewohnheiten der Menschen auf den Kopf stellen. Öllampen, Kerzen und Petroleumleuchten wird es bald nicht mehr geben.

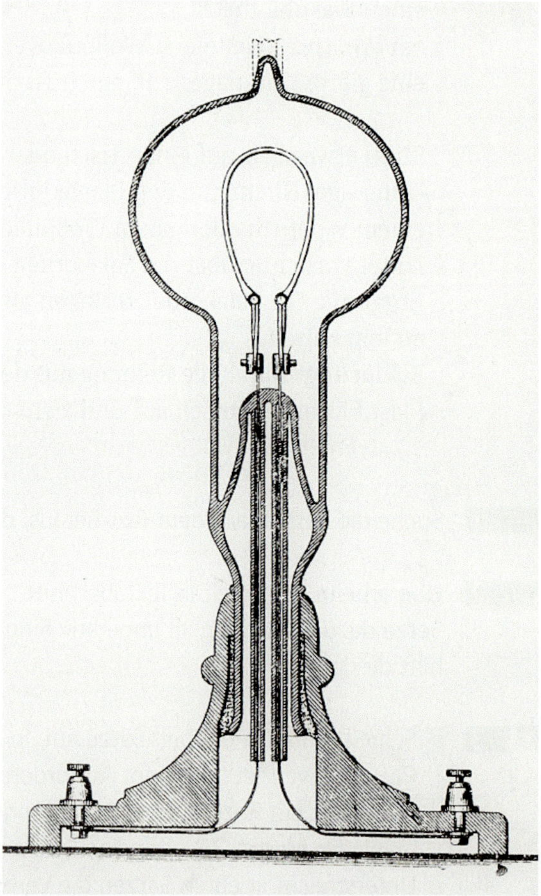

**1** Thomas Alva Edison ist von seiner Erfindung begeistert. Stelle dir einmal vor, die Erfindung wäre ihm nicht gelungen. Wie sähe dein alltägliches Leben ohne elektrisches Licht aus?

**2** a Übertrage die Tabelle in dein Heft und ordne die Sätze aus dem ersten Textabschnitt (→ Z. 1–11) in die passende Spalte ein.

Die Zeitform Präsens drückt aus:

| Was gerade geschieht | Was immer so ist oder für längere Zeit gilt |
|---|---|
| ... | *Meine Glühlampe besteht aus einem ...* |

b Sucht in Partnerarbeit drei weitere Beispielsätze für jede Spalte der Tabelle.

**3** a Lies den zweiten Abschnitt des Textes (→ S. 242, Z. 12–20) aufmerksam durch. Auf welchen Zeitpunkt beziehen sich die Aussagen von Thomas Alva Edison?

b Untersuche die Verbformen und die Zeitangaben in diesem Textabschnitt. Mit welchen unterschiedlichen Möglichkeiten kann man ausdrücken, dass sich etwas ereignen wird?

c Übertrage die folgende Tabelle in dein Heft und ordne die Verbformen aus dem zweiten Textabschnitt in die richtige Spalte ein.

| Verben in der Zeitform Präsens | Verben in der Zeitform Futur |
|---|---|
| … | *wir werden erhellen*<br>… |

**4** a Bilde mit den folgenden Wortgruppen Sätze in der Zeitform Futur.

ein Geschenk aussuchen | ins Freibad gehen | meinen kranken Freund besuchen

zum Fußballturnier gehen | im Zelt übernachten | meinen Geburtstag feiern

b Markiere in deinen Sätzen die Verbformen im Futur, z. B.:
*Ich werde für meine Freundin Birgit ein Geschenk aussuchen.*

**5** Wie stellst du dir das Leben in 100 Jahren vor? Schreibe in der Zeitform Futur auf, was sich bis dahin alles verändern wird.

**!** **Merkwissen** Die Zeitformen Präsens und Futur

Verben kann man in verschiedenen **Zeitformen (Tempora)** verwenden, z. B. im Präsens, im Präteritum, im Futur. Die Zeitformen (Tempora, Singular: das Tempus) der Verben sagen uns, wann etwas passiert, z. B. in der Gegenwart, in der Vergangenheit oder in der Zukunft.

**Das Präsens (die Gegenwartsform)**

1 Das Präsens wird verwendet, wenn etwas in der **Gegenwart** (in diesem Augenblick) geschieht, z. B.: *Er schreibt gerade einen Brief.* (Es geschieht in diesem Augenblick.)

2 Im Präsens stehen auch **Aussagen, die immer gelten**, z. B.:
*Suppe isst man mit dem Löffel.* (Es ist immer gültig.)

3 Man kann das Präsens auch verwenden, **um etwas Zukünftiges auszudrücken**. Meist verwendet man dann eine Zeitangabe, die auf die Zukunft verweist, z. B.:
*Morgen gehe ich ins Kino.*

Das Präsens wird gebildet durch den Stamm des Verbs und die entsprechenden Personalendungen, z. B.: *ich schreib-e, du schreib-st …*

**Das Futur (die Zukunftsform)**

Das Futur wird verwendet, um ein zukünftiges Geschehen auszudrücken, z. B.:
*In den Sommerferien werde ich häufig ins Freibad gehen.*

Das Futur wird gebildet durch die finite Verbform von *werden* im Präsens + Infinitiv des Verbs, z. B.:
*Ich werde anrufen, du wirst anrufen …*

## Zeitformen der Vergangenheit I: Perfekt

### Röntgenstrahlen machen Verborgenes sichtbar

*Bestimmt habt ihr schon einmal das Wort „Röntgenstrahlung" gehört. Die Röntgenstrahlung ist nach ihrem Entdecker, Wilhelm Conrad Röntgen (1845–1923), benannt. Im folgenden Text erfahrt ihr, auf welche Weise die Röntgenstrahlen entdeckt wurden.*

**Allgemeines Abendblatt:** Herr Professor Röntgen, man hat Ihre berühmteste Erfindung nach Ihnen benannt: die Röntgenstrahlen. Wie haben Sie diese Strahlen entdeckt?

**Professor Röntgen:** Die Röntgenstrahlen habe ich zufällig entdeckt. Als ich in meinem Labor eine Leuchtröhre mit einer schwarzen Pappe völlig lichtdicht abgeschirmt habe, hat in einiger Entfernung ein lichtempfindliches Papier geleuchtet. Und das, obwohl ich keinen Lichtstrahl gesehen habe. Daraus habe ich Folgendes geschlossen: Neben den sichtbaren Strahlen gibt es auch noch andere Strahlen, die für unser Auge unsichtbar sind: die Röntgenstrahlen.

**Allgemeines Abendblatt:** Ist es dann einfach bei dieser Erkenntnis geblieben? Wie ist Ihre Entdeckung berühmt geworden?

**Professor Röntgen:** Das hat noch einige Zeit gedauert, denn erst nach einigen Versuchswochen habe ich die wichtigste Entdeckung gemacht: Die unsichtbaren Röntgenstrahlen kommen nicht nur durch eine schwarze Pappe durch, sondern sie durchdringen auch andere Sachen, wie zum Beispiel die Haut oder die Muskeln.

**Allgemeines Abendblatt:** Die Strahlen ermöglichen uns also einen Blick in das Innere des Menschen?

**Professor Röntgen:** Ja, genauso ist es. Ich habe diese Strahlen übrigens nicht nach mir benannt. Ich bin damals zu einem Vortrag gegangen und habe dort meine Entdeckung einem großen Publikum vorgestellt. Vor allen Anwesenden habe ich dann eine Hand durchleuchtet. Die anwesenden Wissenschaftler sind vor Begeisterung aufgesprungen und haben laut applaudiert. Doktor von Kölliker hat daraufhin die Strahlen nach mir benannt. Und dabei ist es dann geblieben.

**1** a Lest das Interview mit verteilten Rollen laut vor.
b Bist du selbst schon einmal geröntgt worden oder hast du schon einmal eine Röntgenaufnahme gesehen? Erzähle davon.

**2** In dem Interview gibt es vier Sätze, die in der Zeitform Präsens stehen. Suche diese Sätze heraus und erkläre, warum hier das Präsens verwendet wird.
**Tipp:** Wenn du nicht mehr weißt, was man mit dem Präsens ausdrücken kann, sieh im Merkkasten auf S. 243 nach.

**3** Die übrigen Verbformen in dem Interview stehen in der Zeitform Perfekt.
a Schreibe zwei Sätze aus dem Text heraus, die im Perfekt stehen.
b Erkläre, wann das Geschehen passiert ist, von dem in diesen Sätzen erzählt wird: in der Vergangenheit, in der Gegenwart oder in der Zukunft?

**4** Übertrage die folgende Tabelle in dein Heft. Suche dann aus dem Interview (→ S. 244) alle Verbformen im Perfekt heraus und ordne sie in die Tabelle ein.

Verben in der Zeitform Perfekt:

| haben + Partizip II | sein + Partizip II |
|---|---|
| *man hat benannt* | … |

**5** Schreibe mit den Verben aus dem Tippkasten Beispielsätze im Perfekt, z. B.:
*Henry ist nach der Schule sofort nach Hause gegangen.*

> **Tipp** Verben der Fortbewegung bilden das Perfekt mit *sein*, z. B.:
> gehen – laufen – rennen – schwimmen – reisen – fahren

**Zu spät**

„Du kommst aber spät, Daniel!“, rief Sara. „Ich warte schon seit einer Stunde vor dem Freibad auf dich. Kannst du mir das erklären?“

„Aber ja! Ich ? leider ? (verschlafen), weil mein Wecker nicht ? ? (klingeln). Irgendwann ? mich dann mein Hund ? (wecken). Der ? nämlich schon Hunger ? (haben) und ? deshalb an der Tür ? (kratzen). Ich ? dann sofort aus dem Bett ? (springen) und ? mich schnell ? (anziehen). Kurz danach ? ich mit meinem Fahrrad ? (losfahren). Nur eine Minute später ? ich ? (merken), dass ich das Wichtigste ? ? (vergessen): mein Schwimmzeug. Also ? ich wieder nach Hause ? (fahren) und ? dort nach meiner Badehose ? (suchen). Aber damit nicht genug! Auf einmal …

**6** a Schreibe den Text ab und setze die eingeklammerten Verben ins Perfekt.
b Unterstreiche in den Sätzen beide Teile des Perfekts, z. B.: *Ich habe leider verschlafen, weil …*

**7** a Was könnte Daniel auf dem Weg zum Freibad noch alles passiert sein? Setze den Text fort. Schreibe im Perfekt.
b Unterstreiche in deinem Text alle Verbformen im Perfekt.

**Merkwissen** Die Zeitform Perfekt

Wenn man mündlich von etwas Vergangenem erzählt oder berichtet, verwendet man häufig das Perfekt, z. B.: *Ich habe gerade etwas gegessen. Er ist nach Hause gekommen.*
Das Perfekt ist eine **zusammengesetzte Vergangenheitsform**, weil es mit einer Form von *haben* oder *sein* im Präsens (z. B.: *hast, sind*) und dem **Partizip II des Verbs** (*gesehen, aufgebrochen*) gebildet wird.
- Das Partizip II beginnt meist mit *ge-*, z. B.: *lachen → gelacht; gehen → gegangen.*
- Wenn das Verb schon eine Vorsilbe hat (*ge-*, *be-* oder *ver-*), bleibt diese im Partizip II erhalten, z. B.: *gelingen → gelungen; beschweren → beschwert; verlieren → verloren …*

## Zeitformen der Vergangenheit II: Präteritum und Plusquamperfekt

### Die erste Fallschirmspringerin

Am 28. August 1893 liefen in Nürnberg bei einem Volksfest Tausende Menschen auf einen großen Platz. Sie sahen zum Himmel und hielten den Atem an: Die 24-jährige Katharina Paulus sprang als erste deutsche Frau mit einem selbst genähten Fallschirm aus einem Ballon. In einer Höhe von 1500 Metern kletterte sie aus dem Korb, schwebte mit dem Fallschirm zur Erde und landete völlig unverletzt auf dem Boden.

**1** Das Präteritum ist eine Möglichkeit, beim schriftlichen Erzählen oder Berichten Vergangenes auszudrücken.

a Schreibe aus dem Text alle Verbformen im Präteritum heraus und bilde zu jeder Verbform das Präsens und den Infinitiv. Übertrage dazu die folgende Tabelle in dein Heft.

| Präteritum (Vergangenheitsform) | Präsens (Gegenwartsform) | Infinitiv (Grundform) |
|---|---|---|
| *sie liefen* | *sie laufen* | *laufen* |
| … | … | … |

b Vergleiche und beschreibe die unterschiedliche Bildung des Präteritums. Markiere dann in deiner Tabelle, woran du die Präteritumform erkennst, z. B.: *sie liefen.*

**2** Trage die folgenden Verbformen in die richtige Spalte deiner Tabelle ein und ergänze die fehlenden Verbformen.

du sagst | sie glaubt | er legte | sie essen | ich trinke | du musst

er packte | ihr wolltet | sie zweifelte | er wusste | ich sitze | sie nutzen

**Merkwissen** Die Zeitform Präteritum

Das **Präteritum** ist eine einfache **Zeitform der Vergangenheit**. Diese Zeitform wird vor allem in schriftlichen Erzählungen (z. B. in Märchen, in Geschichten) und in Berichten verwendet, z. B.: *Sie lief schnell nach Hause, denn es regnete in Strömen.*

Man unterscheidet:

- **regelmäßige** (schwache) **Verben**: Bei den regelmäßigen Verben ändert sich der Vokal im Verbstamm nicht, wenn das Verb ins Präteritum gesetzt wird, z. B.: *ich lache* (Präsens) ⟶ *ich lachte* (Präteritum),
- **unregelmäßige** (starke) **Verben**: Bei den unregelmäßigen Verben ändert sich im Präteritum der Vokal oder Zwielaut im Verbstamm, z. B.: *ich singe* (Präsens) ⟶ *ich sang* (Präteritum); *ich laufe* (Präsens) ⟶ *ich lief* (Präteritum).

### Die Erfindung des Rettungsfallschirms

Bevor Katharina Paulus Fallschirmspringerin wurde, hatte sie den Beruf der Schneiderin gelernt. Im Alter von 21 Jahren lernte sie dann den Ballonfahrer Julius Lattemann kennen und war begeistert von seiner Kunst. Nachdem sie sich drei Jahre lang auf das Ballonfahren und das Fallschirmspringen vorbereitet hatte, wagte sie 1893 den ersten Absprung mit dem Fallschirm. In den folgenden Jahren machte sie nicht nur 165 weitere Fallschirmsprünge, sondern auch mehr als 700 Fahrten mit dem Ballon. Berühmt wurde sie aber auch als Erfinderin. Nachdem sie viele Jahre mit einer Fallschirm-Show in ganz Europa aufgetreten war und große Erfahrungen auf dem Gebiet des Fallschirmspringens gesammelt hatte, erfand sie den Paket- oder Rettungsfallschirm. Sie kam als Erste auf die Idee, den Fallschirm zusammenzulegen und in einen Rucksack zu packen. So konnte man den Fallschirm auf dem Rücken tragen und bequem mitnehmen. Diese Erfindung rettete vielen Piloten das Leben, wenn sie mit ihren Flugzeugen in Not geraten waren.

**3** a Schreibe die unterstrichenen Sätze in dein Heft. Lasse immer eine Zeile frei.
b Unterstreiche den Teil des Satzes rot, der die vorausgegangene Handlung erzählt, den anderen grün. Schreibe die richtigen Zeitformen unter die unterstrichenen Satzteile (→ Merkkasten unten).

### Tag der offenen Tür

Letzte Woche fand in unserer Schule ein Tag der offenen Tür statt. Nachdem wir alle pünktlich (ankommen), (gehen) es los. Bevor unsere Eltern ins Schulgebäude gingen, (zeigen) wir ihnen erst mal unseren Schulhof. Anschließend (bauen) wir unsere Ausstellung zum Thema „unsere Lieblingsbücher" auf, die wir zuvor im Unterricht (vorbereiten). Während unsere Eltern die Ausstellung besichtigten, versuchten wir, das Buchrätsel zu lösen, das sich unsere Lehrerein für uns (überlegen). Nachdem wir uns dann alle im Schülercafé (stärken), (machen) wir noch einen Rundgang durch unsere Schule und (sehen) uns auch unseren Klassenraum an, den wir zuvor mit bunter Wandfarbe (anmalen).

**4** Schreibe den Text „Tag der offenen Tür" ab uns setze die eingeklammerten Verben ins Plusquamperfekt bzw. ins Präteritum. Überlege, in welcher Reihenfolge die Handlung geschieht.

**!** **Merkwissen** Die Zeitform Plusquamperfekt

Wenn etwas vor dem passiert, wovon im Präteritum oder im Perfekt erzählt wird, verwendet man das Plusquamperfekt. Das Plusquamperfekt wird deshalb auch **Vorvergangenheit** genannt, z. B.:
*Nachdem sie mit dem Fallschirm sicher gelandet war, jubelten die Menschen.*
Das Plusquamperfekt ist wie das Perfekt (→ S. 245) eine **zusammengesetzte Vergangenheitsform**, weil es mit einer Form von *haben* oder *sein* im Präteritum (z. B.: *hatte, war*) und dem **Partizip II des Verbs** (z. B.: *gelesen, aufgebrochen*) gebildet wird, z. B.:
*Nachdem wir etwas gegessen hatten, gingen wir in den Zoo.*
*Nachdem wir alle pünktlich angekommen waren, ging es los.*
**TIPP:** Die Konjunktion *nachdem* leitet oft einen Satz im Plusquamperfekt ein.

# Vertiefen und üben
## Die Zeitformen des Verbs

●○○ 1 Hier reimen sich jeweils bei zwei Verbpaaren die Formen im Präsens, im Präteritum und das Partizip II. Schreibe die Liste ab und ergänze sie. Lies dabei laut und deutlich mit.

| | |
|---|---|
| reiten – ritt – geritten<br>streiten – stritt – gestritten | biegen – bog – gebogen<br>fliegen – ? – ? |
| schweigen – schwieg – geschwiegen<br>steigen – ? – ? | fließen – floss – geflossen<br>schießen – ? – ? |
| bleiben – blieb –geblieben<br>schreiben – ? – ? | singen – sang – gesungen<br>springen – ? – ? |
| beißen – biss –gebissen<br>reißen – ? – ? | sinken – sank – gesunken<br>trinken – ? – ? |

●●○ 2 a Bilde zu den folgenden Präsensformen die Formen im Präteritum und Perfekt und schreibe sie auf.

ich steige | er pfeift | wir gießen | sie erzählen | ich gehe | wir streichen

b Bilde mit jedem Verb einen Satz im Präteritum und einen im Perfekt, z.B.:
*Am Bahnhof stieg ich in den Zug. Am Bahnhof bin ich in den Zug gestiegen.*

●●● 3 Verbinde die Sätze im rechten und im linken Feld. Drücke mithilfe des Plusquamperfekts aus, dass eine Handlung vor der anderen stattgefunden hat.
Verwende dazu die Konjunktion *nachdem*, z.B.: *Nachdem der Mensch das Rad erfunden hatte, …*

| | |
|---|---|
| Der Mensch erfand das Rad. | Der Mensch konnte Dinge besser transportieren. |
| Forscher entwickelten neue Medikamente. | Viele Menschen konnten geheilt werden. |
| Edison erfand die Glühbirne. | Ganze Städte konnten nachts beleuchtet werden. |
| Die Menschen entwickelten neue Transportmittel. | Viele konnten bequem reisen. |
| Der holländische Brillenmacher Hans Lipperhey erfand das Fernrohr. | Wissenschaftler konnten die Himmelskörper im Weltraum erforschen. |

# Teste dein Wissen!
## Wortarten

**1** a Schreibe den folgenden Text in der richtigen Groß- und Kleinschreibung in dein Heft.

**warum ist das meer salzig?**

wenn flüsse von den bergen zur küste fließen, lösen die wasserströme unterwegs winzige mengen von salz aus den steinen im flussbett auf. die gewässer fließen ins meer und nehmen das salz auf ihrem weg mit. wenn die sonne dann auf das meer scheint und es erwärmt, verdunstet immer etwas flüssigkeit. das salz aber bleibt zurück.

b Bilde zu jedem Nomen im Singular die Pluralform und zu jedem Nomen im Plural die Singularform. Schreibe immer den bestimmten Artikel dazu, z. B.: *das Meer – die Meere*

**2** Der oben stehende Text enthält zwei Pronomen.
a Schreibe sie auf und bestimme, um welche Art von Pronomen es sich jeweils handelt.
b Erkläre, welche Funktion die jeweiligen Pronomen im Satz haben.

**3** Notiere, in welcher Kasusreihenfolge (A, B, C oder D) die unterstrichenen Nomen in dem folgenden Text stehen. Stelle zu jedem Nomen die entsprechende Kasusfrage.
*<u>Ein Laubfrosch</u> kann <u>das Wetter</u> nicht vorhersagen. Sein Verhalten verrät <u>dem Beobachter</u> aber etwas: Wenn der Frosch <u>den Stamm</u> <u>eines Baumes</u> hochklettert, wird das Wetter oft besser.*

**A** Nominativ – Akkusativ – Genitiv – Dativ – Akkusativ
**B** Nominativ – Dativ – Akkusativ – Akkusativ – Genitiv
**C** Akkusativ – Nominativ – Dativ – Akkusativ – Genitiv
**D** Nominativ – Akkusativ – Dativ – Akkusativ – Genitiv

**4** a Schreibe die Adjektive aus dem folgenden Kasten heraus.

BESSER GEWITTER WILDER FLUSS SCHNELL
KÜRZER AM KRÄFTIGSTEN BERG WARM

b Bestimme, in welcher Form (Grundform, Komparativ oder Superlativ) die Adjektive stehen.

**5** Hier sind die Präpositionen durcheinandergeraten. Schreibe den Text ab und setze die Präpositionen an der richtigen Stelle ein.
*Einen außergewöhnlichen Diebstahl klärte die Polizei auf diesem Wochenende auf. Ein Waschbär hatte eine Geldbörse geklaut, die an einem Haus in einem Päckchen Butter lag. Der Dieb hatte verräterische Spuren neben der Butter hinterlassen.*

**6** Vergleicht eure Lösungen zu den Aufgaben 1–5 in Partnerarbeit.

**7** a Schreibe die folgenden Verben in der angegebenen Zeit- und Personalform in dein Heft.

- schreiben (1. Person Plural, Präteritum)
- gehen (3. Person Singular, Präsens)
- lachen (1. Person Singular, Futur)
- fallen (2. Person Singular, Perfekt)
- anziehen ( 3. Person Plural, Futur)
- lesen (2. Person Plural, Plusquamperfekt)

b Vergleicht eure Ergebnisse in Partnerarbeit.

### Das Briefing[1] vor dem Abflug

Früher ? (sein) Flugreisen etwas Besonderes. Heute ? (gehören) das Fliegen zum Alltag. Etwa anderthalb Stunden vor dem Abflug ? (treffen) sich die Crew[2] zum Briefing. Der Kapitän ? vorher schon mit seinem ersten Offizier das Wetter ? (studieren) und den Flugplan ? (überprüfen). Jetzt ? (sprechen) er mit der Kabinencrew.
Wenn das Flugzeug ? (starten), ? (informieren) die Crew die Fluggäste über die Flugdauer und die Flugroute: „Unsere Flugzeit von Köln bis New York wird sieben Stunden betragen. Unsere Route ? uns heute über Südgrönland ? (hinwegführen). Es ? ein rauer Flug ? (werden), denn über dem Sankt-Lorenz-Golf ? es mittlere Turbulenzen[3] ? (geben).

1 das Briefing (engl.): die Lagebesprechung
2 die Crew (engl.): die Mannschaft
3 die Turbulenz: Unruhe, Bewegung in der Luft

**8** In diesem Text erfährst du, wie sich ein Flugkapitän auf einen Flug vorbereitet.
a Schreibe den Text ab und setze die eingeklammerten Verben in die richtige Zeitform. Achte auch darauf, die richtige Personalform zu verwenden.
b Vergleicht eure Ergebnisse.

# 12.2 Den eigenen Wortschatz erweitern
## Rund um Wortbildung und Wortbedeutung

### Wörter finden und bilden

Christian Morgenstern
**Neue Bildungen, der Natur vorgeschlagen**

Der Ochsenspatz
Die Kamelente
Der Regenlöwe
Die Turtelunke
Die Schoßeule
Der Walfischvogel
Die Quallenwanze
Die Rabenmaus
Der Gürtelstier
Der Pfauerochs
Der Werfuchs
Das Dreihorn
Der Zwöllefant
Die Tagigall
Der Sägeschwarm
Der Süßwassermops
Der Weinpintscher
Das Sturmspiel
Der Eulenwurm
Der Giraffenigel
Das Rhinozepony
Die Gänseschmalzblume
Der Menschenbrotbaum

**1** Lest das Gedicht von Christian Morgenstern.
a Untersucht in Partnerarbeit die „neuen Bildungen“ und erklärt, welche Tiere oder Pflanzen jeweils dahinterstecken.
b Denkt euch weitere Neubildungen für die Natur aus und schreibt das Gedicht weiter.
c Verfasst ein Parallelgedicht zum Thema „Verrückte Gegenstände“.

**2** Bildet Gruppen und spielt das Wörterkettenspiel zum Thema „Natur“ weiter.

Schalentier Tierfutter Futterrübe Rübenfeld Feldhase Hasenstall Stallfliege etc.

## Zusammensetzungen

der Geburtstag das Bild die Wohnung die Schwalbe die Garderobe das Lied
die Nummer der Rahmen der Schlüssel der Unterricht das Nest die Stunde

**1** Bilde möglichst viele zusammengesetzte Nomen/Substantive.

a Schreibe sie mit Artikel in dein Heft und untersuche, nach welchem Bestandteil (Bestimmungswort oder Grundwort) sich das Geschlecht richtet.

b Unterstreiche die Fugenelemente *-(e)s-*, *-(e)n-* oder *-er-*.

**Tipp** In manchen Fällen musst du ein Fugenelement, *-(e)s-*, *-(e)n-* oder *-er-*, zwischen die Wortbestandteile schieben, z. B.: *das Geburtstag-s-lied.*

**2** Wie lauten die Berufsbezeichnungen?

a Führe die Sätze zu Ende.
Ein Mensch, der Opern singt, ist ein *Opern-sänger*.
Ein Mensch, der Tango tanzt, ist ein …
Ein Mensch, der Bus fährt, ist ein …
Ein Mensch der Fenster putzt, ist ein …
Ein Mensch der Dächer deckt, ist ein …

b Sammle weitere Berufsbezeichnungen, die aus einem Nomen und einem Verb entstanden sind.

**3** Was stimmt bei diesen Farbadjektiven nicht?

a Wie müssen sie richtig lauten? Schreibe sie zusammen mit ihrem Nomen richtig auf.
*ein flaschengelber Pullover, ein zitronenrotes Kleid, ein feuerblaues T-Shirt, ein schneegrünes Hemd und eine himmelweiße Hose*

b Bilde weitere zusammengesetzte Adjektive. Verwende folgende Bestimmungswörter:

die Feder der Blitz die Kugel die Hand das Messer

Schreibe so: *die Feder → federleicht*

c Denke dir zu jedem zusammengesetzten Adjektiv einen Satz aus und schreibe ihn auf.

**Merkwissen** Zusammensetzungen

Zwei oder mehr selbstständige Wörter können zu einem neuen Wort zusammengesetzt werden. Dieses besteht aus einem **Bestimmungswort** und einem **Grundwort**.
Das Grundwort steht immer an zweiter Stelle und bestimmt die Wortart des neuen Wortes. Es wird durch das Bestimmungswort näher beschrieben, z. B.: *die Ledertasche, die Schultasche*.
Manchmal muss ein **Fugenelement**, z. B.: *-(e)s-*, *-(e)n-* oder *-er-*, zwischen Bestimmungs- und Grundwort eingefügt werden, z. B.:
*der Tag + der Ausflug = der Tagesausflug, die Freude + der Tanz = der Freudentanz.*

## Ableitungen

**1** a Untersuche die folgenden Nomen/Substantive. Aus welchen Wortbestandteilen sind sie gebildet?

das Wagnis die Freundlichkeit die Wissenschaft die Krankheit der Irrtum die Haltung

Schreibt so:

| Ableitung | Wortstamm | Suffix (Nachsilbe) |
|---|---|---|
| das Wagnis | wag | -nis |

b Bilde Nomen aus den Verben und Adjektiven auf der linken Seite und den Suffixen (Nachsilben) auf der rechten Seite.

| | | |
|---|---|---|
| gemeinsam hindern<br>bedrohen fähig frech<br>warnen einsam<br>beobachten erleben<br>schön feige | + | -ung<br>-keit<br>-nis<br>-heit |

**2** a Wie lauten die vollständigen Verben in diesen Wendungen? Ergänze die Verben.

den Zug nicht ver-… einer Gefahr ent-… einen Sieg er-… das Papier zer-…

ein Geschenk be-… ein Verbot miss-… ein Schild be-… einen Termin ver-…

b Übertrage die Tabelle in dein Heft und ordne die Verben ein. Ergänze weitere Verben.

| be- | ver- | miss- | er- | zer- | ent- |
|---|---|---|---|---|---|
| … | … | … | … | … | … |

**3** Ersetze die folgenden Wortgruppen durch abgeleitete Adjektive und ergänze ein passendes Nomen/Substantiv. Unterstreiche die Suffixe.
Bilde die Adjektive mit den Suffixen *-ig, -lich, -isch, -sam, -haft, -bar*.
Schreibe so: *wie Seide - ein seidiges Fell*

wie Seide – … wie ein Rätsel – … mit Fehlern – … zum Verkauf – …

voll Staub – … mit Regen – … mit Wahl – … zum Schein – …

**!** **Merkwissen** Ableitungen

**Ableitungen** setzen sich aus einem **Wortstamm** und einem **Suffix** (=Nachsilbe) und/oder einem **Präfix** (=Vorsilbe) zusammen.
An Suffixen wie *-heit, -keit, -ung, -schaft, -nis, -tum* erkennt man **Nomen** (z. B.: *das Zeugnis*), an Suffixen wie *-ig, -lich, -isch, -sam, -haft, -bar* erkennt man **Adjektive** (z. B.: *sagenhaft*).
Durch das Anfügen von Präfixen wie *be-, ver-, miss-, er-, zer-, ent-* verändern **Verben** ihre Bedeutung (z. B.: *missverstehen*).

## Wortfamilien

### Wie lange dauert ein Kalenderjahr?

Ein ganz normales Jahr hat 365 Tage. Aller vier Jahre wird mit dem 29. Februar ein zusätzlicher Tag eingeschoben. Diese Jahre mit 366 Tagen heißen Schaltjahre. Ihre Jahreszahl lässt sich immer durch vier teilen, also 2008, 2012, 2016 und so weiter. In den sogenannten Jahrhundertjahren, also 2100, 2200, 2300, gibt es kein Schaltjahr. Lässt sich das Jahrhundertjahr durch 400 teilen, wie es im Jahr 2000 zum letzten Mal der Fall war, sind es aber doch 366 Tage. Das nächste Mal also erst wieder 2400.

**1** a Finde im Text alle Zusammensetzungen aus der Wortfamilie *-jahr-*.
b Ergänze weitere Wörter aus der Wortfamilie. Nutze dafür ein Wörterbuch.
**Tipp:** Wörter mit *Jahr* als Grundwort kannst du nicht so leicht finden.

**2** a Schreibe die folgenden Wörter mit dem Wortstamm *-jahr-* in dein Heft. Unterstreiche jeweils den Wortstamm. Beachte auch die Umlautung (*jahr – jährlich*).

jährlich zwölfjährig verjähren Jahrestag Geburtsjahr alljährlich jahreszeitlich die Verjährung

b Bestimme, ob es sich um eine Zusammensetzung oder Ableitung handelt.
Schreibe so: *jährlich (Ableitung)*
c Denke dir zu jedem Wort einen Satz aus und schreibt ihn auf.

**Tipp** In einer Zusammensetzung können Grund- und Bestimmungswort selbst eine Zusammensetzung oder Ableitung sein.

**3** Suche möglichst viele verwandte Wörter zu den folgenden Verben:

kennen trinken binden schließen wachsen kämpfen

z. B.: *kennen: erkennen, erkenntlich, die Kenntnis, bekannt, bekanntlich, die Bekanntschaft ...*

**Merkwissen** Wortfamilien

Eine **Wortfamilie** besteht aus Wörtern verschiedener Wortarten, die denselben **Wortstamm** haben. Dabei kann der Wortstamm unveränderlich und veränderlich sein, z. B.:
– Unveränderlicher Wortstamm: *reden, die Ausrede, sich verabreden, redselig ...*
– Veränderlicher Wortstamm: *sprechen, die Sprache, sprachlos, der Spruch*
Wörter einer Wortfamilie können **Zusammensetzungen** (z. B. *der Schulfreund*) und **Ableitungen** (z. B. *freundlich*) sein.

## Wortfelder

Sandalen Parka Jeans Badekappe Kapuzenshirt Daunenjacke Wollschal
Fahrradhelm Gummistiefel Base-Cap Fußballschuhe Strickjacke Stöckelschuhe
Handschuhe Knieschützer Halstuch T-Shirt Strohhut Bommelmütze Turnschuhe
Bikini Bluse Ohrenschützer Fellhausschuhe Flip-Flops Kopftuch Pulswärmer Minirock

**1** Untersuche das Wortfeld *Kleidung*.

a Die meisten Kleidungsstücke kannst du in Wortfeldern zusammenfassen.
Ordne sie so: *Kleidungsstücke für warme Tage: …* *Kleidungsstücke für kalte Tage: …*

b Welche Kleidungsstücke kannst du nicht eindeutig zuordnen?
Überlege, welches Wortfeld noch möglich ist.

**2** Sommer, Herbst und Winter

| | | |
|---|---|---|
|  |  |  |
| *sommerlich* | *herbstlich* | *winterlich* |
| *heiß* | … | … |

a Übertrage die Tabelle in dein Heft und suche möglichst viele Adjektive zu den Wortfeldern.

b Beschreibe eine der drei Jahreszeiten und verwende dabei möglichst viele passende Adjektive.

**3** a Welches Wort gehört nicht in die Reihe? Suche es heraus und begründe deine Entscheidung.

b Wie lautet der Oberbegriff für die übrigen zusammengehörigen Begriffe?

**A** Füller Kugelschreiber Blatt Bleistift Fineliner

**B** Äpfel Bananen Mandarinen Kohlrabi Weintrauben

**C** Hund Kaninchen Katze Löwe Hamster

**!** **Merkwissen** Wortfelder

Wörter ein und derselben Wortart, die eine **ähnliche Bedeutung** haben, bilden ein **Wortfeld**, z. B.: *kühl, nass, windig, stürmisch, regnerisch, ungemütlich.*
Je mehr Wörter eines Wortfeldes man kennt, desto genauer und abwechslungsreicher kann man sich ausdrücken. Mithilfe von **Oberbegriffen** und **Unterbegriffen** kann man Wortfelder übersichtlich gliedern.

**4** Lautstark, leise oder undeutlich? Erforscht das Wortfeld *sagen*.

a Übertragt die folgende Tabelle in euer Heft und sammelt in Partnerarbeit möglichst viele Verben für alle drei Spalten.

| laut sprechen | leise sprechen | undeutlich sprechen |
|---|---|---|
| *rufen*<br>*schimpfen*<br>… | *tuscheln*<br>*murmeln*<br>… | *stottern*<br>*stammeln*<br>… |

b Lies den folgenden Dialog und ergänze passende Verben.

„Wo ist eigentlich meine Sporttasche?“, ? Tim.
„Da, wo sie immer ist“, ? seine Mutter.
„Ich kann sie aber nicht finden“, ? Tim.
„Es ist immer dasselbe mit dir“, ? die Mutter.
„Werd doch nicht gleich wieder böse, Mama“, ? ihr Sohn.
„Ich muss noch so viel zusammensuchen“, ? er.
„Na, dann helfe ich dir eben“, ? die Mutter.

**5** a Stellt in Partnerarbeit möglichst viele Verben aus dem Wortfeld *gehen* zusammen. Beginnt mit *kriechen, schleichen* und steigert euch bis *rasen*, …

b Wie bewegen sich diese Tiere fort?

Schreibt so: *Das Känguru hüpft, …*

c In den folgenden Sätzen stimmt etwas nicht. Verbessert sie und schreibt sie in euer Heft.

Das Baby spaziert auf dem Boden auf sein Spielzeug zu.

Die Soldaten kriechen im Gleichschritt durch die Straßen.

Der Betrunkene stapft durch den Garten.

Die Kinder marschieren durch den tiefen Schnee.

Die Touristen torkeln über den Marktplatz der Stadt.

## Namen heute und früher

**1** Untersuche die Vornamen in deiner näheren Umgebung.
- a Erstelle eine Liste von Vornamen aus deiner Klasse, von deinen Freunden und deiner Familie. Beziehe auch die Namen deiner Eltern und Großeltern mit ein.
- b Welche Namen deiner Liste kommen besonders häufig vor? Äußere Vermutungen über die Gründe dafür.

**2** Im Internet findest du Hitlisten der beliebtesten Vornamen.

**Im Vergleich: Die häufigsten Vornamen von 1910 und von 2010**

| Platz | Mädchen 1910 | Jungen 1910 | Mädchen 2010 | Jungen 2010 |
|---|---|---|---|---|
| 1 | Gertrud | Walter/Walther | Mia | Leon |
| 2 | Erna | Carl/Karl | Hannah/Hanna | Lukas/Lucas |
| 3 | Martha/Marta | Hans | Lena | Ben |
| 4 | Hertha/Herta | Wilhelm | Lea/Leah | Finn/Fynn |
| 5 | Margarethe | Otto | Emma | Jonas |
| 6 | Anna | Curt/Kurt | Anna | Paul |
| 7 | Käthe/Käte | Heinrich | Leonie/Leoni | Luis/Louis |
| 8 | Elisabeth | Hermann | Lilli/Lilly/Lili | Maximilian |
| 9 | Frieda/Frida | Paul | Emilie/Emily | Luca/Luka |
| 10 | Hildegard | Helmut | Lia | Felix |

- a Vergleiche die Namenliste von 1910 mit der von 2010. Was fällt dir auf?
- b Äußere Vermutungen über die Gründe der zunehmenden bzw. abnehmenden Beliebtheit bestimmter Namen.
- c Tauscht euch darüber aus, welche Überlegungen Eltern wohl anstellen, bevor sie sich für den Namen ihres Babys entscheiden.

**3** Beschäftige dich mit deinem eigenen Namen.
- a Informiere dich im Internet oder in einem Vornamen-Lexikon über die Bedeutung deines Vornamens.
- b Befrage deine Eltern nach ihren Gründen für die Wahl deines Namens.
- c Bist du mit deinem Vornamen zufrieden? Wenn nicht, welchen anderen Vornamen würdest du dir wünschen? Nenne Gründe dafür.

**4** Bis zum 12. Jahrhundert lebten die Menschen in kleinen Siedlungen und hatten nur einen Vornamen. Dieser war oft mit dem Wunsch verbunden, dass die im Namen ausgedrückten Eigenschaften auf den Träger des Namens übergehen würden.
Überlege, welche Wünsche mit den folgenden Namen verbunden waren.

Eberhard, Bernhard (althochdeutsch: bero, bern = der Bär)
Helga (norddeutsch: heill = heil, gesund)
Gerhard (althochdeutsch: gēr = Speer)
Otmar, Ottokar (althochdeutsch: ōt = der Besitz, der Reichtum)

**5** Als im Mittelalter die Siedlungen größer wurden und Städte entstanden, reichten Vornamen nicht mehr aus, um die Menschen voneinander zu unterscheiden. Die Menschen gaben sich Beinamen, die immer weiter vererbt und so zu Familiennamen wurden.

a Lies die folgenden Familiennamen und überlege dir, wie sie wohl entstanden sind.

Fleischer | Bach | Heinrich | Kühn | Friedrich | Zimmermann | Starke
Otto | Feldmann | Klein | Förster | Sachse | Becker | Müller

b Übertrage die Tabelle in dein Heft und ordne die Familiennamen zu.

| **Herkunft** | **Namen** |
|---|---|
| *Berufsbezeichnung* | ... |
| *Wohnort* | ... |
| *Eigenschaft* | ... |
| *Vorname* | ... |

**Merkwissen** Entstehungsmerkmale von Namen

Entstehungsmerkmale für **Vornamen**:
- Tierbezeichnungen, z. B.: *Eberhard, Wolfgang*
- Eigenschaften, z. B.: Tapferkeit wie in *Hartmut* (althochdeutsch: *hartig = hart, stark*)
- Übernahme aus anderen Sprachen, z. B.: *Elisabeth* (hebräisch), *Dorothea* (griechisch)

Entstehungsmerkmale für **Familiennamen**:
- Beruf oder besondere Eigenschaft, z. B.: *Fleischer, Schneider, Förster, Kühn, Klein*
- Herkunft oder Wohnort, z. B.: *Feldmann, Busch, Sachse*
- Vornamen als Familiennamen, z. B.: *Hartmann, Wenzel, Heinrich, Friedrich*

## Ortsnamen

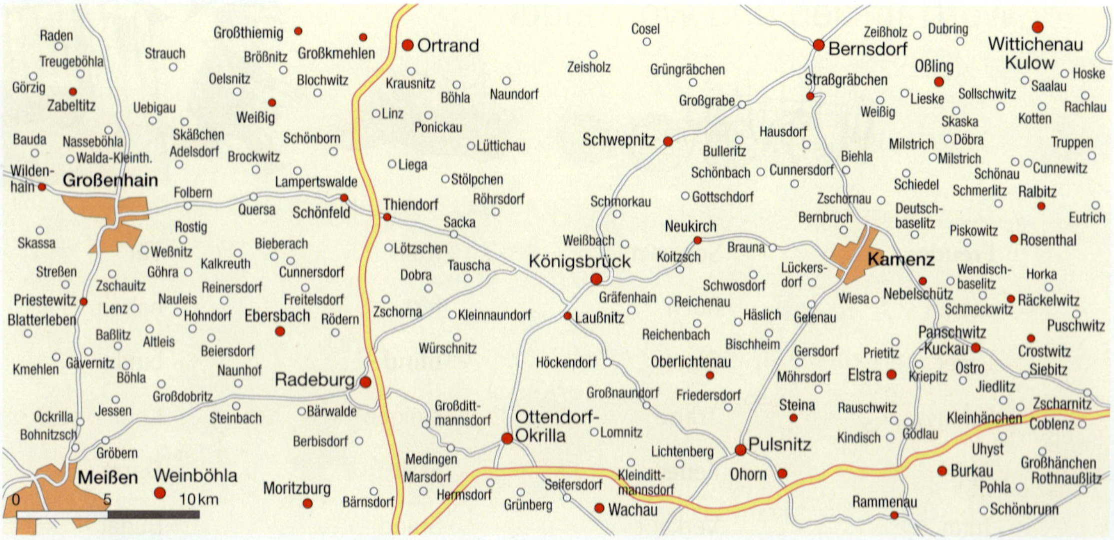


1 Ortsnamen wie *Fürstenwalde, Schneeberg, Henningsdorf, Großenhain, Ebersbach* oder *Weißenfels* sind durch Zusammensetzungen entstanden.

a Erkläre ihre Bedeutung anhand deines Wissens über Grund- und Bestimmungswörter (→ S. 252). Untersuche auch, ob in den zusammengesetzten Ortsnamen Fugenelemente vorkommen, z. B.: Fürstenwalde: Fürst-en-walde, Bedeutung: Wald, in dem der Fürst wohnt.

b Sammelt in Partnerarbeit weitere Beispiele für Ortsnamen, die aus Grund- und Bestimmungswörtern entstanden sind.

**Tipp** Nehmt euren Atlas zu Hilfe.

2 Überlege, wie Ortsnamen aus deiner Gegend vermutlich entstanden sind.

3 a Sammelt Ortsnamen slawischer Herkunft. Ihr erkennt sie an den Endungen *-in, -en, -ow, -itz, -itzsch* oder *-witz*.

b Wisst ihr eigentlich, warum es im Osten Deutschlands so viele slawische Ortsnamen gibt? Informiert euch im Internet darüber, indem ihr den Suchbegriff *Slawen* eingebt.

c Was habt ihr herausgefunden? Stellt eure Ergebnisse in der Klasse vor.

**Merkwissen** Ortsnamen

Die meisten **Ortsnamen** sind vor langer Zeit entstanden und verweisen oft auf eine **Besonderheit** der Ortschaft. Manche Ortsnamen sind durch **Zusammensetzung** von Grund- und Bestimmungswort (und Fugenelement) entstanden, z. B.: *Eber-s-walde*.
In den östlichen Teilen Deutschlands gibt es viele Namen slawischer Herkunft, die man an bestimmten Endungen erkennen kann, z. B.:
*-in, -en: Berlin, Templin, Dresden, Bautzen*
*-ow: Pankow, Beeskow, Seelow*
*-itz, -itzsch, -witz: Kyritz, Schkeuditz, Delitzsch, Zinnowitz*

# Vertiefen und üben
## Wortfamilien und Wortfelder

| | | | |
|---|---|---|---|
| **Freude** | Schwein | weiß | Tür |
| sparen | hoch | fest | halten |
| Lager | Blüte | **blind** | binden |
| Schluss | **Träne** | steigen | Kohl |
| Apfel | Feuer | Stall | **Darm** |
| Turm | Verkauf | Stand | Bügel |

●○○ 1 Bilde jeweils aus vier Wörtern drei Zusammensetzungen. Schreibe sie auf und setze die Wortart in Klammern dahinter: N/S = Nomen/Substantiv, A = Adjektiv, V = Verb.
Schreibe so: *die Freudenträne (N/S), tränenblind (A), der Blinddarm (N/S)*

●●○ 2 a Bilde mit jedem Verb möglichst viele Ableitungen mit Präfixen.

antworten denken gehen fahren fallen achten treiben drücken brauchen

miss- be- ver- ent- zer- er- ge-

Schreibe so: *be-fahren, ver-fahren …*

b Denke dir zu zehn neu gebildeten Verben je einen Satz aus und schreibe ihn auf. Schreibe so:
*missachten: Leon missachtet das Vorfahrtsschild.*
*missbrauchen: Der Politiker missbraucht seine Macht.*

●●● 3 Hier wurden zwei Wortfamilien miteinander vermischt.

Sitzordnung verständlich versetzen Standpunkt Verständigung sesshaft Gesäß beständig aufsässig Notsitz Stehlampe Missverständnis Schleudersitz Sessellift aufstehen Verkaufsstand Vorsitz Besitzerin standhaft Sitzecke gestanden Sitzung

a Finde heraus, um welche beiden Wortfamilien es sich handelt.
Schreibe die beiden Verben im Infinitiv auf.

b Ordne nun alle Wörter aus dem Kasten dem richtigen Infinitiv zu.
Schreibe die Nomen/Substantive mit Artikel auf und vermerke hinter jedem Wort in Klammern, um welche Wortart es sich handelt.

Wälder Liegestuhl Brotzeit Berge Anorak Sonnencreme Gipfel Buch Sonnenbrille Wanderstöcke Party Wiesen Badeschlappen Gämse Badehose Flossen Seeigel Wellen Salzwasser Wanderstiefel Seesterne Kühe Sonnenschirm Wasserball Harpune Angel Murmeltiere Fische Rucksack Surfbrett Kniebundhosen

●○○ 4 Untersuche das Wortfeld *Urlaub*.
In welche untergeordneten Wortfelder lassen sich diese Begriffe unterteilen?
Schreibe die Wortfelder auf und ergänze sie durch eigene Begriffe.

●●○ 5 Übertrage die folgende Tabelle in dein Heft. Sammle Adjektive zur Beschreibung eines schönen und eines nicht so schönen Urlaubs.

| schöner Urlaub | kein schöner Urlaub |
|---|---|
| *wunderbar* | *stressig* |
| *erholsam* | *laut* |
| ... | ... |

●●● 6 Entwirf einen Brief, in dem du von deinem Urlaub erzählst. Verwende dabei möglichst viele deiner gesammelten Begriffe.

●○○ 7 a Welches Wort gehört nicht in die Reihe? Suche es heraus und begründe deine Entscheidung.
b Wie lautet der Oberbegriff für die übrigen, zusammengehörigen Begriffe?

Eishockey Basketball Ruderboot Tennis Skifahren
Gummistiefel Nebel Regen Schnee Hagel Blitz Donner
Telefon MP3-Player Fernseher Computer CD-Player Kopfhörer
Gummibärchen Schokoriegel Kartoffelchips Bonbons Kaugummi

c Sammle zu den Oberbegriffen möglichst viele weitere Unterbegriffe.

# Teste dein Wissen!
## Rund um Wortbildung und Wortbedeutung

**1** a Lies die folgenden Zusammensetzungen durch und schreibe sie in der richtigen Groß- und Kleinschreibung auf.
b Setze die Wortart in Klammern dahinter:
N/S = Nomen/Substantiv, A = Adjektiv, V = Verb.

KLASSENFAHRT ZEICHENBLOCK HEREINKOMMEN REGENTAUGLICH SÄUGETIERE TIERÄRZTLICH TEILNEHMEN

Schreibe so: *die Klassenfahrt (N/S)*

**2** Bilde mithilfe des Silbenvorrats 15 sinnvolle Ableitungen und ordne sie nach Wortarten.

| Präfix (Vorsilbe) | Wortstamm | Suffix (Nachsilbe) |
|---|---|---|
| be- | -komm- | -en |
| er- | -leb- | -ung |
| ent- | -fahr- | -lich |
| ver- | -rat- | -keit |
| zer- | -krank- | -heit |
| | -stör- | -haft |
| | -sorg- | -nis |
| | -freund- | -bar |
| | | -sam |

Schreibe so:
*Nomen: Krankheit …*
*Verben: erraten …*
*Adjektive: befahrbar …*

**3** a Stelle 20 Wörter aus der Wortfamilie *Tier* zusammen.
b Übertrage die unten stehenden Sätze in dein Heft und ergänze sie mit folgenden Wörtern bzw. Wortgruppen aus dem Wortfeld *pflegen*:

pflegen aufpäppeln Fürsorge angedeihen lassen gut behandeln sich kümmern um sorgen für betreuen

In Zoos ? Tierpfleger um das Wohl der Tiere. Sie ? dafür, dass die Tiere artgerecht gehalten werden und das richtige Futter bekommen. Natürlich ? sie nicht nur gesunde Tiere, sondern müssen auch kranke wieder ? . Insbesondere Jungtieren müssen sie besondere ? . Werden die Tiere ? , können sie im Zoo sehr alt werden.

c Vergleicht eure Lösungen in Partnerarbeit.

# 12.3 Fit in …
## Texte überarbeiten

Stelle dir vor, du bekommst folgende Aufgabe:

Kerstin hat einen Artikel über den letzten Klassenausflug geschrieben, der in der Schülerzeitung veröffentlicht werden soll. Überarbeite den Bericht und verbessere dabei
- Nomen, die im falschen Kasus stehen, und
- Verben, die in einer falschen Tempusform gebraucht werden.

*Unser Klassenausflug in den Zoo*

*Unsere Klasse stand aufgeregt an der Bushaltestellte. Alle ~~warten~~ gespannt auf die Ankunft ~~dem Bus~~, denn heute sollte es in den Zoo gehen. Meine Freundin Anne schaute nachdenklich zum Himmel. „Ob das Wetter heute einigermaßen gut werden wird?", fragte sie etwas besorgt. Letzte Nacht regnete es in Strömen, aber jetzt schien die Sonne. Unser Lehrer bestellte den Bus schon vor einer Woche. Der Busfahrer vergaß uns doch hoffentlich nicht. Endlich kam den Bus. Nachdem sich die Türen öffneten, stürmten wir alle hinein. Nach einer halben Stunde Busfahrt waren einige von uns schon ganz unruhig. Da, endlich war des Zooeingangs in Sicht. 28 Kinder liefen auf die Kassen zu und einige Minuten später standen wir schon vor dem Elefantengehege. Von dort geht es dann weiter zu den Löwen, den Affen, den Flusspferden und den Wölfen. Ganz besonders gut hat uns die Fütterung den Pinguinen gefallen, denn wir durften dabei helfen. Die Tierpflegerin gab uns Fische, die wir den Pinguinen zugeworfen haben. Manche von uns konnten den Pinguinen sogar über den Köpfen streicheln. Am Ende unseres Zoobesuchs durften wir dann noch eine Stunde auf dem Abenteuerspielplatz rumtoben. Dort gibt es Schaukeln, Wippen, eine Kletterwand, ein Piratenschiff und eine 20 Meter lange Rutsche. Müde, aber voller neuer Eindrücke fuhren wir dann am Abend wieder nach Hause. Auf der Rückfahrt redeten wir noch lange darüber, was jedem von uns am besten gefallen hat. Alle waren sich einig, dass dieser Klassenausflug ein schönes und aufregendes Erlebnis ist.*

*falsche Zeitform (richtig: Präteritum);*
*falscher Kasus (richtig: Genitiv)*

**1** a Lies die Aufgabenstellung aufmerksam durch. Hast du verstanden, was du tun sollst?

b Tauscht euch gemeinsam mit einer Partnerin oder einem Partner aus:
- In welche Fälle (Kasus) kann man ein Nomen setzen?
- In welchen unterschiedlichen Zeitformen (Tempora) können Verben stehen?

**2** Schreibe dir zu den vier Fällen (Kasus) eine Merktabelle auf. Übertrage dazu die folgende Übersicht in dein Heft und ergänze sie.

| | | |
|---|---|---|
| **1. Fall**<br>Nominativ | Wer …? oder<br>Was …? | der Mann<br>die Frau<br>das Kind |
| **2. Fall**<br>Genitiv | Wessen …? | des Mannes<br>der Frau<br>des Kindes |
| **3. Fall**<br>D… | W…? | … |
| **4. Fall**<br>… | …? | … |

**Tipp Im Deutschen gibt es vier Kasus.** Nach dem Kasus richten sich die Form des Artikels und die Endung des Nomens. Man kann den **Kasus** eines Nomens **durch Fragen ermitteln**.

**3** Zeichne den „Zug der Zeit" in dein Heft und „fülle" die einzelnen Waggons mit neuen Beispielen, indem du die Sätze *Er geht.* und *Sie singt.* in die entsprechenden Zeitformen setzt.

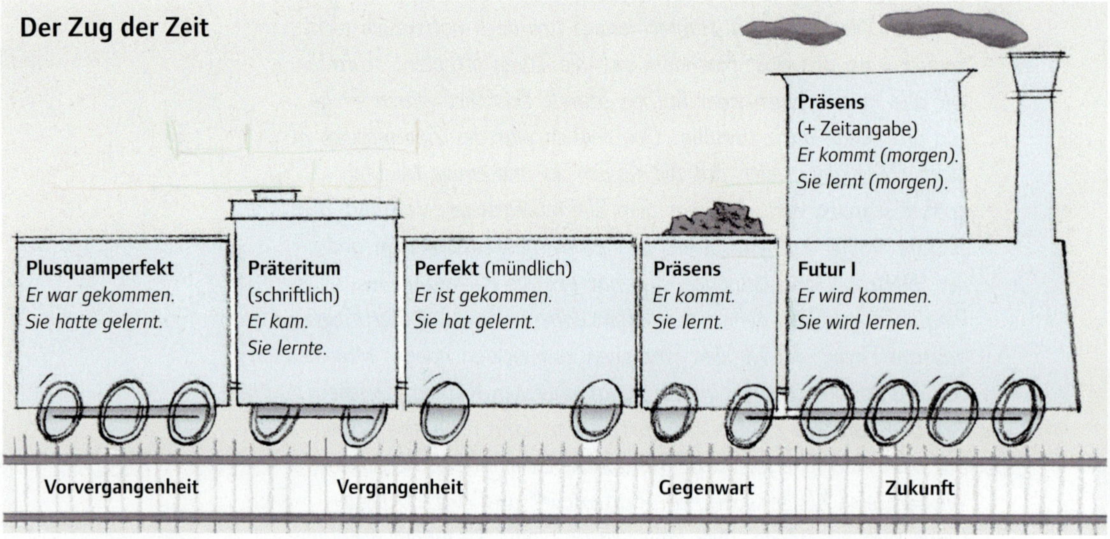


**4** a Lies nun den Artikel „Unser Klassenausflug in den Zoo" (→ S. 263) Satz für Satz durch. Verbessere Nomen, die im falschen Kasus stehen, und Verben, die in der falschen Zeitform verwendet werden. Schreibe die korrekten Kasus- und Zeitformen auf.
**Tipp:** Überlege bei jedem Satz, in welcher Reihenfolge die Dinge geschehen.

b Wie viele Kasusfehler und wie viele Tempusfehler sind in dem Artikel insgesamt zu finden? Schreibe die richtigen Antworten auf und vergleiche sie dann mit der Lösung auf S. 353.
- *In dem Artikel gibt es 4 Kasusfehler / 5 Kasusfehler / 6 Kasusfehler.*
- *In dem Artikel gibt es 8 Tempusfehler / 10 Tempusfehler / 11 Tempusfehler.*

**5** a Überarbeite nun den Artikel und schreibe eine verbesserte Fassung in dein Heft.
b Vergleicht euer Ergebnis in Partnerarbeit.

# 13 Grammatiktraining
## Sätze und Satzglieder

**1** Auf der Schatzkarte ist eine wichtige Nachricht für dich versteckt. Entschlüssele sie.
Gehe so vor:

a Erstelle selbst Schatzkarten-Schnipsel, indem du die Wörter und Wortgruppen – genau wie in der Vorlage – auf einzelne Zettel schreibst.

b Ordne die einzelnen Schnipsel so an, dass zwei sinnvolle Sätze entstehen.
Schreibe diese Sätze in dein Heft.
Achte auf die Großschreibung am Satzanfang und setze einen Punkt am Satzende.

**2** Vergleicht eure Nachrichten. Wie viele Möglichkeiten habt ihr gefunden, sinnvolle Sätze zu bilden?

**In diesem Kapitel …**

- bestimmst du die verschiedenen Satzglieder eines Satzes,
- überarbeitest du Texte mithilfe der Umstell-, Ersatz-, Erweiterungs- und Weglassprobe,
- lernst du die Funktionen der verschiedenen Satzarten (Aussage-, Frage- und Aufforderungssatz) kennen,
- bildest du Satzreihen und Satzgefüge und verbindest die Teilsätze durch abwechslungsreiche Konjunktionen.

# 13.1 Auf Schatzsuche
## Satzglieder bestimmen

### Satzglieder erkennen Die Umstellprobe

Nils schreibt einen Lexikonartikel über Piraten. Er ist sich aber noch unsicher, wie er den ersten Satz formulieren soll.

| Piraten | überfallen | seit 3000 Jahren | fremde Schiffe | auf allen Meeren dieser Erde | . |
| Seit 3000 Jahren | überfallen | Piraten | auf allen Meeren dieser Erde | fremde Schiffe | . |

1 Suche weitere Möglichkeiten, die Satzbausteine sinnvoll zu kombinieren, und schreibe die Sätze auf.

2 Wie würdest du den ersten Satz dieses Lexikonartikels formulieren? Entscheide dich für eine Satzmöglichkeit und begründe, warum dir diese Variante am besten gefällt.

3 Nils ist mit diesen Sätzen noch nicht zufrieden, weil er den Eindruck hat, dass sie alle ähnlich anfangen. Stelle die Satzglieder einzelner Sätze so um, dass der Text abwechslungsreicher klingt. Schreibe den überarbeiteten Text in dein Heft. Die Informationen im Merkkasten helfen dir hierbei.

Und so geht der Lexikonartikel über die Piraten weiter:

*Die Piraten halten sich in der Nähe von Handelsschiffen auf. Diese Segelschiffe haben an Bord häufig wertvolle Waren. Die Seeräuber greifen die Schiffe auf offener See an. Die Piraten laden die erbeuteten Schätze an Bord und die Besatzung lassen sie auf dem ausgeraubten Schiff zurück.*

**Merkwissen** Satzglieder erkennen: die Umstellprobe

**Ein Satz besteht aus verschiedenen Satzgliedern.** Diese Satzglieder können aus einem einzelnen Wort oder aus mehreren Wörtern (einer Wortgruppe) bestehen.
Mit der **Umstellprobe** kannst du feststellen, wie viele Satzglieder ein Satz hat. Wörter und Wortgruppen, die bei der Umstellprobe immer zusammenbleiben, bilden ein Satzglied, z. B.:

| Seit 3000 Jahren | überfallen | Piraten | fremde Schiffe | . |
| Piraten | überfallen | fremde Schiffe | seit 3000 Jahren | . |

In einem Text sollten deine Sätze nicht immer mit dem gleichen Satzglied beginnen. Mithilfe der Umstellprobe kannst du deine Texte abwechslungsreicher gestalten, z. B.:
*Ich möchte mehr über Piraten erfahren. Ich leihe mir in der Bücherei ein Buch über Piraten aus.*
Besser:
*Ich möchte mehr über Piraten erfahren. In der Bücherei leihe ich mir ein Buch über Piraten aus.*

## Das Prädikat

**1** a Übertrage die folgende Tabelle in dein Heft.
b Führe die Umstellprobe durch und bilde weitere Aussagesätze. Trage sie in die Tabelle ein. Wie viele Möglichkeiten findest du?

| | 1. Stelle | 2. Stelle | 3. Stelle | 4. Stelle |
|---|---|---|---|---|
| 1. Satz | *Ein guter Pirat* | *versteckt* | *seine Schätze* | *auf einer Insel.* |
| 2. Satz | ... | *versteckt* | ... | ... |

c Denkt euch gemeinsam mit einer Partnerin oder einem Partner einen weiteren Piraten-Satz mit vier Satzgliedern aus. Tragt ihn wie den ersten Satz in die Tabelle ein.

**2** Sieh dir deine Tabelle an. Markiere darin das Satzglied, das bei allen Umstellungen immer an der gleichen Stelle bleibt. Um welches Satzglied handelt es sich?

**3** Wusstest du, dass es unter den Piraten auch Frauen gab? Eine berühmte Piratin war Anne Bonny.
a Formuliert mithilfe der folgenden Stichwörter einen flüssigen und gut verständlichen Informationstext über die Piratin Anne Bonny. Arbeitet zu zweit und schreibt im Präteritum (1. Vergangenheitsform), z. B.:
*Im 17. Jahrhundert wanderten die Eltern von ...*

**Tipp** Mithilfe der Umstellprobe kannst du deine Satzanfänge abwechslungsreich gestalten.

- Eltern von Anne (auswandern) im 17. Jahrhundert von Irland nach Amerika
- Sie (aufbauen) in Amerika eine Plantage
- Anne Bonny (kennen lernen) im Hafen von Charleston den Piraten James Bonny
- Piratengesetz (erlauben) keine Frauen an Bord
- Anne Bonny (anziehen) Männerkleidung und (kämpfen) als Piratin in der Karibik

b Markiere in deinem Text alle Prädikate. Was fällt dir auf?

**!** **Merkwissen** Satzglieder: das Prädikat (Plural: die Prädikate)

Das Prädikat bildet zusammen mit dem Subjekt den **Satzkern**. Prädikate werden mit Verben gebildet. In einem Aussagesatz steht die **finite Verbform** (die Personalform des Verbs) **immer an zweiter Satzgliedstelle**, z. B.:
*Oft zeichnen Piraten eine Schatzkarte. So finden sie später ihre Beute.*

Ein Prädikat kann aus mehreren Teilen bestehen. **Mehrteilige Prädikate** bilden eine **Prädikatsklammer**, z. B.:
- bei mehrteiligen Verben, z. B.: *ankommen* ⟶ *Die Piraten kommen auf der Insel an.*
- bei zusammengesetzten Zeitformen, z. B.: beim Perfekt:
  *Die Piraten haben das Schiff überfallen.*

## Satzglieder erfragen Das Subjekt

### Die Schatzinsel der Piraten

Noch heute suchen viele Abenteurer nach Piratenschätzen. Die bekannteste Schatzinsel liegt im Pazifischen Ozean und trägt den Namen Kokos-Insel. Sie ist nur 25 km² groß, unbewohnt und von einem dichten Regenwald bedeckt. Drei große Piratenschätze sollen noch immer auf der Kokos-Insel vergraben sein. Früher war diese Insel dicht bewachsen und völlig unzugänglich. Die vergrabenen Schätze verschwanden deshalb schnell unter einer dicken Schicht aus Pflanzen. Die einsamen Inselbuchten stellten für die Piraten die idealen Ankerplätze dar. Denn die Seeräuber konnten so die Kokos-Insel heimlich anlaufen und ihre Beute vergraben. Die Spuren der Piraten sind heute noch am Strand dieser Insel zu finden. Auf einem Felsen haben Piraten und Schatzsucher ihre Namen in einen Stein geritzt.

Unzählige Schatzsucher versuchen in der heutigen Zeit, mit modernster Technik die verborgenen Piratenschätze zu finden.

**1** Lies den Text über die Schatzinsel der Piraten. Hast du schon einmal von Grabungen nach Piratenschätzen gehört oder davon, dass jemand tatsächlich fündig geworden ist? Erzähle davon.

**2** a Stelle fest, aus wie vielen Satzgliedern die beiden folgenden Sätze bestehen. Wende hierzu die Umstellprobe (→ S. 266) an und schreibe die neu geordneten Sätze in dein Heft. Trenne die einzelnen Satzglieder mit senkrechten Strichen voneinander ab.
- *Noch heute suchen viele Abenteurer nach Piratenschätzen.*
- *Drei große Piratenschätze sollen noch immer auf der Kokos-Insel vergraben sein.*

b Bestimme die Prädikate in den beiden Sätzen und unterstreiche sie rot.

c Erfrage in den beiden Sätzen die Subjekte und unterstreiche sie grün.

**Tipp** Das Subjekt erfragt man mit: **Wer …? oder Was …?**

**3** Euer Auftrag ist es nun, alle Subjekte in dem oben stehenden Text zu erfragen. Arbeitet zu zweit und geht so vor:

a Einer von euch fragt nach dem Subjekt, die/der Partner/-in antwortet. Schreibt alle Subjekte aus dem Text heraus.

b Vergleicht eure Ergebnisse.

**Merkwissen** Satzglieder: das Subjekt (Plural: die Subjekte)

Das Satzglied, das in einem Satz angibt, wer oder was etwas tut, veranlasst, handelt …, heißt **Subjekt**, z. B.:
*Der Pirat versteckt auf der Insel einen Schatz.*
- Du kannst das Subjekt mit der **Frage „Wer …? oder Was …?"** ermitteln, z. B.:
  *Der Pirat versteckt auf der Insel einen Schatz.* ⟶ *Wer versteckt auf der Insel einen Schatz?*
- Das Subjekt eines Satzes kann aus einem oder aus mehreren Wörtern bestehen, z. B.:
  *Die alte, verwitterte Schatztruhe liegt unter der Erde.* ⟶ *Was liegt unter der Erde?*
- Das Subjekt eines Satzes **steht immer im Nominativ (1. Fall,** → S. 229).

**Frageprobe:** Um die Satzglieder zu bestimmen, stellst du Fragen mithilfe des Prädikats.

## Satzglieder erfragen Akkusativ- und Dativ-Objekte

### Sagenhafter Piratenschatz entdeckt

Bewaffnet mit Schatzkarte, Kompass und Spaten – so stellt man sich ? vor. Ganz anders verlief aber die Schatzsuche auf der Robinson-Crusoe-Insel vor Chile: Hier haben chilenische Schatzsucher ? losgeschickt und ? entdeckt. Die Goldgräber trauten ? nicht: Die Beute enthielt ? . Wer bekommt nun aber ? ? Die Schatzsucher wollen in jedem Fall ? haben. Andere glauben, dass ? der gesamte Schatz zusteht. Und der Bürgermeister der Insel will das Geld ? geben.

den Inselbewohnern
~~einen Schatzsucher~~
dem Staat
~~das Vermögen~~
~~einen sagenhaften Piratenschatz~~
~~ihren Augen~~
~~einen fahrbaren Suchroboter~~
~~die Hälfte~~
~~800 000 Kilogramm Gold, Silber~~ und Juwelen

**1** In diesem Text fehlen wichtige Satzglieder: die Objekte.

a Schreibe den Text ab und setze dabei passende Objekte aus dem Wortschatzkasten ein. Ermittle zuerst das Prädikat des Satzes und frage damit nach dem fehlenden Satzglied.

b Übertrage die folgende Tabelle in dein Heft und ordne die eingesetzten Objekte ein.

**Tipp** Nach den Objekten fragt man:
**Wen …? oder Was …?**
**→ Akkusativ-Objekt**
**Wem …?**
**→ Dativ-Objekt**

| Akkusativ-Objekte: Wen? oder Was? | Dativ-Objekte: Wem? |
|---|---|
| *einen Schatzsucher* | … |
| … | … |

**2** a Ermittle bei den folgenden Sätzen zunächst die Anzahl der Satzglieder mithilfe der Umstellprobe. Schreibe die neu geordneten Sätze in dein Heft.

Ein Schatzgräber zeigt seinem Kollegen den wertvollen Fund.
Die Goldgräber wollen den Ausgrabungsort niemandem verraten.
Der Staat soll ihnen eine Belohnung zusichern. Viele Journalisten verfolgen das Ereignis.
Sie teilen den Fernsehzuschauern ihre Beobachtungen mit.

b Unterstreiche die Prädikate in deinen Sätzen rot. Erfrage dann – mithilfe des Prädikats – die übrigen Satzglieder und unterstreiche die Subjekte grün, die Akkusativ-Objekte blau und die Dativ-Objekte gelb, z. B.:
*Den wertvollen Fund zeigt ein Schatzgräber seinem Kollegen.*

**3** a Bilde mit den nebenstehenden Verben Sätze, die ein Akkusativ-Objekt und ein Dativ-Objekt enthalten, z. B.: *Die Piraten stehlen ihren Opfern Gold, Silber und Juwelen.*

b Arbeitet zu zweit: Erfragt bei jedem eurer Sätze abwechselnd das Dativ-Objekt und das Akkusativ-Objekt und markiert sie gelb und blau.

**Merkwissen** Satzglieder: die Objekte

Ein Satz *(Die Piraten singen.)* kann durch weitere Satzglieder, z. B. durch Objekte, erweitert werden, z. B.:

*Die Piraten singen ihrem Kapitän ein Geburtstagslied.*

Wem? Dativ-Objekt — Wen ...? oder Was ...? Akkusativ-Objekt

- **Akkusativ-Objekt:** Das Objekt, das im Akkusativ steht, heißt Akkusativ-Objekt. Du ermittelst es mit der Frage: **Wen ...? oder Was ...?**, z. B.:
  *Wen oder was suchen die Piraten? ⟶ Die Piraten suchen den Schatz.*
- **Dativ-Objekt:** Das Objekt, das im Dativ steht, heißt Dativ-Objekt. Du ermittelst es mit der Frage: **Wem ...?**, z. B.:
  *Wem stehlen die Piraten den Schatz? ⟶ Die Piraten stehlen ihren Opfern den Schatz.*

Objekte können aus einem oder aus mehreren Wörtern bestehen.

## Das Prädikativ

Der Schatz ist wertvoll. Ein bekannter Seeräuber hieß Klaus Störtebeker.

**1** a Übertrage die Sätze in dein Heft. Unterstreiche dann das Prädikat rot und das Subjekt grün.
b In jedem Satz hast du ein Satzglied noch nicht unterstrichen. Überlege, worauf sich dieses Satzglied bezieht.

**2** a Bilde mit den Verben *sein* und *heißen* einige Sätze über dich selbst, z. B.: *Ich heiße ... Ich bin ...*
b Markiere in deinen Sätzen das Prädikat, das Subjekt und das Prädikativ in unterschiedlichen Farben.

**Merkwissen** Satzglieder: das Prädikativ

Das Verb *sein* verlangt neben dem Subjekt ein weiteres Satzglied, das **Prädikativ**. Das Prädikativ kann **ein Nomen oder ein Adjektiv** sein, z. B.:
*Er ist der Klassensprecher. Ich bin sportlich.*
Das Prädikativ ergänzt das Prädikat (Verb) und bezieht sich zugleich auf das Subjekt des Satzes. Weitere Verben, die häufig ein Prädikativ verlangen, sind: *bleiben, werden, heißen*.

## Genaue Angaben machen Adverbiale Bestimmungen

Stelle dir vor, du nimmst an einer Schiffsexpedition teil, die einen Piratenschatz ausgraben will. Auf einer Insel sollst du deinen Freunden bei der Schatzsuche helfen. Als du auf der Insel ankommst, findest du folgenden Zettel:

**1** a Welche Angaben fehlen dir, damit du die Nachricht richtig verstehen kannst? Schreibe W-Fragen auf, mit denen du nach den fehlenden Informationen fragen kannst, z. B.:
– *Wo ist der Schatz vergraben?*
– ...

b Schreibe die Sätze ab und ergänze dabei die fehlenden Informationen. Nimm hierzu die Satzglieder aus dem nebenstehenden Kasten zu Hilfe. Probiere verschiedene Möglichkeiten aus.

c Lest euch gegenseitig eure Texte vor. Prüft, ob die Nachricht nun verständlich ist.

~~hinter dem Felsen~~ tief heute Abend
an der Feuerstelle ~~auf der Ostseite der Insel~~
unter den drei großen Palmen
bei Sonnenaufgang in der Holzhütte
bei Vollmond wegen des Unwetters
um 19 Uhr wegen der Dunkelheit
gemeinsam mit dem Spaten

**2** a Markiere in deinem Text alle adverbialen Bestimmungen. Nimm hierzu den Merkkasten von S. 272 zu Hilfe.

b Übertrage die folgende Tabelle in dein Heft und ordne die unterstrichenen adverbialen Bestimmungen in die passende Spalte ein.

| **Adverbiale Bestimmung** | | | |
|---|---|---|---|
| **des Ortes**<br>Wo? Wohin?<br>Woher? | **der Zeit**<br>Wann?<br>Wie lange? | **des Grundes**<br>Warum? | **der Art und Weise**<br>Wie?<br>Auf welche Weise? |
| ... | ... | ... | ... |

## Die Totenkopfflagge der Piraten

Mit der Totenkopfflagge wollten die Piraten Angst und Schrecken verbreiten. Die Symbole Totenkopf und Knochen waren auf der ganzen Welt bekannt und die Opfer wussten auf den ersten Blick, wen sie vor sich hatten. Die schwarze Piratenflagge tauchte erst im 17. Jahrhundert auf. Davor hissten die Seeräuber ein rotes Tuch. Aus diesem Grund wird die Piratenflagge noch heute „Jolly Roger" genannt (frz.: joli rouge = schönes Rot). Piratenschiffe zeigten oft aus Tarnungsgründen eine falsche Flagge. Auf diese Weise konnten sie sich ihrem Beuteschiff ungestört nähern. Der „Jolly Roger" wurde erst kurz vor dem Überfall hochgezogen. Diese Überraschungsangriffe brachten den Piraten auf hoher See viele Vorteile. Häufig konnte die Besatzung des Beuteschiffs wegen der Überrumpelung nicht rechtzeitig fliehen.

**3** Sucht aus dem Text alle adverbialen Bestimmungen heraus und bestimmt sie genau. Arbeitet zu zweit und legt in eurem Heft eine Tabelle wie im Beispiel auf Seite 271 an.

**4** a Bildet Vierergruppen und denkt euch eine kurze Geschichte aus. Geht so vor:
- Faltet ein Blatt Papier mit vier Zeilen für jeweils eine adverbiale Bestimmung den Ortes (Wo?), der Zeit (Wann?), des Grundes (Warum?) und der Art und Weise (Wie? Auf welche Weise?).
- Der Erste schreibt eine Angabe zum Ort, knickt dann das Blatt so um, dass die Angabe verdeckt ist, und gibt das Blatt weiter, bis alle Angaben ausgefüllt sind.
- Schreibt dann mit euren adverbialen Bestimmungen eine Geschichte.

b Lest euch eure Geschichten gegenseitig vor. Unterstreicht anschließend alle adverbialen Bestimmungen in euren Texten.

### Merkwissen Satzglieder: adverbiale Bestimmungen

- **Adverbiale Bestimmungen** (Umstandsbestimmungen) sind Satzglieder, die man z. B. mit den Fragen **Wann …? Wo …? Warum …? Wie …?** ermittelt. Sie liefern zusätzliche **Informationen über den Ort** (adverbiale Bestimmung des Ortes), **über die Zeit** (adverbiale Bestimmung der Zeit), **über den Grund** (adverbiale Bestimmung des Grundes) und **über die Art und Weise** (adverbiale Bestimmung der Art und Weise) eines Geschehens oder einer Handlung.
- Adverbiale Bestimmungen können aus einem oder aus mehreren Wörtern bestehen.
- Durch die Frageprobe kann man ermitteln, welche adverbiale Bestimmung vorliegt.

| Frageprobe | Satzglied | Beispiel |
|---|---|---|
| Wo? Wohin? Woher? | **adverbiale Bestimmung des Ortes** | *Wo liegt der Schatz?* *Der Schatz liegt hinter der Holzhütte.* |
| Wann? Wie lange? Seit wann? | **adverbiale Bestimmung der Zeit** | *Wann wurde der Schatz versteckt?* *Der Schatz wurde vor 200 Jahren versteckt.* |
| Warum? Weshalb? | **adverbiale Bestimmung des Grundes** | *Warum brachen sie die Schatzssuche ab?* *Wegen der Dunkelheit brachen sie die Schatzsuche ab.* |
| Wie? Auf welche Weise? Womit? | **adverbiale Bestimmung der Art und Weise** | *Wie werden sie die Schatztruhe öffnen?* *Sie werden die Schatztruhe gewaltsam öffnen.* |

## Nomen/Substantive näher bestimmen Das Attribut

Nicht alle Piraten sehen gleich aus. Jan hat diese Bilder gesammelt und die Piraten beschrieben.

**Donovan** der Grausame trägt einen schwarzen **Dreispitz** aus Samt und einen roten langen **Frack**. Sein linkes **Auge** verbirgt er unter einer schwarzen **Augenklappe**. Donovans **Hände** stecken in schwarzen **Lederhandschuhen** mit weitem Schaft.

Mit seinem schwarzen **Schnauzbart** und dem roten **Tuch** um seine wilden **Locken** sieht **Luigi** der Vollstrecker zum Fürchten aus. Seine rechte **Hand** hat er verloren, dort ist jetzt ein **Haken** aus Eisen. Sein silbernes **Schwert** trägt er in der linken.

**Guido** der Glücklose ist ein eher moderner **Pirat**. Er trägt große goldene **Ohrringe**, verwaschene **Jeans** und ein schwarzes **T-Shirt** mit weißem Totenkopf darauf. An seinem breiten **Gürtel** trägt er ein altes **Schießeisen**. Seine spitzen **Schuhe** haben große **Löcher**.

**1** An den Beschreibungen erkennst du welcher Pirat welchen Namen trägt.
- a Wer ist Donovan der Grausame, wer Luigi der Vollstrecker und wer Guido der Glücklose?
- b Sieh dir jetzt die fett gedruckten Nomen an. Durch welche Wörter und Wortgruppen (Attribute) werden sie näher beschrieben? Schreibe die Nomen mit den dazugehörigen Attributen auf.

**!** **Merkwissen** Das Attribut

**Attribute** (Beifügungen) bestimmen Nomen/Substantive näher. Sie können vor oder nach dem Nomen stehen. Man kann sie mit **Welche(-r, -s)?** oder **Was für ein(e)?** erfragen, z. B.:

| | |
|---|---|
| *ein wertvoller Schatz* | *Was für ein Schatz?* |
| *die Kiste voller Edelsteine und Diamanten* | *Welche Kiste?* |

Attribute können nicht allein umgestellt werden. Sie bleiben immer bei dem Nomen/Substantiv, zu dem sie gehören, und sind Teil dieses Satzgliedes. Sie werden deshalb auch **Satzgliedteil** genannt.

# Vertiefen und üben
## Texte überarbeiten

### Umstellprobe und Ersatzprobe

Felix hat morgen Geburtstag. Er hat sich für seine Geburtstagsfeier ein besonderes Spiel ausgedacht. Felix will in diesem Jahr mit seinen Freunden auf Schatzsuche gehen.

**1** a Stelle fest, aus wie vielen Satzgliedern der erste Satz besteht. Führe dazu die Umstellprobe durch. Schreibe den neu geordneten Satz in dein Heft und trenne die einzelnen Satzglieder mit Trennstrichen voneinander ab.
b Bestimme die Satzglieder in diesem Satz.

**2** Der Satzbau des Textes oben ist noch sehr eintönig. Überarbeite den Text mithilfe der Umstellprobe (→ Merkkasten unten) und schreibe eine verbesserte Fassung in dein Heft.

Felix hatte eine Schatzkarte gezeichnet und die Schatzkarte in einzelne Schnipsel zerschnitten. Zuerst mussten wir herausfinden, wo die Schatzsuche losgehen sollte. Dazu mussten wir herausfinden, was der folgende Satz bedeutete. „Eure Schatzsuche beginnt am Fuße des Baumes mit der stacheligen Frucht." Wir brauchten nur eine Minute, bis wir wussten, dass die Kastanie im Garten gemeint war. Schnell gingen wir zu der Kastanie. Hier fanden wir den zweiten Schatzkartenschnipsel. Die Schatzsuche führte uns quer durch das Haus und den Garten. Wir gingen in den Keller, dann gingen wir auf den Speicher und dann gingen wir zum Spielplatz. Der Schatz war im Sandkasten vergraben und der Schatz sah sehr wertvoll aus.

**3** Prüft in Partnerarbeit, an welchen Stellen ihr unnötige Wiederholungen in dem Text vermeiden könnt, indem ihr die markierten Wörter durch andere ersetzt, z. B.: *wir* durch *unsere Gruppe*, *unser Team*. Wendet die Ersatzprobe an und schreibt eine verbesserte Fassung in euer Heft.

**Merkwissen** Texte überarbeiten: Umstellprobe und Ersatzprobe

**1 Umstellprobe: Satzanfänge abwechslungsreich gestalten**
Durch die Umstellprobe kannst du deine Texte abwechslungsreicher gestalten. Du stellst z. B. die Satzglieder so um, dass die Satzanfänge nicht immer gleich sind, z. B.: *Ich habe mir in diesem Jahr eine Überraschung ausgedacht. Ich will eine Schatzsuche veranstalten.* ⟶ *In diesem Jahr habe ich mir eine Überraschung ausgedacht. Ich will eine Schatzsuche veranstalten.*

**2 Ersatzprobe: Wortwiederholungen vermeiden**
Mit der Ersatzprobe kannst du Satzglieder, die sich in deinem Text häufig wiederholen, durch andere Wörter ersetzen, z. B.: *Ich kenne ein Spiel. Das Spiel (→ Es) kommt aus Indien. Zuerst zeichnet man ein Spielbrett. Danach zeichnet (→ erstellt) man die Spielsteine.*

## Erweiterungsprobe und Weglassprobe

Endlich seid ihr ~~nach langer, langer Zeit und langem Suchen und Stöbern~~ auf der Insel angekommen. Mit der folgenden, genauen und anschaulichen Wegbeschreibung, bei der ich mir echt viel Mühe gegeben habe, erfahrt ihr, wie ihr weiter suchen und stöbern müsst, um den tollen Schatz zu finden.

*überflüssige und umständliche Formulierung*

**Die Wegbeschreibung zur Schatzhöhle**

1. Biegt an der Kokospalme v ab.
2. Dann geht ihr v auf die andere Seite des Flusses.
3. Biegt v nach links ab und lauft geradeaus v.
4. Danach kommt ihr an eine Weggabelung. Lasst das Dorf liegen und folgt dem Weg.
5. Durchquert den Dschungel und steigt dann den Berg hinauf.
6. Oben auf dem Bergrücken führt euch der Weg bis zu den drei Bergen. Welcher
7. Am Berg findet ihr den Eingang zur Höhle, welcher in der der Schatz vergraben ist. welcher

*Wohin?*
*Worüber muss man gehen?*
*Wo genau abbiegen und laufen?*

Welchem Weg?
Welcher Berg?

●●●4 Dieser Text muss noch überarbeitet werden. Einige Überarbeitungsvorschläge sind schon am Rand festgehalten.

a Setzt euch in kleinen Gruppen zusammen und besprecht,
– an welchen Stellen unnötige Wiederholungen oder überflüssige Formulierungen auftauchen, die ihr streichen würdet (→ Weglassprobe), und
– an welchen Stellen die Wegbeschreibung noch ungenau ist und noch etwas ergänzt werden muss (→ Erweiterungsprobe).

b Erstelle eine verbesserte Fassung des Textes.

**Merkwissen** Texte überarbeiten: Erweiterungsprobe und Weglassprobe

1 **Weglassprobe: Texte straffen, Wiederholungen vermeiden**
Mit der Weglassprobe kannst du prüfen, welche Wörter in einem Text gestrichen werden sollten, weil sie überflüssig sind oder umständlich klingen, z. B.:
*Als wir den Schatz fanden, jubelten wir vor Freude ~~über den gefundenen Schatz~~.*

2 **Erweiterungsprobe: Genau und anschaulich schreiben**
Mit der Erweiterungsprobe kannst du prüfen, ob eine Aussage genau genug oder anschaulich genug ist oder ob du noch etwas ergänzen solltest, z. B.:
*v Ich wünsche mir ein Buch v. → Zum Geburtstag wünsche ich mir ein Buch über Piraten.*
Wann? Worüber?

# Teste dein Wissen!
## Satzglieder bestimmen

**Das Piratenquiz**

1 Piraten waren wegen ihrer Tapferkeit berühmt. Sie fürchten
- weder Tod noch Teufel. G
- weder Ebbe noch Flut. F
- weder Meer noch Salz. E

2 Die schwarze Flagge mit dem weißen Totenkopf und den gekreuzten Knochen ist das Markenzeichen eines Piratenschiffs. Sie wird auch
- Roger Rabbit genannt. I
- Jolly Joker genannt. K
- Jolly Roger genannt. O

3 Piraten näherten sich ihrem Beuteschiff gut getarnt. Deshalb schöpfte niemand Verdacht. Um ihre Feinde zu täuschen,
- sangen sie fröhliche Lieder. M
- segelten die Piraten unter falscher Flagge. L
- versteckten sie ihre Entermesser und ihre Enterhaken in der Kombüse. P

4 Ein Piratengesetz besagte, dass keine Frauen an Bord eines Seeräuberschiffs sein durften. Trotzdem segelte im 18. Jahrhundert Anne Bonny auf einem Piratenschiff. Sie hatte sich
- als Mann verkleidet. D
- in einer Trinkwassertonne versteckt. F
- als Wahrsagerin ausgegeben. T

Gold

1 Kannst du das Piratenquiz lösen? Schreibe die Buchstaben der richtigen Antworten in dein Heft, dann erhältst du das Lösungswort.

2 Erfrage die unterstrichenen Satzglieder aus dem Piratenquiz und bestimme sie. Notiere deine Ergebnisse in dein Heft.

3 Vergleicht eure Ergebnisse in Partnerarbeit.

# 13.2 Ferien
## Satzarten und Sätze unterscheiden

### Die Satzarten

Heute ist der letzte Schultag

Ja, nichts wie raus in die Sonne

Endlich haben wir Ferien

Unternimm etwas Schönes

Fährst du in den Ferien in den Urlaub

Das ist ja super

Wir fahren wahrscheinlich an die Nordsee

Bist du zufrieden mit deinem Zeugnis

Letztes Jahr fand ich mein Zeugnis besser

**1** a In den Sätzen fehlen die Satzschlusszeichen. Lest die Sätze mit verteilten Rollen laut vor und betont sie dabei möglichst natürlich.
b Schreibe die Sätze in den Sprechblasen ab und setze dabei die richtigen Satzschlusszeichen.
c Vergleicht eure Ergebnisse. Sind bei manchen Sätzen mehrere Lösungen möglich?

> **Tipp**
> Aussagesatz: **.**
> Fragesatz: **?**
> Ausrufesatz **!**
> Aufforderungssatz: **!**

**2** a Erfindet in Partnerarbeit ein Gespräch zum Thema „Ferienbeginn" und schreibt es auf. Verwendet dabei alle drei Satzarten und setzt die richtigen Satzschlusszeichen.
b Tragt eure Texte vor. Macht dabei nach jedem Satz eine Pause, sodass eure Mitschülerinnen und Mitschüler die jeweilige Satzart bestimmen können.

Gehen wir heute ins Schwimmbad?

Lasst uns ins Schwimmbad gehen!

Wir können heute auch ins Schwimmbad gehen.

**3** a Lies die Sätze laut vor und bestimme die Satzarten.
b Beschreibe, welche Absicht die Sprecher/-innen dieser Sätze haben.
c Überlege, warum Aufforderungen häufig als Frage- oder Aussagesätze ausgesprochen werden.

**4** Überlegt euch in Partnerarbeit weitere Situationen, in denen ein Fragesatz oder ein Aussagesatz eine andere Bedeutung hat, z. B.:
- Fragesatz als Aufforderung, Ratschlag, Warnung: *Willst du das wirklich tun?*
- Aussagesatz als Aufforderung: *Die Musik ist viel zu laut.*

**Merkwissen** Satzarten: Aussagesatz, Fragesatz, Ausrufe- oder Aufforderungssatz

Je nachdem, ob wir etwas aussagen, fragen oder jemanden auffordern wollen, verwenden wir unterschiedliche Satzarten: Aussagesatz, Fragesatz und Ausrufe- oder Aufforderungssatz.
In der gesprochenen Sprache erkennen wir die verschiedenen Satzarten oft an der Stimmführung, in der geschriebenen Sprache an den unterschiedlichen Satzschlusszeichen: Punkt, Fragezeichen und Ausrufezeichen.

**1** Nach einem **Aussagesatz** steht ein **Punkt**, z. B.: *Ich gehe jetzt ins Schwimmbad.*
In einem Aussagesatz wird etwas mitgeteilt oder festgestellt. Wenn man den Satz spricht, senkt sich am Ende die Stimme.

**2** Nach einem **Fragesatz** steht ein **Fragezeichen**, z. B.: *Hast du heute Nachmittag Zeit?*
In einem Fragesatz wird nach etwas gefragt. Die Stimme hebt sich zum Ende des Satzes.

**3** Nach einem **Ausrufe- oder Aufforderungssatz** steht meist ein **Ausrufezeichen**, z. B.:
*Vergiss die Sonnencreme nicht! Beeilt euch!*
In einem Aufforderungssatz wird eine Bitte, ein Wunsch oder eine Anweisung ausgedrückt, z. B.:
*Mach das Fenster schnell zu!*
In einem Ausrufesatz wird etwas gefühlsbetont und kurz geäußert. Dabei wird die Stimme oft lauter, z. B.:
*Ich habe gewonnen!*

Die Satzart muss nicht immer mit der Absicht der Sprecherin oder des Sprechers übereinstimmen. Aufforderungen können zum Beispiel mit einem Aufforderungssatz, aber auch mit einem Fragesatz oder einem Aussagesatz ausgedrückt werden. Wie die Sätze gemeint sind, schließen wir aus dem Tonfall oder aus dem Zusammenhang, z. B.:

| Beispiel | Satzart | Absicht/Bedeutung |
| --- | --- | --- |
| *Muss ich dir immer sagen, dass du dir die Zähne putzen sollst?* | Fragesatz | Aufforderung: Putz dir die Zähne! |

## Zusammengesetzte Sätze unterscheiden

### Hauptsätze verknüpfen

*Sommerferien in der Fußballschule*

*In den Sommerferien war ich in einer Fußballschule. Mit der normalen Schule hat eine Fußballschule wenig zu tun. Das Klassenzimmer wird zum Bolzplatz. Auf dem Stundenplan steht zwei Wochen lang Fußball in Theorie und Praxis. In dieser Trainingszeit habe ich verschiedene Schusstechniken erlernt. Natürlich habe ich viele neue Freunde gewonnen. Ausschlafen konnten wir im Fußballcamp nicht. Morgens um sechs Uhr mussten wir aufstehen. Trotzdem hat das Fußballcamp großen Spaß gemacht. Im nächsten Jahr will ich in den Sommerferien wieder eine Fußballschule besuchen.*

1 Warst du auch schon einmal in einem Feriencamp oder hast du in den Ferien eine neue Sportart oder ein neues Spiel ausprobiert? Erzähle davon.

2 a Lies den Text über die Fußballschule laut vor. Wie wirkt der Satzbau auf dich? Begründe deine Meinung.

b Überarbeite den Text, indem du einige Hauptsätze sinnvoll miteinander verknüpfst. Verwende dazu passende Konjunktionen (Bindewörter) aus dem nebenstehenden Tippkasten. Achte auf die Kommasetzung.

**Tipp** Nebenordnende Konjunktionen zur Verbindung von Hauptsätzen:

| | |
|---|---|
| … *und* … | …, *sondern* … |
| … *oder* … | …, *denn* … |
| …, *aber* … | …, *doch* … |

3 Vergleiche deinen überarbeiteten Text mit dem oberen Text. Was hat sich durch die Verknüpfung der Hauptsätze verändert?

**Merkwissen** Die Satzreihe/Satzverbindung (Hauptsatz + Hauptsatz)

- Ein **Hauptsatz** ist ein selbstständiger Satz. Er enthält mindestens zwei Satzglieder, nämlich Subjekt und Prädikat, z. B.: *Peter schwimmt.*
- Die finite Verbform (Personalform des Verbs) steht im Hauptsatz an zweiter Satzgliedstelle, z. B.: *Peter schwimmt im See.*

- Ein **Satz**, der **aus zwei oder mehr Hauptsätzen** besteht, wird **Satzreihe** oder **Satzverbindung** genannt. Die einzelnen Hauptsätze einer Satzreihe/Satzverbindung werden durch ein **Komma** voneinander getrennt, z. B.:
  *Peter schwimmt im See, Philipp kauft sich ein Eis.*
- Häufig werden die Hauptsätze durch die nebenordnenden Konjunktionen (Bindewörter) *und, oder, aber, sondern, denn, doch* verbunden, z. B.:
  *Peter schwimmt im See, denn es ist sehr heiß.*
  Nur vor den Konjunktionen *und* bzw. *oder* darf das Komma wegfallen, z. B.:
  *Peter schwimmt im See und Philipp kauft sich ein Eis.*

## Das Satzgefüge Haupt- und Nebensätze verknüpfen

### Spiel und Spaß im Kinderferienprogramm

Auch wenn du in den Ferien zu Hause bleibst, musst du dich nicht langweilen. Viele Städte bieten ein spannendes Ferienprogramm für Kinder an. Das Angebot reicht oft von Zirkus-Workshops über Malkurse bis hin zu Kanutouren oder Ausflügen in einen Kletterwald. Erkundige dich doch einmal, was du in deiner Stadt in den Sommerferien unternehmen kannst.

| | |
|---|---|
| Unser Tauchkurs ist in diesem Jahr im Hallenbad, … | … obwohl das Wasser noch relativ kühl ist. |
| Auf unserer Kanutour verpacken wir den Proviant in wasserfeste Tonnen, … | … während die anderen den Fallrückzieher trainieren. |
| In der Fußballschule übt unsere Gruppe den Ballstopper, … | … weil es hier ein Tauchbecken gibt. |
| Beim Baden im Waldsee habt ihr viel Spaß, … | … damit er trocken bleibt. |

**1** a Die Hauptsätze auf der linken Seite kannst du mit den Nebensätzen auf der rechten Seite verknüpfen.
Verbinde immer zwei Sätze sinnvoll miteinander und schreibe sie in dein Heft.
b Umkreise in jedem Nebensatz die Konjunktion (Bindewort) und unterstreiche die finite Verbform (Personalform des Verbs).
c Vergleiche, welche Satzgliedstelle das Prädikat in den Hauptsätzen und in den Nebensätzen einnimmt.

**2** Bei den folgenden Sätzen sind die Konjunktionen falsch verwendet worden.
a Lies die Sätze und überlege, wie du die Konjunktionen sinnvoll austauschen kannst.

Ich besuche in den Ferien einen Zirkus-Workshop, obwohl ich das Jonglieren lernen möchte.

Im Kletterwald lief ich über eine 50 Meter lange Hängebrücke, damit ich etwas Angst hatte.

Bei der Kanutour trugen wir Schwimmwesten, weil uns nichts passieren konnte.

VORSICHT, FEHLER!

b Schreibe die Sätze mit den passenden Konjunktionen in dein Heft.
c Unterstreiche die Hauptsätze mit einer geraden Linie und die Nebensätze mit einer Wellenlinie.
Markiere dann die Konjunktion, die am Anfang des Nebensatzes steht.
Wer Hilfe braucht, kann im Merkkasten auf S. 282 nachsehen.

**3** a Verbinde die folgenden Sätze zu Satzgefügen. Wähle hierfür geeignete Konjunktionen aus dem Tippkasten aus. Achte darauf, dass der Nebensatz durch ein Komma vom Hauptsatz abgetrennt wird und das finite Verb im Nebensatz an letzter Stelle steht.

In einem Kletterwald kann jeder von euch Spaß haben.
Es gibt Parcours mit unterschiedlichen Schwierigkeitsstufen.

Ihr seid durch Klettergurte abgesichert.
Es kann nichts passieren.

Ihr bekommt einen Einführungskurs.
Es gibt wichtige Regeln beim Klettern.

Beim Klettern solltet ihr festes Schuhwerk tragen.
Ihr habt einen besseren Halt.

Bei sonnigem Wetter und in den Ferien fahren viele Besucher in den Kletterwald.
Es kann zu Wartezeiten kommen.

**Tipp** Unterordnende Konjunktionen
zur Verbindung von Hauptsatz + Nebensatz:

| | |
|---|---|
| *…, weil …* | *…, dass …* |
| *…, da …* | *…, nachdem …* |
| *…, damit …* | *…, als …* |
| *…, wenn …* | *…, während …* |
| *…, sodass …* | *…, obwohl …* |

Der Kletterwald wird geschlossen.
Es gibt Sturm oder Gewitter.

b Umkreise in den Nebensätzen die Konjunktionen und unterstreiche das finite Verb am Ende des Nebensatzes.
Markiere dann die Kommas zwischen Haupt- und Nebensatz.

**4** Man kann die Satzgefüge aus Hauptsatz (HS) und Nebensatz (NS) auch zeichnerisch in einem Satzbauplan darstellen.
a Sieh dir die folgenden Satzbaupläne an und erkläre die Unterschiede:

*Tina und Florian möchten am Wochenende eine Kanutour machen,* (HS) *wenn die Sonne scheint.* (NS)

*Tina und Florian möchten am Wochenende,* (HS) *wenn die Sonne scheint,* (NS) *eine Kanutour machen.* (HS)

*Wenn die Sonne scheint,* (NS) *möchten Tina und Florian am Wochenende eine Kanutour machen.* (HS)

b Formuliere eine Regel zur Kommasetzung in Satzgefügen.

**5** a Zeichne zu den folgenden Satzgefügen Satzbaupläne wie im Beispiel auf S. 281.

**A** In den Sommerferien haben Vico und ich einen Theaterkurs belegt, obwohl wir beide noch nie Theater gespielt haben.

**B** Nachdem wir zwei Wochen lang ein Stück geprobt hatten, sollte am letzten Tag des Kurses die Aufführung stattfinden.

**C** Als wir in der Theaterschule eintrafen, begann unsere Schauspielgruppe gerade mit den letzten Vorbereitungen.

**D** Einige ließen sich noch schminken, während andere bereits ihre Kostüme anzogen.

**E** Als das Theaterstück anfing, war ich ganz nervös.

**F** Meine Aufregung war aber ganz grundlos, da wir fantastisch spielten.

**G** Die Aufführung wurde, weil alle sehr gut vorbereitet waren, ein voller Erfolg.

b Stelle die Teilsätze in den Satzgefügen so um, dass
- in den Sätzen A, D und F der Nebensatz am Anfang steht,
- in den Sätzen B, C, und E der Hauptsatz am Anfang steht und
- in dem Satz G auf den gesamten Hauptsatz der Nebensatz folgt.

### **Merkwissen** Satzgefüge: Hauptsatz + Nebensatz

Ein **Satz**, der aus mindestens einem **Hauptsatz und** mindestens einem **Nebensatz** besteht, nennt man **Satzgefüge**. Zwischen Hauptsatz und Nebensatz muss **immer ein Komma** stehen,

z. B.: *Wir gehen heute ins Schwimmbad* (Hauptsatz) , *weil die Sonne scheint* (Nebensatz) .

In einem Satzgefüge kann der Nebensatz vor, zwischen oder nach dem Hauptsatz stehen.

**Nebensätze haben folgende Kennzeichen:**
- Ein Nebensatz kann **nicht ohne** einen **Hauptsatz** stehen.
- Der Nebensatz **ist dem Hauptsatz untergeordnet** und wird durch eine unterordnende **Konjunktion** (Bindewort) **eingeleitet**, z. B.:
  *weil, da, obwohl, damit, dass, sodass, nachdem, während.*
- Das **finite Verb** (die Personalform des Verbs) steht im Nebensatz immer **an letzter Satzgliedstelle**.

| Satzgefüge | Hauptsatz + Nebensatz |
| --- | --- |
| Beispiel | *Ich sprang heute vom 3-Meter-Brett* , *obwohl ich etwas Angst hatte* .<br>(Komma: „,“; Konjunktion: *obwohl*; finites Verb am Satzende: *hatte*) |

# Vertiefen und üben
## Satzreihe/Satzverbindung und Satzgefüge

**Spiele für die Sommerferien**
Jule und Paul haben euch Ideen und Tipps für die Sommerferien zusammengestellt.
Eure Ferien werden nicht langweilig.

●● 1 a Verbinde die beiden Hauptsätze zu einem Satzgefüge (Hauptsatz + Nebensatz). Wähle dazu eine geeignete Konjunktion (Bindewort) aus dem Kasten aus und achte auf die Kommasetzung zwischen Haupt- und Nebensatz.

| | |
|---|---|
| damit | obwohl |
| weil | wenn |

b Unterstreiche die Hauptsätze mit einer geraden Linie und die Nebensätze mit einer Wellenlinie. Markiere dann die Konjunktion, die am Anfang des Nebensatzes steht.

**Spieltipp: Wolkenbilder beobachten**
1. Du liegst mit dem Rücken auf einer Wiese und die Wolken ziehen am Himmel an dir vorüber.
2. Wenn du genau hinsiehst, kannst du in den Wolkenbildern Gesichter und Tiere entdecken.
3. Du wirst immer wieder neue Dinge in der Welt über deinem Kopf sehen, weil sich die Formen der Wolken durch den Wind verändern.

●● 2 a Bestimme, ob es sich bei den Sätzen 1 bis 3 um eine Satzreihe/Satzverbindung oder um ein Satzgefüge handelt. Schreibe die Ergebnisse in dein Heft, z. B.: *Satz 1 = …; Satz 2 = …; Satz 3 = …*
b Zeichne zu den Satzgefügen Satzbaupläne wie im Beispiel auf S. 281.

*Als ich gestern zum Bäcker ging, sah ich etwas sehr Merkwürdiges. Es lag auf der Straße …*

**Zaubertrick: Der verlorene Daumen**

In den Sommerferien regnet es. Ihr könnt einen Zaubertrick einüben. Der Trick mit dem verlorenen Daumen wird euer Publikum begeistern. Er ist spannend und gruselig. Ihr braucht nur eine leere Streichholzschachtel, eine Schere und ein bisschen Mehl.
In den Boden der Streichholzschachtel schneidet ihr ein Loch. Jetzt reibt ihr euren Daumen mit Mehl ein. Er sieht richtig blass und leblos aus. Mit dem Zaubertrick könnt ihr beginnen. Ihr habt den Daumen in die Streichholzschachtel geschoben.
Eurem Publikum erzählt ihr die Geschichte vom verlorenen Daumen. Langsam schiebt ihr die Streichholzschachtel auf.

●●● 3 Überarbeite die Anleitung für den Zaubertrick, indem du einzelne Sätze mit passenden Konjunktionen (Bindewörtern) verknüpfst und so die Zusammenhänge deutlich machst. Verwende dabei möglichst Satzgefüge und achte auf die Kommasetzung.

# Teste dein Wissen!

## Satzarten und Sätze

**1** In den Sätzen des Comics fehlen die Satzschlusszeichen.

a Schreibe die Sätze in den Sprechblasen ab und setze dabei die richtigen Satzschlusszeichen. Schreibe bei jedem Satz dazu, um welche Satzart es sich handelt.

b Vergleicht eure Ergebnisse. Sind bei manchen Sätzen mehrere Lösungen möglich?

**Ferien auf dem Mond**

| Beispielsätze | Hauptsatz | Satzreihe | Satzgefüge |
|---|---|---|---|
| 1 Russische Raumfahrtbehörden bieten etwas Ungewöhnliches an. | M | U | P |
| 2 Weil immer mehr Menschen Interesse an einem Urlaub im Weltall haben, wollen sie Urlaubsreisen zum Mond ermöglichen. | N | E | O |
| 3 Man kann z. B. eine Woche auf der Internationalen Raumstation ISS verbringen oder man fliegt in einer Weltraumkapsel einmal um den Mond. | U | N | D |
| 4 Bisher haben erst zwei Weltraumtouristen ihre Ferien im Weltraum verbracht, da die Reise mehrere Millionen Dollar kostet. | T | A | D |

**2** Entscheide, ob es sich bei den oben stehenden Sätzen um einfache Hauptsätze, Satzreihen/Satzverbindungen oder Satzgefüge handelt. Schreibe die Buchstaben der richtigen Lösungsfelder in dein Heft, dann erhältst du das Lösungswort. Mond 1: HS 2: NS, HS 3: HS, HS 4:

**3** a Zeichne zu den folgenden Sätzen Satzbaupläne wie im Beispiel auf S. 281.

1 *Obwohl eine Weltraumreise mehrere Millionen Dollar kostet, sind alle Plätze bereits ausgebucht.*

2 *Vielleicht werdet ihr, wenn ihr erwachsen seid, auch in den Weltraum fliegen.*

b Vergleicht eure Ergebnisse in Partnerarbeit.

1. NS, HS. 2. HS, NS, HS

# 13.3 Fit in …
## Texte überarbeiten

### Beispiel 1: Einen Text mithilfe von Proben überarbeiten

Stelle dir vor, du bekommst folgende Aufgabe:

Die Schülerzeitung deiner Schule will einen Artikel über das Thema „Sommerferien zu Hause" veröffentlichen. Als Mitglied des Redaktionsteams sollst du den Beitrag verbessern. Überarbeite den folgenden Text, indem du die Umstellprobe und die Ersatzprobe anwendest.

**Sommerferien zu Hause**

Ihr verbringt in diesem Jahr eure Sommerferien zu Hause? Ihr habt für die Sommerferien noch nichts geplant? Wir haben für euch Tipps für die Sommerferien. Umstellen

Unsere Stadt hat für euch ein buntes Ferienprogramm mit vielen Veranstaltungen, Kursen und Festen zusammengestellt. Ihr könnt hier selbst eure Wunschangebote auswählen. Ihr dürft nur die Anmeldung nicht vergessen. Ihr könnt aber auch ohne ein vorher geplantes Ferienprogramm Spaß haben. Es gibt in diesem Jahr in unserem Freibad einen neuen Sprungturm und ein großes Badmintonfeld. Es gibt in unserem Kino für die Regentage ein spannendes Filmprogramm. Es gibt in unserer Stadt genügend Angebote für jeden von euch. Macht etwas aus euren Sommerferien!

**1** Schreibe die Aufgabenstellung in dein Heft. Unterstreiche dann den Satz, der dir grundsätzlich sagt, was du machen sollst.

**2** Es gibt verschiedene Proben, um einen Text zu überarbeiten (→ Proben, S. 266, 274–275).
Mache dir klar, wozu die Umstellprobe und die Ersatzprobe hilfreich sind. Führe die folgenden Sätze in deinem Heft fort:
- *Damit die Satzanfänge nicht immer mit dem gleichen Satzglied (z. B. dem Subjekt) beginnen, wende ich die … an.* Umstellprobe
- *Mit der … kann ich die Satzglieder, die sich in meinem Text häufig wiederholen, durch andere Wörter ersetzen.* Ersatzprobe

**3** a Überarbeite den Artikel mithilfe der Umstell- und der Ersatzprobe und schreibe eine verbesserte Fassung in dein Heft.
- Prüfe, an welchen Stellen du unnötige Wortwiederholungen vermeiden kannst (→ Ersatzprobe, S. 274).
- Gestalte die Satzanfänge abwechslungsreicher, indem du die Satzglieder umstellst (→ Umstellprobe, S. 274).

Beachte: Du musst nicht alle Sätze verbessern.

b Prüfe die Rechtschreibung (z. B. Großschreibung der Nomen) und die Zeichensetzung (Satzschlusszeichen und Kommasetzung).

## Beispiel 2: Einen Text mithilfe von Konjunktionen (Bindewörtern) überarbeiten

Stelle dir vor, euer Klassenarbeitsthema lautet:

In der Redaktion der Schülerzeitung ist ein Artikel eingetroffen, in dem die einzelnen Sätze noch unverbunden nebeneinanderstehen. Überarbeite den Artikel, indem du in den Beispielen 1 bis 5 die beiden Sätze durch passende Konjunktionen (Bindewörter) verknüpfst und so die Zusammenhänge deutlich machst. Verwende dabei Satzgefüge und achte auf die Kommasetzung.

**Was passiert in unserer Schule während der Sommerferien?**

1. Wir haben uns Gedanken darüber gemacht. Wir haben unseren Hausmeister dazu befragt.
2. In den Sommerferien findet kein Unterricht statt. Unser Hausmeister hat die ganze Zeit über viel zu tun.
3. Er repariert zum Beispiel Türen, Fenster und Lampen. Im Laufe eines Schuljahres treten immer mal wieder einige Schäden auf.
4. Unser Hausmeister kümmert sich um das Schulgebäude. Viele Lehrerinnen und Lehrer bereiten schon einmal das neue Schuljahr vor.
5. „Ich genieße die Ruhe in den Sommerferien. Ich freue mich immer auf die Rückkehr der Schülerinnen und Schüler nach den großen Ferien", teilte uns Herr Huber beim Abschied mit.

**1** a Lies dir die Aufgabenstellung sorgfältig durch. Schreibe dann mit deinen eigenen Worten auf, was von dir verlangt wird.
b Vergleicht eure Ergebnisse und besprecht in Partnerarbeit, was genau euer Arbeitsauftrag ist.

**2** Mithilfe von Konjunktionen (Bindewörtern) kannst du Sätze miteinander verknüpfen und so die Zusammenhänge deutlich machen. Übertrage die Tabelle in dein Heft und ordne die Konjunktionen aus dem Kasten danach, welchen Zusammenhang sie ausdrücken.

*weil da ~~obwohl~~ während nachdem*

| Konjuktionen für | | |
|---|---|---|
| **Begründungen** | **zeitliche Zusammenhänge** | **Einschränkungen** |
| … | … | *obwohl* |

**3** Überarbeite den Artikel, indem du die einzelnen Sätze miteinander verknüpfst und so die Zusammenhänge deutlich machst. Nimm die Konjunktionen aus deiner Tabelle zu Hilfe und achte auf die Kommasetzung.
**Tipp:** Die finite Verbform (die Personalform des Verbs) steht im Nebensatz am Ende.

# 14 Rechtschreibtraining
## Laute und Buchstaben

*kartoffeln, Mören und Zwiebeln*
*ergeben eine Leckere Supe.*
*Mit Gemüsebrühe und Fleischklößchen schmekt*
*sie richtig gut und sie ist sehr gesunt.*
*Clara, 3. Klasse*

**In diesem Kapitel …**

- lernst du Rechtschreibtipps kennen, mit denen du viele Fehler beim Schreiben vermeiden kannst,
- unterscheidest du kurze und lange Vokale und leitest daraus Regeln für die Rechtschreibung ab,
- unterscheidest du verschiedene s-Laute (s-ss-ß) und lernst, Wörter mit s-Laut richtig zu schreiben,
- entscheidest du sicher, ob ein Wort groß- oder kleingeschrieben wird.

**1** a In Claras Text sind insgesamt sechs Fehler. Lies den Text halblaut und sieh dir dabei jedes Wort genau an. Findest du die Fehlerwörter?
b Schreibt in Partnerarbeit die falsch geschriebenen Wörter richtig auf.
c Vergleicht eure Ergebnisse. Erklärt, wie ihr die Fehler erkannt habt.

**2** Kennst du Tipps und Tricks, die dir helfen, Fehler zu vermeiden? Berichte von deinen Erfahrungen.

**3** Nenne Situationen, in denen es dir wichtig ist, einen Text gut lesbar und fehlerfrei zu schreiben.

# 14.1 Fehler vermeiden
## Tipps zum Rechtschreiben

### Tipp 1: Konzentriert und leserlich (ab)schreiben

**1** Um Fehler zu vermeiden, musst du ganz genau jeden Buchstaben im Wort kontrollieren.

a In jeder Zeile ist das jeweilige Wort zweimal falsch geschrieben: Sieh genau hin und finde die Fehlerwörter. Halte deine Ergebnisse fest, z. B.:
*1. Zeile: Das vierte und das … Wort sind falsch geschrieben. 2. Zeile: …*

KonzentrationKonzentrationKonzentrationKonzentartionKonzentrationKonzetration
WörterzirkusWorterzirkusWörterzirkusWörterzirkusWörterzirkussWörterzirkus
BuchstabensalatBuchstabensalatBuchstabensalatBuschtabensalatBuchstabensallat
RechtschreibregelnRechtschreibregenRechtschreibregelnRechtschreibregelnRechtchreibregeln

b Vergleicht eure Lösungen in Partnerarbeit.

**2** a Lies die beiden folgenden Texte laut vor. Was fällt dir bei den Texten auf?

Hugo Ball
**Wolken**

elomen elomen lefitalominai
wolminuscaio
baumbala bunga
acycam glastula feirofim flinsi
elominuscula pluplubasch
rallalalaio
[…]

**Wolken**

Wolken entstehen
und Wolken gehen
am Himmel entlang
und still ist ihr Klang.
Schwimmen durch die Morgenhelle
Wolken, dunkle, kleine, schnelle.

b Wähle einen der beiden Texte aus und schreibe ihn nach den Schritten 1 bis 4 im unten stehenden Kasten ab. Konzentriere dich so, dass du möglichst keine Fehler machst. Schreibe in einer gut lesbaren Schrift.

**Methode** Konzentriert und leserlich (ab)schreiben

Häufig machen wir Fehler, weil wir uns nicht genügend auf das Schreiben konzentrieren. Besonders beim Abschreiben solltest du genau hinsehen und gut leserlich schreiben. Gehe so vor:

**1. Schritt:** Lies eine Zeile, sieh dir die Wörter an und präge sie dir ein.
**2. Schritt:** Decke dann die Zeile mit einem Blatt Papier ab und schreibe sie sauber aus dem Gedächtnis auf. Schreibe nur in jede zweite Zeile.
**3. Schritt:** Vergleiche deine Zeile dann mit der Vorlage.
**4. Schritt:** Streiche falsch geschriebene Wörter mit dem Lineal durch und schreibe sie richtig darüber.

## Tipp 2: Wörter deutlich sprechen und in Silben gliedern

*Beim Dosendiktat stecken wir die Zettel mit den Sätzen inne Plechbüchse.*
*Beim Partnerdiktat spülen wir oft Sekritärin.*
*Nach der Schule gehn wir manschmal in den Pak.*

**1** Undeutliches Sprechen führt häufig zu Fehlern.
a Lies die oben stehenden Sätze laut vor. Welche sieben Wörter sind falsch geschrieben?
b Schreibe die Sätze in der richtigen Schreibweise in dein Heft.

**2** a Beschreibe, wie in eurer Stadt oder in eurer Umgebung gesprochen wird.
b Sammle typische Wörter, die in eurer Gegend anders als im Hochdeutschen ausgesprochen werden. Worauf musst du achten, wenn du diese Wörter schreibst?

**3** a Sprich die folgenden Wörter deutlich Silbe für Silbe, z. B.: Ta-fel-lap-pen.

Tafellappen  Wintermorgenschnee  Fußballweltmeisterschaft  Lastwagenfahrer
Winterferien  Sonnenblumenfeld  Tischtennisschläger  Autobahnraststätte

b Übertrage die Tabelle in dein Heft und schreibe die Wörter in die richtige Spalte. Schreibe die Wörter mit Silbentrennstrichen auf.

| Wörter mit vier Silben | Wörter mit fünf Silben | Wörter mit sechs Silben |
|---|---|---|
| *Ta-fel-lap-pen* | ... | ... |

**4** Oje, hier hat der Computer bei der Worttrennung einige Fehler gemacht!
a Lies die Wörter so, dass du die Sprechsilben deutlich hörst.
b Schreibe jedes Wort mit allen möglichen Silbentrennstrichen auf. Die Informationen im Merkkasten helfen dir.

Textverarbeitungsp-
rogramme haben
eine autom-
atische Silbent-
rennung. Diese ist a-
ber nicht immer
zuverlässig.

**Methode** Wörter deutlich sprechen und in Silben gliedern

Eine deutliche Aussprache hilft dir, Wörter richtig zu schreiben. Wer einen Dialekt oder Umgangssprache spricht, muss beim deutlichen Sprechen auf Hochdeutsch „umschalten".
- Sprich das Wort langsam und deutlich, z. B.: *das Gebäck, das Gepäck.*
- Gliedere längere Wörter in Sprechsilben. Das hilft dir beim richtigen Schreiben, z. B.: *Ta-fel-lap-pen.*
- **Silbentrennung:** Mehrsilbige Wörter trennt man nach Sprechsilben, die man beim deutlichen und langsamen Vorlesen hören kann, z. B.: *Spa-zier-gang.*
  Ein einzelner Vokalbuchstabe wird nicht abgetrennt, z. B.: *Igel* (nicht *I-gel*).
  Beachte: Einsilbige Wörter kann man nicht trennen, z. B.: *Tisch, blau.*

## Tipp 3: Verwandte Wörter suchen

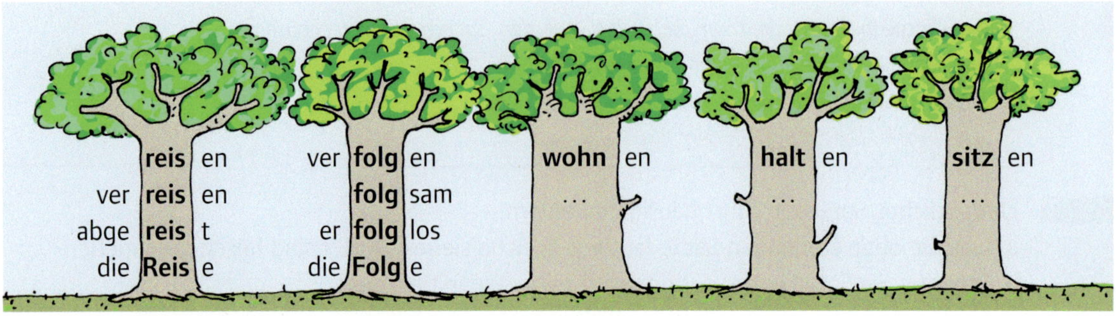


**1** a Sucht zu den Wörtern *wohnen, halten* und *sitzen* möglichst viele verwandte Wörter.
b Markiert die Wortstämme farbig, z. B.: *wohnen: wohnlich, ...*

**2** a Ein Wort in der folgenden Zeile ist nicht mit den anderen verwandt. Welches?

laut läuten Lautstärke Leute lauter Geläute

b Woran hast du das nicht verwandte Wort erkannt?
c Erkläre die Schreibung des Wortes *Lautstärke* mit **ä** durch ein verwandtes Wort.

**3** a Suche zu den nebenstehenden Wörtern mit **ä** ein verwandtes Wort mit **a**. Schreibe beide Wörter auf, z. B.: *kräftig – die Kraft.*

kräftig die Kälte ängstlich ernähren
schälen täglich nähen

b Zu den nebenstehenden Wörtern mit **äu** gibt es verwandte Wörter mit **au**. Suche jeweils ein verwandtes Wort und schreibe die Wörter nebeneinander auf.

der Verkäufer die Mäuse die Säure
träumen aufräumen äußerlich

**4** **e** oder **ä**? **eu** oder **äu**? Entscheide, wie die Wörter im Kasten rechts geschrieben werden, indem du verwandte Wörter mit **a** oder **au** suchst. Schreibe die Wörter dann in dein Heft.

die Fl ? che er schl ? ft die Fr ? de
die L ? te gef ? hrlich h ? fig
die B ? erin du l ? fst

**Methode** Verwandte Wörter suchen (Ableitungsprobe)

- Wenn du unsicher bist, wie ein Wort geschrieben wird, hilft fast immer die Suche nach einem verwandten Wort. Der Wortstamm wird in allen verwandten Wörtern gleich oder ähnlich geschrieben, z. B.: ***reis**en: abge**reis**t, ver**reis**en, die **Reis**e.*
- Du schreibst ein Wort mit *ä* oder *äu*, wenn es ein verwandtes Wort mit *a* oder *au* gibt, z. B.:
**e** oder **ä**? ⟶ *Gläser – Glas* **eu** oder **äu**? ⟶ *Träume – Traum.*
Gibt es kein verwandtes Wort mit *a* oder *au*, schreibt man das Wort meist mit *e* oder *eu*.

*Warum wird Geb**äu**de eigentlich mit **äu** geschrieben?*

*Weil Geb**äu**de von **bau**en kommt.*

## Tipp 4: Wörter verlängern

**1** a Sprich die nebenstehenden Wörter laut und deutlich. Achte auf die markierten Buchstaben. Was hörst du?
b Verlängere die Wörter, indem du den Plural bildest. Schreibe beide Wörter auf, z. B.: *der Berg – die Berge.*
c Lies deine Wortpaare noch einmal laut. Was erfährst du durch die Verlängerung?

der Ber**g** der Zwer**g** das Wer**k**
das Lo**b** der Sta**b** der Ty**p**
der Freun**d** der Wal**d** das Zel**t**

**2** a Überlegt in Partnerarbeit, wie man die Wörter im Kasten rechts verlängern kann. Sprecht die verlängerten Wörter deutlich.
b Schreibt jedes Wort mit seiner verlängerten Form auf, z. B.: *er wiegt – wiegen.*

er wie ? t weni ? schlan ?
klu ? es kle ? t sie ho ?
er hu ? t sie verschwan ?
run ? bun ? blin ?

**3** a Arbeitet gemeinsam mit eurer Banknachbarin oder eurem Banknachbarn: Diktiert euch gegenseitig den folgenden Text.
b Kontrolliert anschließend eure Texte und prüft, ob ihr alle Wörter richtig geschrieben habt.

Es ist ein schöner Ta ? . Die Sonne scheint mil ? . Auf dem Spielplatz am Ran ? des Schulhofs schimmert der San ? gel ? . An einer Stelle glänzt er sogar wie Gol ? . Ob dort ein Schatz vergraben ist? Gi ? mir drei Minuten und ich bin unten! Komm, gra ? mit mir den Schatz aus! Was es wohl sein wir ? ?

**4** Manchmal muss man ein Wort erst in seine Bestandteile zerlegen, bevor man es verlängern kann, z. B.: *die Radtour = Rad + Tour ⟶ Räder.*
Zerlege die nebenstehenden Wörter. Entscheide dich dann für eine Schreibung, indem du die Verlängerungsprobe anwendest.

der Han ? schuh die Bun ? stifte
die Geburtsta ? sfeier gol ? gelb
lau ? stark

**Methode** Wörter verlängern (Verlängerungsprobe)

Am Wortende klingt **b** wie **p** (*das Lob*), **g** wie **k** (*der Tag*) und **d** wie **t** (*der Hund*). Wenn du die Wörter verlängerst, hörst du, welchen Buchstaben du schreiben musst. So kannst du Wörter verlängern:
- Bilde bei Nomen/Substantiven den Plural, z. B.: *der Tag ⟶ die Tage*, oder ein Adjektiv, z. B.: *der Sand ⟶ sandig.*
- Steigere die Adjektive oder ergänze ein Nomen, z. B.: *mutig ⟶ mutiger, ein mutiges Kind.*
- Bilde bei Verben den Infinitiv oder die *wir*-Form, z. B.: *er lobt ⟶ loben, wir loben.*

## Tipp 5: Im Wörterbuch nachschlagen

**Tipp** Man kann nicht alles wissen, man muss nur wissen, wo es steht. Das gilt auch für die Rechtschreibung. Bist du dir bei einigen Wörten nicht sicher, schlage im Wörterbuch nach.

**1** Übt das Alphabet mit den folgenden Abc-Spielen.

a Nennt reihum oder im Wechsel zwischen zwei Spielparteien ein Wort mit dem jeweils nächsten Anfangsbuchstaben. Ihr könnt auch gegen die Uhr oder um Punkte spielen.

| Namen-Abc | Länder-Abc | Tiere-Abc | Städte-Abc | Berufe-Abc |
|---|---|---|---|---|
| *Anna* | *Argentinien* | *Affe* | *Aachen* | *Arzt* |
| *Berit* | *Bolivien* | *Biene* | *Berlin* | *Bauer* |
| … | … | … | … | … |

b Nennt einen beliebigen Buchstaben aus dem Alphabet. Ein anderer sagt möglichst schnell die Buchstaben, die vor und hinter dem genannten Buchstaben im Alphabet stehen.

**2** Im Wörterbuch stehen die Wörter mit gleichem Anfangsbuchstaben zusammen. Über die Reihenfolge entscheidet der zweite, dritte … Buchstabe.

a Bringe diese Wörter in alphabetische Reihenfolge und schreibe sie auf.

b Markiere die Buchstaben, die über die Reihenfolge entscheiden.

Senf siegen Sport Suppe
Sekunde Station
Salat Soße stolpern

**3** a Überlege und prüfe im Wörterbuch nach:
Unter welchem Stichwort findest du *saß*?

b Schreibe zu den nebenstehenden Verben den Infinitiv (Grundform) auf.

c Schlage die Infinitive im Wörterbuch nach und überprüfe die Schreibweise.

er hält ich kam
wir sind gerannt
sie trägt
sie haben gefroren
es war geschlossen

**4** Nomen/Substantive findest du im Wörterbuch immer im Singular. Bilde zu den Nomen im Kasten rechts den Singular und schlage sie nach.

die Hände die Ränder die Flüsse
die Knöpfe die Nächte
die Hühner die Füße

**Methode** Im Wörterbuch nachschlagen

- In einem Wörterbuch sind die Wörter **nach dem Alphabet sortiert**.
  Wenn der erste, zweite … Buchstabe gleich ist, wird die Reihenfolge nach dem zweiten, dritten … Buchstaben entschieden, z. B.: *Flamme, Fleiß, Floß*.
- Die Wörter sind im Wörterbuch in ihrer Grundform verzeichnet.
  **Verben** findest du **im Infinitiv** (Grundform), z. B.: *ich habe gewusst* ⟶ ***wissen***.
  **Nomen/Substantive** findest du **im Nominativ Singular** (1. Fall, Einzahl), z. B.:
  *die Hände* ⟶ ***Hand***.

# Vertiefen und üben
## Rechtschreibproben nutzen

**1** a **ä** oder **e**, **äu** oder **eu**? Entscheide, wie die folgenden Wörter geschrieben werden, indem du für jedes Wort ein verwandtes Wort suchst und es aufschreibst, z. B.: *? ßerlich → außen → äußerlich.*

? ßerlich   sch ? dlich   der T ? ter   er tr ? gt   die Fr ? de   das Ger ? sch

b Vergleicht eure Lösungen. Nehmt eure Fehlerwörter in eure Rechtschreibkartei (→ S. 294) auf.

**2** a Erkläre, wie du die Schreibweise der folgenden Wörter herausfinden kannst.

Auf der Ban ? la ? ein Hun ? .
Das Kin ? fuhr mit dem Fahrra ? den Ber ? hinauf.

b Ergänze die fehlenden Buchstaben und schreibe die Sätze in dein Heft.

c Vergleicht in Partnerarbeit eure Lösungen. Nehmt die Wörter, die ihr falsch geschrieben habt, in eure Rechtschreibkartei (→ S. 294) auf.

**3** In dem folgenden Text sind zwölf Wörter falsch geschrieben.

a Finde die zwölf Fehlerwörter mithilfe der entsprechenden Rechtschreibprobe und schreibe sie richtig in dein Heft.

**Die Sonnenblumen**

Tim fant die Straße, in der er wohnte, unertreglich. Die Heuser standen so eng, dass nur wenik Sonne in die Fänster schien. Als er auf seinem Abentspaziergang an seinem Gertchen vorbeikam, hatte er entlich einen Einfall. Schon am frühen Morgen eilte er in seinen Garten und bearbeitete die ganze Fleche. Als die Glocken leuteten, war Tim fertig.

Einige Wochen später kamen die Stängel der Pflanzen aus der Erde und die Blütenbletter leuchteten wie die Sonne. „Die Sonne scheint in unsere Straße!“, sakten die Nachbarn. Es waren Tims Sonnenblumen.

b Vergleiche dein Ergebnis mit den Lösungen auf S. 353. Wörter, die du nicht als Fehlerwörter erkannt hast, nimmst du in deine Rechtschreibkartei (→ S. 294) auf.

## Mit einer Rechtschreibkartei üben

Jeder macht andere Fehler. Deshalb ist es wichtig, dass du deine Fehlerwörter sammelst und immer wieder übst. Dabei hilft dir z. B. eine Rechtschreibkartei.

**Tipp** In die Rechtschreibkartei nimmst du alle Wörter auf,
- bei denen du häufig Fehler machst,
- die besonders schwierig sind,
- die man sich merken muss, weil ihre Schreibweise durch Regeln nicht hergeleitet werden kann.

**1** Gehe beim Anlegen deiner Rechtschreibkartei so vor:
- Schreibe das Wort, das du falsch geschrieben hast, in der richtigen Schreibung auf eine Karteikarte.
- Markiere die Stelle, die du vorher falsch geschrieben hast.
- Ergänze verwandte Wörter. Bei Verben schreibst du Personalformen oder Zeitformen auf.
- Schreibe einen Satz mit deinem Fehlerwort auf.

*graben*
*ich grabe, ich grub*
*ich habe gegraben*

*Der Hase gräbt ein Loch.*

*Grund*
*Grundstück, Grundwasser*
*begründen*

*Der Grund ist klar.*

**2** Übe mit deiner Rechtschreibkartei täglich etwa zehn Minuten. Nimm bis zu zehn Kärtchen aus deiner Fehlerkartei heraus und entscheide dich für eine der folgenden Übungsformen.

**Einprägen und aufschreiben**
Lies das Wort und präge es dir ein. Schreibe es dann aus dem Gedächtnis auf. Sprich dabei das Wort in Silben, z. B.: *Grund-was-ser*

**Verwandte Wörter suchen**
Suche zu deinem Wort verwandte Wörter und schreibe sie auf. Unterstreiche den Wortstamm, z. B.: *befehlen: der Befehl, die Befehlsform*

**Wörter zusammensetzen**
Setze die Wörter mit anderen Wörtern zusammen, z. B.: *das Ende – das Endspiel*

**Das Wort verlängern**
Bilde eine andere Form mit dem Wort, z. B. durch Verlängerung: *die Wand – die Wände*

**Partnerdiktat** (→ S. 347)
Diktiert euch die Wörter und Sätze.

# 14.2 Üben macht sicher
## Regeln zum Rechtschreiben

### Kurze und lange Vokale unterscheiden

| | | |
|---|---|---|
| kam | lahm | Ofen |
| schief | Wiesen | Sohlen |

| | | |
|---|---|---|
| Kamm | Lamm | offen |
| Schiff | wissen | sollen |

**1** Sprich die Wörter laut und deutlich aus. Verdeutliche beim Sprechen, ob der betonte Vokal lang oder kurz gesprochen wird.
- Bei einem lang gesprochenen Vokal ziehst du mit beiden Händen ein unsichtbares Gummiband auseinander.
- Bei einem kurzen Vokal klopfst du auf den Tisch.

**2** a Ordne die folgenden Wörter nach lang oder kurz gesprochenen Vokalen in einer Tabelle. Markiere die lang gesprochenen Vokale mit einem Strich und die kurz gesprochenen Vokale mit einem Punkt.

| | | |
|---|---|---|
| fallen | Schnabel | Weg |
| Tipp | impfen | fahren |
| lustig | Tube | Liebe |
| nett | geben | Witz |

**Tipp**
**Vokale** (Selbstlaute):
*a, e, i, o, u*
**Umlaute:**
*ä, ö, ü*
**Diphthonge** (Doppellaute):
*ei, ai, au, äu, eu*
**Konsonanten** (Mitlaute):
alle übrigen Buchstaben des Alphabets, z. B.:
*b, c, d, f, …*

| kurz gesprochener Vokal | lang gesprochener Vokal |
|---|---|
| *fallen* | *Schnabel* |
| … | … |

b Wie viele Konsonanten folgen nach einem kurzen Vokal, wie viele nach einem langen Vokal?

## Kurze Vokale Doppelte oder mehrere Konsonanten

### Der grüne Planet

Auf der Erde wohnen wir und von den Pflanzen leben wir. Wir sind mit ihnen verkettet – ob wir wollen oder nicht. Mit dem ersten Schrei atmet ein Baby den Sauerstoff ein, den die Pflanzen freigesetzt haben. Später verzehren wir Kartoffeln, Karotten, Getreide, Äpfel und Bohnen. Mit Blüten und Blättern schmücken wir unsere Wohnungen, Altäre und Gräber. Wir verarbeiten Pflanzenfasern zu Kleidung, nutzen Heilpflanzen für Arzneimittel und bauen und heizen mit pflanzlichen Materialien, z. B. mit Holz. Ohne Pflanzen wären wir nichts. Wir Menschen sind auf die grünen „Sonnenfresser" angewiesen.

**1** Sammle aus deinem Alltag Beispiele für den Nutzen, den Pflanzen für uns Menschen haben.

**2** Überprüfe die unten stehende Rechtschreibregel zu kurzen Vokalen und doppelten Konsonanten. Suche dazu zehn Wörter mit einem betonten kurzen Vokal aus dem Text heraus. Markiere die doppelten Konsonanten und versieh die kurzen Vokale, die ihnen vorausgehen, mit einem Punkt, z. B.: *Pflanzen, verkettet ...*

**3** Welche Pflanzen wachsen hier?

Ri ? ersporn

Pfe ? erminze

So ? enblume

Schlü ? elblume

a Ergänze die fehlenden Doppelkonsonanten und schreibe die Pflanzennamen in dein Heft.

b Zerlege die Pflanzennamen in ihre Bestandteile. Bilde aus dem Wortteil, in dem der Doppelkonsonant steckt, neue Wörter. Markiere die Doppelkonsonanten, z. B.: *Pfefferminze = Pfeffer + Minze ⟶ Pfeffermühle, Pfeffersoße ...*

**! Merkwissen** Kurze Vokale – doppelte Konsonanten

Nach einem **betonten kurzen Vokal** folgen fast immer **zwei oder mehr** Konsonanten. Beim deutlichen Sprechen kannst du sie meist gut unterscheiden, z. B.: *kalt, Pflanze, trinken.*
Wenn du bei einem Wort mit einem betonten kurzen Vokal nur einen **Konsonanten** hörst, dann wird er **verdoppelt,** z. B.: *Tasse, Schiff, wissen, treffen, sonnig, satt.*
Beachte: Statt kk schreibt man **ck** und statt zz schreibt man **tz**, z. B.: *verstecken, Decke, Katze, verletzen.*

**4** a Ordne die Wörter nach den Themenbereichen „Natur und Wetter“, „Haus“ und „Kleidung“.

| Natur und Wetter | Haus | Kleidung |
| --- | --- | --- |
| *Himmel* | ... | ... |

Himmel Zimmer Jacke innen Gewitter Sessel sonnig
Treppe Sommer Hitze Brille Donner nass Blatt Pullover Wasser
putzen Rock Keller Tanne Teppich Schloss Mütze Bett

b Suche dir ein Thema aus und schreibe mit den Wörtern drei oder vier Sätze auf.
c Unterstreiche in deinen Sätzen alle Wörter mit Doppelkonsonanten (auch *tz* und *ck*).
d Partnerdiktat: Diktiert euch gegenseitig eure Sätze. Kontrolliert sie nach jedem Diktat gemeinsam.

**5** a Sucht in Partnerarbeit zu den folgenden Wörtern möglichst viele Reimwörter und schreibt sie auf, z. B.: *glatt: satt, platt, matt ...*

glatt hell nass fett der Schall die Stelle schmecken die Bretter das Gebrüll essen

b Verfasst gemeinsam ein kurzes Gedicht mit euren Reimwörtern.

**6** Schreibe den Text „Doppelte Portion mit Doppelkonsonant“ konzentriert und sorgfältig ab. Setze dabei die fehlenden Wörter aus dem Kasten rechts an den passenden Stellen ein.

**Doppelte Portion mit Doppelkonsonant**

Diese ? schmecken allzu ? ! Deswegen hätten wir gerne eine ? Portion davon:

zwei ? von der ? ,

zwei große ? ? ,

zwei ? ? und
eine Menge ? .

Am Schluss trinken wir dann zwei ? ? gegen den Durst!

Kartoffelsalat
Schlemmereien
lecker
Pudding
doppelte
Teller
Buchstabensuppe
Löffel
Tassen
Schüsseln
Kribbelwasser
Gummibärchen

# Schreibweise bei langen Vokalen

## Wörter mit einfachem langem Vokal

### Lebensweise und Aufbau einer Pflanze

Eine Pflanze setzt sich aus mehreren Elementen zusammen: In den Blüten wachsen Samen, die das Überleben der Art sichern.
In den grünen Blättern verwandelt die Pflanze mithilfe von Licht und Wasser das schädliche Kohlendioxid – das ist ein Gas in der Luft – in Zucker. Den Zucker braucht die Pflanze zum Leben. Bei diesem Vorgang geben Pflanzen Sauerstoff ab. Eine einhundertjährige Buche erzeugt in einer Stunde so viel Sauerstoff wie 50 Menschen zum Atmen brauchen. Durch den Stängel wird die Pflanze getragen und mit den unterirdischen Wurzeln verbunden. Bei Sträuchern und Bäumen ist er hart und holzig. Das Innere des Stängels besteht aus vielen Röhrchen. Durch sie werden Wasser, Zucker und Mineralstoffe von den Wurzeln in die Blätter und Blüten transportiert. Die Wurzeln verankern die Pflanze im Boden und geben ihr Halt.

**1** Veranschauliche die Informationen des Textes in einer beschrifteten Zeichnung.

**2** Im Text sind 16 Wörter markiert. Nur 13 von ihnen haben einen betonten langen Vokal.
a Lies den Text vor und sprich die unterstrichenen Wörter besonders deutlich aus.
b Schreibe die Wörter mit betontem langem Vokal heraus. Kennzeichne den langen Vokal, indem du ihn unterstreichst.

**3** Bilde mit den Silben aus den beiden Kästen sinnvolle Wörter. Jede Silbe darfst du nur einmal verwenden. Schreibe die Nomen mit Artikel auf. Kennzeichne die Länge des betonten Vokals, z. B.: *böse*.

| | | |
|---|---|---|
| bö- | lo- | |
| ra- | Fra- | Schu- |
| Ta- | Ma- | Re- |

| | | |
|---|---|---|
| -ler | -fel | |
| -ben | -gen | -le |
| -den | -sen | -se |

**4** Suche zu den zweisilbigen Beispielwörtern im Merkkasten Reimwörter. Kontrolliere die Schreibung mithilfe des Wörterbuchs.

**Merkwissen** Wörter mit einfachem langem Vokal

**In den meisten Wörtern** ist der betonte lange Vokal ein **einfacher Vokal**. Danach folgt meist nur ein Konsonant, z. B.: *die Flöte, die Hose, der Besen, geben, tragen, er kam.*
Das gilt besonders für einsilbige Wörter: *zu, los, so, wen.*

## Wörter mit h nach langem Vokal

Fahrer bezahlen sehr wahr Stuhl belohnen Fehler Sohn hohl berühmt
erzählen während nehmen zehn Wahl Ohr Frühling Verkehr ungefähr wohnen
ähnlich Jahr ohne Uhr kühl bohren Kohle mehr Mehl rühren stehlen Zahn

**1** a Schreibe die Wörter auf. Notiere mehrsilbige Wörter mit Silbentrennstrichen und unterstreiche den langen Vokal, z. B.: *ähn-lich*.
b Markiere bei allen Wörtern das **h** und den Konsonanten, der auf das **h** folgt. Was fällt dir auf? Formuliere deine Beobachtung, indem du den nebenstehenden Rechtschreibtipp ergänzt.

**Tipp** Lange Vokale mit h
Das **h** nach einem **langen Vokal** steht besonders häufig vor den Konsonanten ?, ?, ? und ?, z. B.:
*kahl, nehmen, wohnen, bohren*.
Man hört das **h** nicht.

**2** Bildet in Partnerarbeit mit jedem Wortstamm aus dem Kasten rechts möglichst viele verwandte Wörter, z. B.: *wohnen, die Wohnung, …*

wohn fahr lohn kühl
zahl lehn rühr rühm

**3** a Schreibe die Verben aus dem Wörterrad auf.
b Sprich die Wörter deutlich aus, sodass du das *h* hören kannst.

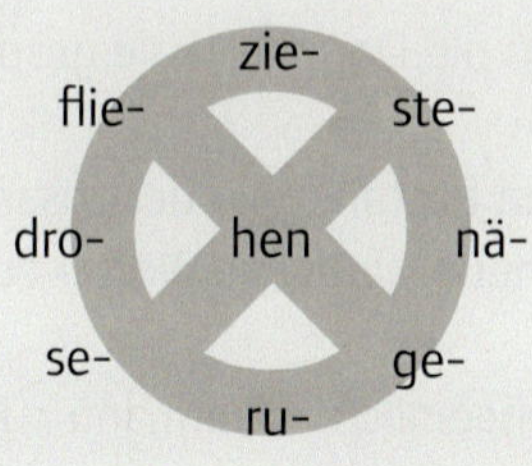


**Tipp** Bei manchen Wörtern steht am Anfang der zweiten Silbe ein **h**, z. B.: *ge-hen*.
Dieses **h** kannst du hören.
Das **h** bleibt in verwandten Wörtern erhalten.
Verlängere einsilbige Wörter, dann hörst du dieses **h**, z. B.: *er geht → gehen*.

c Wähle vier Verben aus und bilde die 1., 2. und 3. Person Singular Präsens, z. B.:
*fliehen: ich fliehe, du fliehst, er/sie/es flieht.*

**4** a Partnerdiktat: Diktiert euch gegenseitig den folgenden Text.
b Prüft anschließend, ob ihr alle Wörter richtig geschrieben habt. Achtet dabei besonders auf die markierten Wörter.

### Frühstücksfernsehen

Wenn früh um sieben Uhr mein Wecker klingelt, stehe ich fröhlich auf. Ich wasche mir die Ohren, ziehe mich an und gehe in die Küche. Während der Bohnenkaffee durch den Filter läuft, ziehe ich die Vorhänge vor dem Küchenfenster auf. Das Fenster hat genau das Format dieser schicken Flachbildschirme. Aber es bietet ein viel schöneres Programm. Ich ziehe mir den bequemen Drehstuhl ans Fenster und wähle das Frühlingsprogramm. Auf der Weide blühen bunte Blumen, die von den Kühen genüsslich verspeist werden. Ein Hahn kräht. In der Ferne höre ich eine Bahn, die durch einen Tunnel fährt.

## Wörter mit Doppelvokal

### Besuch bei Baum und Blume

Seid ihr noch auf der Suche nach einer guten Idee für den Sonntagsausflug? Warum muss es eigentlich immer der Zoo sein – warum nicht mal ein botanischer Garten? Ob Wild- oder Zierblumen, Moos oder Klee, Beerensträucher oder Obstbäume, einheimische oder exotische Pflanzen – alles, was die grüne Welt zu bieten hat, wird gezeigt und erklärt. In einem Saal kann man sich sogar über Meerespflanzen informieren. Man kann in einem Boot über einen kleinen See schaukeln oder sich auf schmalen Wegen in das künstlich angelegte Moor wagen. Die Gartenbänke laden dazu ein, die Seele baumeln zu lassen und dem Heer von Gärtnern bei der Aussaat, Aufzucht und Pflege der Pflanzen zuzuschauen. Ein kleiner Kiosk versorgt die Besucher mit Tee und Kaffee, Limonade und Eis. Im Winter jedoch, wenn der Schnee die Beete bedeckt, bleibt so ein botanischer Garten meistens leer.

**1** Warst du schon einmal in einem botanischen Garten? Erzähle, was dir dort gefallen hat.

**2** a Schreibe aus dem Text alle Wörter mit Doppelvokal heraus und ordne sie in einer Tabelle.

| Wörter mit aa | Wörter mit ee | Wörter mit oo |
|---|---|---|
| … | *Idee* | … |

b Lies die Wörter aus deiner Tabelle laut vor. Wie werden die Doppelvokale gesprochen?

**3** Hier ist etwas durcheinandergeraten. Schreibe die beiden Bestandteile der zusammengesetzten Wörter jeweils getrennt auf kleine Zettel. Setze daraus neue, sinnvolle Wörter zusammen:

Gummipüree Kartoffelbeeren Besucherboot Schneemilch Teermann Kaffeespange
Seewaage Teeungeheuer Personenbeutel Strauchstraße Haarbeet Blumenzoo

**4** Überprüfe mithilfe des Wörterbuchs, zu welchen Wörtern im Merkkasten man den Plural bilden kann. Beachte: Wenn im Plural oder in der Verkleinerungsform ein Umlaut entsteht, wird dieser nicht verdoppelt, z. B.: *der Saal – die Säle, das Boot – das Bötchen.*

**Merkwissen** Wörter mit Doppelvokal

Es gibt nur wenige Wörter, in denen der lang gesprochene Vokal durch die Verdopplung gekennzeichnet ist. Merke sie dir gut.

- **aa:** *der Aal, das Haar, paar, das Paar, der Saal, die Saat, der Staat, die Waage*
- **ee:** *die Beere, das Beet, die Fee, das Heer, der Klee, das Meer, der Schnee, der See, die Seele, der Teer*
  Dazu kommen **Fremdwörter mit ee** am Wortende, z. B.: *die Allee, die Armee, das/der Gelee, die Idee, der Kaffee, der Tee, die Tournee, das Püree.*
- **oo:** *das Boot, doof, das Moor, das Moos, der Zoo*

Die Vokale **i** und **u** werden nie verdoppelt.

## Wörter mit langem i

Josef Guggenmos
**Besuch**

War ein Ries' bei mir zu Gast,
sieben Meter maß er fast,
hat er nicht ins Haus gepasst,
saßen wir im Garten.

Weil er gar so riesig war,
saßen Raben ihm im Haar,
eine ganze Vogelschar,
die da schrien und schwatzten.

Er auch lachte laut und viel
und dann schrieb er mir zum Spiel
– Bleistift war ein Besenstiel –
seinen Namen nieder.

Und er schrieb an einem Trumm
MUTAKIRORIKATUM.
Ebenso verkehrt herum,
ja, so hieß der Gute.

Falls ihr einen Riesen wisst,
dessen Name also ist
und der sieben Meter misst,
sagt, ich lass ihn grüßen!

**1** Lies den Namen des Riesen von vorne und von hinten. Kennst du andere Namen oder Wörter, die von vorne und hinten gelesen gleich sind?

**2** a Suche aus dem Gedicht alle Wörter mit **langem i-Laut** heraus und ordne sie in die nebenstehende Tabelle ein.
b Wie viele Wörter gibt es in jeder Spalte? Vergleiche dein Ergebnis mit den Informationen im Merkkasten unten.

| Wörter mit ie | Wörter mit i | Wörter mit ih |
|---|---|---|
| … | *mir* | … |

**3** Verben mit der Endung -ieren sind Fremdwörter. Bilde solche Verben und schreibe den Infinitiv und die 1. Person Singular Präsens auf, z. B.: *marschieren – ich marschiere.*

interess- marsch- prob- ras- gratul- train- spaz- musiz- buchstab- dikt-

-ieren

**Merkwissen** Wörter mit langem i

- **Wörter mit ie:** Mehr als drei Viertel aller Wörter mit lang gesprochenem **i** werden mit **ie** geschrieben. Das ist also die häufigste Schreibweise, z. B.: *das Tier, lieb, siegen, viel, hier.*
- **Wörter mit i:** Manchmal wird das lang gesprochene **i** durch den Einzelbuchstaben **i** wiedergegeben, z. B.: *mir, dir, wir, der Igel,* aber auch Fremdwörter, wie *das Klima, das Kino, der Liter, das Kaninchen, die Mandarine, die Apfelsine, die Gardine, das Benzin.*
- **Wörter mit ih:** Nur in den folgenden Wörtern wird der lange **i**-Laut als **ih** geschrieben: *ihr, ihm, ihn, ihnen, ihre.*

# Vertiefen und üben
## Kurze und lange Vokale

Robert Gernhardt
**Geh' ich in den Garten raus**

Geh' ich in den Garten raus,
wi ? ein Sü ? lein schme ? en, (ll/l) (pp/p) (ck/k)
sagt die schwarze Ka ? e mir: (tz/z)
„Mu ? t den Tisch erst de ? en!" (ss/s) (ck/k)

Le ? e ich die De ? e auf, (gg/g) (ck/k)
wi ? nun endlich e ? en, (ll/l) (ss/s)
maunzt die schwarze Katze scharf:
„Hast's Geschi ? verge ? en!" (rr/r) (ss/s)

Ho ? e ich den Te ? er her, (ll/l) (ll/l)
will von Herzen schlingen,
schreit die schwarze Katze laut:
„Mu ? t den Lö ? el bringen!" (ss/s) (ff/f)

Ha ? e ich auch den gebracht, (bb/b)
will den Te ? er fü ? en, (ll/l) (ll/l)
sitzt die schwarze Katze drauf
und fängt an zu brü ? en: (ll/l)

„Grad als du im Hause warst,
ist ein Hund geko ? en, (mm/m)
fraß die ganze Su ? e auf, (pp/p)
hat Reißaus geno ? en!" (mm/m)

Seh' die Katze zweifelnd an
füh ? mein Herze klopfen. (ll/l)
Zi ? ert nicht am Schnu ? barthaar (tt/t) (rr
noch ein Su ? entropfen? (pp/p)

**1** a Erzähle mit eigenen Worten, was im Garten passiert.
b Prüfe, ob die markierten Wörter in dem Gedicht mit einfachem oder doppeltem Konsonanten (bzw. **ck, tz**) geschrieben werden. Lies dazu das Gedicht laut und achte darauf, ob der vorangehende Vokal kurz oder lang gesprochen wird. Schreibe dann die Wörter richtig in dein Heft.

**2** Hier verstecken sich Wörter mit langem Vokal. Schreibe sie auf und suche zu jedem Wort ein verwandtes Wort, z. B.: *der Lohn – belohnen.*

LOHNZIELGEFAHRWÄHLENFEHLENSPIELENNEUGIERFEHLERJÄHRLICHBEFEHL

**3** Suche je drei weitere Beispielwörter und schreibe sie auf:
- Wörter mit **ck:** *verstecken …*
- Wörter mit **nn:** *die Sonne …*
- Wörter mit **tt:** *retten …*
- Wörter mit **pp:** *die Treppe …*
- Wörter mit **tz:** *die Mütze …*
- Wörter mit **ll:** *wollen …*
- Wörter mit **rr:** *schnurren …*
- Wörter mit **ff:** *das Schiff …*

# Die Schreibung der s-Laute: s, ss oder ß?

## Stimmhaftes s und stimmloses s unterscheiden

**Sahne – so lecker!**

Süße Sahne – ein Genuss! In geschlagener Form schmeckt sie sehr gut zu heißem Kakao, Eis, Dessert und Kuchen. In flüssiger Form kann man mit ihr eine sämige Suppe verfeinern. Durch die Zugabe von Zitronensaft wird Sahne zu Sauerrahm. Weil Sahne schnell schlecht wird, sollte man sie nicht zu lange bei Zimmertemperatur stehen lassen.

**1**
a Lies den Text laut.
b Sprich die markierten Wörter im Text deutlich aus. An welchen Stellen wird das **s** stimmhaft gesprochen und wo stimmlos?
c Schreibe alle Wörter mit stimmhaftem s-Laut aus dem Text heraus, z. B.: *Sahne, …*

**Tipp** Wenn du deine Finger an deinen Kehlkopf legst, spürst du beim stimmhaften s-Laut eine Schwingung, beim stimmlosen s-Laut nicht.

**2**
a Welche sechs Wörter sind hier dargestellt? Schreibe die Nomen/Substantive mit Artikeln untereinander auf. Alle Wörter enden auf **s**.
b Verlängere die Wörter, indem du den Plural bildest.
c Sprich deine Wortpaare laut. Vergleiche die Aussprache des Buchstabens **s** in den Singular- und in den Pluralformen. Was stellst du fest?

**3** Verlängert in Partnerarbeit die nebenstehenden Wörter, sodass der s-Laut wieder zu einem stimmhaften (gesummten) **s** wird, z. B.: *sie las – lesen …*

sie las dies er rast das Gras
das Gleis das Los der Preis

**!** **Merkwissen** Stimmhaftes und stimmloses s

**Das stimmhafte s (= weicher, gesummter s-Laut)**
Manchmal spricht man das **s** weich und summend wie in *Sonne, tausend* oder *seltsam*.
Dann nennt man das **s** stimmhaft.
**Das stimmhafte s wird immer mit einfachem s geschrieben,** z. B.: *eisig, Riese, Sonne.*

**Das stimmlose s (= harter, gezischter s-Laut)**
Manchmal spricht man das **s** hart und zischend wie in *Gras, küssen* oder *schließen*.
Dann nennt man das **s** stimmlos.
Verlängerungsprobe: Das stimmlose **s** wird mit einfachem **s** geschrieben, wenn sich beim Verlängern des Wortes (→ S. 291) ein stimmhaftes **s** ergibt, z. B.: *das Gras ⟶ die Gräser; uns ⟶ unser.*
Für einige Wörter mit einfachem **s** am Wortende gibt es keine Verlängerungsmöglichkeit – es sind also **Merkwörter:** *als, aus, bis, es, was, etwas, niemals, alles, anders, morgens.*

## Wörter mit ss nach kurzem Vokal

### Ein kurzer Reisebericht

Unsere ? (Schülergruppe) unternahm in der letzten Woche eine ? (nicht langweilige) Städtetour. Wir sahen uns das ? (ein königliches Gebäude) und mehrere Kirchen an. In einer Kirche fand gerade eine ? (katholischer Gottesdienst) statt. Am Nachmittag fuhren wir mit einem Boot über den ? (fließendes Gewässer). Wir saßen auf dem Schiffsdeck und wer wollte, konnte dort ein Eis oder ein Stück Kuchen ? (verspeisen).

**1** In diesem Reisebericht fehlen die Wörter mit **ss**.

a Findet in Partnerarbeit für die eingeklammerten Ausdrücke treffende Wörter mit **ss**. Schreibt sie in euer Heft, z. B.: *Klasse, …*

b Sprich die Wörter mit Dopppel-s laut und deutlich. Markiere das Doppel-s und versieh den kurzen Vokal, der ihm vorausgeht, mit einem Punkt, z. B.: *Klasse, …*

**2** a Suche möglichst viele Wörter, in denen die nebenstehenden Buchstabenkombinationen vorkommen, z. B.: *-ass: verpassen, die Masse, …*

-ass- -ess- -iss- -uss-

b Wähle aus jeder Gruppe ein Wort aus und schreibe mit diesen Wörtern einige Sätze auf.

c Diktiert euch gegenseitig eure Sätze.

**Merkwissen** Doppel-s nach kurzem Vokal

Der stimmlose s-Laut wird **nach einem betonten kurzen Vokal** mit **ss** geschrieben, z. B.: *essen, die Klasse, wissen.*

## Wörter mit ß nach langem Vokal und Diphthong

### Krankenlager

Hier liege ich mit meinem gebrochenen Fuß und beiße vor lauter Langeweile auf meinen Nägeln herum. Durch das offene Fenster höre ich, dass meine Freunde jede Menge Spaß beim Fußballspielen auf der Straße haben. Wenn bloß bald dieser Gips entfernt wird! Weiß ist der auch schon lange nicht mehr, denn viele Freunde haben mir Grüße daraufgeschrieben. Aber am liebsten würde ich mir das Ding vom Bein reißen und endlich auch mal wieder aufs Tor schießen. Da klingelt es. „Ach, grüß dich, David! Was? Es ist draußen zu heiß? Na prima, setz dich zu mir!“

**1** Lies die markierten Wörter deutlich. Welche Laute treten vor dem **ß** auf?

- kurze Vokale?
- kurze Umlaute?
- lange Vokale ?
- lange Umlaute und Diphthonge (ei, ai, au, äu, eu)?

**2** a Übertrage die Wörter in eine Tabelle und bilde zu jedem Wort aus dem Kasten eine Verlängerung.

| s am Wortende | ß am Wortende |
|---|---|
| *das Gras – die Gräser* | *heiß – heißer* |

heiß groß süß der Gruß
das Gras der Spaß das Glas
dies der Fuß der Strauß das Gas

b Lies die Wortpaare deutlich. Bei welchen Verlängerungen hört man das gesummte s?

**3** a Suche aus dem Kasten alle Infinitive heraus und schreibe sie in die erste Spalte einer Tabelle.
b Suche zu jedem Infinitiv die Präsensform und die Präteritumform und schreibe sie ebenfalls in die Tabelle.

essen ich vergaß gießen
lassen sie verlässt vergessen
du vergisst fließen ich weiß
es goss er aß verlassen
sie verließ du lässt es riss
wissen es fließt er ließ
es reißt er wusste reißen
ich esse es floss sie gießt

| Infinitiv | Präsens | Präterium |
|---|---|---|
| *gießen* | *er gießt* | *er goss* |

c Aus **ss** wird **ß** und aus **ß** wird **ss**. Erkläre warum.

**4** **ss** oder **ß**? Lies den folgenden Text und achte dabei auf die Länge oder Kürze der Vokale oder Diphthonge vor dem s-Laut. Schreibe dann die ? -Wörter mit dem richtigen s-Laut (**ss** oder **ß**) in eine Tabelle.

| ss nach kurzem Vokal | ß nach langem Vokal oder Diphtong |
|---|---|
| *Kokosnuss* | *äußeren* |

**Die Kokosnu ? – eine tropische Köstlichkeit**

Nü ? e sind Früchte mit einer harten äu- ? eren Schale, die einen e ? baren Kern umschlie ? t. Nü ? e pa ? en zu vielen würzigen oder sü ? en Speisen. Auch Kokosnü ? e sind als exotischer Genu ? sehr beliebt. Die braune, faserige Schale der Kokosnu ? mu ? aufgebrochen werden, damit man an das Fruchtfleisch gelangt. Dazu sticht man zuerst mit einem spitzen Gegenstand Löcher in die weicheren „Augen" im oberen Teil der Schale und gie ? t das Kokoswa ? er in ein Gefä ? . Das Kokoswa ? er ist eine sü ? e, wei ? liche Flü ? igkeit im Inneren der Kokosnu ? . Dann bricht man die Schale auf, indem man mit einem Hammer unterhalb der „Augen" auf die Nu ? schlägt, bis ein Ri ? entsteht.

Unreife Kokosnü ? e sind noch weich, sodass man sie mit einem Me ? er aufschneiden kann. Anschlie ? end lä ? t sich das wei ? e Fruchtfleisch herauslösen und e ? n – hmm!

**Merkwissen** ß nach langem Vokal und Diphtong

Der stimmlose s-Laut wird **nach einem langen Vokal oder Diphthong** (ei, ai, au, äu, eu) mit **ß** geschrieben, wenn er bei der Verlängerungsprobe stimmlos bleibt, z. B.:
*heiß ⟶ heißer, der Kloß ⟶ die Klöße.*

# Vertiefen und üben
## s, ss oder ß?

●○○ 1 a Schreibe die folgenden Sätze ab und ergänze dabei die richtigen s-Laute: **s**, **ss** oder **ß**. Lass unter jedem Satz zwei Zeilen frei für Aufgabe b.

- Die E ? el ? ind lo ? e am Rand der ? aftigen Wie ? e angebunden und dö ? en.
- Da ? Auto ra ? t am Hau ? vorbei, fährt durch den Krei ? verkehr und rammt dann eine Wand au ? Gla ? .
- Ihr mü ? tet wirklich wi ? en, wie mit Me ? er und Gabel gege ? en wird.
- Mit gro ? em Spa ? gie ? e ich flei ? ig die Blumen und pflücke dann einen Strau ? .

b Jeder Satz veranschaulicht eine Regel zur Schreibung des s-Lautes. Schlage die Regeln auf S. 303–305 nach. Schreibe unter jeden Satz die passende Regel.

●●○ 2 a Was steht am Wortende: **s** oder **ß**? Mache die Verlängerungsprobe und schreibe dann die Wörter richtig in dein Heft.

der Sto ? das Gra ? das Ei ? der Gru ? das Flo ? das Hau ? der Spie ?
das Lo ? das Ma ? hei ? die Mau ? der Klo ? die Lau ? die ?

b Suche zu den nebenstehenden Wörtern verwandte Wörter mit **ss** und **ß** und schreibe sie auf. Unterstreiche die langen Vokale und Diphthonge und markiere die kurzen Vokale mit einem Punkt, z. B.: *beißen: das Gebiss, …*

beißen Fluss gießen

●●● 3 **s**, **ss** oder **ß**? Schreibe die Lückenwörter aus dem folgenden Text in dein Heft und ergänze die fehlenden s-Laute (s, ss oder ß).

### Ein kurzer Ausflug

An einem sonnigen, hei ? en Sommertag entschlie ? t sich Familie Nu ? baum, an den gro ? en Badesee zu rei ? en. Lars und seine Mutter kümmern sich um das E ? en und Susi und der Vater mü ? en für die Badesachen sorgen. Dann geht e ? lo ? ! Als die vier am See ankommen, ist gerade Mittagszeit. Deshalb lä ? t die Mutter die Kinder gleich die Tischdecke auf dem Gra ? ausbreiten. Alle genie ? en den Kartoffelsalat, die Fleischklö ? e mit Tomatenso ? e und trinken dazu Orangenbrau ? e. Den Nu ? kuchen wollen Lars und Susi erst nach dem Baden verspei ? en. Aber wa ? pa ? iert jetzt? Rie ? ige Wolken ballen sich am Himmel zusammen. Schon pra ? eln die ersten Regentropfen auf die Wie ? e. Nun hei ? t e ? geschwind einpacken, damit nicht alle ? na ? wird. Dann ra ? t jeder, so schnell er kann, ins Auto. Wieder zu Hause angekommen, wi ? en die Nu ? - baums zuerst nicht recht, wa ? sie mit dem angebrochenen Nachmittag anfangen sollen. Doch dann hat Susi eine kla ? e Idee: „Ich wei ? wa ? !“, ruft sie. „Wer i ? t mit mir ein Stück Nu ? kuchen?“

## Groß- und Kleinschreibung

### Nomen/Substantive an typischen Suffixen (Nachsilben) erkennen

| | | | | | | | |
|---|---|---|---|---|---|---|---|
| Hinder- | Bild- | Bot- | Ereig- | Reich- | Trocken- | | -keit |
| Freund- | Polizist- | Entfern- | Meister- | Dunkel- | Kennt- | -nis | -schaft |
| König- | Erleb- | Einzel- | Brauch- | Zeit- | Wissen- | -in | -ung |
| Heiter- | Helden- | Eigen- | Festlich- | Neuig- | Zeug- | | -tum |
| Land- | Wohn- | Ergeb- | Sparsam- | Verletz- | Gelegen- | | -heit |

**1** Bilde aus diesen Wortbestandteilen Nomen und schreibe sie mit ihren Artikeln in dein Heft.

**2** Mithilfe von Suffixen (Nachsilben) werden Verben und Adjektive zu Nomen/Substantiven. Achte auf die Großschreibung. Schreibe so: *gesund – die Gesundheit*.

| | |
|---|---|
| gesund ängstlich aufmerksam reich ereignen verspäten<br>frei versäumen erleben erzählen heiter rechnen einig | -keit -tum -ung<br>-nis -heit |

**3** a Schreibe die folgenden Sätze in der richtigen Groß- und Kleinschreibung in dein Heft. Achte auch auf die Großschreibung am Satzanfang.
b Unterstreiche bei den Nomen die typischen Nomensuffixe.

**Merkwissen** Großschreibung

**Satzanfänge** und **Nomen** werden **großgeschrieben**.
Wörter, die auf die Suffixe *-heit, -keit, -nis, -schaft, -tum, -in, -ung* **enden**, sind **immer Nomen**.

## Nomen/Substantive an ihren Begleitwörtern erkennen

### Die Sonne – Quelle des Lebens

Erst durch das Sonnenlicht ist es den Pflanzen möglich, schädliches Kohlendioxid in der Luft in lebenswichtigen Sauerstoff umzuwandeln. Die Sonne ermöglicht es uns also, zu atmen und zu leben. Ihrem Licht ist es auch zu verdanken, dass Pflanzen den Zucker produzieren können, den sie für ihr Überleben brauchen. Die Pflanzen sind wiederum eine Nahrungsgrundlage für zahlreiche Tiere. Und diese Pflanzenfresser sind eine Nahrungsquelle für die Tiere, die sich von Fleisch ernähren (die Fleischfresser). Wir Menschen ernähren uns vor allem von Pflanzen und ihren Früchten sowie von Tieren. So verdanken wir auch unser Essen eigentlich der Sonne. Schon in der Steinzeit haben die Menschen die Bedeutung der Sonne erkannt. Sie haben ihr zu Ehren große Monumente errichtet. Das bekannteste Monument befindet sich in England und heißt Stonehenge. Es besteht aus mächtigen Felsblöcken, die einen Kreis bilden. Neben dem Kreis befindet sich ein einzelner großer Felsblock. Wenn man sich am Morgen des längsten Tages des Jahres, also zur Sommersonnenwende, in die Mitte des Kreises stellt, dann sieht man die Sonne genau hinter dem Felsblock aufgehen. Das ist ein wunderschöner Anblick!

**1** Erkläre die Überschrift des Textes „Die Sonne – Quelle des Lebens“ mit eigenen Worten.

**2** Nomen kann man an verschiedenen Begleitwörtern erkennen. Übertrage die Tabelle in dein Heft und suche für jede Spalte vier Beispiele aus dem Text heraus.

| **Artikel** | **Präpositionen** (+ Artikel; im = in dem) | **Pronomen** | (Artikel +) **Adjektive** |
|---|---|---|---|
| *das Sonnenlicht* | … | … | |

**3** a Ein Nomen kann auch ohne Begleiter stehen: Suche hierfür ein Beispiel aus dem Text heraus.
b Wie kannst du in solchen Fällen überprüfen, ob es sich um ein Nomen handelt?

**4** a Schreibe einen kurzen Text mit dem Titel: „Wasser – Quelle des Lebens“. Formuliere in ganzen Sätzen und achte auf die Großschreibung am Satzanfang und bei den Nomen.
b Prüfe die Großschreibung der Nomen. Unterstreiche alle Nomen rot und ihre Begleiter blau.

**!** **Merkwissen** Nomen haben Begleitwörter

Nomen kann man meist an ihren Begleitwörtern erkennen, die ihnen vorausgehen.
**Begleitwörter** sind:
- **Artikel** (bestimmter/unbestimmter), z. B.: *der Hund, ein Hund*
- **Pronomen,** z. B.: *unser Hund, dieser Hund*
- **Präpositionen,** die mit einem Artikel verschmolzen sein können, z. B.: *am (= an dem) Halsband, beim (= bei dem) Spaziergang*
- **Adjektive,** z. B.: *große Hunde*
  Häufig steht das Adjektiv zwischen Artikel und Nomen, z. B.: *ein großer Hund.*

## Adjektive an typischen Suffixen (Nachsilben) erkennen

pünktbar sorglich wachlich lächersam tierig schreckisch lusthaft ängstbar
traumig fröhsam trinkisch weinerhaft kleinisch drecksam komig

**1** a Mit diesen Adjektiven stimmt etwas nicht. Erkläre, was falsch ist.
b Wie müssen die Adjektive richtig heißen? Schreibe die Adjektive sortiert nach ihren richtigen Suffixen in einer Tabelle auf:

| -ig | -lich | -bar | -sam | -isch | -haft |
|---|---|---|---|---|---|
| … | *pünktlich* | … | … | … | … |

c Ergänze jede Spalte um drei weitere Beispiele.

**2** Bilde aus den folgenden Nomen Adjektive. Nutze hierzu die typischen Adjektivsuffixe aus der Tabelle, z. B.: *gefährlich.*

Gefahr Sturm Vorsicht Schaden Gift
Wunder Fett Langeweile brauchen
sparen lieben deuten wachen halten

**3** Schiebe mehrere Adjektive zwischen Artikel und Nomen, sodass die Nomen weit weg vom Artikel stehen. Baue schrittweise auf und zeichne einen Verbindungspfeil zwischen Artikel und Nomen. Vergesst das Komma nicht, z.B.:

*der Baum*

*der wunderbare Baum*

*der wunderbare, große Baum*

der Baum der Urlaub die Fahrt
ein Eis eine Katze der Wachhund

**4** Welche Wörter sind gemeint? Schreibe sie in dein Heft. An den Suffixen erkennst du, welche Wörter groß- und welche kleingeschrieben werden müssen.

? iegsam ? eduldig ? indheit ? andschaft ? ufregung
? ufmerksam ? errlich ? urstig ? ufmerksamkeit ? chweigsam

**Merkwissen** Kleinschreibung von Adjektiven

Adjektive werden **kleingeschrieben**, z. B.: *freundlich, sonderbar, rostig.*
Viele Adjektive kann man an typischen Suffixen (Nachsilben) erkennen: *-bar, -sam, -isch, -ig, -lich, -haft.* (→ S. 233 ff.)

# Vertiefen und üben
## Groß- und Kleinschreibung

●○○ **1** Entscheide bei den folgenden Wörtern, ob sie groß- oder kleingeschrieben werden. Schreibe sie richtig auf und ergänze bei den Nomen/Substantiven den Artikel.
**TIPP:** Achte auf die Suffixe (Nachsilben).

Erzählung/erzählung   Freundschaft/freundschaft   Mündlich/mündlich
Schädlich/schädlich   Furchtbar/furchtbar   Traurigkeit/traurigkeit

●●○ **2** Überprüfe, welche Wörter in den Schlagzeilen Nomen sind, indem du Begleitwörter, z. B. Artikel vor den Nomen, ergänzt, z. B.: *(der) Dieb wurde …*
Schreibe die Schlagzeilen in der richtigen Groß- und Kleinschreibung in dein Heft.

DIEB WURDE AUF FLUCHT GEFASST
BLITZEIS VERURSACHTE STAU AUF AUTOBAHN
VULKAN SPUCKTE ASCHEWOLKE AUS
MANNSCHAFT GEWANN GOLDPOKAL

●●● **3** Suche alle Nomen mit ihren Begleitwörtern aus dem Text heraus und schreibe sie in dein Heft. Unterstreiche alle Begleitwörter, die vor den Nomen stehen.

### Pflanzen in der Wüste?

Die Pflanzen nehmen über ihre Wurzeln lebensnotwendiges Wasser auf. Doch was ist, wenn der Boden diese Flüssigkeit gar nicht oder kaum bietet? Auch in den Wüsten dieser Erde, wo es wenig regnet, gedeihen grüne Pflanzen. Einige verfügen über ein vielschichtiges Wurzelnetz, das sich direkt unter der Bodenoberfläche ausbreitet. Auf diese Weise können die Pflanzen den wenigen Regen, der auf den Boden fällt, sofort aufnehmen.

Es gibt auch zahlreiche Pflanzen, die sich in die Tiefe orientieren. Sie können mit ihren Pfahlwurzeln so tief in den Boden eindringen, dass sie das Grundwasser in dem Wüstenboden erreichen.
Daneben leben in der Wüste auch genügsame Pflanzenarten, die über ihre Blätter die Feuchtigkeit aus dem Nebel aufnehmen können oder mit ihren Dornen oder ihren Härchen die Tautropfen auffangen.

●●● **4** Oft sind die Präpositionen, die ein Nomen begleiten, mit einem Artikel verschmolzen. Versuche, in den folgenden Sätzen die „versteckten" Artikel zu finden, und schreibe die Sätze mit den Artikeln auf, z. B.: *Ein starker Wind blies übers (= über das) Meer.*

Ein starker Wind blies übers Meer.

Als wir im Hafen anlegten, waren wir froh, vom Schiff gehen zu können.

Am Morgen nach der Schiffsreise gingen wir zum Strand.

Zum Meer konnten wir mit dem Fahrrad fahren.

# 14.3 Teste dein Wissen!
## Rechtschreiben trainieren

Mit diesem Teilkapitel kannst du gezielt deine Rechtschreibung trainieren. Du gehst so vor:

1. **Diktat:** Zuerst schreibst du ein Diktat.
2. **Fehlerschwerpunkte finden:** Du wertest die Fehler in deinem Diktat aus. So stellst du fest, bei welchen Wörtern du noch Probleme hast. Deine „Problemwörter“ sind deine Fehlerschwerpunkte (→ S. 312–313).
3. **Training an Stationen:** Jede Station auf S. 314–318 enthält Trainingsübungen zu einem Fehlerschwerpunkt. Wie bei einem Zirkeltraining übst du deine Problemwörter an den entsprechenden Stationen.

### Das Diktat schreiben

**1** Lasst euch die folgende Beschreibung für ein „Aufwindkraftwerk“ von eurer Lehrkraft diktieren.

**Wie baut ihr ein Aufwindkraftwerk?**

Ihr braucht:
- eine Papprolle,
- schwarze Farbe und einen Pinsel,
- eine Teelichthülle,
- einen Stift,
- eine Stecknadel,
- ein Stück Pappe,
- eine Schere.

Malt die Papprröhre von außen schwarz an und lasst sie trocknen. Schneidet den Rand der Teelichthülle mehrfach gleichmäßig ein. Schneidet fast bis zur Mitte. Die Hülle drückt ihr vorsichtig platt. Drückt dann mit dem Stift eine Vertiefung in die Mitte des Metalls. Danach biegt ihr die Flügelchen wie bei einem Windrad in eine Richtung. Schneidet zwei kleine Streifen aus der Pappe aus, legt sie übereinander und bohrt die Stecknadel durch die Mitte des Pappstreifens. Dann steckt ihr den Streifen wie einen Handgriff in ein Ende der schwarzen Rolle. Die Spitze der Stecknadel soll nach oben zeigen.

Schneidet am Ende der Papprolle gerade Schlitze ein und biegt einzelne Laschen nach außen. Nun steht der Turm auf Füßen und hat kleine Öffnungen.

Legt das Windrad auf die Spitze der Nadel. Wenn ihr nun eine Taschenlampe auf die schwarze Röhre richtet oder die Sonne daraufscheint, beginnt sich das Rad bald zu drehen.

Erklärung: Die Luft im Turm erwärmt sich und steigt deshalb auf. Durch die Öffnungen am Boden fließt wie in einem Kamin neue Luft nach.

Ähnlich arbeiten große Aufwindkraftwerke mit 200 Meter hohen Türmen. Auch damit kann unser Strom gewonnen werden.

## Die eigenen Fehlerschwerpunkte finden

1 Überprüft in Partnerarbeit eure Rechtschreibung im Diktat. Unterstreicht alle Wörter, die ihr falsch geschrieben habt. Vergleicht dazu euren Text Wort für Wort mit der Vorlage auf S. 311.

2 Finde deine Fehlerschwerpunkte. Gehe so vor:
a Alle Wörter, die du falsch geschrieben hast, markierst du auf einer Kopie des folgenden Fehlerbogens. Sieh in der linken Spalte nach, an welchen Stellen (= grau markierte Buchstaben) du Fehler gemacht hast.
b Zähle deine Fehler bei den jeweiligen Fehlerschwerpunkten. Trage die Fehleranzahl jeweils in der mittleren Spalte ein.
c In der rechten Spalte der Tabelle siehst du, bei welchen Stationen du trainieren musst. Schreibe deine Stationen mit den entsprechenden Seitenzahlen auf.

3 Übe deine Rechtschreibung an den Trainingsstationen. Deine Problemwörter nimmst du in deine Rechtschreibkartei (→ S. 294) auf.

**Fehlerbogen**

| Fehlerschwerpunkte | Fehlerzahl | Trainingsstationen |
|---|---|---|
| **Wörter mit Doppelkonsonant, tz oder ck**<br>Papprolle, Teelichthülle, Stecknadel, Pappe, Pappröhre, lasst, trocknen, Mitte, Hülle, drückt, platt, dann, Metalls, Pappstreifens, steckt, Handgriff, Rolle, Spitze, soll, Schlitze, Öffnungen, wenn, Sonne, beginnt, kann, gewonnen | | Mehr als vier Wörter falsch geschrieben:<br>→ Training an der Station 1, S. 314<br>→ Hilfen im Buch, S. 296 |
| **Wörter mit Dehnungs-h oder Doppelvokal**<br>Teelichthülle, Pappröhre, mehrfach, bohrt, steht, Röhre, ähnlich | | Mehr als zwei Wörter falsch geschrieben:<br>→ Training an der Station 2, S. 315<br>→ Hilfen im Buch, S. 299–300 |
| **Wörter mit langem i**<br>wie, ihr, die, sie, Vertiefung, biegt, fließt, Kamin | | Mehr als zwei Wörter falsch geschrieben:<br>→ Training an der Station 3, S. 316<br>→ Hilfen im Buch, S. 301 |
| **Wörter mit s-Laut (s, ss oder ß)**<br>außen, lasst, gleichmäßig, fast, bis, aus, des, Füßen, das, deshalb, fließt, große | | Mehr als zwei Wörter falsch geschrieben:<br>→ Training an der Station 4, S. 316<br>→ Hilfen im Buch, S. 303–305 |

| Fehlerschwerpunkte | Fehlerzahl | Trainingsstationen |
|---|---|---|
| **Wörter mit ä**<br>gleichmäßig, Erklärung, erwärmt, ähnlich | | Mehr als ein Wort falsch geschrieben:<br>→ Training an der Station 5, S. 317<br>→ Hilfen im Buch, S. 290 |
| **Wörter mit b, d, g im Auslaut**<br>Aufwindkraftwerk, Rand, gleichmäßig, vorsichtig, biegt, Windrad, legt, Handgriff, Rad, bald, steigt | | Mehr als drei Wörter falsch geschrieben:<br>→ Training an der Station 6, S. 317–318<br>→ Hilfen im Buch, S. 291 |
| **Großschreibung von Nomen**<br>Aufwindkraftwerk, Papprolle, Farbe, Pinsel, Teelichthülle, Stift, Stecknadel, Stück, Pappe, Schere, Pappröhre, Rand, Mitte, Hülle, Stift, Vertiefung, Metalls, Flügelchen, Windrad, Richtung, Pappstreifens, Streifen, Handgriff, Ende, Rolle, Spitze, Schlitze, Laschen, Turm, Füßen, Öffnungen, Nadel, Taschenlampe, Röhre, Sonne, Rad, Erklärung, Luft, Öffnungen, Boden, Kamin, Aufwindkraftwerke, Türmen, Strom | | Mehr als fünf Nomen nicht großgeschrieben:<br>→ Training an der Station 7, S. 318<br>→ Hilfen im Buch, S. 307–308 |
| **Andere Fehlerwörter:** | | Sprich mit deiner Lehrkraft über diese Fehler. Sie gibt dir Tipps und Übungen für diese Fehlerbereiche. |
| **Fehler insgesamt:** | | |

# Training an Stationen

## Station 1: Wörter mit Doppelkonsonanten

**1** a Ergänze bei jedem Wort den richtigen Doppelkonsonanten, **tz** oder **ck** und schreibe die Wörter untereinander in dein Heft (→ Hilfen im Buch, S. 296).

| | |
|---|---|
| gla ? (Gegenteil von *rau*) | o ? en (Gegenteil von *geschlossen*) |
| he ? (Gegenteil von *dunkel*) | so ? ig (Gegenteil von *trüb*) |
| na ? (Gegenteil von *trocken*) | ne ? (Gegenteil von *unfreundlich*) |
| si ? en (Gegenteil von *stehen*) | spi ? (Gegenteil von *stumpf*) |
| re ? en (Gegenteil von *langsam laufen*) | verste ? en (Gegenteil von *auffinden*) |

b Finde zu jedem Wort ein Reimwort und schreibe es daneben.

**2** a Welche Wörter sind in den sechs Bildern dargestellt? Schreibe die Nomen/Substantive untereinander auf. Alle gesuchten Wörter haben einen Doppelkonsonanten.

b Verbinde jeweils ein „Bildwort" mit einem Nomen aus dem Kasten und schreibe es auf, z. B.: *die Kartoffelsuppe …*

| | | |
|---|---|---|
| Keller | Herren | Wasser |
| Suppe | Kaffee | Himmel |

**3** Suche dir aus den folgenden Kästen Wörter aus und formuliere mit ihnen fünf vollständige Sätze. Schreibe sie in dein Heft, z. B.: *Der Koffer ist zu voll.*

| | | |
|---|---|---|
| Gewitter Stoff Teppich Mann Essen Koffer Mütze Zettel Fluss Platz Pfütze Sessel Wissen | hell voll fett bitter nett billig dünn schlimm spannend | vergessen stellen bitten lassen schwimmen schmecken rennen sammeln rollen passen |

**4** Für Spezialisten: Die Wörter in beiden Kästen werden alle mit doppelten Konsonanten geschrieben. Erkläre den Unterschied.

| | |
|---|---|
| das Gewitter<br>der Herr<br>die Brille | der Festtag<br>der Feuerrauch<br>die Nebelleuchte |

**Tipp** Mit drei gleichen Konsonanten schreibt man: *Fetttropfen, Betttuch, Schifffahrt, Geschirrreiniger.*

## Station 2: Wörter mit h oder Doppelvokal

**1** a Übertrage die Tabelle in dein Heft und ordne die Wörter in die richtige Spalte ein (→ Hilfen im Buch, S. 299–300).

das Huhn das Gefühl hohl die Zahl zehn der Sohn belohnen der Stahl wahr kühl die Gefahr nehmen berühmt wählen mahnen das Benehmen zähmen

| Wörter mit hl | Wörter mit hm | Wörter mit hn | Wörter mit hr |
|---|---|---|---|
| … | … | *das Huhn* | … |

b Markiere bei den Wörtern in deiner Tabelle das **h** und den nachfolgenden Konsonanten.
c Suche für jede Spalte vier weitere Wörter mit einem **h** nach einem betonten langen Vokal.
d Ergänze den folgenden Rechtschreibtipp und schreibe ihn in dein Heft.
*Ein h nach einem langen betonten Vokal steht häufig vor den Buchstaben ? .*

**2** Ergänze bei den folgenden Stationen (A und B) zuerst den Rechtschreibtipp und schreibe ihn in dein Heft. Finde dann zu den Beispielwörtern passende Reimwörter und notiere die Wortpaare.

**A** *In den meisten Wörtern ist der betonte lange Vokal nur ein einfacher ? .*

Beispielwörter:
- der Dose – die ? (Kleidungsstück)
- der Mut – die ? (Zorn, Entrüstung)
- der Schlaf – das ? (Wolltier)
- leben – ? (in der Luft sein)

**B** *Es gibt nur wenige Wörter mit ? . Diese Wörter muss man sich gut merken.*

Beispielwörter:
- der Teer – das ? (Ozean)
- das Paar – das ? (Frisur)
- der See – der ? (Niederschlag aus Eiskristallen)

**3** Für Spezialisten: Verwende die Wörter in Beispielsätzen und erkläre ihre Bedeutung.

mahlen – malen die Wahl – der Wal
lehren – leeren das eine Mal – das Mahl
das Meer – mehr

**Tipp** Merkwörter mit langem Vokal:
*nämlich, nah, roh, ihn, ihm, ihnen, ihr*

## Station 3: Wörter mit langem i

**1** Auf dem Bild haben sich drei Lebewesen und sieben Dinge versteckt, die mit **ie** geschrieben werden. Finde sie und schreibe sie mit ihren Artikeln auf (→ Hilfen im Buch, S. 301).

**2** Einige Wörter mit betontem langem **i** werden nur mit einfachem **i** geschrieben. Es sind Fremdwörter. Sie enden auf *-ine*. Merke sie dir.
Schreibe den folgenden Text ab und ergänze dabei die Lücken.

Was gibt es heute in der Kant ? ? Jede Menge Vitam ? ! Apfels ? , Mandar ? , Auberg ? , Nektar ? , Sultan ? , Margar ? , Spülmasch ? – hoppla!

**3** Für Spezialisten: Verwende die Wörter in Beispielsätzen und erkläre ihre Bedeutung.

das Lied – das Lid die Miene – die Mine
der Stiel – der Stil wieder – wider

**Tipp** Merkwörter mit einfachem langem **i**:
*die Bibel, der Biber, die Brise, der Igel, das Klima, das Kino, die Krise, der Tiger*

## Station 4: Wörter mit s-Laut (s, ss oder ß)

**1** a Sucht euch eine Lernpartnerin oder einen Lernpartner, die/der auch an Station 4 die Schreibweise der s-Laute trainiert (→ Hilfen im Buch, S. 303–305).
b Schreibt den Satz „Ich packe meinen Koffer und nehme mit:" auf ein Blatt Papier. Jeder von euch schreibt jetzt abwechselnd auf, was er mitnehmen möchte. Packt aber nur Dinge mit einem s-Laut (**s**, **ss** oder **ß**) in euren Koffer.
*Ich packe meinen Koffer und nehme mit: eine Wasserflasche, ein Sonnensegel, einen Fußball …*
c Kontrolliert die Schreibung eurer Wörter mit einem Wörterbuch.

**2** Bilde möglichst viele Wörter mit **ß**. Achte bei den Nomen auf die Großschreibung.

spa- hei- grü- flei- au- flie- fü- grö- drei-

-ßig -ßen -ße -ßer

**3** a Für Spezialisten: Aus **ß** wird **ss**. Erkläre, warum.
b Verwende die Wörter in Beispielsätzen.

das Maß – messen fließen – geflossen
ich weiß – ich wusste
genießen – der Genuss ich ließ – lassen

## Station 5: Wörter mit ä und äu

**1** a *e* oder *ä*? *eu* oder *äu*? In jeder Reihe ist ein Wort falsch geschrieben. Mache die Ableitungsprobe und finde die Fehlerwörter.

b Schreibe die Fehlerwörter dann in der richtigen Schreibweise in dein Heft (→ Hilfen im Buch, S. 290).

- *warm → wärmen*
- *der Wall → die Wälle*
- *…*

| | | | |
|---|---|---|---|
| wärmen | Wälle | ~~wehlen~~ | wässrig |
| Stäbe | Städte | Stecker | Sterke |
| Räder | räumen | Reuber | Reue |
| kehren | kleren | ehren | lehren |
| mäßig | lestig | festlich | Kästchen |
| Feuer | Freunde | Freulein | Fäulnis |
| Beule | Beute | Geläute | Gebeude |

**2** Für Spezialisten: Verwende die Wörter in Beispielsätzen und erkläre ihre Bedeutung.

die Lerche – die Lärche die Ehre – die Ähre
der Segen – sägen die Stelle – die Ställe
die Beeren – die Bären

**Tipp** Merkwörter mit **ä**:
Geländer, Lärm, März, Käfer, Käse, während, Säule, Knäuel, spät, Träne

## Station 6: Wörter mit b, d, g im Auslaut

**1** Zerlege die folgenden Wörter. Entscheide dich dann für eine Schreibung, indem du die Verlängerungsprobe anwendest (→ Hilfen im Buch, S. 291). Schreibe in dein Heft, z. B.:
*das Win ? -rad → windig → das Windrad.*

das Win ? rad, das Holzstä ? chen die Ra ? kappe der Kle ? stoff
der Luf ? strom der Wer ? tag mö ? lich sie stei ? t
er befesti ? t sie fra ? t sie genehmi ? t tra ? bar

**2** Die folgenden Wörter reimen sich zwar, sie werden aber nicht alle gleich geschrieben. Mache die Verlängerungsprobe und schreibe die Wörter richtig in dein Heft.

Gel ? Hel ?
Zel ? Wel ?

Sie ? ich rie ?
Die ? lie ?

Zwer ? Ber ?
Wer ? Vermer ?

Hun ? bun ?
Grun ? wun ?

**3** Für Spezialisten: Verwende die folgenden Wörter in Beispielsätzen und erkläre ihre Bedeutung.

das Rad – der Rat wird – der Wirt
seid – seit

**Tipp** Merkwörter mit **b**, **d** und **g** am Wortende: *ab, ob, deshalb, und, sind, weg, irgend*

## Station 7: Großschreibung von Nomen/Substantiven

**1** Nomen kann man an verschiedenen Begleitwörtern erkennen (→ Hilfen im Buch, S. 308).

a Übertrage die Tabelle in dein Heft. Finde für jede Spalte der Tabelle Beispiele aus dem Diktattext (→ S. 311). Die Anzahl der Beispiele ist dir in jeder Spalte vorgegeben.
Nomen haben Begleitwörter:

| **Artikel** sechs Beispiele | **Präpositionen** (+ Artikel; im = in dem) vier Beispiele | **Pronomen** ein Beispiel | (Artikel +) **Adjektive** sechs Beispiele |
|---|---|---|---|
| *ein Aufwindkraftwerk* | ... | ... | ... |

b Markiere in deiner Tabelle die Begleitwörter, die den Nomen vorausgehen.

**2** Suche die Nomen aus der Wörterkette heraus und schreibe sie mit ihren Begleitwörtern auf.

MITEINEMAUFWINDKRAFTWERKKANNINDENSONNIGENGEGENDENUNSERERERDE-
STROMGEWONNENWERDEN

**3** Die folgenden Verben und Adjektive kannst du mithilfe der Nomenendungen *-ung, -heit, -keit, -nis* zu Nomen umformen. Manchmal gibt es mehrere Möglichkeiten.

erklären öffnen aufmerksam trocken frech führen sauber hindern erleben
biegen frei sparsam richten bohren steigen ereignen klebrig

**4** Für Spezialisten: Zerlege die Wörter in ihre Bausteine. Erkläre dann die Wortbildung, z. B.:
*landschaftlich: die Landschaft (Nomen) + Adjektivendung ...*

landschaftlich eigentümlich
Schönheit Lästigkeit

# 15 Allein und gemeinsam
## Erfolgreich lernen

**In diesem Kapitel …**

- lernst du, welche Aufgaben man am besten alleine und welche man besser in der Gruppe löst,
- bekommst du Tipps zur Gestaltung von Lernplakaten,
- erfährst du, wie man sich gegenseitig bei der Bearbeitung von Texten helfen kann,
- lernst du, in einem Lerntagebuch festzuhalten, was ihr gerade lernt.

**1** Beschreibe das Verhalten der Kinder auf dem Bild.

**2** a Nennt Arbeiten, die ihr schon in Gruppen erledigt habt.
b Diskutiert die Vor- und Nachteile von Gruppenarbeit, Partnerarbeit und Einzelarbeit. Welche Aufgaben kann man am besten alleine machen?

**3** Allein oder gemeinsam?
Sammle deine persönlichen Tipps, wie man etwas Neues am besten lernen kann.

# 15.1 Plakate gestalten
## Informationen anordnen

### Sich selbst ein Lernplakat erstellen

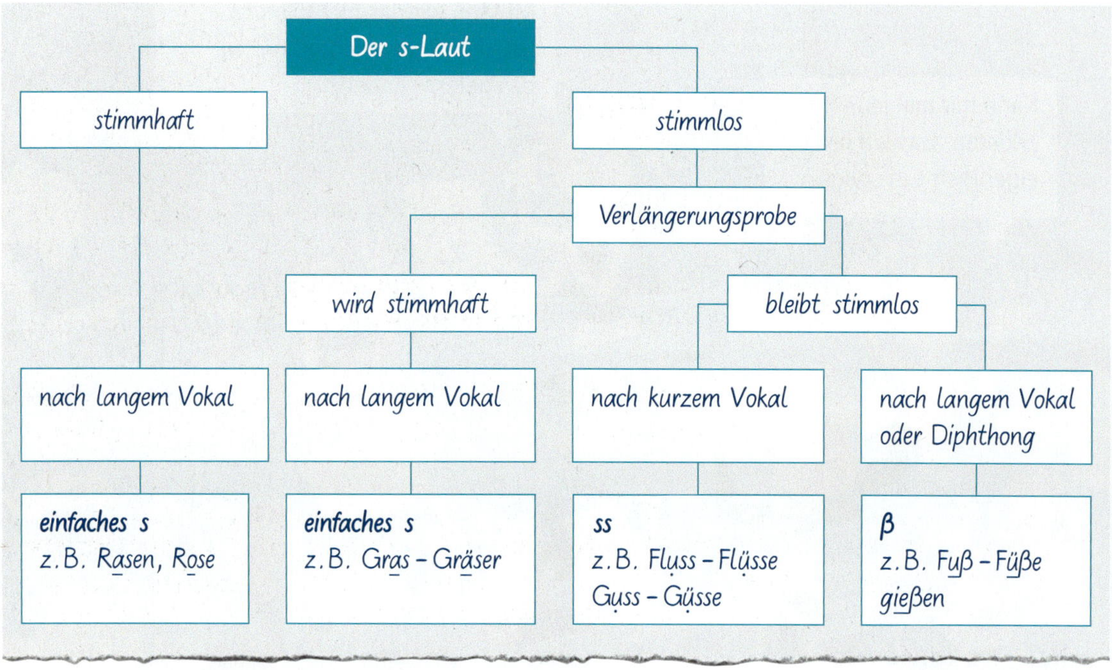


Lena will ihr Wissen über den s-Laut wiederholen und hat zu den Informationen von S. 288–292 ein Lernplakat erstellt.

1 Nenne Vorteile und Nutzen eines solchen Lernplakats.

2 Überlege dir, wo man ein solches Plakat am besten aufhängt.

3 Erstelle selbst ein Lernplakat zu den Zeitformen des Verbs (→ S. 243–247).

**Methode** Ein Lernplakat erstellen

- Notiere dir auf mehreren kleinen Zetteln alle wichtigen Informationen, die du auf dem Plakat unterbringen willst. Schreibe auf jeden Zettel nur eine Information.
- Lege die Zettel so auf dem Boden aus, dass sie sinnvoll angeordnet sind.
- Überlege nun, ob für dein Plakat ein Hoch- oder Querformat sinnvoller ist.
- Übertrage den Inhalt der Zettel in Stichpunkten auf das Plakat.
- Achte auf große und deutliche Schrift, damit man das Plakat auch aus einiger Entfernung gut lesen kann.
- Verbinde die Stichpunkte sinnvoll.
- Bringe das Plakat an einem Platz an, an dem du es gut sehen kannst.

## Im Team ein Informationsplakat erstellen

*Informationen zum Nashorn*

massiger Körper (1,5–3 Tonnen)

Höhe: ca. 1,50 m

Länge: bis 4 m

| Merkmale | Lebensweise | Nachwuchs |
|---|---|---|
| – sieht schlecht, aber hört und riecht sehr gut<br>– Geschwindigkeit: ca. 45 km/h<br>– Horn aus Keratin | – Einzelgänger<br>– in der Dämmerung und nachts aktiv | – Tragezeit 15–18 Monate<br>– etwa alle 3 Jahre ein Junges |

**1** Seht euch dieses Informationsplakat an. Wie ist es aufgebaut? Wie wurden Bild, Tabelle und Stichwörter angeordnet?

**2** Erstellt in Gruppen eigene Informationsplakate zu bedrohten Tierarten (→ Kap. 10). Nutzt dafür Informationen aus Büchern und dem Internet.

**3** Besprecht den Unterschied zwischen Lernplakaten und Informationsplakaten. Zu welchem Zweck werden sie jeweils erstellt?

**Methode** Ein Informationsplakat erstellen

- Suche zu deinem Thema Informationstexte, Bilder und Grafiken und werte sie aus.
- Ordne die Informationen, die du den Texten entnommen hast, nach Unterthemen.
- Schreibe zu jedem Unterthema auf einzelne Blätter einen kurzen Informationstext.
- Überlege, welche Abbildungen du verwenden willst.
- Schiebe die Texte und Abbildungen auf dem Plakat hin und her, bevor du sie aufklebst.
- Gib deinem Plakat einen Titel und gestalte ihn in gut lesbarer Schrift.

# 15.2 Schreibkonferenz
## Texte überarbeiten

| | |
|---|---|
| Rettet die Nashörner! | passt nicht zum Text |
| Auf der ganzen Welt gibt es vielleicht nur noch so etwa 12 000 bis 17 000, also etwa noch 15 000, Nashörner. | weglassen! |
| In Afrika gibt es zwei Arten von Nashörnern. In Afrika leben Spitzmaulnashörner. Sie werden auch schwarze Nashörner | Deine Sätze fangen alle gleich an. |
| genannt. In Afrika leben auch Breitmaulnashörner. Breitmaulnashörner werden auch weiße Nashörner genannt. Breitmaulnashörner und Spitzmaulnashörner haben je zwei | Wortwiederholung |
| Hörner. Die Hörner sind aus Keratin. Das ist der Stoff, der auch in unseren Haaren ist. Wegen der Hörner werden die Nashörner von Menschen gejagt. Sie machen Pulver aus den Hörnern. Das verkaufen sie dann als Medizin. | Hi, hi, ich habe ganz viele Hörner auf dem Kopf. Zusammenfassen! |
| Nashörner sind sehr schwer. Sie können trotzdem sehr schnell laufen. | Verbinden! |
| Nashörner haben einen dicken Körper und dicke Beine. Sie werden bis zu 4 Meter lang. Sie werden bis zu 1,5 Meter hoch. Ihr Horn wird durchschnittlich 60–70 cm lang. … | Das hätte ich nicht gewusst. Fang nicht schon wieder vom Horn an! |

Dieser Text über Nashörner wurde in einer Schreibkonferenz kommentiert und bearbeitet.

**1** Lies dir den Text und die Kommentare durch. Welche Kommentare sind besonders hilfreich, welche nicht? Begründe.

**2** Überarbeite den Text über das Nashorn. Die folgenden Tipps helfen dir dabei:

**Tipp 1** Ersatzprobe
Ersetze Wörter und Wortgruppen, die sich im Text wiederholen, durch andere Ausdrücke.

*In Afrika leben auch Breitmaulnashörner. Breitmaulnashörner werden auch weiße Nashörner genannt.*
*→ In Afrika leben auch Breitmaulnashörner. Diese werden auch weiße Nashörner genannt.*

**Tipp 2** Umstellprobe
Stelle Wörter und Wortgruppen im Satz um. So kannst du zum Beispiel Satzanfänge abwechslungsreich gestalten.

*In Afrika leben Spitzmaulnashörner. … In Afrika leben auch Breitmaulnashörner.*
*→ In Afrika leben Spitzmaulnashörner. … Auch Breitmaulnashörner leben dort.*

**Tipp 3** Weglassprobe
Streiche überflüssige Formulierungen.

*Auf der ganzen Welt gibt es vielleicht nur noch so etwa 12000 bis 17000, also etwa noch 15000, Nashörner.*
*→ Auf der ganzen Welt gibt es vielleicht nur noch 15000 Nashörner.*

**Tipp 4** Zusammenhänge deutlich machen
Versuche, einzelne Sätze durch Konjunktionen (Bindewörter) miteinander zu verknüpfen und so die Zusammenhänge deutlich zu machen. Denke an die Kommasetzung.

*Nashörner sind sehr schwer. Sie können trotzdem sehr schnell laufen.*
*→ Obwohl Nashörner sehr schwer sind, können sie sehr schnell laufen.*

Oft ist es leichter, fremde Texte zu verbessern als eigene, da man hier den nötigen Abstand hat. Immer, wenn ihr einen Text verfasst habt, könnt ihr euch in einer Schreibkonferenz gegenseitig helfen.

**Methode** Eine Schreibkonferenz durchführen

- Setzt euch in einer kleinen Gruppe (4–5 Personen) zusammen.
- Gebt eure Texte im Uhrzeigersinn weiter.
- Lest euch den Text gründlich durch und schreibt eure Fragen oder Anregungen an den Rand. Geht höflich und freundlich miteinander um. Schreibt euren Namen dazu, damit der Verfasser später nachfragen kann, wie ihr etwas gemeint habt.
- Gebt den Text wieder weiter, lest euch den nächsten Text und die Kommentare durch und ergänzt sie.
- Korrigiert auch die Rechtschreibung und die Zeichensetzung.
- Wiederholt diesen Vorgang so lange, bis wieder jeder seinen eigenen Text in Händen hält.
- Zum Schluss bearbeitet jeder seinen Text mithilfe der Anmerkungen. Dabei entscheidet jeder selbst, was er verbessern will.

**3** a Schreibe einen Informationstext über ein Tier, das dich interessiert.
b Führt im Anschluss eine Schreibkonferenz durch und überarbeitet eure Texte.

# 15.3 Lerntagebuch
## Über das Lernen nachdenken

Datum: 17.5.201* Thema: Texte verbessern Fach: Deutsch

**1. Das habe ich gelernt:**
Ersatzprobe, Umstellprobe, Weglassprobe und Konjunktionen helfen, den Text zu verbessern.
Vermeiden sollte man: Wortwiederholungen, …

**Das konnte ich schon:**
Rechtschreibung überprüfen
…

**2. Das ist mir noch unklar:**
…

**3. Mit wem oder wie kläre ich das Problem?**
…

**4. Das nehme ich mir vor:**
…

**5. Das war heute prima :**
Ich habe zwei Rechtschreibfehler ohne Hilfe gefunden und verbessert.

**1** Untersuche die Seite aus einem Lerntagebuch. Was wird alles festgehalten?

**2** Auch „Eselsbrücken" kannst du im Lerntagebuch notieren. Sammle möglichst viele „Eselsbrücken", die dir schon einmal geholfen haben, und erstelle eine Liste.

**3** a Schreibe einen eigenen Lerntagebuch-Eintrag zu einem Thema, das ihr gerade besprecht.
b Tauscht euch in Partnerarbeit über eure Einträge aus. Versucht, Dinge, die noch unklar sind, gemeinsam zu lösen.

**Methode** Tipps zum Lerntagebuch

- **Das habe ich gelernt:** Schreibe die wichtigsten Ergebnisse auf, notiere Regeln, „Eselsbrücken" oder fertige ein Schaubild oder eine Zeichnung an.
- **Das konnte ich schon:** Fasse zusammen, was du über das Thema bereits wusstest.
- **Das ist mir noch unklar:** Schreibe so genau wie möglich dein Problem mit dem Lernstoff auf. Formuliere Fragen, die du noch hast, oder notiere unklare Begriffe.
- **Mit wem oder wie kläre ich das Problem?:** Überlege, bei wem (z. B. Mitschüler/-in, Eltern, Lehrkraft) oder wie (z. B. Wörterbuch, Internet) Hilfe zu finden ist.
- **Das nehme ich mir vor:** Schreibe hier auf, was du noch wissen willst oder was du dir für die nächsten Tage vornimmst, z. B. ein Lernplakat zum Thema anfertigen, …
- **Das war …:** Was ist dir heute gut geglückt? Wo hattest du ein Erfolgserlebnis?

# Orientierungswissen

## Sprechen und zuhören

### Gesprächsregeln

→S. 33–35

Gespräche, in denen verschiedene Meinungen oder Wortbeiträge ausgetauscht werden, sollten nach bestimmten Regeln ablaufen, damit die Verständigung erleichtert wird.

Die wichtigsten Gesprächsregeln sind:
- Jede/r äußert sich nur zu dem Thema, um das es geht.
- Du meldest dich zu Wort und redest nicht einfach los.
- Du hörst den anderen Gesprächsteilnehmern aufmerksam zu.
- Du fällst den anderen Gesprächsteilnehmern nicht ins Wort.
- Niemand wird wegen seiner Äußerungen beleidigt, verspottet oder ausgelacht.
- Du befolgst die Hinweise des Gesprächsleiters oder der Gesprächsleiterin.

### Die eigene Meinung begründen

→S. 37–38

In einem Gespräch oder einer Diskussion gibt es oft unterschiedliche Meinungen zu einem Thema.

Um andere von der eigenen **Meinung** zu überzeugen, braucht man **gute Begründungen (Argumente)**, z. B.:
*Ich bin der Meinung, dass wir in den Zoo fahren sollten, weil man dort viele Tierarten kennen lernen kann.*
*Wir sollten unseren Klassenraum streichen, denn die alte Farbe hat Flecken.*

Eine Begründung (ein Argument) kannst du z. B. mit folgenden Wörtern **einleiten**:
*weil, da, denn, deshalb, nämlich.*

### Diskutieren

→S. 37–38

In einer Diskussion tauschen sich mehrere Personen zu einer Frage aus. Sie können dabei unterschiedliche Meinungen vertreten.

Diskussionsfrage, z. B.: *Sollen wir eine Klassenkasse anschaffen?*

- **Bilde dir eine Meinung** und drücke sie in einem Satz aus, z. B.:
  *Ich bin für die Anschaffung einer Klassenkasse.*
- **Begründe deine Meinung** durch Argumente, z. B.: *Ich bin für die Anschaffung einer Klassenkasse, weil wir mit dem Geld etwas gemeinsam unternehmen können.*
- Gehe in der Diskussion **auf die Meinung der anderen ein**, z. B.:
  *Was Tobias gesagt hat, finde ich gut, weil …*

# Schreiben

## Einen Bericht verfassen

→S. 16, 17, 24

Ein Bericht informiert über ein vergangenes Ereignis. Er beantwortet die wichtigsten **W-Fragen** (Wer? Was? Wann? Wo? Warum? Welche Folgen?). Ein Bericht ist **sachlich** geschrieben und enthält keine persönlichen Wertungen. Die Überschrift eines Berichts ist knapp und informativ. Berichte stehen fast immer im **Präteritum**.

## Einen persönlichen Brief schreiben

→S. 21–22, 28, 32

Briefe werden an einen oder mehrere Empfänger geschickt. Danach richten sich Inhalt und Wortwahl des Schreibens. Briefe sind nach dem folgenden Muster aufgebaut:

**Briefkopf**

**Ort und Datum**

*Delitzsch, den 1. Oktober 2012*

**Anrede**
Nach der Anrede setzt du entweder ein Ausrufezeichen und beginnst danach groß oder du setzt ein Komma und schreibst klein weiter.
Wenn du jemanden siezt, schreibst du die Anredepronomen groß, z. B.: *Sie, Ihnen, Ihr.* Sonst kannst du sie kleinschreiben, z. B.: *dir, dein, euch, euer.*

| | |
|---|---|
| *Liebe Frau Pütz,* | *Hallo Rudi!* |
| *sicher wollen **Sie** wissen, wie es mir geht.* | *Sicher bist **du** neugierig, wie es bei mir so läuft.* |

**Brieftext**
Gehe auf die Empfängerin/den Empfänger ein: Überlege, was sie/ihn interessiert.
Gliedere deinen Brief in Einleitung, Hauptteil und Schluss. Trenne die einzelnen Teile durch Absätze.
Sprich zu Beginn den Empfänger direkt an.
Beantworte Fragen und stelle selbst welche.
Schreibe über ein Erlebnis und teile Neuigkeiten mit.
Sage auch etwas über deine Gedanken und Gefühle.
Baue im Schlussteil Anreize ein, die die Empfängerin/den Empfänger dazu anregen, einen Antwortbrief zu schreiben. Stelle z. B. Fragen. Sende gute Wünsche.

*Vielen Dank für …*
*Wie geht es Ihnen/dir?*
*Ich habe mich so über … gefreut.*

*Die letzten Wochen waren …*
*Mir gefällt …*

*Wie war die erste Woche bei Ihnen/dir?*
*Haben Sie / Hast du schon …?*
*Ich hoffe, Sie melden sich bald. /*
*Ich hoffe, du meldest dich bald.*

**Grußformel und Unterschrift**
Die Grußformel und die Unterschrift stehen jeweils in einer eigenen Zeile. Am Ende setzt man weder Punkt noch Ausrufezeichen.

| | |
|---|---|
| *Herzliche Grüße* | *Liebe Grüße* |
| *Viele Grüße* | *Bis bald* |
| *Ihre Jana* | *dein Manuel* |

## Einen Vorschlag schriftlich begründen (Stellung nehmen)

→ S. 39–40

In einer Stellungnahme äußerst du dich zu einer Frage oder zu einem Thema (z. B.: *Wohin soll der Klassenausflug gehen? In das Erich-Kästner-Museum oder in den Kletterpark?*).
- Du bildest dir eine **Meinung** und formulierst sie in einem vollständigen Satz.
- Dann führst du **überzeugende Begründungen** (Argumente) für deine Meinung an.
- Zum Schluss **fasst** du deine **Meinung** oder deine Forderung/Bitte noch einmal **zusammen**.

Beispiel: Einen Vorschlag schriftlich begründen (in einem Brief)

| | |
|---|---|
| Ort und Datum | *Dresden, den 4. Oktober 2012* |
| Anrede | *Sehr geehrte Frau …, / Sehr geehrter Herr …,* |
| Meinung und | *Ich bin der Meinung, dass wir mit der Klasse in den Kletterpark fahren sollten.* |
| Begründung 1 | *Ich schlage das vor, weil …* |
| Begründung 2 | *Außerdem …* |
| Begründung 3 | *Ein weiterer Grund für dieses Ausflugsziel ist …* |
| Bitte oder Wunsch zusammenfassen | *Ich würde mich sehr freuen, wenn Sie meinen Vorschlag unterstützen würden und wir in den Kletterpark fahren.* |
| Grußformel | *Mit freundlichen Grüßen* |
| Unterschrift | *Katharina Theml* |

## Einen Leserbrief schreiben

→ S. 198–203

Ein Leserbrief nimmt **Bezug auf einen Artikel**, der in einer Zeitschrift/Zeitung erschienen ist. Die Verfasserin/Der Verfasser des Leserbriefs **äußert darin ihre/seine Meinung** zu einem Ereignis oder zu der Darstellung des Ereignisses in der Zeitschrift/Zeitung. Ein Leserbrief wird folgendermaßen aufgebaut:
- Im ersten Satz nennt man den Artikel (Autor, Titel, Ausgabe der Zeitschrift/Zeitung), auf den sich der Leserbrief bezieht.
- Man formuliert seine Meinung und begründet sie (→ S. 37, 39–40).
- Man schließt mit einer Schlussfolgerung, einer Frage oder einer Forderung ab.
- Unter den Leserbrief kommen Vor- und Zuname sowie Alter der Verfasserin/des Verfassers.

Der Leserbrief wird per Post oder als E-Mail an die Redaktion der Zeitschrift/Zeitung geschickt. Die Redaktion hat das Recht, ohne Genehmigung der Autorin / des Autors einen Leserbrief zu kürzen, wenn dieser zu lang ist.

# Erzählen

## Erlebnisse erzählen (Erlebniserzählung)

→ S. 53–58

Beim Erzählen wird ein wirkliches oder ein erdachtes Erlebnis wiedergegeben.
Eine Erzählung hat meist folgenden Aufbau (roten Faden):

- **Einleitung:** Mit der Einleitung führt man in die Handlung ein. Hier informiert man den Leser in der Regel über Ort (Wo?) und Zeit (Wann?) des Geschehens und stellt mindestens eine Hauptfigur (Wer?) vor. (→ Hinweise, wie du die Einleitung gestalten kannst, findest du auf S. 56.)
- **Hauptteil:** Im Hauptteil wird die Spannung schrittweise bis zum Höhepunkt der Geschichte gesteigert. Der Leser soll „mitfiebern", was nun passieren wird. (→ Wie du im Hauptteil spannend und anschaulich erzählen kannst, erfährst du auf S. 57.)
- **Schluss:** Am Schluss löst man die Spannung auf. Man kann erzählen, wie die Handlung ausgeht oder absichtlich den Ausgang offenlassen. (→ Welche Möglichkeiten es gibt, den Schluss einer Erzählung zu schreiben, erfährst du auf S. 58.)

Die **Überschrift** soll den Leser neugierig machen, aber noch nicht zu viel verraten.
Eine Geschichte wird in der Regel im **Präteritum** (1. Vergangenheit) erzählt, z. B.:
*ich schlief, ich hörte*.
Die Ich-Form eignet sich besonders gut zum Erzählen von Erlebnissen.

## Nach Bildern erzählen (Bildergeschichte)

→ S. 59–60

Auch Bilder können der Ausgangspunkt für eine Erzählung sein. Die vorgegebenen Bilder zeigen dir die wichtigsten Momente der Geschichte.

- Sieh dir jedes Bild genau an und finde heraus, worum es in der Bildergeschichte geht. Achte dabei auch auf Kleinigkeiten und schaue, welchen Gesichtsausdruck (Mimik) und welche Köpersprache (Gestik) die Figuren haben.
  **Tipp:** Stelle dir die Geschichte wie einen Film vor. In welchem Bild liegt der Höhepunkt?
- Sammle Ideen für eine Geschichte. Notiere zu jedem Bild einige Stichwörter.
- Plane den Aufbau deiner Geschichte, indem du die Erzählschritte in einem Schreibplan festlegst.
- Schreibe zu den Bildern eine spannende und anschauliche Erzählung mit Einleitung, Hauptteil und Schluss. Berücksichtige dabei die Hinweise zur Erlebniserzählung (siehe oben).

## Nach Reizwörtern erzählen (Reizwortgeschichte)

→ S. 61

Ähnlich wie bei den einzelnen Bildern einer Bildergeschichte stellen die Reizwörter verschiedene Schritte einer Erzählung dar. Dabei kannst du die einzelnen Schritte nach eigenen Ideen verknüpfen.
Beim Schreiben einer Reizwortgeschichte solltest du Folgendes beachten:

- Die Reizwörter sollen alle in der Geschichte vorkommen und eine besondere Rolle spielen. Die Reihenfolge der Reizwörter kannst du selbst festlegen.
- Sammle Ideen für eine Geschichte. Plane dann den Aufbau deiner Geschichte, indem du die Erzählschritte in einem Schreibplan festlegst.
- Schreibe mit den Reizwörtern eine spannende und anschauliche Erzählung mit Einleitung, Hauptteil und Schluss. Berücksichtige dabei die Hinweise zur Erlebniserzählung (siehe oben).

### Eine Nacherzählung schreiben

→ S. 105–108, 110–111

1 **Die Textvorlage verstehen:** Wenn du eine Geschichte nacherzählst, ist es wichtig, dass du die ursprüngliche Geschichte genau verstanden hast. Gehe so vor:
- Lies die Geschichte mehrmals und notiere in Stichwörtern Antworten zu den folgenden Fragen:
  - Wer sind die Hauptfiguren der Geschichte?
  - Wo (Ort) und wann (Zeit) spielt das Geschehen?
  - Was geschieht nacheinander (Handlung) und wo liegt der Höhepunkt der Geschichte?

2 **Die Nacherzählung schreiben:** Versetze dich beim Nacherzählen in die Ereignisse und die Figuren der Geschichte hinein. Gehe beim Schreiben so vor:
- Beachte die **richtige Reihenfolge der Erzählschritte**. Halte dich an den Handlungsverlauf der ursprünglichen Geschichte.
- Lass nichts Wichtiges weg und füge nichts hinzu.
- Erzähle **mit deinen eigenen Worten**.
- Schreibe **anschaulich und lebendig**. Gestalte den Höhepunkt der Geschichte besonders aus.
- Teile die **Gedanken** und die **Gefühle der Hauptfiguren** mit und verwende die **wörtliche Rede**.
- Verwende die **Zeitform der Textvorlage** (meist Präteritum).

## Beschreiben

### Eine Beschreibung erstellen

→ S. 75–90

In einer Beschreibung wird ein Tier, eine Person oder ein Vorgang (z. B. Bastelanleitung, Rezepte, Spielanleitung) so dargestellt, dass jemand, der das Beschriebene nicht kennt, eine genaue Vorstellung davon bekommt. Eine Beschreibung muss anschaulich, genau und frei von persönlichen Wertungen sein. Beschreibungen stehen im Präsens.

### Einen Steckbrief anfertigen

→ S. 78

In einem Tier-Steckbrief solltest du auf die folgenden Merkmale eingehen: Name/Rasse des Tieres (z. B.: *Labrador*), Größe / evtl. auch Gewicht (z. B.: *57 cm groß und 40 kg schwer*), Farbe (z. B.: *hellgelb*), Körperbau (z. B.: *muskulöser Hund, breiter Schädel …*), besondere Merkmale/Auffälligkeiten im Verhalten (z. B.: *Fleck auf der Zunge*).
Lege eine sinnvolle Reihenfolge für deine Angaben fest, z. B. von den wichtigen Merkmalen zu den weniger wichtigen. Verwende **passende Adjektive**, mit denen du das Tier anschaulich und genau beschreiben kannst, z. B.: *hellgelb, schneeweiß, klein, winzig, kugelrund.*

## Ein Tier beschreiben

→ S. 79–83, 88–90

Das Ziel einer Tierbeschreibung ist, dass sich andere, die das Tier nicht vor Augen haben, das beschriebene Tier genau vorstellen können. Achte bei deiner Beschreibung auf eine Ordnung:
- Beginne mit dem **Gesamteindruck** (z. B. Tierart, Name, ungefähre Größe und Gewicht, evtl. Alter).
- Beschreibe dann die **besonderen Merkmale** (z. B. Farbe und Länge des Fells, Kopfform, Augenfarbe …) von oben nach unten, also vom Kopf bis zu den Beinen.

**Sprachliche Mittel:**
- Verwende passende Adjektive, z. B.: *schneeweiß, klein, winzig, kugelrund.*
- Verwende an Stelle der Wörter *ist, sind* und *haben* treffende Verben, z. B.: *tragen, besitzen.*
- Formuliere deine Beschreibung im Präsens.

## Einen Vorgang beschreiben

→ S. 84–87

In einer Vorgangsbeschreibung beschreibst du einen Vorgang – etwas basteln, etwas kochen, ein Spiel oder einen Versuch durchführen – so genau, dass andere ihn selbst ausführen können.
- Formuliere **eine Überschrift**, die sagt, was hergestellt wird, z. B.: *Ein Futterhaus für Vögel.*
- Nenne in der **Einleitung** die notwendigen Materialien, z. B.: *einen Meter Kordel, …*
- Beschreibe im **Hauptteil** Schritt für Schritt den Ablauf des Vorgangs, z. B.: *Zuerst bemalst du den Blumentopf mit der Farbe. Danach nimmst du …*
- Zum **Schluss** kannst du einen **Tipp** zur Benutzung geben.

**Sprachliche Mittel:**
- Verwende nur **eine Form der Ansprache**: *Man benötigt …* oder *Du benötigst …*
- Mache die **Reihenfolge** der einzelnen Arbeitsschritte **deutlich**, z. B.: *zuerst, dann, danach …*
- Schreibe im **Präsens**.

# **Lesen** Umgang mit Texten und Medien

## Erzählung

Eine Erzählung ist eine Geschichte, in der von Ereignissen erzählt wird, die tatsächlich passiert oder erfunden sind.

### Erzählschritte in einer Geschichte

→ S. 138–141

Jede Geschichte besteht in der Regel aus mehreren Erzählschritten, die man auch **Handlungsabschnitte** nennt. Ein neuer Erzählschritt beginnt häufig dann, wenn z. B.:
- der Ort der Handlung wechselt, z. B.: *Auf der Insel angekommen …*
- ein Zeitsprung stattfindet, z. B.: *Am nächsten Morgen …*
- eine neue Figur auftaucht, z. B.: *Bald tauchte Ben Rogers auf …*
- die Handlung eine Wendung erfährt, z. B.: *Auf einmal …*
- ein Wandel in den Gedanken und Gefühlen der Hauptfigur stattfindet, z. B.: *Ich fühlte mich plötzlich leicht und fröhlich …*

### Die Figuren einer Geschichte

→ S. 93, 142–144

Die **Personen**, die **in einer Geschichte** vorkommen bzw. handeln, **nennt man Figuren**. Sie haben **bestimmte Eigenschaften und Absichten**. In vielen Geschichten gibt es eine **Hauptfigur**, über die der Leser besonders viel erfährt. Um eine Geschichte zu verstehen, solltest du dir ein klares Bild von den einzelnen Figuren machen.
Auch Tiere können handelnde Figuren in Erzähltexten sein, z. B. in einem Märchen.

### Ich-Erzähler oder Er-/Sie-Erzähler

→ S. 145–147

- Der **Ich-Erzähler / Die Ich-Erzählerin** ist selbst als handelnde Figur in das Geschehen verwickelt und schildert die Ereignisse aus seiner/ihrer persönlichen Sicht, z. B.: *An diesem Tag geschah etwas, was ich nie für möglich gehalten hätte. Meine Schwester hatte …*
- Der **Er-/Sie-Erzähler** ist nicht am Geschehen beteiligt. Er/Sie scheint über dem Geschehen zu schweben und erzählt von allen Figuren in der Er-Form bzw. in der Sie-Form, z. B: *An diesem Tag geschah etwas, was David nie für möglich gehalten hätte. Seine Schwester hatte …*

### Erzählweisen unterscheiden

→ S. 96, 140, 148–150

**Spannend** wird erzählt, wenn z. B.:
- Zeit und/oder Ort unheimlich wirken.
- von einer gefährlichen Situation erzählt wird.
- Rätselhaftes geschieht oder der Ausgang eines Geschehens ungewiss bleibt.
- spannungssteigernde Wörter und Wendungen verwendet werden, z. B.: *schlagartig, auf unheimliche Weise.*

**Lustig** wird erzählt, wenn z. B.:
- eine Situation zum Lachen reizt.
- eine Figur auftaucht, die durch Aussehen, Redeweise oder Verhalten komisch wirkt.
- lustige Namen verwendet werden.
- etwas stark übertrieben wird.
- eine Sprache verwendet wird, die nicht zur Situation passt.

## Schelmengeschichte

→ S. 91–96, 103–114

Eine Schelmengeschichte (auch Schwank genannt) ist eine **kurze, lustige Erzählung**. Sie handelt von einem witzigen Ereignis oder von einem Streich, der jemandem gespielt wird. Die **Helden sind Schelme und Narren**, die ihre Mitmenschen **mit einer List** hereinlegen und ihnen damit **eine Lehre erteilen**.
Wie ein Witz hat auch die Schelmengeschichte **einen lustigen Höhepunkt (Pointe)**, der meist darin besteht, dass der Schwächere (z. B. der Schelm oder der Knecht) den Stärkeren (z. B. den Gelehrten, den Reichen, den Herrn oder den König) an der Nase herumführt.

## Sage

→ S. 97–102

Die Sage ist **ursprünglich** eine **mündlich überlieferte Erzählung**, die häufig auf einen wahren Kern zurückgeht. Das bedeutet, dass sie mit **bestimmten Orten**, **geschichtlichen Ereignissen**, **Naturerscheinungen** oder **landschaftlichen Besonderheiten** verbunden ist. In der Sage können Zwerge, Elfen, Riesen, vermenschlichte Tiere oder Menschen mit übernatürlichen Fähigkeiten auftreten. Sie berichtet von wunderbaren, oft gruseligen Begebenheiten und außergewöhnlichen Ereignissen. Sehr bekannt sind die Geschichten der Volkshelden (z. B. Krabat), die in vergangenen Jahrhunderten lebten. Sie sind meist mit einer bestimmten Region (z. B. Lausitz) eng verbunden.

## Märchen

→ S. 115–136

Märchen haben immer wiederkehrende Merkmale, an denen man sie gut erkennen kann. Dabei sind natürlich nicht in jedem Märchen alle diese Merkmale zu finden.

**Ort und Zeit:**
- Ort und Zeitpunkt der Handlung sind nicht durch genaue Angaben festgelegt, z. B.: *hinter den sieben Bergen, vor langer Zeit.*

**Figuren:**
- Es treten typische Figuren auf, z. B.: *König und Königin, Prinz und Prinzessin, Handwerker und Bauern, die böse Stiefmutter*, aber auch fantastische Figuren, z. B.: *sprechende Tiere, Feen, Hexen, Riesen, Zwerge, Zauberer, Drachen.*
- Die Figuren sind auf wenige Eigenschaften festgelegt, z. B.: *die gute Fee, die böse Hexe.*

**Handlung:**
- Meist siegt am Ende das Gute und das Böse wird bestraft.
- Der Held/Die Heldin muss Prüfungen bestehen oder Aufgaben erfüllen (häufig drei).
- Im Märchen geschehen wunderbare Dinge: Tiere können sprechen, es gibt magische Gegenstände (z. B.: *ein Wundertisch, ein Zauberkästchen*) und Zauberei.

**Erzählweise:**
- Oft enthalten Märchen feste sprachliche Formeln, z. B.: *Es war einmal …, Und wenn sie nicht gestorben sind, …*
- Die Zahlen Drei, Sieben, Zwölf spielen häufig eine besondere Rolle, z. B. *drei Wünsche, sieben Zwerge, zwölf Gesellen.*
- Oft gibt es Reime oder Zaubersprüche, z. B.: *Ach wie gut, dass niemand weiß, dass ich Rumpelstilzchen heiß!*

## Gedichte

→ S. 159–174

### Besonderheiten der Gedichtform

**Strophe:** Eine Strophe ist ein Gedichtabschnitt, der aus mehreren Versen besteht. Die einzelnen Strophen eines Gedichts sind durch eine Leerzeile voneinander getrennt. Häufig bestehen Gedichte aus mehreren, gleich langen Strophen.

**Vers:** Die Zeilen eines Gedichts heißen Verse.

**Reim:** Oft werden die einzelnen Verse (Gedichtzeilen) durch einen Reim miteinander verbunden. Zwei Wörter reimen sich, wenn sie vom letzten betonten Vokal an gleich klingen, z. B.: *Haus – Maus, singen – entspringen.*
Die regelmäßige Abfolge von Endreimen ergibt verschiedene Reimformen. Dabei werden Verse, die sich reimen, mit den gleichen Kleinbuchstaben gekennzeichnet, z. B.:

- **Paarreim:** Wenn zwei aufeinanderfolgende Verse sich reimen, sprechen wir von einem Paarreim (a, a, b, b):
  ... Katertier a
  ... Kavalier a
  ... Garten b
  ... erwarten b
- **Kreuzreim:** Reimen sich – über Kreuz – der 1. und der 3. sowie der 2. und der 4. Vers, dann nennt man das Kreuzreim (a, b, a, b):
  ... verschieden a
  ... Bauch b
  ... zufrieden a
  ... auch b
- **umarmender Reim:** Wird ein Paarreim von zwei Versen umschlossen (umarmt), die sich ebenfalls reimen, heißt dies umarmender Reim (a, b, b, a):
  ... springen a
  ... Traum b
  ... Raum b
  ... singen a

### Besonderheiten der Sprache in Gedichten

**Sprachbilder:** In Gedichten findet man häufig bildhafte Wörter und Wendungen, auch Sprachbilder genannt. Beim Lesen und Hören lassen sich Sprachbilder mit Vorstellungen verbinden. Personifikation und Vergleich sind Formen von Sprachbildern.

**Personifikation:** In Naturgedichten werden oft Naturerscheinungen wie Jahreszeiten, Landschaften, Pflanzen, Tiere, Flüsse, Himmelskörper so beschrieben, als wären sie Menschen, z. B.: „Der Winter ist voll Grimm". Man nennt das Personifikation (Vermenschlichung).

**Vergleich:** Der Vergleich weist auf eine Gemeinsamkeit einer Person, eines Tieres, einer Jahreszeit, eines Gegenstands etc. mit einem anderen Wesen oder Gegenstand hin. Man erkennt den Vergleich am vorangestellten Wort *wie*, z. B.: „Tage wie Vögel".

## Theater

→ S. 175–186

In einem Theaterstück gibt es Rollen, die von Schauspielerinnen und Schauspielern gespielt werden. Die **Handlung** wird **durch** die **Gespräche** (Dialoge) zwischen den Personen auf der Bühne **dargestellt**. Im Theater sprechen die Schauspieler aber nicht nur ihren Text, sie gebrauchen auch ihre **Stimme** (Sprechweise und Betonung), ihre **Körpersprache** (Gestik) und ihren **Gesichtsausdruck** (Mimik), um Gefühle und Stimmungen auszudrücken.

**Wichtige Theaterbegriffe:**

- **Rolle:** Rolle nennt man die **Figur, die eine Schauspielerin oder ein Schauspieler in einem Theaterstück verkörpert**, z. B. die Rolle des Löwen, die Rolle des Ritters.
- **Szene:** Eine Szene ist ein kurzer, abgeschlossener Teil eines Theaterstücks. Eine Szene endet, wenn neue Figuren auftreten und/oder Figuren abtreten. Oft erlischt am Ende einer Szene auch die Bühnenbeleuchtung.
- **Regieanweisungen:** Regieanweisungen geben Hinweise darauf, wie die Figuren reden und sich verhalten sollen. Sie stehen oft in Klammern und/oder sind kursiv (schräg) gedruckt.
- **Improvisieren:** Improvisieren bedeutet, etwas spontan und unvorbereitet zu tun. Beim Theaterspielen spricht man auch vom „Spielen aus dem Stegreif".
- **Pantomime:** Bei einer Pantomime stellt man etwas ohne Worte, nur durch Mimik (Gesichtsausdruck) und Gestik (Körpersprache) dar.

## Sachtexte

→ S. 187–193

Sachtexte unterscheiden sich von literarischen Texten (z. B. einer Erzählung, einem Märchen oder einem Gedicht) dadurch, dass sie sich vorwiegend mit wirklichen (realen) Ereignissen und Vorgängen beschäftigen und informieren wollen.

Es gibt verschiedene Formen von Sachtexten, z. B. Lexikonartikel, Sachbuchtexte, Zeitungs- oder Zeitschriftenartikel, Beschreibungen eines Vorgangs (Gebrauchsanleitungen, Kochrezepte ...). Häufig findet man in Sachtexten Tabellen oder Grafiken (z. B. eine Landkarte, ein Diagramm), Fotos oder andere Abbildungen.

**Einen Sachtext lesen und verstehen (Fünf-Schritt-Lesemethode)**

1 **Lies** zunächst nur die **Überschrift** und die ersten drei bis fünf Zeilen des Textes. **Betrachte dann die Bilder.** Überlege, worum es in dem Text gehen könnte, und rufe dir ins Gedächtnis, was du vielleicht schon über das Thema weißt.

2 **Lies dann** den **gesamten Text** sorgfältig durch und mache dir klar, was das Thema des Textes ist. Kläre anschließend **unbekannte oder schwierige Wörter** aus dem Textzusammenhang, durch Nachdenken oder durch das Nachschlagen in einem Wörterbuch.

3 Lies den Text ein zweites Mal und **markiere die wichtigsten Schlüsselwörter**. Schlüsselwörter sind Wörter, die für die Aussage des Textes besonders wichtig sind und mit denen du die W-Fragen (Wer? Was? Wann? Wo? Warum? Welche Folgen?) beantworten kannst.

4 **Gliedere den Text in Sinnabschnitte** und gib jedem Abschnitt eine **treffende Überschrift**. Ein neuer Sinnabschnitt beginnt dort, wo ein neues Unterthema angesprochen wird.

5 **Fasse** die wichtigsten **Informationen** des Textes in wenigen Sätzen **zusammen**.

## Tabellen lesen

→S. 194–195

Beim Lesen einer Tabelle kannst du so vorgehen:

**1** Stelle fest, worüber die Tabelle informiert. Entweder gibt es für die gesamte Tabelle eine Überschrift oder die oberste Zeile der Tabelle bildet eine Art Überschrift.

**2** Verschaffe dir einen Überblick darüber, welche Informationen die Spalten (verlaufen von oben nach unten) und die Zeilen (verlaufen von links nach rechts) enthalten.

**3** Lies die Angaben in den einzelnen Feldern der Tabelle. Wozu macht die Tabelle Angaben? Gibt es Maßeinheiten in der Tabelle, z. B. Meter, Gewicht, Größe?

**4** Notiere deine Beobachtungen: Welche Angaben werden in der Tabelle gemacht?

## Grafiken entschlüsseln

→S. 196–197, 216

Beim Entschlüsseln einer Grafik kannst du so vorgehen:

**1** Stelle fest, worum es in der Grafik geht. Hierbei hilft dir die Überschrift, wenn es eine gibt.

**2** Untersuche, was in der Grafik dargestellt wird: Erklärt sie einen Vorgang, gibt sie ein Größenverhältnis an oder verdeutlicht sie eine Lage, wie z. B. eine Landkarte?

**3** Prüfe, ob die Grafik Farben, Beschriftungen oder Symbole enthält, die erklärt werden.

**4** Schreibe auf, worüber die Grafik informiert.

## Fernsehen

→S. 207–214

Bei Fernsehsendungen unterscheidet man Unterhaltungs- und Informationssendungen.
Zu den **Unterhaltungssendungen** gehören z. B. Fernsehserien, die entweder täglich oder wöchentlich gesendet werden, Fernsehshows (z. B. „Wer wird Millionär?“) und Fernsehfilme.
Zu den **Informationssendungen** zählen z. B. Nachrichtensendungen (wie die „Tagesschau“) und Dokumentationen (z. B. „Expeditionen ins Tierreich“).

## Fernsehserien

→S. 210–214

Serien werden im Fernsehen **täglich** oder **wöchentlich gesendet**.

**Die Figuren in einer Fernsehserie:**

- Oft gehören zwei Figuren zusammenen. Solche Paare können sich nahestehen, z. B. weil sie befreundet sind. Sie können aber auch Gegenspieler sein, zwischen denen es Streitigkeiten gibt.
- Häufig haben die Figuren klare Eigenschaften. Sie sind z. B. sehr schlau, sehr mutig, sehr gut oder sehr böse.

**Der Handlungsaufbau einer Serienfolge:**

- Die Handlung einer Serienfolge besteht meist aus mehreren Handlungssträngen, die im Wechsel gezeigt werden. In jedem Handlungsstrang wird eine kleine Geschichte erzählt.
- Einen neuen Handlungsstrang erkennt man z. B. daran, dass die Hauptfiguren wechseln oder andere Ereignisse im Vordergrund stehen.
- In einer Serienfolge werden nie alle Handlungsstränge beendet. Es bleiben immer Fragen offen oder Probleme ungelöst, damit man gespannt ist, wie es weitergeht.

# Nachdenken über Sprache

## Wortarten

**Das Nomen** (Plural: die Nomen) / **das Substantiv** (Plural: die Substantive) → S. 222–229

Die meisten Wörter in unserer Sprache sind Nomen/Substantive.
Nomen/Substantive bezeichnen:
- Lebewesen/Eigennamen, z. B.: *Frosch, Baum, Susanne*
- Gegenstände, z. B.: *Haus, Schreibtisch, MP3-Player*
- Begriffe (Gedanken, Gefühle, Zustände ...), z. B.: *Angst, Mut, Freude, Ferien, Freundschaft*

**Nomen/Substantive** werden immer **großgeschrieben**.
Sie werden häufig von Wörtern begleitet, an denen wir sie erkennen können, z. B. einem **Artikel** (der Hase, eine Uhr) oder einem Adjektiv (blauer Himmel, fröhliche Menschen).

**Das Genus** (grammatisches Geschlecht; Plural: die Genera) → S. 225

**Jedes Nomen/Substantiv hat ein Genus** (ein grammatisches Geschlecht), das man **an** seinem **Artikel erkennen** kann. Ein Nomen ist entweder
- ein **Maskulinum** (männliches Nomen), z. B.: *der Stift, der Regen, der Hund,*
- ein **Femininum** (weibliches Nomen), z. B.: *die Uhr, die Sonne, die Katze* oder
- ein **Neutrum** (sächliches Nomen), z. B.: *das Buch, das Eis, das Kind*.

Das **grammatische Geschlecht** eines Nomens stimmt **nicht immer** mit dem **natürlichen Geschlecht** überein, z. B.: *das Mädchen, das Kind*.

**Der Numerus** (Anzahl; Plural: die Numeri) → S. 226

Nomen/Substantive haben einen Numerus, d. h. eine Anzahl. Sie stehen entweder im
- **Singular** (Einzahl), z. B.: *der Wald, die Jacke, das Haus,* oder im
- **Plural** (Mehrzahl), z. B.: *die Wälder, die Jacken, die Häuser*.

**Der Kasus** (Fall; Plural: die Kasus, mit langem u gesprochen) → S. 227–229

In Sätzen erscheinen Nomen immer in einem bestimmten Kasus, das heißt in einem grammatischen Fall. **Im Deutschen gibt es vier Kasus.** Nach dem Kasus richten sich die Form des Artikels und die Endung des Nomens. Man kann den **Kasus** eines Nomens **durch Fragen ermitteln**:

| **Kasus** | **Kasusfrage** | **Beispiele** |
|---|---|---|
| 1. Fall: **Nominativ** | Wer ...? oder Was ...? | *Der Junge liest ein Buch.* |
| 2. Fall: **Genitiv** | Wessen ...? | *Das Buch des Jungen ist spannend.* |
| 3. Fall: **Dativ** | Wem ...? | *Ein Mädchen schaut dem Jungen zu.* |
| 4. Fall: **Akkusativ** | Wen ...? oder Was ...? | *Sie beobachtet den Jungen genau.* |

Meist ist der Kasus am veränderten Artikel des Nomens erkennbar, manchmal auch an der Endung des Nomens, z. B: *des Mannes, des Mädchens, den Kindern.*
Wenn man ein Nomen in einen Kasus setzt, nennt man das **deklinieren** (beugen).

## Der Artikel (Plural: die Artikel)

→ S. 223–224

Das Nomen/Substantiv tritt selten allein auf, sondern wird häufig von einem Artikel begleitet. Man unterscheidet zwischen dem bestimmten Artikel *(der, die, das)* und dem unbestimmten Artikel *(ein, eine, ein)*, z. B.:

| | bestimmter Artikel | unbestimmter Artikel |
|---|---|---|
| **männlich** | *der Stift* | *ein Stift* |
| **weiblich** | *die Uhr* | *eine Uhr* |
| **sächlich** | *das Buch* | *ein Buch* |

## Das Pronomen (Fürwort; Plural: die Pronomen)

→ S. 230–232

**Das Pronomen ist ein Stellvertreter, es vertritt oder begleitet ein Nomen.**
Es gibt verschiedene Arten von Pronomen.

**Das Personalpronomen** (persönliches Fürwort):

- Mit den Personalpronomen *(ich, du, er, sie, es, wir, ihr, sie)* kann man **Nomen/Substantive und Namen ersetzen**, z. B.:
  *Die Katze möchte ins Haus. Sie miaut. Schnell lassen wir sie herein.*

  *Paul rennt zum Bus. Er hat verschlafen und weiß, dass der Busfahrer nicht auf ihn wartet.*
- Personalpronomen werden wie Nomen/Sustantive dekliniert (gebeugt):

| | Singular | | | Plural | | |
|---|---|---|---|---|---|---|
| | **1. Pers.** | **2. Pers.** | **3. Pers.** | **1. Pers.** | **2. Pers.** | **3. Pers.** |
| 1. Fall: **Nominativ** | *ich* | *du* | *er/sie/es* | *wir* | *ihr* | *sie* |
| 2. Fall: **Genitiv** | *meiner* | *deiner* | *seiner/ihrer/seiner* | *unser* | *euer* | *ihrer* |
| 3. Fall: **Dativ** | *mir* | *dir* | *ihm/ihr/ihm* | *uns* | *euch* | *ihnen* |
| 4. Fall: **Akkusativ** | *mich* | *dich* | *ihn/sie/es* | *uns* | *euch* | *sie* |

**Das Possessivpronomen** (besitzanzeigendes Fürwort):

- Possessivpronomen *(mein/meine – dein/deine – sein/seine, ihr/ihre – unser/unsere – euer/eure – ihr/ihre)* **geben an, wem etwas gehört**, z. B.:
  *mein* Buch, *deine* Tasche, *unsere* Lehrerin.
- Possessivpronomen begleiten meist Nomen/Substantive und stehen dann im gleichen Kasus (Fall) wie das dazugehörige Nomen, z. B.:
  *Ich gebe meinen Freunden eine Einladungskarte.* (Wem? ⟶ Dativ)

## Das Adjektiv (das Eigenschaftswort; Plural: die Adjektive)

→ S. 233–235

Adjektive drücken aus, wie etwas ist. Mit Adjektiven können wir die Eigenschaften von Lebewesen, Dingen, Vorgängen, Gefühlen und Vorstellungen genauer beschreiben, z. B.: *der starke Wind, der schwache Wind, der eiskalte Wind.*
Adjektive werden **kleingeschrieben**. Adjektive, die vor einem Nomen stehen, haben den gleichen Kasus wie das Nomen: *der kalte See, die kalten Seen, des kalten Sees.*

### Steigerung der Adjektive

Adjektive kann man steigern (z. B.: *schön – schöner – am schönsten*). So kann man z. B. Dinge und Lebewesen miteinander vergleichen. Es gibt eine Grundform und zwei Steigerungsstufen:

| **Positiv (Grundform)** | **Komparativ (1. Steigerungsstufe)** | **Superlativ (2. Steigerungsstufe)** |
|---|---|---|
| *Lars ist groß.* | *Stefan ist größer.* | *Fabian ist am größten.* |

**Vergleiche mit *wie* und *als*:**

- Vergleiche mit dem Positiv werden mit *wie* gebildet, z. B.: *Tim ist genauso groß wie Yvonne.*
- Vergleiche mit dem Komparativ werden mit dem Vergleichswort *als* gebildet, z. B.: *Meine Schuhe sind kleiner als deine.*

## Die Präposition (das Verhältniswort; Plural: die Präpositionen)

→ S. 236

Präpositionen drücken Verhältnisse und Beziehungen zwischen Gegenständen und Personen aus. Oft drücken sie ein **örtliches** Verhältnis *(auf dem Dach, wo?)* oder ein **zeitliches** Verhältnis *(bis Mitternacht, wie lange?)* aus. Sie können aber auch einen **Grund** *(wegen der Hitze, warum?)* angeben oder die **Art und Weise** *(mit viel Energie, wie?)* bezeichnen.

| | |
|---|---|
| Örtliches Verhältnis: | *auf, in, hinter, neben, unter, vor, über, zwischen* |
| Zeitliches Verhältnis: | *nach, vor, seit, um, während, bis, in* |
| Angabe des Grundes: | *wegen, trotz, aufgrund* |
| Angabe der Art und Weise: | *ohne, mit* |

Präpositionen sind nicht flektierbar (nicht veränderbar). Die Präposition steht in der Regel vor einem Nomen (mit oder ohne Begleiter) oder Pronomen. Sie bestimmt den Kasus des nachfolgenden Wortes (oder der nachfolgenden Wortgruppe), z. B.: *mit dir, wegen des Regens, bei dem Schnee.*

## Die Konjunktion (das Bindewort; Plural: die Konjunktionen)

→ S. 279–283, 286

Konjunktionen verbinden Satzteile oder Teilsätze miteinander, z. B.: *Es gab Donner und Blitz. Er konnte nicht an der Wanderung teilnehmen, weil er sich den Fuß verstaucht hatte.*
Die häufigsten Konjunktionen sind: *und, oder, weil, da, nachdem.*

## Das Verb (Plural: die Verben)

→ S. 239–250

Mit Verben gibt man an, **was jemand tut** (z. B.: *laufen, reden, lachen*), **was geschieht** (z. B.: *regnen, brennen*) oder was ist (z. B.: *haben, sein, bleiben*). Verben werden **kleingeschrieben**.
- Der Infinitiv (die Grundform) eines Verbs endet auf *-en* oder *-n*, z. B.: *rennen, sagen, antworten, rudern, lächeln*.
- Wenn man ein Verb in einem Satz verwendet, bildet man die **finite Verbform** (Personalform des Verbs). Das nennt man **konjugieren (beugen)**, z. B.: *such-en* (Infintiv) ⟶ *Ich such-e den Schlüssel* (1. Person Singular). Die finite Verbform wird aus dem Infinitiv des Verbs gebildet. An den Stamm des Verbs wird dabei die passende Personalendung gehängt, z. B.: *trink-en* (Infintiv) ⟶ *Er trinkt* (3. Person Singular).

## Der Imperativ (Befehlsform des Verbs; Plural: die Imperative)

→ S. 241

Die Aufforderungsform oder Befehlsform eines Verbs nennt man Imperativ. Man kann eine Aufforderung oder einen Befehl an eine Person oder an mehrere Personen richten. Dementsprechend gibt es den Imperativ Singular (*„Bitte komm!", „Lauf weg!"*) und den Imperativ Plural (*„Bitte kommt!", „Lauft weg!"*).
- Der **Imperativ Singular** besteht aus dem Stamm des Verbs *(schreiben ⟶ schreib!)*, manchmal wird die Endung *-e* angehängt *(reden ⟶ rede!)* oder es ändert sich der Stammvokal von *e* zu *i (geben ⟶ gib!)*.
- Der **Imperativ Plural** wird in der Regel durch den Stamm des Verbs mit der Endung *-t* gebildet *(schreiben ⟶ schreibt!, reden ⟶ redet!, lesen ⟶ lest!)*.

## Die Tempora (Zeitformen) der Verben

→ S. 242–248

Verben kann man in verschiedenen Zeitformen (Tempora) verwenden, z. B. im Präsens, im Präteritum, im Futur. Die Zeitformen (Tempora, Singular: das Tempus) der Verben sagen uns, wann etwas passiert, z. B. in der Gegenwart, in der Vergangenheit oder in der Zukunft.

### Das Präsens

1 Das Präsens wird verwendet, wenn etwas in der **Gegenwart** (in diesem Augenblick) geschieht, z. B.: *Er schreibt gerade einen Brief.* (Es geschieht in diesem Augenblick.)

2 Im Präsens stehen auch **Aussagen, die immer gelten**, z. B.: *Suppe isst man mit dem Löffel.* (Es ist immer gültig.)

3 Man kann das Präsens auch verwenden, **um etwas Zukünftiges auszudrücken**. Meist verwendet man dann eine Zeitangabe, die auf die Zukunft verweist, z. B.: *Morgen gehe ich ins Kino.*

Das Präsens wird gebildet durch den Stamm des Verbs und die entsprechenden Personalendungen, z. B.: *ich schreib-e, du schreib-st, …*

**Das Futur** (die Zukunftsform)
Das Futur wird verwendet, um ein zukünftiges Geschehen auszudrücken, z. B.:
*In den Sommerferien werde ich häufig ins Freibad gehen.*
Das Futur wird gebildet durch: Personalform von *werden* im Präsens + Infinitiv des Verbs, z. B.:
*Ich werde anrufen, du wirst anrufen, …*

### Das Perfekt

Wenn man mündlich von etwas Vergangenem erzählt oder berichtet, verwendet man häufig das Perfekt, z. B.: *Ich habe gerade etwas gegessen. Er ist nach Hause gekommen.*
Das Perfekt ist eine **zusammengesetzte Vergangenheitsform,** weil es mit einer Form von *haben* oder *sein* im Präsens (z. B.: *hast, sind*) und dem **Partizip II des Verbs** *(z. B.: gesehen, aufgebrochen)* gebildet wird.
- Das Partizip II beginnt meist mit *ge-*, z. B.: *lachen ⟶ gelacht; gehen ⟶ gegangen.*
- Wenn das Verb schon eine Vorsilbe hat *(ge-, be-* oder *ver-)*, bekommt das Partizip II keine mehr, z. B.: *gelingen ⟶ gelungen; beschweren ⟶ beschwert; verlieren ⟶ verloren.*

### Das Präteritum

Das Präteritum ist eine **einfache Zeitform der Vergangenheit**. Diese Zeitform wird vor allem in schriftlichen Erzählungen (z. B. in Märchen, in Geschichten) und in Berichten verwendet, z. B.: *Sie lief schnell nach Hause, denn es regnete in Strömen.*
Man unterscheidet:
- **regelmäßige (schwache) Verben:** Bei den regelmäßigen Verben ändert sich der Vokal *(a, e, i, o, u)* im Verbstamm nicht, wenn das Verb ins Präteritum gesetzt wird, z. B.: *ich lache* (Präsens) ⟶ *ich lachte* (Präteritum),
- **unregelmäßige (starke) Verben:** Bei den unregelmäßigen Verben ändert sich im Präteritum der Vokal *(a, e, i, o, u)* im Verbstamm, z. B.: *ich singe* (Präsens) ⟶ *ich sang* (Präteritum); *ich laufe* (Präsens) ⟶ *ich lief* (Präteritum).

### Das Plusquamperfekt

Wenn etwas vor dem passiert, wovon im Präteritum oder im Perfekt erzählt wird, verwendet man das Plusquamperfekt. Das Plusquamperfekt wird deshalb auch **Vorvergangenheit** genannt, z. B.: *Nachdem sie mit dem Fallschirm sicher gelandet war, jubelten die Menschen.*
Das Plusquamperfekt ist wie das Perfekt eine zusammengesetzte Vergangenheitsform, weil es mit einer Form von *haben* oder *sein* im Präteritum (z. B.: *hatte, war*) und dem Partizip II des Verbs (z. B.: *gelesen, aufgebrochen*) gebildet wird, z. B.: *Nachdem wir etwas gegessen hatten, gingen wir in den Zoo. Nachdem wir alle pünktlich angekommen waren, ging es los.*
**Tipp:** Die Konjunktion *nachdem* leitet oft einen Satz im Plusquamperfekt ein.

# Wortbildung und Wortbedeutung

### Zusammensetzungen

→ S. 252

Zwei oder mehr selbstständige Wörter können zu einem neuen Wort zusammengesetzt werden. Dieses besteht aus einem **Bestimmungswort** und einem **Grundwort**. Das Grundwort steht immer an zweiter Stelle und bestimmt die Wortart des neuen Wortes. Es wird durch das Bestimmungswort näher beschrieben, z. B.: *die Ledertasche, die Schultasche.* Manchmal muss ein **Fugenelement**, z. B. *-(e)s-, -(e)n-* oder *-er-*, zwischen Bestimmungs- und Grundwort eingefügt werden, z. B.: *der Tag + der Ausflug = der Tagesausflug, die Freude + der Tanz = der Freudentanz.*

### Ableitungen

→S. 253

Ableitungen setzen sich aus einem **Wortstamm** und einem **Suffix** (= Nachsilbe) und/oder einem **Präfix** (= Vorsilbe) zusammen.
An Suffixen wie *-heit, -keit, -ung, -schaft, -nis, -tum* erkennt man **Nomen** (z. B. *das Zeugnis*), an Suffixen wie *-ig, -lich, -isch, -sam, -haft, -bar* erkennt man **Adjektive** (z. B. *sagenhaft*). Durch das Anfügen von Präfixen wie *be-, ver-, miss-, er-, zer-, ent-* verändern **Verben** ihre Bedeutung (z. B. *missverstehen*).

### Wortfamilien

→S. 254

Eine **Wortfamilie** besteht aus Wörtern verschiedener Wortarten, die denselben **Wortstamm** haben. Dabei kann der Wortstamm unveränderlich und veränderlich sein, z. B.:
- unveränderlicher Wortstamm: *reden, die Ausrede, sich verabreden, redselig,*
- veränderlicher Wortstamm: *sprechen, die Sprache, sprachlos, der Spruch.*

Wörter einer Wortfamilie können **Zusammensetzungen** (z. B. *der Schulfreund*) und **Ableitungen** (z. B. *freundlich*) sein.

### Wortfelder

→S. 255

Wörter ein und derselben Wortart, die eine **ähnliche Bedeutung** haben, bilden ein **Wortfeld**, z. B.: *kühl, nass, windig, stürmisch, regnerisch, ungemütlich.* Je mehr Wörter eines Wortfeldes man kennt, desto genauer und abwechslungsreicher kann man sich ausdrücken. Mithilfe von **Oberbegriffen** und **Unterbegriffen** kann man Wortfelder übersichtlich untergliedern.

### Entstehungsmerkmale von Namen

→S. 257–258

Entstehungsmerkmale für **Vornamen**:
- Tierbezeichnungen, z. B.: *Eberhard, Wolfgang*
- Eigenschaften, z. B.: Tapferkeit wie in *Hartmut* (althochdeutsch: *hartig = hart, stark*)
- Übernahme aus anderen Sprachen, z. B.: *Elisabeth* (hebräisch), *Dorothea* (griechisch)

Entstehungsmerkmale für **Familiennamen**:
- Beruf oder besondere Eigenschaft, z. B.: *Fleischer, Schneider, Förster, Kühn, Klein*
- Herkunft oder Wohnort, z. B.: *Feldmann, Busch, Sachse*
- Vornamen als Familiennamen, z. B.: *Hartmann, Wenzel, Heinrich, Friedrich*

### Ortsnamen

→S. 259

Die meisten Ortsnamen sind vor langer Zeit entstanden und verweisen oft auf eine **Besonderheit der Ortschaft**. Manche Ortsnamen sind durch **Zusammensetzung** von Grund- und Bestimmungswort (und Fugenelement) entstanden, z. B.: *Eber-s-walde*.
In den östlichen Teilen Deutschlands gibt es viele Namen slawischer Herkunft, die man an bestimmten Endungen erkennen kann, z. B.:
*-in, -en: Berlin, Templin, Dresden, Bautzen*
*-ow: Pankow, Beeskow, Seelow*
*-itz, -itzsch, -witz: Kyritz, Schkeuditz, Delitzsch, Zinnowitz*

# Satzglieder

## Wortart und Satzglied

Beachte den Unterschied zwischen Wortarten und Satzgliedern: Einzelne Wörter kann man nach ihrer Wortart bestimmen, Satzglieder sind die Bausteine in einem Satz. Oft besteht ein Satzglied aus mehreren Wörtern. Man merkt das, wenn man versucht, die Satzglieder eines Satzes umzustellen (→ Umstellprobe, S. 266, 274).

| Nomen | Verb | Pronomen | Präposition | Nomen | **Wortarten** |
|---|---|---|---|---|---|
| *Thomas* | *trifft* | *ihn* | *zu* | *Hause.* | |
| Subjekt | Prädikat | Akkusativ-Objekt | adverbiale Bestimmung des Ortes | | **Satzglieder** |

## Satzglieder erkennen: Die Umstellprobe → S. 266, 274

**Ein Satz besteht aus verschiedenen Satzgliedern.** Diese Satzglieder können aus einem einzelnen Wort oder aus mehreren Wörtern (einer Wortgruppe) bestehen.
Mit der **Umstellprobe** kannst du feststellen, wie viele Satzglieder ein Satz hat. Wörter und Wortgruppen, die bei der Umstellprobe immer zusammenbleiben, bilden ein Satzglied, z. B.:

Seit 3000 Jahren überfallen Piraten fremde Schiffe.
Piraten überfallen fremde Schiffe seit 3000 Jahren.

## Das Prädikat (Plural: die Prädikate) → S. 267

Das Prädikat bildet zusammen mit dem Subjekt den **Satzkern**. Prädikate werden mit Verben gebildet. In einem Aussagesatz steht die finite Verbform (die Personalform des Verbs) **immer an zweiter Satzgliedstelle**, z. B.: *Oft zeichnen Piraten eine Schatzkarte. So finden sie später ihr Beute.* Das Prädikat kann mehrteilig sein, z. B.: *Die Piraten kommen auf der Insel an. Die Piraten haben das Schiff überfallen.*

## Das Subjekt (Plural: die Subjekte) → S. 268

Das Satzglied, das in einem Satz angibt, wer oder was etwas tut, veranlasst, handelt …, heißt Subjekt (Satzgegenstand), z. B.: *Der Pirat versteckt auf der Insel einen Schatz.*

- Du ermittelst es mit der Frage: **Wer …? oder Was …?**, z. B.:
  *Wer versteckt auf der Insel einen Schatz? ⟶ Der Pirat versteckt auf der Insel einen Schatz.*
- Das Subjekt eines Satzes kann aus einem oder aus mehreren Wörtern bestehen, z. B.:
  *Was liegt unter der Erde? ⟶ Die alte, verwitterte Schatztruhe liegt unter der Erde.*
- Das Subjekt eines Satzes **steht immer im Nominativ** (1. Fall, → S. 236).

## Die Objekte

→ S. 269–270

- **Akkusativ-Objekt:** Das Objekt, das im Akkusativ steht, heißt Akkusativ-Objekt.
  Du ermittelst es mit der Frage: **Wen …? oder Was …?**, z. B.:
  *Wen oder was suchen die Piraten? ⟶ Die Piraten suchen den Schatz.*
- **Dativ-Objekt:** Das Objekt, das im Dativ steht, heißt Dativ-Objekt.
  Du ermittelst es mit der Frage: **Wem …?**, z. B.:
  *Wem stehlen die Piraten den Schatz? ⟶ Die Piraten stehlen ihren Opfern den Schatz.*

Objekte können aus einem oder aus mehreren Wörtern bestehen.

## Das Prädikativ

→ S. 270

Das Verb *sein* verlangt neben dem Subjekt ein weiteres Satzglied, das **Prädikativ**.
Das Prädikativ kann ein Nomen oder ein Adjektiv sein, z. B.:
*Er ist der Klassensprecher. Ich bin sportlich.*
Das Prädikativ ergänzt das Prädikat (Verb) und bezieht sich zugleich auf das Subjekt des Satzes.
Weitere Verben, die häufig ein Prädikativ verlangen, sind: *bleiben, werden, heißen.*

## Die adverbialen Bestimmungen

→ S. 271–272

- **Adverbiale Bestimmungen** (Umstandsbestimmungen) sind Satzglieder, die man z. B mit den Fragen **Wann …? Wo …? Warum …? Wie …?** ermittelt. Sie liefern zusätzliche **Informationen über den Ort** (adverbiale Bestimmung des Ortes), **über die Zeit** (adverbiale Bestimmung der Zeit), **über den Grund** (adverbiale Bestimmung des Grundes) und **über die Art und Weise** (adverbiale Bestimmung der Art und Weise) eines Geschehens oder einer Handlung.
- Adverbiale Bestimmungen können aus einem oder aus mehreren Wörtern bestehen.
- Durch die Frageprobe kann man ermitteln, welche adverbiale Bestimmung vorliegt.

| Frageprobe | Satzglied | Beispiel |
|---|---|---|
| Wo? Wohin? Woher? | **adverbiale Bestimmung des Ortes** | *Wo liegt der Schatz?* *Der Schatz liegt hinter der Holzhütte.* |
| Wann? Wie lange? Seit wann? | **adverbiale Bestimmung der Zeit** | *Wann wurde der Schatz versteckt?* *Der Schatz wurde vor 200 Jahren versteckt.* |
| Warum? Weshalb? | **adverbiale Bestimmung des Grundes** | *Warum brachen sie die Schatzssuche ab?* *Wegen der Dunkelheit brachen sie die Schatzsuche ab.* |
| Wie? Auf welche Weise? Womit? | **adverbiale Bestimmung der Art und Weise** | *Wie werden sie die Schatztruhe öffnen?* *Sie werden die Schatztruhe gewaltsam öffnen.* |

## **Das Attribut** (Beifügung; Plural: Die Attribute)

→ S. 273

**Attribute** sind die Teile in einem Satz, die einem Nomen/Substantiv beigefügt sind und zu einer näheren Bestimmung dienen. Attribute gehören zum Nomen, das sie näher bestimmen. Deshalb bezeichnet man sie als **Satzgliedteile**. Attribute stehen vor oder hinter ihren Bezugswörtern. Sie bleiben bei der Umstellprobe fest mit dem Bezugswort (dem Nomen) verbunden. Man kann sie mit *Welche(-r, -s)?* oder *Was für ein(e)?* erfragen, z. B.:

| | |
|---|---|
| *ein wertvoller Schatz* | *Was für ein Schatz?* |
| *die Kiste voller Edelsteine und Diamanten* | *Welche Kiste?* |

## Proben

→ S. 266, 274–275, 285

**1 Umstellprobe: Satzanfänge abwechslungsreich gestalten**

Durch die Umstellprobe kannst du deine Texte abwechslungsreicher gestalten. Du stellst z. B. die Satzglieder so um, dass die Satzanfänge nicht immer gleich sind, z. B.:

*Ich habe mir heute eine Überraschung ausgedacht. Ich will eine Schatzsuche veranstalten.*

⟶ *Heute habe ich mir eine Überraschung ausgedacht. Ich will eine Schatzsuche veranstalten.*

**2 Ersatzprobe: Wortwiederholungen vermeiden**

Mit der Ersatzprobe kannst du Satzglieder, die sich in deinem Text häufig wiederholen, durch andere Wörter ersetzen, z. B.:

*Ich kenne ein Spiel. ~~Das Spiel~~ (⟶ Es) kommt aus Indien.*

*Zuerst zeichnet man ein Spielbrett. Danach ~~zeichnet~~ (⟶ erstellt) man die Spielsteine.*

**3 Weglassprobe: Texte straffen, Wiederholungen vermeiden**

Mit der Weglassprobe kannst du prüfen, welche Wörter in einem Text gestrichen werden sollten, weil sie überflüssig sind oder umständlich klingen, z. B.:

*Als wir den Schatz fanden, jubelten wir vor Freude ~~über den gefundenen Schatz~~.*

**4 Erweiterungsprobe: Genau und anschaulich schreiben**

Mit der Erweiterungsprobe kannst du prüfen, ob eine Aussage genau genug oder anschaulich genug ist oder ob du noch etwas ergänzen solltest, z. B.:

V *Ich wünsche mir ein Buch* V. ⟶ *Zum Geburtstag wünsche ich mir ein Buch über Piraten.*
Wann? Worüber?

# Sätze

## Satzarten

→ S. 277–284

Je nachdem, ob wir etwas aussagen, fragen oder jemanden auffordern wollen, verwenden wir unterschiedliche Satzarten: Aussagesatz, Fragesatz und Aufforderungssatz.
In der gesprochenen Sprache erkennen wir die verschiedenen Satzarten oft an der Stimmführung, in der geschriebenen Sprache an den unterschiedlichen Satzschlusszeichen: Punkt, Fragezeichen und Ausrufezeichen.

1 Nach einem **Aussagesatz** steht ein **Punkt**, z. B.: *Ich gehe jetzt ins Schwimmbad.*
2 Nach einem **Fragesatz** steht ein **Fragezeichen**, z. B.: *Hast du heute Nachmittag Zeit?*
3 Nach einem **Ausrufe- oder Aufforderungssatz** steht meist ein **Ausrufezeichen**, z. B.: *Vergiss die Sonnencreme nicht! Beeilt euch!*

## Die Satzreihe/Satzverbindung: Hauptsatz + Hauptsatz

→ S. 279, 283, 284

- Ein **Hauptsatz** ist ein selbstständiger Satz. Er enthält mindestens zwei Satzglieder, nämlich Subjekt und Prädikat, z. B.: *Peter schwimmt.*
  Die finite Verbform (Personalform des Verbs) steht im Hauptsatz an zweiter Satzgliedstelle, z. B.: *Peter schwimmt im See.*
- Ein **Satz**, der **aus zwei oder mehr Hauptsätzen** besteht, wird **Satzreihe/Satzverbindung** genannt. Die einzelnen Hauptsätze einer Satzreihe/Satzverbindung werden durch ein **Komma** voneinander getrennt, z. B.:
  *Peter schwimmt im See, Philipp kauft sich ein Eis.*
- Häufig werden die Hauptsätze durch die nebenordnenden **Konjunktionen** (Bindewörter) *und, oder, aber, sondern, denn, doch* verbunden, z. B.: *Peter schwimmt im See, denn es ist sehr heiß.*
  Nur vor den Konjunktionen *und* bzw. *oder* darf das Komma wegfallen, z. B.:
  *Peter schwimmt im See und Philipp kauft sich ein Eis.*

## Satzgefüge: Hauptsatz + Nebensatz

→ S. 280–284

Einen **Satz**, der aus mindestens einem **Hauptsatz** und mindestens einem **Nebensatz** besteht, nennt man **Satzgefüge**. Zwischen Hauptsatz und Nebensatz muss **immer ein Komma** stehen, z. B.:

| *Wir gehen heute ins Schwimmbad* | , | *weil die Sonne scheint.* |
|---|---|---|
| Hauptsatz | | Nebensatz |

In einem Satzgefüge kann der Nebensatz vor, zwischen oder nach dem Hauptsatz stehen (→ S. 281).

**Nebensätze haben folgende Kennzeichen:**

- Ein Nebensatz kann **nicht ohne** einen **Hauptsatz** stehen.
- Der Nebensatz **ist dem Hauptsatz untergeordnet** und wird durch eine unterordnende **Konjunktion** (Bindewort) **eingeleitet**, z. B.: *weil, da, obwohl, damit, dass, sodass, nachdem, während.*
- Die **Personalform des Verbs** (das gebeugte Verb) steht im Nebensatz immer **an letzter Satzgliedstelle**.

# Zeichensetzung

## Satzschlusszeichen

→ S. 277–278

1 Nach einem **Aussagesatz** steht ein **Punkt**, z. B.: *Ich gehe jetzt ins Schwimmbad.*
2 Nach einem **Fragesatz** steht ein **Fragezeichen**, z. B.: *Hast du heute Nachmittag Zeit?*
3 Nach einem **Ausrufe- oder Aufforderungssatz** steht meist ein **Ausrufezeichen**, z. B.: *Vergiss die Sonnencreme nicht! Beeilt euch!*

## Das Komma zwischen Sätzen

→ S. 279–282

Die einzelnen **Hauptsätze einer Satzreihe** werden durch ein **Komma** voneinander getrennt, z. B.: *Peter schwimmt im See, Philipp kauft sich ein Eis.*
Nur vor den Konjunktionen *und* bzw. *oder* darf das Komma wegfallen, z. B.: *Peter schwimmt im See und Philipp kauft sich ein Eis.*
**Zwischen Hauptsatz und Nebensatz** muss **immer ein Komma** stehen, z. B.:

| *Wir gehen heute ins Schwimmbad* | , | *weil die Sonne scheint.* |
|---|---|---|
| Hauptsatz | | Nebensatz |

In einem Satzgefüge kann der Nebensatz vor, zwischen oder nach dem Hauptsatz stehen.

*Tina und Florian möchten am Wochenende eine Kanutour machen,* (HS) *wenn die Sonne scheint.* (NS)

*Tina und Florian möchten am Wochenende,* (HS) *wenn die Sonne scheint,* (NS) *eine Kanutour machen.* (HS)

*Wenn die Sonne scheint,* (NS) *möchten Tina und Florian am Wochenende eine Kanutour machen.* (HS)

Der Nebensatz **ist dem Hauptsatz untergeordnet** und wird durch eine unterordnende **Konjunktion** (Bindewort) **eingeleitet**, z. B.: *weil, da, obwohl, damit, dass, sodass, nachdem, während.*

## Zeichensetzung bei der wörtlichen Rede

→ S. 60

Die wörtliche Rede steht in einem Text in Anführungszeichen. Die Satzzeichen ändern sich, je nachdem, ob der Redebegleitsatz vor, nach oder zwischen der wörtlichen Rede steht.

- Der **Redebegleitsatz vor der wörtlichen Rede** wird durch einen Doppelpunkt von der wörtlichen Rede abgetrennt, z. B.: *Tina rief: „Oh weh!"*
- Der **Redebegleitsatz nach der wörtlichen Rede** wird durch ein Komma von der wörtlichen Rede abgetrennt, z. B.: *„Oh weh!", rief Tina.*
- Der **Redebegleitsatz zwischen der wörtlichen Rede** wird durch Kommas von der wörtlichen Rede abgetrennt, z. B.: *„Oh weh", rief Tina, „der Papagei!"*

# Tipps zum Rechtschreiben

→ S. 288–292

## Verwandte Wörter suchen (Ableitungsprobe)

→ S. 290

- Wenn du unsicher bist, wie ein Wort geschrieben wird, hilft oft die Suche nach einem verwandten Wort. Der Wortstamm (= Grundbaustein) wird in allen verwandten Wörtern gleich oder ähnlich geschrieben, z. B.: *reisen: abgereist, verreisen, die Reise.*
- Du schreibst ein Wort mit **ä** oder **äu**, wenn es ein verwandtes Wort mit **a** oder **au** gibt, z. B.:
  **e** oder **ä**? ⟶ *Gläser – Glas* **eu** oder **äu**? ⟶ *Träume – Traum*
  Gibt es kein verwandtes Wort mit **a** oder **au**, schreibt man das Wort mit **e** oder **eu**, z. B.: *das Euter.*

## Wörter verlängern (Verlängerungsprobe)

→ S. 291

Am Wortende klingt **b** wie **p** *(das Lob)*, **g** wie **k** *(der Tag)* und **d** wie **t** *(der Hund)*. Wenn du die Wörter verlängerst, hörst du, welchen Buchstaben du schreiben musst. So kannst du Wörter verlängern:

- Bilde bei Nomen den Plural, z. B.: *der Tag ⟶ die Tage.*
- Steigere die Adjektive oder ergänze ein Nomen, z. B.: *mutig ⟶ mutiger; ein mutiges Kind.*
- Bilde bei Verben den Infinitiv oder die *wir*-Form, z. B.: *er lobt ⟶ loben; wir loben.*

## Im Wörterbuch nachschlagen

→ S. 292

- Die Wörter sind **nach dem Alphabet sortiert**. Wenn der erste, zweite … Buchstabe gleich ist, wird die Reihenfolge nach dem zweiten, dritten … Buchstaben entschieden, z. B.: *Flamme, Fleiß, Floß.*
- Die Wörter sind im Wörterbuch in ihrer **Grundform** verzeichnet.
  - **Verben** findest du im **Infinitiv** (Grundform), z. B.: *ich habe gewusst ⟶ wissen.*
  - **Nomen** findest du im **Nominativ Singular** (1. Fall, Einzahl), z. B.: *die Hände ⟶ Hand.*

## Silbentrennung

→ S. 289

Mehrsilbige Wörter trennt man nach Sprechsilben, die man beim deutlichen und langsamen Vorlesen hören kann, z. B.: *Spa-zier-gang*. Ein einzelner Vokalbuchstabe wird nicht abgetrennt, z. B. *Igel* (nicht ~~*I-gel*~~). Für Zweifelsfälle: In die neue Zeile kommt nur ein Konsonant, z. B.: *knusp-rig, knis-tern.* Beachte: Einsilbige Wörter kann man nicht trennen, z. B.: *Tisch, blau.*

## Partnerdiktat

→ S. 294, 297, 299

- Lest zuerst den gesamten Text durch und achtet auf schwierige Wörter.
- Diktiert euch abwechselnd den Text, und zwar Abschnitt für Abschnitt.
- Jeder überprüft am Ende seinen eigenen Text auf Rechtschreibfehler und verbessert sie.
- Tauscht dann eure Texte aus und korrigiert sie gegenseitig.
- Verbessert zum Schluss die Fehler in euren Texten.

# Rechtschreibregeln

## Kurze Vokale – doppelte Konsonanten

→ S. 295–297, 302

Nach einem **betonten kurzen Vokal** (Selbstlaut) folgen fast immer **zwei** oder mehr Konsonanten. Beim deutlichen Sprechen kannst du sie meist gut unterscheiden, z. B.: *kalt, Pflanze, trinken.*
Wenn du bei einem Wort mit einem betonten kurzen Vokal nur einen **Konsonanten** hörst, dann wird er verdoppelt, z. B.: *Tasse, Schiff, wissen, treffen, sonnig, satt.*
Beachte: Statt *kk* schreibt man **ck** und statt *zz* schreibt man **tz**, z. B.:
*verstecken, Decke, Katze, verletzen.*

## Lange Vokale (a, e, i, o, u)

→ S. 295, 298–301, 302

### Lange Vokale als einfache Vokale

In den meisten Wörtern ist der betonte lange Vokal ein einfacher Vokal. Danach folgt meist nur ein Konsonant, z. B.: *die Flöte, die Hose, der Besen, geben, tragen, er kam.*
Das gilt besonders für einsilbige Wörter: *zu, los, so, wen.*

### Lange Vokale mit h

Das **h** nach einem **langen Vokal** steht besonders häufig vor den Konsonanten **l, m, n, r**.
Beispiele: *kahl, nehmen, wohnen, bohren.*

### h am Silbenanfang

Bei manchen Wörtern steht am Anfang der zweiten Silbe ein **h**, z. B.: *ge-hen*. Dieses **h** kannst du hören. Das **h** bleibt in verwandten Wörtern erhalten. Verlängere einsilbige Wörter, dann hörst du dieses **h**, z. B.: *er geht* ⟶ *gehen*.

### Wörter mit Doppelvokal

Es gibt nur wenige Wörter, in denen der lang gesprochene Vokal durch die Verdopplung gekennzeichnet ist. Merke sie dir gut.
- **aa:** *der Aal, das Haar, paar, das Paar, der Saal, die Saat, der Staat, die Waage*
- **ee:** *die Beere, das Beet, die Fee, das Heer, der Klee, das Meer, der Schnee, der See*
- **oo:** *das Boot, doof, das Moor, das Moos, der Zoo*

Die Vokale **i** und **u** werden nie verdoppelt.

### Wörter mit langem i

- **Wörter mit ie:** Mehr als drei Viertel aller Wörter mit lang gesprochenem **i** werden mit **ie** geschrieben. Das ist also die häufigste Schreibweise. Beispiele: *das Tier, lieb, siegen, viel, hier.*
- **Wörter mit i:** Manchmal wird das lang gesprochene **i** durch den Einzelbuchstaben **i** wiedergegeben. Beispiele: *mir, dir, wir, der Igel, das Klima, das Kino, der Liter.*
- **Wörter mit ih:** Nur in den folgenden Wörtern wird der lange i-Laut als **ih** geschrieben: *ihr, ihm, ihn, ihnen, ihre.*

### Das stimmhafte s und das stimmlose s

→ S. 303

- **Das stimmhafte s (= weicher, gesummter s-Laut):** Manchmal spricht man das **s** weich und summend wie in *Sonne, tausend* oder *seltsam*. Dann nennt man das **s** stimmhaft.
- **Das stimmlose s (= harter, gezischter s-Laut):** Manchmal spricht man das **s** hart und zischend wie in *Gras* oder *küssen* oder *schließen*. Dann nennt man das **s** stimmlos.

### Die Schreibung des s-Lautes: s, ss oder ß?

→ S. 303–306

- Das **stimmhafte s wird immer mit einfachem s** geschrieben, z. B.: *eisig, Riese, Sonne.*
- Das stimmlose **s** wird mit **einfachem s** geschrieben, **wenn sich beim Verlängern des Wortes** (→ S. 347) **ein stimmhaftes s ergibt**, z. B.: *das Gras ⟶ die Gräser; uns ⟶ unser.*
- Für einige Wörter mit einfachem **s** am Wortende gibt es keine Verlängerungsmöglichkeit – es sind also Merkwörter: *als, aus, bis, es, was, etwas, niemals, alles, anders, morgens.*
- **Doppel-s nach kurzem Vokal**
  Der stimmlose s-Laut wird **nach einem betonten kurzen Vokal** mit **ss** geschrieben, z. B.: *essen, die Klasse, wissen.*
- **ß nach langem Vokal oder Diphthong**
  Der stimmlose s-Laut wird **nach einem langen Vokal oder Diphthong** (ei, ai, au, äu, eu) mit **ß** geschrieben, wenn er bei der Verlängerungsprobe stimmlos bleibt, z. B.: *heiß ⟶ heißer; der Kloß ⟶ die Klöße.*

### Großschreibung

→ S. 307–308, 310

**Satzanfänge** und **Nomen** werden **großgeschrieben**. Wörter, die auf *-heit, -keit, -nis, -schaft, -tum, -in, -ung* enden, sind immer **Nomen**. Nomen kann man meist an ihren Begleitwörtern erkennen, die den Nomen vorausgehen. **Begleitwörter** sind:
- **Artikel** (bestimmter/unbestimmter), z. B.: *der Hund, ein Hund*
- **Pronomen**, z. B.: *unser Hund, dieser Hund*
- **Präpositionen**, die mit einem Artikel verschmolzen sein können, z. B.: *am (= an dem) Fluss*
- **Adjektive**, z. B.: *große Hunde*

### Kleinschreibung

→ S. 309–310

Klein schreibt man:
- alle **Verben**, z. B.: *malen, tanzen, gehen*
- alle **Adjektive**, z. B.: *freundlich, sonderbar, rostig*
  Viele Adjektive kann man an typischen Adjektivendungen erkennen, z. B.: *-bar, -sam, -isch, -ig, -lich, -haft*
- alle **Personalpronomen** (persönliche Fürwörter), z. B.: *ich, du, er/sie/es, wir, ihr, sie, mich, dich*
- alle **Possessivpronomen** (besitzanzeigende Fürwörter), z. B.: *mein, dein, sein, unser, euer, ihr*

**Tipp:** Eine Sonderregelung gibt es bei den **Anredepronomen in Briefen und Mails**:
- Wenn du jemanden siezt, schreibst du die Anredepronomen groß, z. B.: *Sie, Ihnen, Ihr.*
- Die vertrauten Anreden **du/ihr** kann man kleinschreiben, z. B.: *dir, dein, euch, euer.*

# Arbeitstechniken und Methoden

## Informationen beschaffen und auswerten

→ S. 153–156

Wenn du Informationen über ein bestimmtes Thema suchst oder etwas nachschlagen willst, stehen dir verschiedene Informationsquellen zur Verfügung:
Die wichtigsten **Informationsquellen** sind **Bücher** (Lexika, Sach- oder Fachbücher), **Zeitschriften** und das **Internet**.

- **Bücher und Zeitschriften** findest du **in der Bibliothek** (Bücherei), z. B. in der Schul-, der Stadt- oder der Gemeindebibliothek. Wie du in einer Bibliothek mit dem Computer nach Büchern und anderen Medien suchen kannst, erfährst du auf S. 155.
- Um im **Internet** gezielt nach Informationen zu suchen, verwendet man sogenannte **Suchmaschinen** (siehe unten).
  Gibt man einen **Suchbegriff** in eine Suchmaschine ein (z. B. Orang-Utan), durchsucht diese das Internet nach diesem Begriff und liefert dir dann eine Liste von Internetseiten, die deinen Suchbegriff enthalten.
- **Gute Suchmaschinen** für Kinder und Jugendliche sind:
  www.blinde-kuh.de; www.helles-koepfchen.de; www.fragfinn.de; www.loopilinio.de.

**Informationen auswerten:**
- Lies die Texte und verschaffe dir einen Überblick über ihre Inhalte.
- Suche die Abschnitte heraus, die wichtige Informationen zum Thema enthalten.
- Schreibe die wichtigsten Informationen in Stichwörtern auf.
- Prüfe, welche Fragen zu deinem Thema in diesen Texten nicht beantwortet werden, und suche – wenn nötig – weitere Informationen.

## Ein Informationsplakat erstellen

→ S. 321

- Suche zu deinem Thema Informationstexte, Bilder und evtl. Grafiken (→ S. 350, Informationen beschaffen und auswerten).
- Lies dein Informationsmaterial und werte es aus (→ S. 153–156).
- Ordne die Informationen, die du den Texten entnommen hast, z. B. nach Unterthemen.
- Schreibe zu jedem Unterthema einen kleinen Informationstext. Schreibe die Texte auf einzelne Blätter, die du hinterher auf das Plakat aufkleben kannst. Achte darauf, dass die Texte nicht zu lang sind, und verwende eigene Formulierungen. Schreibe nicht zu klein.
- Überlege, welche Abbildungen (Fotos, Bilder, Grafiken, Zeichnungen) du verwenden willst.
- Schiebe die Texte und Abbildungen auf dem Plakat hin und her, bevor du sie aufklebst. Probiere aus, wie es am übersichtlichsten aussieht.
- Gib deinem Plakat einen Titel und gestalte ihn in einer gut lesbaren Schrift und in einer auffälligen Farbe.

## Ein Lernplakat erstellen

→ S. 320

- Notiere dir auf mehreren kleinen Zetteln alle wichtigen Informationen, die du auf dem Plakat unterbringen willst. Schreibe auf jeden Zettel nur eine Information.
- Lege die Zettel so auf dem Boden aus, dass sie sinnvoll angeordnet sind.
- Überlege nun, ob für dein Plakat ein Hoch- oder Querformat sinnvoller ist.
- Übertrage den Inhalt der Zettel in Stichpunkten auf das Plakat.
- Achte auf große und deutliche Schrift, damit man das Plakat auch aus einiger Entfernung gut lesen kann.
- Verbinde die Stichpunkte sinnvoll.
- Bringe das Plakat an einem Platz an, an dem du es gut sehen kannst.

## Einen Kurzvortrag halten

→ S. 157–158

Ein gelungener Vortrag muss gut vorbereitet werden:
- Ordne die Informationen für deinen Kurzvortrag, z. B. nach Unterthemen, und bringe sie in eine sinnvolle Reihenfolge.
- Notiere zu jedem Unterthema wichtige Stichwörter, z. B. auf Karteikarten.
- Nummeriere die Karteikarten in der entsprechenden Reihenfolge.
- Überlege dir eine Einleitung, die dein Publikum neugierig auf das Thema macht.
- Überlege dir einen passenden Schluss für deinen Vortrag. Du kannst z. B. die wichtigsten Informationen noch einmal zusammenfassen.
- Bereite Anschauungsmaterial für deinen Vortrag vor, z. B. ein Informationsplakat (siehe oben), Bilder, einen Gegenstand.

**Tipps zum Vortragen:**
- Sprich laut, deutlich und nicht zu schnell.
- Versuche, möglichst frei vorzutragen.
- Schaue deine Zuhörerinnen und Zuhörer an, dann siehst du, ob es Zwischenfragen gibt.

## Ideen sammeln: Der Cluster

→ S. 51, 132–135, 171–172, 182

Der Cluster (engl. = Traube, Schwarm) hilft dir, Ideen zu einem bestimmten Thema zu finden.
- Schreibe das Thema in die Mitte eines Blattes.
- Notiere dann Stichpunkte (Gedanken, Ideen, Angaben, Merkmale) zu dem Thema und verbinde sie mit Linien mit dem Thema (Ausgangskreis). Zu jedem Stichpunkt kannst du wiederum weitere Einfälle notieren.

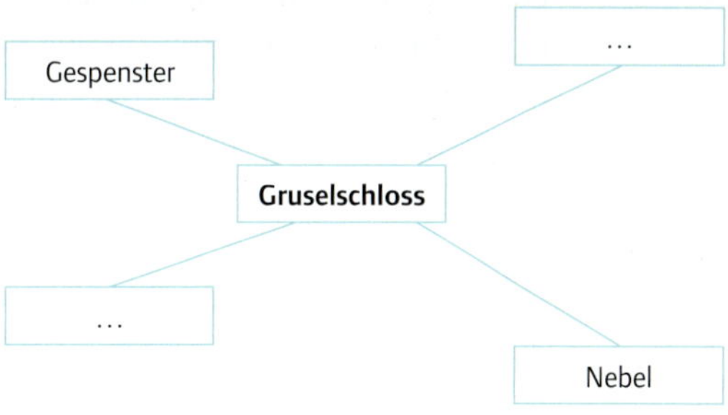

## Ideen sammeln und ordnen: die Mindmap

→ S. 193

Die Mindmap (engl. = Gedankenlandkarte) ist im Gegensatz zum Cluster dazu geeignet, die Ideen zu ordnen.
- Schreibe in die Mitte eines Blattes das Thema.
- Ergänze dann um das Thema Oberpunkte (Hauptthemen).
- Erweitere diese Oberpunkte um Unterpunkte (Unterthemen).

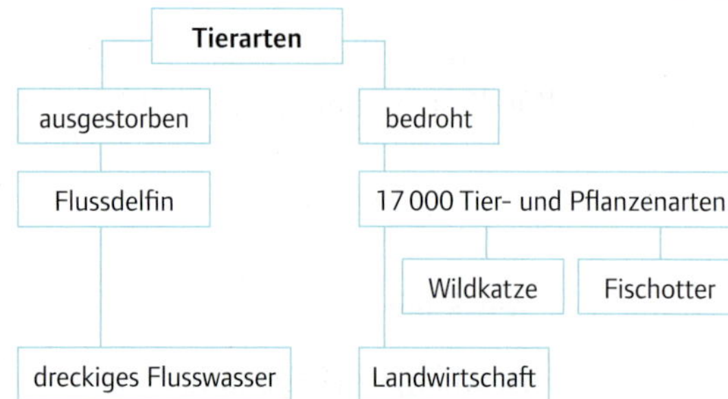


## Eine Schreibkonferenz durchführen

→ S. 322–323

- Setzt euch in kleinen Gruppen (höchstens zu viert) zusammen.
- Einer liest seinen Text vor, die anderen hören gut zu.
- Anschließend geben die anderen eine Rückmeldung, was ihnen besonders gut gefallen hat.
- Nun wird der Text in der Gruppe Satz für Satz besprochen. Die Überarbeitungsvorschläge werden abgestimmt und schriftlich festgehalten.
- Korrigiert auch die Rechtschreibung und die Zeichensetzung.
- Zum Schluss überarbeitet die Verfasserin oder der Verfasser den eigenen Text.

## Ein Lerntagebuch führen

→ S. 324

Ein Lerntagebuch dient dazu, über das Lernen nachzudenken und auf diese Weise beim Lernen immer selbstständiger zu werden. So kannst du dein Lerntagebuch aufbauen:
- **Das habe ich gelernt:** Schreibe die wichtigsten Ergebnisse auf, notiere Regeln oder „Eselsbrücken" oder fertige ein Schaubild oder eine Zeichnung an.
- **Das konnte ich schon:** Fasse zusammen, was du über das Thema bereits wusstest.
- **Das ist mir noch unklar:** Schreibe so genau wie möglich dein Problem mit dem Lernstoff auf. Formuliere Fragen, die du noch hast, oder notiere unklare Begriffe.
- **Mit wem oder wie kläre ich das Problem?:** Überlege, bei wem (z. B. Mitschüler/-in, Eltern, Lehrkraft) oder wie (z. B. Wörterbuch, Internet) Hilfe zu finden ist.
- **Das nehme ich mir vor:** Schreibe hier auf, was du noch wissen willst oder was du dir für die nächsten Tage vornimmst, z. B. ein Lernplakat zum Thema anfertigen, …
- **Das war …:** Was ist dir heute gut geglückt? Wo hattest du ein Erfolgserlebnis?

## Sinngestaltendes Vorlesen

→ S. 71, 103–104, 158, 166

Sinngestaltendes Vorlesen bedeutet, dass du einen Text ausdrucksvoll vorträgst und deine Stimme dem erzählten Geschehen anpasst. Zum Beispiel kannst du lauter sprechen, wenn eine Person mit ihren Taten angibt, oder leiser sprechen, wenn eine Person Angst hat.

Bereite das Vorlesen vor, indem du den Text mit **Betonungszeichen** kennzeichnest:
- Betonungen bei Wörtern, die lauter gelesen werden sollen: ____
- Pausen: |
- Hebung der Stimme, z. B. bei einer Frage: ↗
- Senkung der Stimme, z. B. am Satzende: ↘

## Lösungen zu einzelnen Aufgaben

102 **1 b** Korrekte Zusammenfassung:
Wie Krabat vom Schweinehirten zum Hofkoch in Dresden wird und schließlich wegen seiner Streiche wieder von dort verjagt wird.

**2 a** Das Lösungswort heißt: SAGE

**b**

| **Merkmal** | **Krabat in der Hofküche** |
|---|---|
| A: wirkliche Ortschaften | Dresden |
| G: wirkliche geschichtliche Ereignisse | Erwähnung Augusts des Starken |
| E: Menschen mit übernatürlichen Fähigkeiten | Krabat kann zaubern. |

152 **1** Das Lösungswort heißt: HUCK.

**2** Die Personen, die in einer Geschichte vorkommen oder handeln, nennt man Figuren.

**3 a** Man unterscheidet den Ich-Erzähler (oder die Ich-Erzählerin) vom Er-/Sie-Erzähler/-in.

**b** Zum Beispiel:
- Ich-Erzähler/-in: An einem heißen Sommertag ging ich mit meiner Freundin Birgit ins Schwimmbad.
- Er-/Sie-Erzähler/-in (hier: Sie-Erzählerin): An einem heißen Sommertag ging Steffi mit ihrer Freundin Birgit ins Schwimmbad.

**4** Zum Beispiel:
- Spannend wird erzählt, wenn zum Beispiel etwas Rätselhaftes geschieht oder spannungssteigernde Wörter und Wendungen (z. B.: schlagartig, auf unheimliche Weise) verwendet werden.
- Lustig wird erzählt, wenn zum Beispiel eine Situation zum Lachen reizt oder eine Figur auftaucht, die durch ihr Aussehen, ihre Redeweise oder ihr Verhalten komisch wirkt.

168 **1 a** Das Gedicht besteht aus drei Strophen.

**b** elf Verse

**2 a** Paarreim

**b** Kreuzreim

**3** friedlich, glücklich

**4** Der Mond beleuchtet den nächtlichen Himmel.

197 **1 a** B: Schlüsselwörter sind Wörter, die für die Aussage eines Textes besonders wichtig sind.

**b** A: Ein neuer Sinnabschnitt beginnt dort, wo im Text ein neues Unterthema angesprochen wird.

264 **4 b** In dem Artikel gibt es 5 Kasusfehler und 10 Tempusfehler.

293 **3 b** So lautet die richtige Schreibweise der Fehlerwörter:
fand (Z. 1), unerträglich (Z. 2), Häuser (Z. 2), wenig (Z. 3), Fenster (Z. 3), Abendspaziergang (Z. 4), Gärtchen (Z. 5), endlich (Z. 5), Fläche (Z. 8), läuteten (Z. 8), Blütenblätter (Z. 11), sagten (Z. 13)

# Textartenverzeichnis



# Autoren- und Quellenverzeichnis

**Ahner, Dirk** (*1973)
*Hui Buh. Das Schlossgespenst* 69
aus: Hui Buh. Das Schlossgespenst. Roman zum gleichnamigen Film von Dirk Ahner nach Motiven von Eberhard Alexander-Burgh. Carlsen Verlag, Hamburg 2009, S. 26–31

**Ausländer, Rose** (1901–1988)
*April* 163
aus: Ausländer, Rose: Im Atemhaus wohnen. Frankfurt/M 1002, S. 13

**Ball, Hugo** (1886–1927)
*Wolken* 288
aus: Gesammelte Gedichte. Verlag Die Arche, Zürich 1963, S. 24–25

**Bethge, Philip**
*Die letzten ihrer Art* 192
nach: Dein Spiegel 05/2010, Spiegel Verlag, Hamburg 2010, S. 38 f.

**Bröger, Achim** (*1944)
*Bruno als Ausreden-Erfinder* 105
aus: Der Ausredenerfinder und andere Bruno-Geschichten. Thienemann Verlag, Stuttgart 1991

**Busta, Christine** (1915–1987)
*April* 163
aus: Busta Christine: Die Scheune der Vögel. Gedichte. Salzburg, 1958

**Bydlinski, Georg** (*1956)
*Nachts beim offenen Fenster* 168
aus: Bydlinski, Georg: Die bunte Brücke. Reime, Rätsel und Gedichte. Herder Verlag Freiburg/Basel/Wien 1992

**Durian, Sibylle** (*1946)
*Gespensterluft* 64
aus: Gruselgeschichten. Herausgegeben von Carola Schäfer. Arena Verlag, Würzburg 1998

**Evetts-Secker, Josephine**
*Der kleine Frosch* 122
aus: Väter und Söhne. Märchen aus aller Welt. Nacherzählt von Josephine Evetts-Secker. Illustrationen von Helen Cann. Urachhaus Verlag, Stuttgart 1999, S. 36–43

**Funke, Cornelia** (*1958)
*Die geraubten Prinzen* 130
aus: Cornelia Funke erzählt von Bücherfressern, Dachbodengespenstern und anderen Helden. Loewe Verlag, Bindlach 2004, S. 41–45

**Gernhardt, Robert** (1937–2006)
*Geh ich in den Garten raus* 302
aus: Familie Erdmännchen. Mit Illustrationen von Alexandra Junge. Aufbau Verlag, Berlin 2009

**Gori, Helen**
*Ein Mensch vor dem Gericht der Tiere (1)* 176
*Ein Mensch vor dem Gericht der Tiere (2)* 178
*Ein Mensch vor dem Gericht der Tiere (3)* 180
aus: Schneider, Ruth; Schorno, Paul (Hrsg.): Theaterwerkstatt für Jugendliche und Kinder. Lenos-Verlag, Basel 1985 (1, 2, 3)

**Grimm, Jacob** (1785–1863)
**Grimm, Wilhelm** (1786–1859)
*Der Froschkönig oder der eiserne Heinrich (1)* 120
*Die drei Federn (2)* 129
*Die drei Wünsche (3)* 118
*Die Königstochter und der verzauberte Prinz (4)* 120
*Prinzessin Mäusehaut (5)* 116
aus: Kinder- und Hausmärchen, gesammelt durch die Brüder Grimm. Vollständige Ausgabe auf der Grundlage der dritten Auflage (1837). Herausgegeben von Heinz Rölleke. Deutscher Klassiker Verlag, Frankfurt/M. 1985 (1); Märchen der Brüder Grimm. Bilder von Nikolaus Heidelbach. Beltz und Gelberg Verlag, Weinheim und Basel 2007, S. 90–92 (2); Die schönsten klassischen Märchen. Verlag Arthur Moewig, Rastatt 1987, S. 73 f. (3); Aus den Kinder- und Hausmärchen von Jacob und Wilhelm Grimm. Denkimpulse Verlag, München 2010 (4, 5)
**Guggenmos, Josef** (1922–2003)
*Rot leuchten die Johannisbeeren (1)* 167
*Besuch (2)* 301
aus: Guggenmos, Josef: Oh, Verzeihung, sagte die Ameise. Beltz Verlag, Weinheim und Basel 1990 (1); Was denkt die Maus am Donnerstag? Beltz und Gelberg Verlag, Weinheim und Basel 1998, S. 9 (2)
**Hacks, Peter** (1928–2003)
*Der Winter* 162
aus: Hacks, Peter: Der Flohmarkt. Gedichte für Kinder. Eulenspiegel Verlag, Berlin 2001
**Hebel, Johann Peter** (1760–1826)
*Der verwegene Hofnarr* 103
aus: Die Kalendergeschichten: sämtliche Erzählungen aus dem Rheinländischen Hausfreund. Hrsg. Von Hannelore Schlaffer und Harald Zils. Carl Hanser Verlag, München und Wien 1999, S. 385–386
**Hesse, Hermann** (1877–1962)
*September* 161
aus: Hesse, Hermann: Gesammelte Werke. Suhrkamp Verlag, Frankfurt/M 1970, Band 1, S. 95
**Hodscha, Nasreddin** (13./14. Jahrhundert)
*Der gelehrige Esel* 94
aus: Maar, Paul: Das fliegende Kamel. Geschichten von Nasreddin Hodscha. Neu erzählt mit Bildern von Aljoscha Blau. Oetinger Verlag, Hamburg 2010
**Hulpach, Vladimir**
*Kemanta* 126
aus: Die fünfte Sonne. Indianerlegenden Mittel- und Südamerikas. Mit Illustrationen von Miloslav Troup. Artia Verlag, Prag 1976
**jandl, ernst** (1925–2000)
*auf dem land* 170
aus: E. Gomringer (Hg.) : konkrete poesie. Stuttgart: Philipp Reclam jun. 2001, S. 87
**Kästner, Erich** (1899–1974)
*Gustav hat abgeschrieben (1)* 45
*Wie Eulenspiegel einem Esel das Lesen beibrachte (2)* 92
*Wie Eulenspiegel Erde kaufte (3)* 112
aus: Interview mit dem Weihnachtsmann. Kindergeschichten für Erwachsene. Sanssouci Verlag, München 2007 (1); Till Eulenspiegel, erzählt von Erich Kästner. C. Dressler Verlag, Hamburg 2000, S. 77–82 (2); Till Eulenspiegel, erzählt von Erich Kästner. C. Dressler Verlag, Hamburg 2005, © Atrium Verlag, Zürich 1938, S. 50–53 (3)
**Kaléko, Mascha** (1907–1975)
*Sozusagen grundlos vergnügt* 165
aus: Kaleko, Mascha: In meinen Träumen läutet es Sturm. dtv, München 1977
**Kilian, Susanne**
*Der Brief* 219
aus: Ulrich, Winfried (Hrsg.): Texte und Materialien für den Unterricht. Deutsche Kurzgeschichten. 4.–5. Schuljahr. Für die Primarstufe hrsg. v. Winfried Ulrich. Reclam, Stuttgart o. J., S. 35–37
**Krüss, James** (1926–1997)
*Das gereimte Jahr* 169
aus: Das gereimte Jahr. Auf Versfüßen durchwandert von James Krüss. Boje Verlag, Köln 1988
**Kühle, Jana**
*Wildtiere erobern die Stadt* 190
nach: URL: www.geo.de (Download 02.05.2011)
**Liliencron, Detlev von** (1844–1909)
*Herbst* 161
aus: Liliencron D.v.: Gedichte. Herausgegeben von Günter Heintz. Reclam, Stuttgart 2001
**Maar, Paul** (*1937)
*In der neuen Klasse* 42
aus: Robert und Trebor. Oetinger Verlag, Hamburg 1985
**Morgenstern, Christian** (1971–1914)
*Neue Bildungen, der Natur vorgeschlagen* 251
aus: Großer Ozean. Gedichte für alle. Herausgegeben von Hans-Joachim Gelberg. Beltz & Gelberg, Weinheim und Basel 2000
**Nordin, Sofia** (*1974)
*In Lebensgefahr!* 148
Aus dem Schwedischen von Maike Dörries. Fischer Taschenbuch Verlag, Frankfurt/M 2005
**Rautenberg, Arne** (*1967)
*frühling* 159
aus: Knödler, Christine: In wenigen Worten die ganze Welt. Gedichte für Kinder und Erwachsene. Boje Verlag, Köln 2009, S. 128
**Remané, Lieselotte** (1916–2002)
*Der Kulak und der Knecht* 110
aus: Die Räubernachtigall. Belorussische Märchen. Aus dem Russischen von Liselotte Remané. Verlag Kultur und Fortschritt, Berlin 1969
**Rowling, Joanne K.** (*1965)
*Harry Potter und der Stein der Weisen.* 29
Carlsen Verlag, Hamburg 1998, S. 145–149
**Schafmeister, Anne**
*Ein Luchs auf großer Reise.* 204
Aus: Geolino 12/2010, Verlag Gruner + Jahr, Hamburg 2010, S. 24–28
**Schönfeld, Katrin**
*Über ein Drittel aller Tier- und Pflanzenarten vom Aussterben bedroht.* 194
nach: URL: www.helles-koepfchen.de (Download 18.04.2011)
**Seidel, Heinrich** (1842–1906)
*Kreislauf* 160
aus: Band XI der Gesammelten Schriften von Heinrich Seidel: J. G. Cotta'sche Buchhandlung Nachfolger GmbH, Stuttgart 1900
**Twain, Mark** (Samuel Langhorne Clemens, 1835–1910)
*Tom Sawyers Abenteuer: Tom Sawyer und der Gartenzaun (1)* 138
*Tom Sawyers Abenteuer: Huckleberry Finn und die tote Katze (2)* 142
*Tom Sawyers Abenteuer: Die Abenteuer auf der Misissippi-Insel (3)* 145
aus: Tom Sawyer & Huckleberry Finn. Herausgegeben und übersetzt von Andreas Nohl. Carl Hanser Verlag, München 2010, S. 22–27 (1), S. 57–62 (2), S. 107–115 (3)
**van de Vendel, Edward** (*1964)
*Was ich vergessen habe* 25
aus: Was ich vergessen habe. Carlsen Verlag, Hamburg 2004


**Unbekannte/ungenannte Autorinnen und Autoren**


*Der Kobold auf der Mühle* 98
aus: Stundenbilder für die Sekundarstufe I. Herausgegeben von S. Merkle und K.-H. Seyler, pb-Verlag, Puchheim 1992
*Die Riesen und der Dubringer Berg* 100
aus: Sorbische Sagen. Ausgewählt und bearbeitet von Erich Schneider. VEB Domowina-Verlag Bautzen, 1960, S. 7 f.
*Die versunkene Mühle vom Arendsee* 100
aus: Sagenhaftes Sachsen-Anhalt. Kalender 2010. ehs Verlags GmbH, Magdeburg 2009
*Ein Futterhäuschen für die Vögel bauen.* 84
nach: URL: http://www.fug-verlag.de/on2068
*Ein starkes Team – Die Hauptfiguren der Serie kennen lernen.* 211
nach: URL: www.pfefferkoerner.de, unter „Starportrait"
*Entwicklung der Roten Liste bedrohter Arten der IUCN seit 2000.* 194
nach: URL: http://www.wwf.de/themen/politik/artenschutz-politische-instrumente/die-rote-liste/ (Download 18.04.2011)
*Naturerbe grünes Band* 202
Nach: URL: www.gruenesband.info (Download 18.04.2011)
*Serengeti in Gefahr!* 196
aus: Geolino 02/2011, Verlag Gruner + Jahr, Hamburg 2011, S. 15
*Tägliche Nutzungsdauer verschiedener Medien durch Kinder* 216
nach: Medienpädagogischer Forschungsverbund Südwest: KIM-Studie 2010. URL: http://mpfs.de.
*Krabat* 97
aus: Sagenbuch des Königreichs Sachsen. Herausgegeben von Alfred Meiche. Verein für Sächsische Volkskunde, Leipzig 1903.
*Krabat in der Hofküche* 102
aus: Wöller, Waltraud: Volkssagen zwischen Hiddensee und Wartburg. Deutscher Verlag der Wissenschaften, Berlin 1985, S. 237 f.
*Wann werden welche Medien genutzt?* 215
nach: Medienpädagogischer Forschungsverbund Südwest: KIM-Studie 2008. Kinder + Medien, Computer + Internet. Basisuntersuchungen zum Medienumgang 6- bis 13-Jähriger. URL: http://mpfs-neu.de.server422-han.de-nserver.de/fileadmin/KIM-pdf08/KIM2008.pdf, S. 54
*Wie baut ihr ein Aufwindkraftwerk?* 311
nach: Froehlich-Schmitt, Barbara: Unterrichtshilfen für die Grundschule zum Thema Umwelt. Herausgegeben vom Ministerium für Umwelt des Saarlandes, Saarbrücken 2001. URL: http://www.saarland.de/dokumente/ressort_umwelt/Baustein1_Haus.pdf, S. 32
*Opossum Heidi. Wie eine schielende Beutelratte berühmt wurde.* 200
nach: Spiegel online 14.01.2011. URL: www.spiegel.de (Download 23. 05. 2011)

# Bildquellenverzeichnis

### Illustrationen

Uta Bettzieche, Leipzig: 80, 84, 86, 89, 159–163, 165, 166, 168–170, 174
Christina Faltermayer, Starnberg: 196
Nils Fliegner, Hamburg: 35–37, 39, 42, 44–46, 48, 50, 265, 266, 268–273, 276, 277, 281, 283, 284, 319, 323
Constanze Guhr, Berlin: 203
Amelie Glienke, Berlin: 215, 217, 218
Christiane Grauert, Milwaukee (USA): 53, 54, 59, 61, 64, 65–69, 71–74, 222, 223, 225, 226, 228, 230–234, 239, 241, 251, 252, 254, 255, 256–258, 260, 261, 264
Susann Hesselbarth, Leipzig: 287, 288, 290, 291, 293–298, 301–303, 307, 309, 311, 313–318
Konstanze von Kitzing, Köln: 115–118, 120, 122, 124–126, 128, 130, 133, 134
Katharina Knebel, Berlin: 137–142, 145, 149, 153, 155
Barbara Schumann, Berlin: 20, 23, 25, 26, 29, 31
Juliane Steinbach, Wuppertal: 91–93, 97, 99, 101, 103, 105, 110, 112, 176, 178, 180, 185, 186

### Weitere Bildquellen

13, 14, 15 oben links, 18, 19, 187: Thomas Schulz, Teupitz; 15 rechts unten: © Klaus Eppele-Fotolia.com; 13: Alexandre Zweiger-Fotolia.com; 17: © Daniel Etzold-Fotolia.com; 33: © F1 Online; 34: Doris Kabutke, Pirckheimer-Gym.-Nürnberg, 2005; 75 links oben: picture-alliance/ ZB, links unten: © Mellimage – Fotolia.com, rechts: © TEMISTOCLE LUCARELLI – Fotolia.com; 76 oben: © fotosearch, unten: J.-M. Labat & F. Rouquette/BIOS/OKAPIA; 79, 83 links unten, 179: vario images; 81: Nils Reinhard; images; 83 links oben: WILDLIFE/G. Czepluch, rechts oben: Bildagentur Geduldig, rechts unten: Juniors Bildarchiv; 88 links: Ritterbach/F1 online, rechts: Art Wolfe/Danita Delimont Agency/OKAPIA; 121: akg-images; 157: picture-alliance/Everett Collection; 171 links: © Udo Kröner – Fotolia.com, rechts: © George Bailey-iStockphoto.com; 175: picture-alliance/ZB; 188: (WAS IST WAS-Magazin-Cover) © Egmont Ehapa Verlag GmbH; (Geolino-Cover 12/2010) © Gruner + Jahr AG & Co KG; (Ich TU WAS!-Cover) © DOMINO Verlag GmbH; (Dein Spiegel-Cover 7/2010) Spiegel-Verlag Rudolf Augstein GmbH & Co. KG; 189: (Inhaltsverzeichnis Geolino 2/2011) © Gruner + Jahr AG 6 Co KG; 190: picture-alliance/ Arco Images; 192: picture-alliance/dpa; 197 links, 259: Volkhard Binder; 197 rechts: NASA; 198: picture-alliance/dpa; 200: picture-alliance/ZB; 202 (2): picture-alliance/dpa; 204: picture-alliance/ZB; 205: © Petra Kohlstädt-Fotolia.com; 207: ullstein bild – Europress; 208: WDR mediagroup GmbH, Köln (Wissen macht Ah!): © ZDF und Ronen Schmitz (Logo); NDR, Hamburg (Die Pfefferkörner, Expedition ins Tierreich) © ZDF und Corporate Design (Wetten dass?, Heute); © Masannek Birck Wunderwerk 2011 (Die wilden Kerle); 209: © TV Spielfilm 6.11.–19.11.2010; 210 oben: © HÖRZU, Axel-Springer-AG, Hamburg © NDR; 210, 211, 212, 213, 214: © NDR; S. 220: Deborah Mohr, Köln; 221: Getty images/Juan Silva; 226: picture-alliance/dpa; 237: Susanne Schulze; 242, 247: picture-alliance/ akg-images; 250: © adimas – Fotolia.com; 321: © Kim da Silva – Fotolia.com.

# Sachregister

N



O



P



R



S